Dicionário Jurídico

Dicionário Jurídico

5ª edição

Valdemar P. da Luz

Advogado. Doutor em Direito Civil. Especialista em Direito Processual Civil. Ex-presidente do Instituto dos Advogados de Santa Catarina. Diretor do Instituto de Ciências Jurídicas em Florianópolis/SC. Comenda Osvaldo Vergara, por relevantes serviços prestados aos advogados e à OAB/RS. Professor universitário. Autor do *Manual do Advogado*.

MANOLE

PRODUÇÃO EDITORIAL: Ana Cristina Garcia
CAPA: Ricardo Yoshiaki Nita Rodrigues
IMAGEM DA CAPA: iStock
PROJETO GRÁFICO: Deborah Sayuri Takaishi

CIP-BRASIL. CATALOGAÇÃO NA PUBLICAÇÃO
SINDICATO NACIONAL DOS EDITORES DE LIVROS, RJ

Luz, Valdemar P. da
Dicionário jurídico / Valdemar P. da Luz. - 5. ed. - Barueri [SP] : Manole, 2022.

ISBN 9786555767292

1. Direito – Dicionários. 2. Direito – Brasil – Dicionários. I. Título.

21-75268 CDU: 34(81)(038)

Meri Gleice Rodrigues de Souza - Bibliotecária - CRB-7/6439

1ª edição – 2014; 2ª edição –2019; 3ª edição – 2020;
4ª edição – 2021; 5ª edição – 2022
Data de fechamento: 10.01.2022

Editora Manole Ltda.
Alameda América, 876 – Tamboré – 06543-315 – Santana de Parnaíba – SP – Brasil
Tel.: (11) 4196-6000
www.manole.com.br
https://atendimento.manole.com.br/

Impresso no Brasil
Printed in Brazil

Nota do autor

Este *Dicionário Jurídico* traz ao público uma seleção de verbetes que visa a se constituir em uma ferramenta prática de estudo e pesquisa. Esta seleção tem como norte os principais temas e conceitos contemplados em provas e concursos.

Os textos do autor para cada entrada têm como base os textos legais que lhes conferem lastro, o que se nota facilmente nas diversas referências presentes na obra.

Além da legislação, não deixamos de nos servir de ricas fontes doutrinárias e jurisprudenciais, sempre referenciadas no texto de cada verbete.

Como forma de auxiliar a compreensão das abreviaturas e das siglas contidas nos verbetes, a obra contém, nas páginas iniciais, uma lista específica das referidas abreviaturas e siglas.

É de senso comum que um dicionário é sempre uma obra inacabada. Assim, seja pelo escopo da obra – lembrando-se que se trata de um dicionário de formato reduzido –, seja pelo surgimento de novas expressões e termos jurídicos, haverá sempre necessidade de se complementar ou atualizar um dicionário qualquer que seja a área de conhecimento a que se destine.

Acrescente-se, por oportuno, que é muito improvável que um dicionário nasça e permaneça sem críticas ou discussões, que não provoque diferentes leituras e, sobretudo, que não fique aberto a eventuais correções e averbamentos. Sem descurar desses aspectos, convém salientar que autor e editora estarão sempre abertos a aceitar sugestões que certamente contribuirão para cada vez mais aprimorar a presente obra.

Acreditamos e esperamos que o presente dicionário seja de grande valia como obra de referência, bem como imprescindível fonte de consulta dos operadores do Direito, dos acadêmicos e também do público leigo, especialmente aqueles que pretendem prestar concursos públicos.

Valdemar P. da Luz

Abreviaturas e siglas

ADC: ação declaratória de constitucionalidade
ADCT: Ato das Disposições Constitucionais Transitórias
ADIn: ação direta de inconstitucionalidade
ADPF: ação de descumprimento de preceito fundamental
Ag. Reg.: agravo regimental
AGU: Advocacia-Geral da União
Anatel: Agência Nacional de Telecomunicações
Aneel: Agência Nacional de Energia Elétrica
ANS: Agência Nacional de Saúde Suplementar
Anvisa: Agência Nacional de Vigilância Sanitária
Ap.: apelação
Bacen: Banco Central do Brasil
BNDES: Banco Nacional de Desenvolvimento Econômico e Social
BNT: Bônus do Tesouro Nacional
c/ rev.: com revisão
Cade: Conselho Administrativo de Defesa Econômica
Câm.: Câmara
Câm. de Dir. Priv.: Câmara de Direito Privado
Câm. de Dir. Públ.: Câmara de Direito Público
CBA: Código Brasileiro de Aeronáutica (Lei n. 7.565/86)
CC: Código Civil
CC/1916: Código Civil de 1916 (Lei n. 3.071/1916)
CC/2002: Código Civil de 2002 (Lei n. 10.406/2002)
CCom: Código Comercial (Lei n. 556/1850)
CDC: Código de Defesa do Consumidor (Lei n. 8.078/90)
CEJ: Centro de Estudos Jurídicos
CF: Constituição Federal
CFM: Conselho Federal de Medicina
CJF: Conselho da Justiça Federal
CLT: Consolidação das Leis do Trabalho (DL n. 5.452/43)
CMN: Conselho Monetário Nacional
CNJ: Conselho Nacional de Justiça
CNPJ: Cadastro Nacional de Pessoas Jurídicas
COJ: Código de Organização Judiciária
CP: Código Penal (DL n. 2.848/40)
CPC/73: Código de Processo Civil de 1973 (Lei n. 5.869/73)
CPC: Código de Processo Civil de 2015 (Lei n. 13.105/2015)
CPF: Cadastro de Pessoas Físicas
CPI: Comissão Parlamentar de Inquérito
CPM: Código Penal Militar (DL n. 1.001/69)
CPP: Código de Processo Penal (DL n. 3.689/41)
CPPM: Código de Processo Penal Militar (DL n. 1.002/69)
CR: Constituição da República
CTB: Código de Trânsito Brasileiro (Lei n. 9.503/97)

CTN: Código Tributário Nacional (Lei n. 5.172/66)
CTPS: Carteira de Trabalho e Previdência Social
Des.: desembargador
DJ: Diário da Justiça
DL: decreto-lei
EAOAB: Estatuto da Advocacia e a Ordem dos Advogados do Brasil (Lei n. 8.906/94)
EC: Emenda Constitucional
ECA: Estatuto da Criança e do Adolescente (Lei n. 8.069/90)
ECR: Emenda Constitucional de Revisão
FMI: Fundo Monetário Internacional
HC: *habeas corpus*
IBGE: Instituto Brasileiro de Geografia e Estatística
ICMS: Imposto sobre Operações relativas à Circulação de Mercadorias e sobre Prestações de Serviços de Transporte Interestadual e Intermunicipal e de Comunicação
INSS: Instituto Nacional do Seguro Social
IPI: Imposto sobre Produtos Industrializados
IPTU: Imposto Predial e Territorial Urbano
IPVA: Imposto sobre a Propriedade de Veículos Automotores
IR: Imposto de Renda
ISS: Imposto sobre Serviços de Qualquer Natureza
j.: julgado
LACP: Lei da Ação Civil Pública (Lei n. 7.347/85)
LC: lei complementar
LCP: Lei das Contravenções Penais (DL n. 3.688/41)
LDO: Lei de Diretrizes Orçamentárias
LEP: Lei de Execução Penal (Lei n. 7.210/84)
LGPD: Lei Geral de Proteção de Dados Pessoais (Lei n. 13.709/2018)
LINDB: Lei de Introdução às normas do Direito Brasileiro (DL n. 4.657/42)
LONMP: Lei Orgânica Nacional do Ministério Público (Lei n. 8.625/93)
Mercosul: Mercado Comum do Sul
Min.: Ministro(a)
MP: Ministério Público
MP n.: Medida Provisória n.
MPF: Ministério Público Federal
n.: número
OAB: Ordem dos Advogados do Brasil
OIT: Organização Internacional do Trabalho
OJ: orientação jurisprudencial
OMS: Organização Mundial da Saúde
ONU: Organização das Nações Unidas
p.: página
PEC: proposta de emenda à Constituição
PIB: Produto Interno Bruto
PL: projeto de lei
r.: referido(a)
RE: recurso extraordinário
rel.: relator(a)
REsp: recurso especial
RGPS: Regime Geral de Previdência Social
s/ rev.: sem revisão
S.A.: sociedades anônimas
Sisnama: Sistema Nacional do Meio Ambiente
SAF: Sociedade Anônima do Futebol (Lei n. 14.193/2021)
SPU: Secretaria do Patrimônio da União
STF: Supremo Tribunal Federal
STJ: Superior Tribunal de Justiça
STM: Superior Tribunal Militar
T.: turma
TRE: Tribunal Regional Eleitoral
TRF: Tribunal Regional Federal
TRT: Tribunal Regional do Trabalho
TSE: Tribunal Superior Eleitoral
TST: Tribunal Superior do Trabalho
Ufir: Unidade Fiscal de Referência
v.: *vide*

Abaixo-assinado Documento com características de requerimento ou petição, subscrito por um número ilimitado de pessoas, pelo qual se reivindica um direito ou determinada providência, endereçado à pessoa ou autoridade que possui competência para decidir.

Abalroamento Choque entre veículos terrestres. Colisão entre aeronaves, no ar ou em manobras terrestres. Colisão de embarcações em movimento ou com uma delas estacionada. O causador do abalroamento ou da colisão pode ser responsabilizado a indenizar por meio de ação própria (*v. Ação de reparação de danos*).

Abalroamento de aeronaves Colisão entre duas ou mais aeronaves, em voo ou em manobra na superfície. Consideram-se provenientes de abalroamento os danos produzidos pela colisão de duas ou mais aeronaves, em voo ou em manobra na superfície, e os produzidos às pessoas ou coisas a bordo por outra aeronave em voo (art. 273, CBA). A responsabilidade pela reparação dos danos resultantes do abalroamento cabe ao explorador ou proprietário da aeronave causadora, quer a utilize pessoalmente, quer por preposto. Havendo culpa concorrente, a responsabilidade dos exploradores é solidária, mas proporcional à gravidade da falta. Também constitui acidente aéreo a queda de qualquer tipo de aeronave que cause danos pessoais ou materiais, este regido pelos arts. 186 e 927, CC.

Abalroamento de embarcações Ou "abalroação" é o choque entre duas ou mais embarcações. Pressupõe embarcações em movimento ou com possibilidade de mover-se (Lei n. 2.180/54). Os abalroamentos ocorridos entre navios brasileiros são regidos pelo CCom (arts. 749 a 752). O abalroamento pode ser: culposo, quando existe desídia, negligência ou culpa do capitão ou da guarnição de um dos navios, ou dos capitães ou comandantes e tripulantes de ambos os navios; fortuito, quando ocorre em consequência de caso fortuito ou força maior; misto ou duvidoso, quando não se pode determinar a causa do choque ou apurar a quem cabe a culpa.

Abalroamento de veículos Choque entre veículos que caracteriza uma das modalidades de acidente de trânsito. O causador do acidente pode ser responsabilizado civilmente por meio de ação própria denominada "ação de ressarcimento por danos causados em acidente de veículo", com fundamento nos arts. 186 e 927, CC. Também é possível ajuizar a ação perante os Juizados Especiais Cíveis, conforme dispõe o art. 3º, II, Lei n. 9.099/95. Caso do acidente advenham lesões corporais ou morte, o condutor que a ele der causa poderá também ser penalizado criminalmente, por ato culposo ou doloso (*v. Ação de reparação de danos causados em acidente de trânsito*).

Ab alto Expressão latina que significa "por alto"; "por presunção"; "por suspeita".

Abandonatário Aquele que toma posse de coisa abandonada; ocupador (direito marítimo). Aquele em cujo favor se opera o abandono liberatório.

Abandono afetivo Abandono dos filhos, caracterizado pelo rompimento das relações de afeto entre o pai separado ou divorciado e seus filhos, passível de indenização por danos morais. Funda-se a pretensão de indenização no fato de que a responsabilidade (pelo filho) não se pauta tão somente no dever de alimentar, mas se insere no dever de possibilitar desenvolvimento humano aos filhos, baseado no princípio da dignidade da pessoa humana.

Abandono da causa Renúncia de direito pelo autor da ação. Configura-se quando o autor, por um período de trinta dias, deixa de promover atos e diligências que lhe competem no processo. Se der causa, por três vezes, à extinção do processo, pelo fundamento previsto na lei, o autor não poderá intentar nova ação contra o réu com o mesmo objeto; poderá, porém, alegar em defesa o seu direito (arts. 485, III, e 486, CPC).

Abandono da coisa Ato pelo qual alguém, voluntariamente, abdica da posse e propriedade de uma coisa, por não querê-la mais. Coisa que o dono abandona com intenção de renunciar, sujeitando-se à apropriação (art. 1.275, III, CC). O abandono pressupõe um ato material, praticado intencionalmente, de rejeição da coisa, sendo que a perda de posse, nesse caso, está diretamente relacionada à intenção de retirar a coisa da esfera de atuação material do titular da posse. Abandonada, a coisa torna-se *res nullius*, coisa de ninguém, suscetível de ocupação.

Abandono da família Deixar de cumprir, por ato voluntário e sem justa causa, deveres próprios do responsável pela manutenção da família, relativos às obrigações alimentícias, de moradia, educação, assistenciais e outras. O abandono pode ensejar a perda do poder familiar e a caracterização de delito penal (art. 1.638, CC; art. 244, CP).

Abandono da herança Renúncia da herança. Recusa voluntária do herdeiro em receber a herança para não ser obrigado a pagar dívidas e legados do espólio, que passam à responsabilidade dos coerdeiros, legatários e credores. A renúncia deve constar, expressamente, de escritura pública ou termo judicial (art. 1.806, CC).

Abandono da posse Uma das causas da perda da posse das coisas previstas no CC. Perde-se a posse ao cessar, embora contra a vontade do possuidor, algum dos poderes inerentes à propriedade (art. 1.196, CC).

Abandono da propriedade imóvel Abandono, praticado pelo proprietário, que acarreta perda da propriedade imóvel. O abandono, segundo Paulo Nader, caracteriza-se pela composição de dois elementos: o objetivo ou externo (despojamento da coisa, deixando o *dominus* de utilizar a coisa e de exercer os atos inerentes ao direito de propriedade) e o subjetivo ou interno (o *animus* ou a intenção de se desfazer da coisa sem transmiti-la a outra pessoa) (NADER, Paulo. *Curso de direito civil*, v.4, p.166).

Abandono da servidão Dá-se quando o dono do prédio serviente o deixa voluntariamente ao proprietário dominante; se este se recusar a receber a propriedade ou parte dela, será obrigado a custear obras necessárias à sua conservação e uso (art. 1.382, CC).

Abandono de aeronave Abandono de aeronave ou de parte dela quando não for possível determinar sua legítima origem ou quando se manifestar o proprietário, de modo expresso, no sentido de abandoná-la (art. 120, § 1º, CBA).

Abandono de animais Renúncia ao direito de propriedade ou perda voluntária da posse de animal. O abandono voluntário de animais domésticos é considerado delito de maus-tratos nos termos da lei (art. 32, Lei n. 9.605/98). De qualquer sorte, os animais abandonados tornam-se *res nullius*, podendo ser apreendidos e apropriados por quem tenha interesse.

Abandono de ascendente Ato pelo qual filhos ou netos abandonam ou deixam de prover a subsistência de pais ou avós. Os descendentes, maiores e capazes, têm o dever de ajudá-los e ampará-los com a obrigação irrenunciável de assisti-los e alimentá-los até o final de suas vidas.

Abandono de carga Dá-se quando, nos casos previstos em lei, o segurado abandona os objetos seguros e requer ao segurador indenização por perda total (art. 753, CCom).

Abandono de cargo público Ausência intencional do servidor público ao serviço por mais de trinta dias consecutivos, sem justificação, ou 45 intercalados, o que enseja demissão. Pode ocasionar, também, crime contra a Administração Pública.

Abandono de descendente Não cumprimento pelos pais dos deveres inerentes à qualidade de autoridade paterna, como educar, assistir e zelar pela saúde e pela moral dos filhos. O abandono ou o não provimento da subsistência de descendente menor, sem justa causa, além de ser causa para a perda do poder familiar, é considerado crime punível (art. 1.638, II e III, CC).

Abandono de emprego Ausência do empregado ao emprego por mais de trinta dias consecutivos, sem justa causa, o que enseja demissão por falta grave (art. 482, *i*, CLT). Também pode se caracterizar abandono quando o empregado que tiver sido afastado para o recebimento do auxílio-doença não retornar ao serviço no prazo de trinta dias após a cessação do benefício previdenciário (Súmula n. 62, TST).

Abandono de filho *V. Abandono de descendente.*

Abandono de idoso Abandono de ascendente com idade superior a 60 anos. O tipo mais comum de abandono é a internação do idoso, pelos filhos, em hospital, casa de saúde ou asilo, sem a sua concordância, e posterior desamparo, ou a negligência em prover suas necessidades básicas. O abandono, nessas condições, é considerado crime pelo CP (art. 133) e pelo Estatuto do Idoso (art. 98).

Abandono de incapaz Deixar de cumprir os deveres de vigiar e cuidar dos filhos menores ou de incapazes sob seus cuidados, sua guarda, vigilância ou autoridade (pais ou responsáveis). O mesmo que abandono de pessoa e abandono de menor (art. 133, CP).

Abandono de recém-nascido Deixar exposto ou abandonado recém-nascido para ocultar desonra própria. Constitui crime previsto no CP (art. 134). Trata-se de crime próprio, vez que somente a mãe pode figurar como sujeito ativo. Para a configuração do crime de exposição ou abandono de recém-nascido, é imprescindível que a intenção do agente seja a de ocultar desonra própria, que poderia decorrer dos seguintes casos: prática de ato sexual passível de ser repudiado pela família da mulher ou do homem ou pela comunidade em que vivem; relação extraconjugal; violação dos costumes familiares; desrespeito a crença religiosa.

Abandono do álveo Meio de aquisição de propriedade da terra do leito de um rio que secou ou foi desviado por um fenômeno natural. O leito do rio pertencerá aos proprietários ribeirinhos das duas margens, sendo metade para cada um.

Abandono do estabelecimento Dá-se quando o comerciante fecha o seu estabelecimento e abandona os atos negociais sem motivo razoável. Trata-se de uma das hipóteses de decretação da falência de empresa e uma das causas que poderão ser opostas ao plano de recuperação extrajudicial (Lei n. 11.101/2005).

Abandono do imóvel locado Desocupação voluntária, pelo inquilino, de imóvel a ele locado. A lei faculta ao inquilino a devolução do imóvel, mediante o pagamento de multa. Caso este o abandone, continuará responsável pelos aluguéis em atraso. Quando o imóvel é abandonado após o início da ação de despejo, o locador pode requerer imissão na posse (art. 86, Lei n. 8.245/91).

Abandono do lar Afastamento de um dos cônjuges do lar conjugal com a intenção de não mais retornar. O abandono do lar caracteriza a impossibilidade da comunhão de vida (art. 1.573, IV, CC) e pode originar o direito de usucapião em relação ao imóvel que serve de moradia ao casal, em favor do cônjuge ou companheiro que nele permanecer (art. 1.240-A, CC).

Abandono do prêmio Ocorre na bolsa de valores, quando o comprador desiste de opção em operação a termo sobre títulos e, por isso, paga uma indenização (ou prêmio) previamente ajustada.

Abandono do produto Quando se tem um produto de importação abandonado, o cálculo do imposto é o preço da arrematação e o arrematante é o contribuinte desse imposto (arts. 20, III, 22, II, 46, III, e 51, IV, CTN).

Abandono intelectual Negligência dos pais, ou de quem conserva a guarda, em relação à educação de menores, deixando de lhes assegurar instrução escolar até a conclusão do ensino fundamental. O abandono intelectual constitui crime previsto na lei penal (arts. 246 e 247, CP).

Abandono liberatório Nos casos em que as leis comerciais preveem, o dono ou comparte do navio, para eximir-se de responsabilidade decorrente de atos do capitão ou danos causados ou efeitos recebidos a bordo, deixa que os credores se apoderem do navio no estado em que se encontra. Significa a transferência da propriedade do navio para ressarcimento dos prejuízos. O capitão não pode abandonar o navio fora da hipótese de naufrágio (art. 508, CCom).

Abandono material Crime decorrente da privação de meios de subsistência da pessoa ou pessoas a quem se deve obrigação de manter ou alimentar (art. 244, CP).

Abandono moral Crime contra a assistência familiar, resultante da negligência ou da falta de cuidado daquele que tem o dever de guarda ou vigilância de menor de 18 anos (art. 247, CP).

Abandono sub-rogatório Dá-se quando o segurado abandona ou transfere aos seguradores os efeitos de sua apólice para deles receber a quantia total estipulada no seguro, ou indenização por perda total, e não apenas o valor dos prejuízos em caso de arresto, naufrágio, varação ou sinistro marítimo (art. 753, CCom). O mesmo que abandono assecuratório (*v. Abandono de aeronave* e *Abandono de carga*).

Abatimento Redução ou desconto concedidos pelo credor de uma dívida em razão de mera liberalidade ou do fato de o devedor efetuar o pagamento à vista. Pode também derivar-se de imposição legal, como se verifica na hipótese de vícios redibitórios que afetam a coisa adquirida (arts. 442 e 445, CC; art. 18, III, CDC).

Abatimento de aluguel Direito que compete ao locatário quando o locador, necessitando do imóvel locado para a realização de reparos urgentes, o retém por mais de dez dias. Nesse caso, o locatário terá direito a abatimento do aluguel proporcional ao período excedente; se mais de trinta dias, poderá resilir o contrato (art. 26, Lei n. 8.245/91). "Como reparações necessárias do prédio, nos termos do dispositivo, se entendem, pois, aquelas que se impõem de tal maneira que sem elas o prédio não poderia servir ao uso a que foi destinado. Não importa que se trate de reparações ordinárias ou extraordinárias, nem se indaga se elas se devem à antiguidade do prédio, a caso fortuito ou força maior. Constatada a urgência dos reparos, o inquilino é obrigado a autorizá-los, em nome da segurança do imóvel. Permitir a efetuação de reparos urgentes é dever do locatário, que, descumprido, enseja a rescisão de contrato e o despejo do imóvel" (CARVALHO SANTOS. *Código Civil brasileiro interpretado*. Rio de Janeiro, Freitas Bastos, 1964, v. 17, p. 160).

Aberratio delicti O mesmo que *aberratio criminis*. Locução latina que designa o erro do agente quanto ao bem jurídico que desejaria ofender. O agente, com sua ação, obtém resultado diverso do pretendido. Exemplo: "A" pretende apenas destruir o muro da residência de "B", porém o muro, ao ruir, fere o transeunte "C".

Aberratio ictus Locução latina que, no direito penal, designa o erro na execução do delito quanto à pessoa da vítima. Erro que se verifica quando o agente pretende atingir determinada pessoa, a qual visualiza, erra o golpe ou o disparo e vem a ofender outra. Nesse caso, o agente não se engana quanto à vítima, mas, por erro, atinge outra pessoa (art. 73, CP). Ocorre, por exemplo, quando "A" deseja atirar em "B", erra o alvo e acerta, porém, involuntariamente, "C". Consistindo em uma falha à própria execução do delito, a *aberratio ictus* não se confunde com a *aberratio delicti*, nem com a *aberratio personae* (*error in persona*). Na *aberratio delicti* o agente, alcançando um resultado diverso do pretendido, ofende, ademais, um bem jurídico estranho à sua intenção: "A" lança uma pedra contra o automóvel de "B" para danificá-lo, mas atinge o transeunte "C". Já na *aberratio personae* ou *error in persona*, ocorre uma falsa interpretação da realidade, um erro de representação: "A" golpeia "B", pensando tratar-se de "C".

Aberratio personae Locução latina, também conhecida como *error in persona*, designa o erro de representação cometido pelo agente criminoso. Exemplo: "A", no escuro, atira em "B", presumindo ter atirado em "C".

Abertura da sucessão Expressão jurídica que indica o ato de disponibilidade da herança, em decorrência do falecimento de pessoa que tenha deixado bens. A abertura da sucessão hereditária e a consequente transmissão da herança ocorrem no momento mesmo da morte daquele cujos bens serão objeto de inventário e partilha (art. 1.784, CC). A sucessão abre-se no lugar do último domicílio do falecido e pode ser provisória ou definitiva (arts. 37 e 38, CC) (*v. Sucessão provisória* e *Sucessão definitiva*).

Abertura de inquérito *V. Inquérito policial* e *Inquérito administrativo*.

Abertura de inventário Procedimento judicial ou extrajudicial exigido por lei de quem estiver na posse e na administração do espólio, destinado a inventariar e posteriormente partilhar entre os herdeiros os bens deixados por pessoa falecida (arts. 610 e 615, CPC). Incumbe, portanto, a quem estiver na posse e administração do espólio, no prazo previsto pelo art. 610, CPC, requerer o inventário e a partilha, sendo o requerimento instruído com a certidão de óbito do autor da herança. O processo deve ser requerido dentro de dois meses, a contar da abertura da sucessão, ultimando-se nos doze meses subsequentes, podendo o juiz, de ofício ou a requerimento do inventariante, dilatar esse prazo. É facultada à parte a utilização do inventário extrajudicial ou por escritura pública, desde que todos os herdeiros sejam capazes e concordes.

Abigeato Furto de semoventes; furto de animais; furto de gado. Subtração de coisa móvel, punível com a pena de reclusão, de 1 a 4 anos, e multa (art. 155, CP).

Ab initio Locução latina que tem como significado "desde o início", "de começo" (p. ex., "à vista do exposto, dá-se provimento à apelação para reformar integralmente a sentença, decretando-se a nulidade do processo de inventário *ab initio*").

Ab intestato Locução latina pela qual se indica que determinada pessoa faleceu sem deixar testamento. Em tal caso, sucessão *ab intestato* se contrapõe a "sucessão testamentária" (*v. Sucessão*).

Abonar Ato de aprovar um ato praticado por terceiro. Justificar, assumir a responsabilidade, afiançar, garantir. Exemplo: "Pedro abonou a assinatura de João no cadastro feito por ele junto ao Banco do Brasil".

Aborto Processo de interrupção da gravidez com a consequente morte do feto, qualquer que seja o seu estado evolutivo, desde a concepção até o parto. Segundo a OMS, abortamento é a interrupção da gestação antes de 20 a 22 semanas ou com peso do feto inferior a 500 gramas, sendo considerada precoce quando ocorre até 12 semanas, e tardio quando entre 12 e 20 a 22 semanas. O aborto pode ser classificado como natural (espontâneo) ou provocado. Espontâneo é aquele em que o próprio organismo se encarrega de realizá-lo, independentemente da vontade da mulher; é provocado quando feito intencionalmente, ocasionando, então, a morte do feto por vontade da própria gestante e/ou de outrem. Em relação ao aborto provocado, o CP o considera legal, desde que praticado por médico, em duas situações: quando não houver outro meio de salvar a vida da gestante (aborto sentimental, moral ou humanitário); no caso de gravidez resultante de estupro (aborto terapêutico) (art. 128, CP). Em 12.04.2012, julgando a ADPF n. 54, ajuizada pela Confederação Nacional dos Trabalhadores na Saúde (CNTS), o Plenário do STF decidiu, por maioria, que não pratica o crime de aborto tipificado no CP a mulher que decide pela "antecipação do parto" em casos de gravidez de feto anencéfalo. De acordo com a Lei n. 9.882/99, que regula as ADPFs, a decisão tomada pelo STF tem "eficácia contra todos e efeito vinculante relativamente aos demais órgãos do Poder Público".

Aborto eugênico Modalidade de aborto realizada quando existe importante risco ou probabilidade de que o feto esteja gravemente afetado, dando origem a uma criança com graves anomalias ou malformações, como ocorre no caso dos anencéfalos. O aborto eugênico tem por fundamento o interesse social na qualidade de vida independente do ser humano e não apenas o interesse em assegurar a existência de um ser sem qualquer qualidade de vida (*v. Anencefalia*).

Ab-rogação Revogação geral ou total das normas que regulam determinadas situações, proposta por nova lei, decreto ou regulamento. "Ficam revogadas as disposições em contrário" é a forma como habitualmente aparece representada.

Absolutamente incapaz Pessoa impedida de exercer pessoalmente os atos da vida civil em razão de insuficiência de idade. A lei diz que são absolutamente incapazes os menores de 16 anos, por serem incapazes de exercer pessoalmente os atos da vida civil (art. 3º do CC). Os absolutamente incapazes não podem praticar atos jurídicos, pois devem ser representados por seus pais, tutores ou curadores (art. 71 do CPC).

Absolvição criminal Do latim *absolvere*, desatar, desembaraçar, resgatar, perdoar. Ato judicial que declara o réu inocente ou meramente isento de sanção. No plano do processo penal, denominamos sentença absolutória aquela que julga improcedente a acusação. As hipóteses de absolvição têm previsão no CPP: estar provada a inexistência do fato; não haver prova da existência do fato; não constituir o fato infração penal; estar provado que o réu não concorreu para a infração penal; não existir prova de ter o réu concorrido para a infração penal; existirem circunstâncias que excluam o crime ou isentem o réu de pena, ou mesmo se houver fundada dúvida sobre sua existência; não existir prova suficiente para a condenação (art. 386). As sentenças que concedem perdão judicial não são absolutórias, porque, embora deixando de aplicar a pena, reconhecem a autoria do crime, de forma que haverá reincidência se o réu voltar a delinquir.

Absolvição de instância Instituto processual que identificava a liberação do réu da demanda a que estava submetido, o que não obstava, contudo, a propositura de nova ação, sobre o mesmo objeto, pelo autor. A expressão *absolvição da instância* foi substituída, com o advento do vigente CPC, pela *extinção do processo sem resolução do mérito*.

Absolvição teórica Terceira modalidade de veredicto cuja existência foi reconhecida pela Corte Europeia de Direitos Humanos. Os juízes decidiram que um réu que foi condenado, cumpriu a pena e depois teve sua condenação anulada diante de novas provas não é, necessariamente, inocente. Não tem direito de reclamar indenização por danos morais pelo tempo que ficou preso. De acordo com o § 2º do art. 6º da Convenção Europeia de Direitos Humanos, todos são presumidamente inocentes até que sua culpa seja legalmente provada. No julgamento, no entanto, a Corte mitigou esse princípio ao estabelecer que, se a condenação é anulada e não é feito novo julgamento, o réu não pode ser considerado um inocente erroneamente condenado. Não é vítima de erro judicial. Tecnicamente, ele é um inocente aos olhos da Justiça, mas que já passou anos atrás das grades e não vai receber nenhuma compensação por isso (Disponível em: http://www.osconstitucionalistas.com.br/europa-mitiga-presuncao-de-inocencia; acessado em 11.08.2013).

Abstenção Recusa voluntária de participar ou praticar determinado ato. Privação, abstinência, renúncia a um direito ou não exercício de um direito. Exemplos: "Abster-se de votar"; "abster-se de emitir opinião"; "a abstenção de 19,40% destas eleições supera a de 2010, de 18,12%".

Abuso de autoridade Atos cometidos por agente público, servidor ou não, que, no exercício de suas funções ou a pretexto de exercê-las, abuse do poder que lhe tenha sido atribuído. As condutas descritas na Lei n. 13.869/2019 constituem crime de abuso de autoridade quando praticadas pelo agente com a finalidade específica de prejudicar outrem ou beneficiar a si mesmo ou a terceiro, ou, ainda, por mero capricho ou satisfação pessoal. Pode praticar o crime de abuso de autoridade qualquer agente público, servidor ou não, da administração direta, indireta ou fundacional de qualquer dos Poderes da União, dos Estados, do Distrito Federal, dos Municípios e de Território, compreendendo, mas não se limitando a, os servidores públicos e militares ou pessoas a eles equiparadas; membros do Poder Legislativo; membros do Poder Executivo; membros do Poder Judiciário; membros do Ministério Público; membros dos tribunais ou conselhos de contas. Reputa-se agente público todo aquele que exerce, ainda que transitoriamente ou sem remuneração, por eleição, nomeação, designação, contratação ou qualquer outra forma de investidura ou vínculo, mandato, cargo, emprego ou função em órgão ou entidade descritos na lei referida.

Abuso do poder familiar Exercício irregular ou exorbitante da autoridade paterna sobre os filhos. Configura-se abuso do poder familiar o castigo imoderado ao menor ou o fato de os pais o deixarem em situação que caracterize o estado de abandono. O abuso do poder familiar é sancionado com a perda do poder familiar (art. 1.638, CC).

Ação (1) Meio ou instrumento processual que a lei assegura à parte para que ela possa requerer, em juízo, o reconhecimento do direito que alega ter; meio processual pelo qual se pode reclamar à Justiça reconhecimento, declaração, atribuição ou efetivação de um direito (*v. Ação judicial*).

Ação (2) Cota ou capital; título de propriedade negociável, representativo de uma fração do capital de uma sociedade anônima. As ações se classificam, quanto aos direitos que conferem, em ordinárias, preferenciais e de gozo ou fruição. Em relação à forma, nominativas e escriturais. Quanto ao preço de emissão, podem ser com ou sem valor nominal. O estatuto da sociedade fixará o número das ações em que se divide o capital social e estabelecerá se as ações terão, ou não, valor nominal (Lei n. 6.404/76).

Ação acessória Ação proposta antes ou no curso da causa principal, sendo desta dependente. A ação acessória pode ser de natureza preparatória, quando visa a instruir ou fundamentar propositura da lide principal (separação de corpos); de natureza preventiva, quando tem por finalidade evitar fraudes, assegurando a futura efetivação de direito (arrolamento de bens, sequestro) ou de natureza incidente, quando surge durante a demanda (reconvenção, oposição, embargos de terceiro). "A ação acessória deve ser proposta perante o juiz competente para a ação principal" (art. 61 do CPC).

Ação autônoma de impugnação Por vezes confundida com recursos, esta ação, representada pelo *habeas corpus*, mandado de segurança e ação rescisória, é, como a própria denominação indica, mero instrumento de impugnação decorrente de uma nova ação. "O traço característico entre os recursos e as ações de impugnação deve ser buscado em outro elemento: pelo recurso, não se instaura uma nova relação processual (um *novo processo*), operando-se por ele um mero prosseguimento da relação processual já existente. Ao contrário, o meio autônomo de impugnação configura sempre o exercício de uma nova ação, dando vida a uma diversa relação jurídica processual" (cf. GRINOVER et al. *Recursos no processo penal*. 4.ed. RT, São Paulo, 2005, p. 30). Já no entender de Nelson Nery Júnior, as ações autônomas de impugnação "fazem as vezes de recurso (por isso denominadas sucedâneos recursais), já que se dirigem contra decisões judiciais" (*Princípios fundamentais*: teoria geral dos recursos. São Paulo, RT, 1990, p. 158).

Ação cambial Ação específica para promover a cobrança de dívida embasada em título de crédito ou cambial (cheque, nota promissória, duplicata, letra de câmbio). Ação executiva ou ação de execução por quantia certa contra devedor solvente (art. 824, CPC).

Ação cautelar (*v. Medida cautelar*).

Ação civil *ex delicto* Ação fundada em sentença penal condenatória transitada em julgado que visa à reparação de um dano, moral ou material, decorrente de um ilícito penal (art. 63, CPP). A sentença condenatória constitui título executivo judicial, podendo ser executada em face do agente causador do dano ou de quem a lei civil apontar como responsável pela indenização.

Ação civil pública Ação que visa a apurar a responsabilidade por danos morais e patrimoniais causados: ao meio ambiente; ao consumidor; a bens e direitos de valor artístico, estético, histórico, turístico e paisagístico; a qualquer outro interesse difuso ou coletivo; por infração da ordem econômica; à ordem urbanística (art. 1º, I a VI, Lei n. 7.347/85).

Ação cominatória Ação pela qual o titular de um direito requer ao juiz que alguém cumpra uma obrigação, preste um serviço ou se abstenha de praticar algum ato que lhe traga prejuízo, sob pena de sanção ou pagamento de multa (pena pecuniária) (art. 536 e 537, CPC). A multa é também conhecida como astreinte (*v. Astreinte*). A Lei n. 9.609/98, que dispõe sobre a proteção de propriedade intelectual de programa de computador, prevê expressamente a ação para o autor de programas de computador proibir ao infrator a prática do ato incriminado com a cominação de pena pecuniária para o caso de o réu não concretizar a pretensão do autor.

Ação condenatória Ação em que o autor visa a obter uma sentença que imponha ao réu a obrigação de prestar alguma coisa devida ao autor. A ação condenatória constitui título executivo judicial, que serve de instrumento para fundamentar posterior ação de execução.

Ação conexa Ação que, encerrando certa analogia ou identidade com outra, deve ser promovida simultaneamente, sempre que haja imperiosa necessidade de um único julgamento para ambas as causas, para evitar eventual prestação jurisdicional conflitante sobre a mesma causa de pedir (art. 55, CPC).

Ação confessória Ação que compete ao titular do direito real de servidão (proprietário, enfiteuta ou usufrutuário do prédio dominante) para requerer o reconhecimento da existência da servidão e a proibição de o réu embaraçar seu livre exercício.

Ação constitutiva Ação que, sem limitar a simples declaração de um direito e sem estatuir condenação ao cumprimento de uma prestação, cria, modifica ou extingue uma relação jurídica. Espécie de ação de conhecimento que tem por finalidade criar, alterar ou extinguir uma relação jurídica. A sentença poderá ter efeito *ex tunc* (retroação) ou *ex nunc* (irretroatividade), sendo excepcional a retroatividade, como para anular atos jurídicos que envolvam vícios de consentimento.

Ação cumulada Ação proposta simultaneamente e em conjunto com outra ação em razão de o objeto ou a causa de pedir ser comum em ambas (art. 55, CPC).

Ação de acidente de trânsito (*v. Ação de reparação de danos causados em acidente de trânsito*).

Ação de adjudicação compulsória Medida judicial que tem por objetivo obter a transferência da propriedade de uma coisa móvel ou imóvel do patrimônio de uma pessoa, nos casos em que a lei especifica. A medida visa a obter o suprimento judicial da vontade recusada pelo vendedor, ou seja, o suprimento da vontade de outorgar a escritura definitiva e a consequente transferência do domínio do imóvel compromissado. Adjudicação forçada ou obrigatória, como nos contratos que tenham por objeto a promessa de compra e venda de imóveis e o DL n. 58/37 (art. 15). Julgada procedente a ação, a sentença terá o condão de adjudicar o imóvel ao compromissário, valendo ela como título para a transcrição ou transferência de domínio (art. 16, § 2º).

Ação de alimentos Ação que permite aos cônjuges, companheiros e parentes, desde que provada a necessidade, exigirem, uns dos outros, os alimentos de que necessitam para subsistir (art. 1.694, CC). O direito à prestação de alimentos é recíproco entre pais e filhos e extensivo a todos os ascendentes (art. 1.696, CC). A ação de alimentos encontra-se regulada pela Lei n. 5.478/68. Os alimentos poderão ser requeridos e fixados, para o cônjuge, companheiro(a) e para os filhos, como pedido acessório no processo de divórcio. Todavia, como ação autônoma, deve a ação submeter-se aos ditames da Lei n. 5.478/68. Se qualquer dos pais não estiver em condições de suportar totalmente o encargo, serão chamados a concorrer os parentes de grau imediato; sendo várias as pessoas obrigadas a prestar alimentos, todas devem concorrer na proporção dos respectivos recursos, e, intentada ação contra uma delas, poderão as demais ser chamadas a integrar a lide (art. 1.698, CC).

Ação de anulação Ação que possibilita à parte interessada obter anulação do ato jurídico constituído sem obedecer às formalidades legais ou fundado em erro, dolo, coação, estado de perigo, lesão ou fraude contra credores ou do qual participe pessoa relativamente incapaz (art. 171, CC). A denominação da ação de anulação é complementada de acordo com o objeto ou ato jurídico que se pretende anular: "ação de anulação de negócio jurídico"; "ação de anulação de contrato"; "ação de anulação de casamento".

Ação de anulação de compra e venda Ação pela qual uma das partes do contrato de compra e venda requer a decretação da nulidade deste, em razão de vício insanável. A transação de compra e venda será nula se ocorrer qualquer um dos casos previstos nos itens do art. 166, CC, bem como se se deixar ao arbítrio de uma das partes a taxação do preço (art. 489, CC). Também é anulável se for realizada entre ascendentes e descendentes, sem o consentimento necessário (art. 496, CC) e, ainda, quando realizada por pessoas proibidas de adquirir certos bens, em razão de sua condição ou função (art. 497, CC).

Ação de anulação de contrato social Ação que compete a qualquer dos sócios para pleitear a ineficácia do contrato social quando este contiver defeito insanável. A lei civil exige que o objeto e o fim a que se propõem as companhias e sociedades comerciais sejam lícitos e que o contrato seja celebrado por pessoa capaz e se revista na forma prescrita no ordenamento jurídico. Considera, ademais, que é nula a estipulação contratual que exclua qualquer sócio de participar dos lucros e das perdas (art. 1.008, CC).

Ação de anulação de título cambiário Ação para ver declarada a nulidade de título ou a inexistência da obrigação, seja por meio de embargos, seja por outra ação declaratória ou desconstitutiva (art. 19, CPC).

Ação de apuração de haveres Medida judicial que assegura a todo aquele que se afastar da sociedade de que faz parte o direito de pleitear a apuração e o pagamento de valores referentes à sua participação na sociedade.

Ação de atentado (*v. Atentado*).

Ação de avarias Ação que cabe ao proprietário da mercadoria, transportada em navio, contra o proprietário da embarcação, para obter indenização na hipótese de dano ou deterioração durante a viagem.

Ação de busca e apreensão Medida judicial destinada a obter a apreensão de determinada coisa ou pessoa do poder de quem a detenha ilegalmente, a fim de que ela seja guardada ou depositada até que o juiz decida a quem deve ser entregue em definitivo. Como processo autônomo, a busca e apreensão encontra previsão no DL n. 911/69, que regula os contratos de alienação fiduciária. No CPC/2015 não há correspondente ao Livro III do antigo CPC, que tratava somente das cautelares nominadas. Atualmente, estando presentes o *fumus bonis juris* e o *periculum in mora* para caracterizar tutela de urgência, o juiz concederá a liminar e, se for o caso, a busca e apreensão.

Ação declaratória Ação pela qual, mediante simples declaração, sem força executória, o juiz proclama existência (declaratória positiva) ou inexistência (declaratória negativa) de uma relação jurídica, falsidade ou autenticidade de um documento (art. 19, CPC). Exemplos: ação declaratória de sociedade de fato; ação declaratória de união estável.

Ação declaratória de constitucionalidade (ADC) Ação destinada a confirmar a constitucionalidade de uma lei federal e garantir que ela não seja questionada por outras ações. A ADC foi criada pela EC n. 3/93, que alterou a redação do art. 102, I, *a*, e acresceu o § 2º ao art. 102, todos da CF. O processo e o julgamento da ADC são regulamentados pela Lei n. 9.868/99. É um dos instrumentos que os juristas denominam "controle concentrado de inconstitucionalidade das leis", ao contrário do "controle difuso", em que a constitucionalidade de uma lei é confirmada em ações entre pessoas (e não contra lei), quando a validade da norma é questionada para, se for o caso, ser aplicada ou não a uma situação de fato. Podem propor esta ação: presidente da república; Mesa da Câmara dos Deputados; Mesa do Senado Federal; procurador-geral da República. Não pode haver intervenção de terceiros no processo, e uma vez proposta a ação, não se admite desistência. O advogado-geral da União e o procurador-geral da República devem se manifestar nos autos. Contra a decisão que declara a constitucionalidade ou inconstitucionalidade em ADC e ADIn não cabe recurso de qualquer espécie, com a exceção de embargos declaratórios. "A finalidade da medida é muito clara: afastar a incerteza jurídica e estabelecer uma orientação homogênea na matéria. É certo que todos os operadores jurídicos lidam, ordinariamente, com a circunstância de que textos normativos se sujeitam a interpretações diversas e contrastantes. Por vezes, até câmaras ou turmas de um mesmo tribunal firmam linhas jurisprudenciais divergentes. Porém, em determinadas situações, pelo número de pessoas envolvidas ou pela sensibilidade social ou política da matéria, impõe-se, em nome da segurança jurídica, da isonomia ou de outras razões de interesse público primário, a pronta pacificação da controvérsia" (BARROSO, Luís Roberto. *O controle de constitucionalidade no Direito brasileiro*. 2.ed. São Paulo, Saraiva, 2006, p. 203).

Ação declaratória de união estável Ação destinada a comprovar a existência da união estável entre pessoas hétero ou homossexuais não formalizada pelo casamento. Poderá o convivente, mediante a prova dos requisitos elencados pelo art. 1.723, CC, promover *ação declaratória de reconhecimento e de dissolução de união estável* para efeito não só de obter o reconhecimento da união estável, mas também requerer alimentos e eventual partilha de bens, esta em conformidade com o art. 1.725, CC.

Ação de comisso Ação que, a teor do art. 692, II, CC/1916, facultava ao senhorio mover contra o foreiro para anulação ou extinção da enfiteuse. Somente poderia ser proposta na hipótese de o foreiro deixar de pagar as pensões devidas por três anos consecutivos. Embora extinta pelo CC/2002 (art. 2.038), a enfiteuse permanece em uso para os terrenos da União, conforme dispõe a Lei n. 9.636, de 15.05.1998 (*v. Aforamento de imóveis da União* e *Enfiteuse*).

Ação de consignação de aluguéis Ação que compete ao locatário sempre que o locador, sem justa causa, se recusar a receber o pagamento de aluguéis e acessórios da locação ou se recusar a fornecer o devido recibo de pagamento (art. 67, Lei n. 8.245/91). A consignação costuma ocorrer, com mais frequência, na situação em que o locador decide aumentar o valor do aluguel antes da data prevista para reajuste, sem obter o consentimento do locatário. Como se trata de exigência ilegal de pagamento, decorrente de ato unilateral praticado pelo locador à revelia do locatário, poderá este consignar em juízo apenas a importância que considere devida, com o fim de evitar a incidência da mora.

Ação de consignação em pagamento Ação que permite ao devedor depositar em juízo a coisa devida para valer como pagamento nas hipóteses previstas em lei (arts. 334, CC, e 539, CPC). Entre outros casos arrolados pelo art. 335, CC, cabe a ação de consignação: se o credor, sem justa causa, recusar receber o pagamento ou dar quitação na devida forma; se o credor não for, nem mandar receber a coisa no lugar, tempo e condição devido; se o credor for incapaz de receber, for desconhecido, estiver declarado ausente ou residir em lugar incerto, de acesso perigoso ou difícil; se ocorrer dúvida sobre quem deva legitimamente receber o objeto do pagamento; e se pender litígio sobre o objeto de pagamento. Quando o objeto da consignatória for o pagamento de aluguéis, o consignante encontra ação específica (ação de consignação de aluguéis) no art. 67, Lei n. 8.245/91 (Lei do Inquilinato).

Ação de *damno infecto* Ação pela qual a pessoa, estando na expectativa de sofrer dano eventual ou iminente, requer a quem esteja na iminência de causá-lo que preste caução. A ação, também conhecida por caução de dano iminente ou caução de dano *infecto*, cabe ao proprietário ou inquilino de um prédio, no qual alguém tem direito de fazer obras, além de outros casos previstos no CC (arts. 1.280, 1.281 e 1.305, parágrafo único, CC).

Ação de demarcação Ação que tem por objeto delimitar a área de um imóvel e seus novos limites ou aviventar os limites já apagados. Pode ser cumulada com a ação de divisão (arts. 569 e 570, CPC).

Ação de desapropriação Ação que compete ao órgão público competente, destinada a subtrair do particular propriedade imóvel que considere de utilidade pública ou de interesse social para utilizá-la em benefício da coletividade, mediante prévia e justa indenização. A competência para promover a desapropriação de imóveis rurais para fins de reforma agrária é privativa da União (art. 184, CF). A LC n. 76/93 dispõe sobre o procedimento contraditório especial, de rito sumário, para o processo de desapropriação de imóvel rural, por interesse social, para fins de reforma agrária. A competência para promover a ação é da União, que deverá ser representada por procuradores do Incra; a competência para processar e julgar é da Justiça Federal. O processo desapropriatório envolve *duas fases distintas*: a da publicação do decreto declaratório de interesse social; a da ação de desapropriação propriamente dita, que deverá ser proposta no prazo de até dois anos, contados da publicação do decreto declaratório (art. 3º) (*v. Desapropriação*).

Ação de despejo Ação, que compete ao locador, destinada a obter a desocupação compulsória do prédio locado ao locatário, quando este se recusa a restituí-lo por determinação judicial (arts. 47 e 59, Lei n. 8.245/91).

Ação de despejo de imóvel rural Ação que compete ao arrendador (no contrato de arrendamento rural) ou ao parceiro outorgante (no contrato de parceria rural), que poderão ser tanto o próprio dono do imóvel como o simples possuidor, o usufrutuário, ou usuário, ou o administrador que tenha poderes específicos para contratar, contra o arrendatário ou parceiro outorgado, a fim de compeli-los a desocupar o imóvel nos casos permitidos em lei.

Ação de despejo de imóvel urbano Ação que compete ao locador, que tanto poderá ser o proprietário como o administrador ou quem possua poderes específicos para locar, o usufrutuário ou os herdeiros do locador (art. 10, Lei n. 8.245/91), contra o locatário a fim de compeli-lo a desocupar o imóvel nas hipóteses previstas em lei (arts. 9º, 46 e 47, Lei n. 8.245/91). Constituem fundamento para a ação: prática de infração legal ou contratual; falta de pagamento de aluguel e demais encargos; realização de reparações urgentes determinadas pelo Poder Público, desde que não possam ser normalmente executadas com a permanência do locatário no imóvel ou, podendo, ele se recuse a consenti-las; extinção do contrato de trabalho, se a ocupação do imóvel decorrer da relação de emprego; necessidade da ocupação do imóvel para uso próprio do locador, do cônjuge, do companheiro, do ascendente, na hipótese de nenhum deles possuir imóvel próprio; necessidade de demolição e edificação licenciada, realização de obras aprovadas pelo Poder Público que aumentem a área construída em, no mínimo, 20% ou 50% se o imóvel for destinado à exploração de hotel ou pensão; ocupação do imóvel, pelo locatário, pelo período de cinco anos ininterruptos. O rito processual para as ações de despejo é o ordinário, segundo estabelece o art. 59 da Lei do Inquilinato (Lei n. 8.245/91).

Ação de divisão Ação que cabe ao condômino para obrigar os demais consortes a partilhar a coisa comum (art. 569, II, e 588, CPC). A ação tem por finalidade atribuir a cada condômino ou coproprietário do imóvel o quinhão que lhe cabe na mesma propriedade, definindo perfeitamente sua localização, suas medidas e suas confrontações. O condômino possui o direito de, a todo tempo, exigir a divisão da coisa comum (art. 1.320, CC).

Ação de divisão e de demarcação Ação na qual se cumulam os pedidos de divisão e demarcação para se obter não só a divisão da propriedade, atribuindo-se a cada condômino seu quinhão, mas também a demarcação do terreno por seus limites exteriores, ou seja, em relação às propriedades confrontantes pertencentes a terceiros (art. 570, CPC).

Ação de divórcio Ação promovida por um dos cônjuges, ou por ambos quando consensual, com o fim de extinguir de vez a sociedade conjugal. O divórcio judicial é obrigatório quando há filhos menores de idade ou incapazes. Não ocorrendo as referidas hipóteses, o divórcio consensual poderá ser feito por escritura pública (art. 733, CPC). O pedido de divórcio somente competirá aos cônjuges. Sendo o cônjuge incapaz para propor a ação ou defender-se, poderá fazê-lo o curador, o ascendente ou o irmão (art. 1.582, CC).

Ação de evicção Ação pela qual o adquirente de coisa certa, que vier a perdê-la em razão de sentença que atribui sua propriedade a outrem, pretende o reconhecimento de seu direito de obter indenização do preço e demais despesas que sofrer daquele que lhe alienou a coisa (art. 447, CC).

Ação de execução Ação fundada em título extrajudicial destinada a compelir o devedor inadimplente a satisfazer o débito ou a obrigação, quando deixar de fazê-lo de forma espontânea. O mesmo que ação executiva ou execução forçada. O processo de execução é restrito à execução que tenha por fundamento as modalidades de títulos executivos extrajudiciais. Cumpre ao credor, ao ajuizar a execução, instruir a petição inicial com: a) o título executivo extrajudicial; b) o demonstrativo do débito atualizado até a data da propositura da ação, quando se tratar de execução por quantia certa; c) a prova de que se verificou a condição ou ocorreu o termo, se for o caso; d) a prova, se for o caso, de que adimpliu a contraprestação que lhe corresponde ou que lhe assegura o cumprimento, se o executado não for obrigado a satisfazer a sua prestação senão mediante a contraprestação do exequente; e) indicar a espécie de execução que prefere, quando por mais de um modo puder ser efetuada; f) os nomes completos do exequente e do executado e seus números de inscrição no Cadastro de Pessoas Físicas ou no Cadastro Nacional da Pessoa Jurídica; g) indicar os bens suscetíveis de penhora, sempre que possível (art. 798, CPC). A Lei n. 9.099/95 (Juizados Especiais Cíveis), no art. 3º, § 1º, II, faculta que nesses juizados se processem as execuções de títulos executivos extrajudiciais no valor de até quarenta vezes o salário mínimo.

Ação de execução de alimentos Execução fundada em título executivo extrajudicial que contém obrigação alimentar. Ao despachar a petição inicial, o juiz mandará citar o devedor para, em três dias, efetuar o pagamento, provar que o fez ou justificar a impossibilidade de efetuá-lo (art. 911, CPC).

Ação de execução por quantia certa Ação, fundada em título líquido, certo e exigível, do credor contra o devedor, que tem por fim obter o cumprimento de obrigação que o devedor deixou de satisfazer espontaneamente sob pena da expropriação de bens (art. 824, CPC), com exceção daqueles que a lei considera impenhoráveis ou inalienáveis (arts. 825 e 826, CPC) (*v. Ação de execução*).

Ação de exigir contas Ação pela qual o interessado pleiteia que alguém lhe preste contas nos casos previstos em lei ou em razão de convenção entre as partes. Cumpre ao requerente, na petição inicial, especificar detalhadamente as razões pelas quais exige as contas, instruindo-a com documentos comprobatórios dessa necessidade, se existirem (art. 550, CPC).

Ação de exoneração de alimentos Ação judicial posta à disposição do alimentante para pleitear a extinção de sua obrigação ou de seu dever de prestar alimentos, quando sobrevier mudança em sua situação financeira ou na de quem recebe os alimentos (art. 1.699, CC).

Ação de exoneração de fiança Ação de iniciativa do fiador contra o locador que tem por objetivo obter declaração de estar desobrigado de continuar prestando fiança a determinada pessoa. O fiador poderá exonerar-se da fiança que tiver assinado sem limitação de tempo, sempre que lhe convier, ficando obrigado por todos os efeitos da fiança, durante sessenta dias após a notificação do credor (art. 835, CC). Em se tratando de contrato de locação, o fiador poderá exonerar-se da fiança nos seguintes casos: a) separação de fato, separação judicial, divórcio ou dissolução de união estável, quando um dos cônjuges ou companheiros permanecer no imóvel; b) prorrogação da locação por prazo indeterminado, uma vez notificado o locador pelo fiador de sua intenção de desoneração (arts. 12 e 40, X, Lei n. 8.245/91). A cláusula na qual o fiador renuncia expressamente ao direito de exonerar-se da fiança tem sido considerada nula, sob a alegação de inexistir o direito de renúncia à época em que o fiador assinou o contrato. A justificativa é de que o art. 835, CC, com redação repetida pelo art. 40, X, da Lei n. 8.245/91, diz respeito tão somente à fiança sem limitação no tempo. Quanto à cláusula que determina a responsabilidade do fiador "até a entrega das chaves", o STJ, a partir de 2008, modificou entendimento anterior, decidindo que a responsabilidade dos fiadores perdura até a efetiva entrega das chaves.

Ação de falência Ação promovida pelo credor contra comerciante que, sem relevante razão de direito, não paga no vencimento obrigação líquida constante de título que legitime a ação cxccutiva (art. 94, Lei n. 11.101/2005).

Ação de fruição Cota ou capital; título de propriedade negociável, representativo de uma fração do capital de uma sociedade anônima. São as ações resultantes da amortização das ações ordinárias ou preferenciais, cuja operação só pode ser realizada com lucros ou reservas. Atribui-se às ações de fruição o direito de participar dos lucros, de fiscalizar a sociedade e de preferência na subscrição de novas ações.

Ação de imissão na posse Ação que cabe ao proprietário adquirente para pleitear posse direta sobre imóvel que ainda se encontra na posse de outrem e que voluntariamente não lhe é entregue. A ação de imissão de posse é assegurada àqueles que, amparados em documento hábil (escritura de compra e venda; carta de adjudicação), têm a pretensão material à posse. É proposta por quem tem o domínio mas não a posse, contra quem tem a posse mas não possui o domínio, como no caso daquele que adquire um imóvel ainda ocupado pelo locatário ou pelo antigo proprietário, e estes se recusam a desocupá-lo de forma voluntária.

Ação de indenização Ação que tem por finalidade assegurar a alguém o ressarcimento de prejuízos ou a reparação do dano causado por outrem em razão de ação ou omissão voluntária, negligência ou imprudência (arts. 92 e 186, CC). O mesmo que ação de reparação de danos. O termo *indenização* refere-se à compensação devida a alguém de maneira a anular ou reduzir um dano (tornar indene) de natureza moral ou material, que pode ser originado do incumprimento total, ou cumprimento deficiente de uma obrigação, ou da violação de um direito absoluto, por exemplo, a compensação devida pela denúncia de um contrato ou pela prática de um crime. Diz-se, também, da importância paga por uma seguradora ao segurado em caso de sinistro. Cumpre analisar a relação entre a culpa do agente e o dano causado, fato que poderá ensejar a culpa concorrente.

Ação de interdição Ação pela qual se pleiteia seja declarada a incapacidade de uma pessoa para reger seus atos na vida civil, para efeito de ser-lhe nomeado curador. A interdição abrange aqueles que, por causa transitória ou permanente, não puderem exprimir a sua vontade, os ébrios habituais e os viciados em tóxicos e os pródigos (art. 1.767, CC). A ação de interdição consiste em um procedimento de jurisdição voluntária e nela deve intervir o órgão do MP. A ação pode ser promovida: pelo pai, mãe ou tutor; pelo cônjuge ou algum parente próximo; pelo órgão do MP (art. 747, CPC).

Ação de interdito proibitório Ação preventiva que visa a impedir a concretização de uma ameaça à posse do possuidor por meio de ato de turbação ou esbulho (art. 567, CPC). "Diferentemente dos dois outros interditos possessórios [...], o presente não pressupõe ofensa à posse consumada, mas apenas o justo receio de turbação ou esbulho iminente que sinta o possuidor (*v.g.*, na hipótese de ameaça séria do vizinho de invadir o terreno, da real possibilidade de construir muro dentro dos seus limites, de desviar o curso de córrego para dentro do imóvel lindeiro, de permitir a penetração de gado na fazenda vizinha etc.)" (MACHADO, Antônio Cláudio da Costa. *Código de Processo Civil interpretado e anotado*. 2.ed. Barueri, Manole, 2008, p. 1.501).

Ação de inventário Ação que visa à arrecadação, descrição e partilha de bens pertencentes a pessoa falecida, denominada *de cujus* (art. 1.796, CC). Inventário e partilha compõem o processo judicial pelo qual o cônjuge sobrevivente, ou qualquer outro herdeiro legalmente habilitado, requer ao juiz a abertura da sucessão dos bens deixados pelo falecido e a sua partilha entre os herdeiros. Podem requerer inventário: quem estiver na posse e administração do espólio; quem possuir legitimidade concorrente: o cônjuge ou companheiro supérstite; o herdeiro; o legatário; o testamenteiro; o cessionário do herdeiro ou do legatário; o credor do herdeiro, do legatário ou do autor da herança; o síndico da falência do herdeiro, do legatário, do autor da herança ou do cônjuge supérstite; o Ministério Público, havendo herdeiros incapazes; a Fazenda Pública, quando tiver interesse; o administrador judicial da falência do herdeiro, do legatário, do autor da herança ou do cônjuge ou companheiro supérstite (art. 610, CPC).

Ação de investigação de paternidade Ação que cabe à pessoa nascida fora da relação de casamento para obter o reconhecimento de sua filiação. O objetivo da ação é o reconhecimento forçado ou judicial da paternidade, uma vez que o seu ajuizamento se dá, em regra, na hipótese de negativa de reconhecimento voluntário da parte do suposto pai (Lei n. 8.560/92). O pedido de reconhecimento poderá ser cumulado com o de pedido de alimentos provisionais ou definitivos para o reconhecido que deles necessite. Na ação de investigação, todos os meios legais, bem como os moralmente legítimos, serão hábeis para provar a verdade dos fatos (art. 2º-A, Lei n. 8.560/92), ou sejam: documentos (escrito particular sem firma reconhecida, comprovante de residência conjunta, fotografias, bilhetes, cartas); testemunhas que possam comprovar a existência de um convívio de namoro ou de união estável, ou mesmo um relacionamento restrito à época da concepção do investigante; exame de DNA. "A recusa do réu em se submeter ao exame de código genético – DNA – gerará a presunção da paternidade, a ser apreciada em conjunto com o contexto probatório" (art. 2º-A, § 1º, Lei n. 8.560/92).

Ação de mandado de segurança Ação que tem por objetivo a proteção de direito líquido e certo, não amparado por *habeas corpus* ou *habeas data*, quando o responsável pela ilegalidade ou pelo abuso de poder for autoridade, seja de que categoria for e sejam quais forem as funções que exerça (art. 5º, LXIX e LXX, CF e art. 1º, Lei n. 12.016/2009). A petição inicial, que deverá preencher os requisitos estabelecidos pela lei processual, será apresentada em 2 (duas) vias com os documentos que instruírem a primeira reproduzidos na segunda e indicará, além da autoridade coatora, a pessoa jurídica que esta integra, à qual se acha vinculada ou da qual exerce atribuições (art. 6º, Lei n. 12.016/2009). O direito de requerer mandado de segurança extinguir-se-á decorridos 120 (cento e vinte) dias, contados da ciência, pelo interessado, do ato impugnado. Em caso de concessão, deverá ser observado o duplo grau de jurisdição, independentemente do valor da causa.

Ação de manutenção de posse Ação que tem por objetivo manter o possuidor na posse quando vier a sofrer turbação (art. 1.196, CC). O possuidor tem direito a ser mantido na posse em caso de turbação (art. 1.210, CC). Entende-se por *turbação* todo e qualquer ato que venha a molestar ou perturbar o possuidor em sua posse. Os requisitos para a ação são: a) prova da posse do autor (escritura, contrato ou outro documento); b) prova de turbação praticada pelo réu (testemunhas, fotos); c) a continuação do autor na posse do imóvel (se não mais se encontrar na posse, a ação deverá ser a de reintegração de posse); d) prova da data da turbação, a qual deve ser inferior a um ano e dia, sob pena de passar a processar-se pelo procedimento ordinário (art. 561, CPC).

Ação de notificação (*v. Notificação*).

Ação de nulidade Ação pela qual se busca em juízo a decretação de nulidade ou ineficácia de ato jurídico nulo. Atos jurídicos nulos são aqueles expressamente previstos em lei. Assim revela o princípio de direito processual francês *pas de nullité sans texte* (não há nulidade sem previsão legal). Da mesma forma que "não há nulidade sem prejuízo" (*pas de nullité sans grief*). A nulidade de ato jurídico pode ser alegada por qualquer interessado ou pelo Ministério Público e deve ser pronunciada pelo juiz quando ele conhecer de seus efeitos e a encontrar provada (art. 168, CC), não sendo possível ser suprimida ou convalidada.

Ação de nunciação de obra nova Ação cabível ao proprietário, ou possuidor a qualquer título (nunciante), para impedir que proprietário, possuidor do imóvel vizinho ou condômino (nunciado) prossiga na edificação de obra prejudicial a seu prédio (art. 1.301, CC). Ao pedido de suspensão da obra podem ser cumulados outros. "Assim se podem especificar os mesmos [...]: a) embargo da obra, em caráter liminar; b) cominação de pena pecuniária, para o caso de o nunciado infringir a proibição contida no mandado liminar; c) demolição, reconstrução ou alteração daquilo que tenha sido construído, destruído ou modificado em prejuízo do prédio do nunciante; d) condenação do nunciado ao pagamento das perdas e danos que a obra tenha causado, direta ou indiretamente, ao nunciante; e) apreensão e depósito de materiais ou produtos, quando a obra embargada consista em demolição, colheita, corte de árvores, mineração e outras que importem em destacar da coisa ditos produtos e materiais" (FABRÍCIO, Adroaldo Furtado. In: *Comentários ao Código de Processo Civil*. Rio de Janeiro, Forense, 1980, v. VIII, t. III, p. 610-1).

Ação de obrigação de entrega de coisa Ação de cumprimento de sentença, fundada em sentença condenatória, que condena o réu a entregar coisa, destinada a obter a satisfação do julgado sob pena da decretação de emissão de posse (bem imóvel) ou busca e apreensão (coisa móvel) (art. 538, *caput*, CPC). Por meio da ação monitória também é possível se obter a entrega de coisa fungível ou de determinado bem móvel (art. 538, CPC).

Ação de obrigação de fazer Ação de cumprimento de sentença, fundada em sentença condenatória, destinada a compelir o réu a satisfazer obrigação de fazer em certo prazo, sob pena de ser ela executada à custa do devedor ou convertida em indenização (art. 536, CPC).

Ação de obrigação de não fazer Ação de cumprimento de sentença, fundada em sentença condenatória, destinada a compelir o réu a abster-se de fazer alguma coisa (art. 822, CPC). A sentença relativa a obrigação de fazer ou não fazer cumpre-se de acordo com o art. 497, CPC. Na própria sentença, o juiz poderá impor multa diária ao réu, independentemente de pedido do autor, se for suficiente ou compatível com a obrigação, fixando-lhe prazo razoável para o cumprimento do preceito. Na execução de obrigação de não fazer, fundada em título extrajudicial, o juiz, ao despachar a inicial, fixará multa por dia de atraso no cumprimento da obrigação e a data a partir da qual será devida (art. 814, CPC).

Ação de petição de herança Ação própria para que o herdeiro possa haver a quota herdada ou que lhe coube por disposição testamentária, em posse da qual ainda não ingressou (art. 1.824, CC). O herdeiro excluído da sucessão pode demandar o reconhecimento do seu direito sucessório e obter em juízo a sua parte na herança. Pode ocorrer, por exemplo, com o herdeiro que tiver reconhecido o seu direito após ser reconhecido como filho do *de cujus*, por meio de ação própria.

Ação de preferência Ação que cabe ao preterido em seu direito de ser preferido como comprador, a fim de haver para si a propriedade da coisa vendida. Ação de preempção. A preferência para adquirir a coisa pode decorrer de lei ou de cláusula de convenção, quando inserida em contrato de compra e venda (arts. 513 e segs., CC). A preferência legal é assegurada ao condômino em coisa indivisível (art. 504, CC), ao locatário na venda do imóvel locado (art. 27, Lei n. 8.245/91), ao arrendatário na venda do imóvel rural arrendado (art. 92, § 4º, Lei n. 4.504/64) e ao superficiário e ao proprietário, respectivamente, em caso de alienação do terreno, ou do direito de superfície (art. 22, Estatuto da Cidade) (*v. Preferência*).

Ação de prestação de contas Ação pela qual o interessado pretende prestar contas a quem de direito, ou exige que alguém as preste, nos casos previstos em lei ou em razão de convenção entre as partes. No CPC, a ação é denominada "ação de exigir contas" (art. 550).

Ação de reintegração de posse Ação conferida ao possuidor para retomar a posse de um imóvel do qual foi despojado por ato de esbulho. O possuidor esbulhado tem direito a ser mantido na posse em caso de esbulho (art. 1.210, CC; art. 560, CPC). Entende-se por *esbulho* qualquer ato violento, clandestino ou precário. Os requisitos para a ação são: a) prova da posse do autor (escritura, contrato ou outro documento); b) prova do esbulho praticado pelo réu (testemunhas, fotos); c) perda da posse; d) a data do esbulho, a qual deve ser inferior a um ano e dia, sob pena de passar a processar-se pelo procedimento ordinário (art. 561, CPC).

Ação de reparação de danos Ação pela qual se visa a obter ressarcimento de danos ou prejuízos sofridos em razão de ato ilícito praticado por determinada pessoa (arts. 186 e 927, CC) (*v. Ação de indenização*).

Ação de reparação de danos causados em acidente de trânsito Ação facultada ao autor para requerer a indenização de danos causados a seu veículo em decorrência de acidente de trânsito provocado pelo réu. Aquele que causa prejuízo a outrem, por ação ou omissão voluntária, negligência, imperícia ou imprudência, pratica *ato ilícito*, ficando obrigado a indenizar (arts. 186 e 927, CC). A obrigação se configura na culpa *extracontratual* ou culpa *aquiliana*, porquanto não resulta de obrigação contratual preexistente. É permitida a cumulação de pedidos com o de danos materiais, danos morais (Súmula n. 37, STJ), dano estético e lucros cessantes. A legitimidade ativa para a ação é do proprietário do veículo. O foro competente para processar e julgar as ações será o do domicílio do autor ou do local do fato (art. 53, V, CPC). Caso do acidente advenham lesões corporais ou morte, o condutor que a ele der causa poderá também ser penalizado criminalmente, por ato culposo ou doloso.

Ação de repetição de indébito Ação pela qual quem pagou quantia superior à que devia requer a restituição do valor excedente pago indevidamente. Todo aquele que recebeu o que lhe não era devido fica obrigado a restituir; obrigação que incumbe àquele que recebe dívida condicional antes de cumprida a condição (art. 876, CC).

Ação de retrovenda Ação que cabe ao vendedor que, tendo firmado contrato de compra e venda com cláusula de retrovenda, pretende reaver o imóvel retrovendido se este tiver sido vendido pelo comprador a terceiro antes de vencido o prazo estipulado para o exercício de seu direito de recompra (art. 505, CC) (*v. Retrovenda*).

Ação de revisão de cláusula contratual Ação por meio da qual se pleiteia a revisão de cláusulas de um contrato em vigor, quando a prestação se tornar excessivamente onerosa. As ações revisionais mais frequentes referem-se a contratos bancários (crédito pessoal, cheque especial, cartões de crédito e dívidas agrícolas), de financiamentos de veículos (consórcios, alienação fiduciária, arrendamento mercantil) e de imóveis. Em muitas dessas ações se busca a redução ou eliminação de saldo devedor, bem como alterações de valores de parcelas, prazos, inclusive recebimento de valores já pagos.

Ação de separação de corpos Tutela cautelar por meio da qual um dos cônjuges ou companheiro requer autorização judicial para afastar-se do lar, ou para que o cônjuge ou companheiro se afaste, em razão da inexistência de condições favoráveis ao convívio comum (art. 1.562, CC). Cautelar de natureza preventiva ou preparatória a uma futura ação de separação judicial, de divórcio, ação de nulidade ou ação de anulação de casamento.

Ação de separação judicial Procedimento judicial destinado a formalizar a dissolução da sociedade conjugal a requerimento de um ou de ambos os cônjuges. A separação pode ser consensual ou litigiosa. Consensual, amigável ou por mútuo consentimento, é a separação que nasce do consenso ou da livre disposição de ambos os cônjuges em darem por finda a união (art. 1.574, CC). Cumpre aos cônjuges, nessa modalidade de separação, acordarem sobre a partilha de bens, sobre a prestação de alimentos ao cônjuge que deles necessite e aos filhos, sobre a guarda dos filhos, sobre o regime de visitas do cônjuge que não detiver a guarda dos filhos e, ainda, sobre a manutenção ou não do sobrenome do marido pela mulher. A separação judicial litigiosa ou contenciosa se opera por iniciativa de um dos cônjuges, quando a situação de animosidade não permite que haja consenso.

Ação de sonegados Ação que compete ao herdeiro ou a qualquer outra pessoa interessada na herança para que sejam trazidos à partilha bens que, em razão de ocultação, não foram inventariados (art. 1.992, CC; art. 621, CPC). *Sonegados* são os bens que não tiveram a sua existência declarada no inventário, em razão de evidente má-fé de quem tinha o dever de fazê-lo. São bens que foram dolosamente ocultados pelo inventariante, ou por qualquer herdeiro, em benefício próprio e em prejuízo dos demais herdeiros que deixaram de ser favorecidos com a sua partilha. A *ação ordinária de sonegados* é, pois, a providência judicial que visa a obter do sonegador a restituição dos bens sonegados. A ação pode ser movida por qualquer dos herdeiros ou credores da herança (art. 1.994, CC), mas somente após o encerramento da descrição dos bens pelo inventariante ou depois que o herdeiro beneficiado com doação declarar que não possui o bem doado a que está obrigado trazer à colação (art. 1.996, CC). Se procedente a ação de sonegados, o sonegador sujeitar-se-á às seguintes penas: se for um herdeiro, perderá o direito que tiver sobre o bem sonegado (art. 1.992, CC); se for o inventariante, será removido e perderá o direito que tiver sobre os bens sonegados (art. 1.993). Ademais, se os bens já não existirem, deverá o sonegador pagar o seu valor mais perdas e danos (art. 1.995, CC).

Ação de sustação de protesto Providência judicial acautelatória que tem por fim evitar, provisoriamente, que um título seja protestado até que se prove, em ação própria, seu defeito ou ilegitimidade. No CPC, é considerada medida cautelar inominada (arts. 305 e segs.).

Ação de usucapião Ação que cabe ao possuidor para obter o domínio de um imóvel sobre o qual tenha exercido, sem oposição, posse contínua durante certo tempo previsto em lei (arts. 1.238 a 1.244, CC; art. 9º, Estatuto da Cidade e Lei n. 6.969/81). Dependendo da situação fática podem ser propostas as seguintes modalidades de usucapião: usucapião ordinário, usucapião extraordinário, usucapião coletivo, usucapião urbano, usucapião especial e usucapião rural (*v. Usucapião*). Admite-se também usucapião de bens móveis, conforme consta do art. 1.260, CC. Os bens públicos não estão sujeitos a usucapião (art. 102, CC).

Ação direta de inconstitucionalidade (ADIn) Ação destinada a obter declaração de inconstitucionalidade de lei, decreto ou qualquer ato emanado de uma autoridade pública, em razão de afronta aos dispositivos constitucionais. Compete ao STF, como guarda da Constituição, processar e julgar, originariamente, a ação direta de inconstitucionalidade de lei ou ato normativo federal ou estadual (art. 102, I, *a*, CF). O processo e o julgamento da ação declaratória de constitucionalidade é regulamentado pela Lei n. 9.868/99.

Ação direta de inconstitucionalidade por omissão A ação direta de inconstitucionalidade por omissão (ADIn por omissão ou ADIn supridora de omissão) é um mecanismo de controle de constitucionalidade concentrado que visa a combater a inércia do legislador que se tornou omisso por deixar de criar lei necessária à eficácia e à aplicabilidade das normas constitucionais, em especial quando a Constituição estabelece a criação de uma lei regulamentadora. Também pode ser utilizada quando da inércia do administrador público que não adotou as providências necessárias para efetivar o comando constitucional. A ADIn por omissão objetiva conferir plena eficácia às normas constitucionais pendentes de complementação infraconstitucional, o que justifica também o cabimento da ação, quando o poder público não cumpre um dever que lhe é imposto pela Lei Maior. Assim, de acordo com o § 2º do art. 103 da Constituição, uma vez declarada a inconstitucionalidade por omissão para tornar efetiva norma constitucional, será dado conhecimento ao poder público competente, para que providencie o que necessário for, em trinta dias.

Ação discriminatória Ação de exclusiva competência do poder público federal ou estadual destinada a promover a identificação e a separação das terras devolutas das terras de propriedade particular, já tituladas e estremadas do domínio público (Lei n. 6.383/76). O objetivo primordial da discriminatória é a separação, no conjunto discriminado, do que é devoluto daquilo que legitimamente tenha se incorporado ao domínio do particular. O processo discriminatório será administrativo ou judicial. É de caráter administrativo, por iniciativa do INCRA, quando sobre a área discriminada não incidirem documentos de propriedade de terceiros. Será judicial, pelo procedimento sumário do CPC, e também por iniciativa do INCRA: a) quando o processo administrativo for dispensado ou interrompido por absoluta ineficácia; b) contra aqueles que não atenderem ao edital de convocação ou notificação; c) quando ocorrer alteração de divisas, ou transferências de benfeitorias a qualquer título, sem assentimento da União (atentado). Compete à Justiça federal processar e julgar o processo discriminatório judicial.

Ação executiva Ação fundada em título líquido, certo e exigível movida pelo credor contra o devedor inadimplente destinada a compelir o devedor a satisfazer a obrigação. O mesmo que ação de execução ou execução forçada (*v. Ação de execução*).

Ação *ex empto* Ação fundada na venda de imóvel em que se tiver estipulado preço por medida de extensão ou por área certa pela qual o comprador reivindica complementação da área que tiver encontrado a menor (art. 500, CC). O adquirente do imóvel, ao ajuizar a ação, pode valer-se de uma das seguintes alternativas: a) pode exigir a complementação do que falta; b) não sendo possível, a rescisão do contrato, se a falta é suficientemente grave para determinar a perda do seu interesse em manter o negócio; c) pedir o abatimento do preço, ou a restituição do seu equivalente, se já pago.

Ação imobiliária Toda ação que tem por objeto reivindicação ou defesa de um bem imóvel ou de direitos reais a ele concernentes. São assim consideradas as ações de imissão de posse, manutenção de posse, reintegração de posse, interdito proibitório e reivindicatória (*v. Ações possessórias*).

Ação judicial Ato ou meio processual pelo qual o titular de um direito se dirige ao Poder Judiciário para formular uma demanda ou solicitar prestação jurisdicional. Processo; demanda; causa; lide; feito. Para propor ou contestar uma ação, é necessário ter interesse e legitimidade (art. 17, CPC). Considera-se proposta a ação desde que a petição inicial seja protocolada, todavia só produz efeitos, quanto ao réu, depois que este for validamente citado (art. 312, CPC). A ação ou processo judicial se inicia por iniciativa da parte, mas se desenvolve por impulso oficial (art. 2º, CPC). Difere a ação, ou processo judicial, do processo administrativo, eis que este é promovido perante os órgãos administrativos integrantes do Poder Executivo.

Ação monitória Ação que compete a quem pretender, com base em prova escrita sem eficácia de título executivo, pagamento de soma em dinheiro, entrega de coisa fungível ou de determinado bem móvel (art. 700, CPC).

Ação nominativa (sociedade anônima) Título representativo da cota-unidade de capital da sociedade anônima que contém o nome de seu proprietário ou acionista originário. Também é chamada ação nominal. Tem por objetivo a identificação dos contribuintes operantes no mercado financeiro e de capitais (art. 31, Lei n. 6.404/76). Para a transferência de ação nominativa, basta que o alienante e o adquirente assinem um termo que promove a baixa, por um lado, e o seu lançamento, por outro. A forma de pagamento será por cheque em via postal ou por meio de crédito em conta-corrente. Importante relevar que as bonificações serão lançadas diretamente no livro de registros.

Ação ordinária (sociedade anônima) Cota ou capital; título de propriedade negociável, representativo de uma fração do capital de uma sociedade anônima (Lei n. 6.404/76). As ações ordinárias (ONs) conferem direito de voto a seu titular nas deliberações das assembleias de acionistas, além da participação nos lucros da sociedade. A legislação garante ao minoritário com ações ONs receber pelo menos 80% do valor pago pelo controlador em caso de venda de controle, o direito de *tag along*. Tendem a ter menor liquidez que as preferenciais; também recebem dividendos, embora a prioridade seja dos detentores de preferenciais (PNs).

Ação originária Ação que tem origem no próprio órgão judiciário em que deve ser julgada. Nesse caso, a ação não chega a determinado tribunal na condição de recurso interposto contra decisão proferida em grau inferior de jurisdição. São ações originárias no TST: mandados de segurança contra atos do presidente ou de qualquer membro do tribunal; embargos opostos a suas decisões; ações rescisórias; dissídios coletivos de categorias profissionais ou econômicas que tenham base nacional. São ações originárias no STF, entre outras: a) ação direta de inconstitucionalidade de lei ou ato normativo federal ou estadual; b) ação declaratória de constitucionalidade de lei ou ato normativo federal. São ações originárias no STJ, entre outras: a) crimes comuns praticados por governadores dos estados e do Distrito Federal; b) mandados de segurança e *habeas data* contra ato de ministro de Estado, dos comandantes da Marinha, do Exército e da Aeronáutica ou do próprio tribunal; c) os *habeas corpus*, quando o coator for tribunal sujeito à sua jurisdição, ministro de Estado ou comandante da Marinha, do Exército ou da Aeronáutica, ressalvada a competência da Justiça eleitoral.

Ação pauliana Ação que cabe ao credor para obter anulação de atos caracterizadores de fraude contra credores, praticados pelo devedor, consistentes em alienar ou onerar, de forma dolosa ou sob fraude, bens que poderiam ser usados para pagamento das dívidas (art. 158, CC). Ação de caráter pessoal também conhecida por ação revogatória ou revocatória (*v. Ação revogatória*).

Ação penal Ação de iniciativa do Estado destinada a examinar a ocorrência de crime ou contravenção praticados por qualquer cidadão. As *ações penais* são públicas ou privadas. As *públicas* podem ser condicionadas ou incondicionadas. As *ações condicionadas* são movidas pelo MP depois de manifestação de vontade do ofendido (representação) ou de requisição do Ministro da Justiça; as *incondicionadas* são promovidas pelo MP depois de apurados o crime e seu autor. As *ações penais privadas*, que têm por objeto os crimes contra a honra, ou seja, calúnia, injúria e difamação, dependem do oferecimento de queixa-crime pelo ofendido.

Ação penal privada Ações que têm por objeto crimes contra a honra, ou seja, calúnia, injúria e difamação. Depende do oferecimento de queixa-crime pelo ofendido, sendo esta considerada a petição inicial da ação penal privada. São requisitos da queixa-crime: exposição do fato com todas as suas circunstâncias; qualificação do acusado ou esclarecimentos pelos quais seja possível identificá-lo; classificação do crime; rol de testemunhas quando necessário (art. 41, CPP).

Ação penal pública condicionada Ação movida pelo MP depois de manifestação de vontade do ofendido ou de requisição do Ministro da Justiça. A manifestação de vontade do ofendido para que o Poder Judiciário se movimente em direção à condenação ou absolvição chama-se *representação*, considerada a petição inicial da ação. A representação é exigida pela lei em alguns casos específicos, como no crime de ameaça (art. 38, CPP).

Ação penal pública incondicionada Ação promovida por meio de denúncia do MP, depois de apurados o crime e seu autor (art. 24, CPP). O prazo para a denúncia é de cinco dias, no caso de réu preso, ou de quinze, se for caso de réu solto. Não sendo o prazo cumprido, pode o ofendido promover a ação penal privada subsidiária da pública por meio de queixa-crime.

Ação penal subsidiária Ação privada admitida nos crimes de ação pública, caso esta não seja intentada no prazo legal. Cabe ao MP, nesse caso, aditar a queixa, repudiá-la e oferecer denúncia substitutiva, intervir em todos os termos do processo, fornecer elementos de prova, interpor recurso e, a todo tempo, no caso de negligência do querelante, retomar a ação como parte principal (art. 29, CPP).

Ação pessoal Ação fundada em direito pessoal pela qual o autor requer o cumprimento de uma obrigação. As ações pessoais tendem à tutela de um direito pessoal ou, mais precisamente, o cumprimento de uma obrigação (art. 46, CPC). É considerada a ação que persegue uma coisa em decorrência de relação obrigacional não honrada pelo devedor. A característica mais marcante da ação é a relação de pessoa a pessoa, cujos elementos são: o sujeito ativo, o sujeito passivo e a prestação que ao primeiro deve o segundo. Maria Helena Diniz cita, como exemplo, a ação anulatória de compra e venda de um prédio, não cumulada com a reivindicatória do imóvel vendido ou com a ação que pretende compelir o réu a cumprir compromisso de compra e venda de imóvel por não poder reclamar a adjudicação compulsória. Para a autora, "essas ações pessoais são designadas 'reipersecutórias', porque, embora oriundas de relação de direito pessoal, têm por finalidade a aquisição de um direito real ou o esclarecimento de dúvidas sobre uma coisa" (*Sistemas de registro de imóveis*. São Paulo, Saraiva, 1992, p. 181).

Ação petitória Ação fundada no provado domínio que tem por fim obter a defesa do direito da propriedade ou de qualquer outro direito real (art. 1.228, CC). São consideradas petitórias as ações reivindicatórias e as de imissão de posse porque o requisito para sua propositura é a prova do domínio (*jus possidendi*).

Ação popular Ação que assiste a qualquer cidadão para pleitear, perante o Poder Judiciário, anulação de ato lesivo ao patrimônio público ou de entidade da qual o Estado participe, à moralidade administrativa, ao meio ambiente e ao patrimônio histórico e cultural (art. 5º, LXXIII, CF; Lei n. 4.717/65).

Ação possessória (*v. Ações possessórias*).

Ação preferencial (idosos) Ação que tem prioridade de tramitação em todas as instâncias de procedimentos judiciais quando figurar como parte ou interessado pessoa com idade igual ou superior a 60 anos, ou portadora de doença grave (art. 1.048, CPC). Concedida a prioridade, esta não cessará com a morte do beneficiado, estendendo-se em favor do cônjuge supérstite, companheiro ou companheira, em união estável (art. 1.048, § 3º, CPC).

Ação preferencial (sociedade anônima) Cota ou capital; título de propriedade negociável, representativo de uma fração do capital de uma sociedade anônima (Lei

n. 6.404/76). As ações preferenciais normalmente não dão direito a voto, característica das ações ordinárias reconhecida pelos diversos sistemas jurídicos. Entretanto, possuem vantagens e preferências em relação às ações ordinárias, protegendo seus titulares contra decisões tomadas nas assembleias de acionistas. Essas preferências consistem em prioridade na distribuição de dividendos, no reembolso de capital no caso de dissolução da empresa e na acumulação dessas vantagens. Tradicionalmente possui mais liquidez, pois o volume de negócios é maior, facilitando a venda do papel.

Ação principal Ação que contém o objetivo ou o pedido principal da demanda e à qual se vinculam, em regra, as ações acessórias, entre elas a tutela antecipada de urgência e as medidas cautelares. Quando ajuizada e deferida a medida cautelar, a falta de ajuizamento da ação principal no prazo de trinta dias acarreta a perda da eficácia da liminar deferida e a extinção do processo cautelar (art. 308, CPC).

Ação *quanti minoris* Ação que assiste ao comprador para haver do vendedor o abatimento do preço da coisa adquirida em virtude de defeito oculto e a consequente diminuição do seu valor. Nesse caso consideram-se defeitos ocultos aqueles não visíveis em inspeção normal, e passíveis de existência na coisa adquirida. São também denominados vícios redibitórios, que tornam o bem inútil ao fim a que se destina. A existência comprovada de defeito oculto assegura ao adquirente a possibilidade de rescindir o negócio ou de pedir o abatimento do preço (arts. 441 e 442, CC). Também chamada de *ação estimatória e redibitória*.

Ação real Ação fundada em direito real destinada a defender ou assegurar a propriedade ou um direito que a garanta. Pode ser objeto da ação real tanto a propriedade de bem móvel como de bem imóvel. Assim, consideram-se ações reais: imissão de posse, reivindicatória, hipotecária, de servidão e de usufruto. "Caracteres fundamentais dos direitos reais: consoante ensinamento de Clóvis, tais caracteres são os seguintes: a) adere imediatamente à coisa, sujeitando-a diretamente ao titular; b) segue seu objeto onde quer que este se encontre. É o direito de sequela, que constitui o apanágio do direito real; c) é exclusivo, nesse sentido de que não é possível instalar-se direito real onde outro já exista; d) é provido de ação real, que prevalece contra qualquer detentor da coisa, razão pela qual preferem muitos denominá-lo absoluto; e) seu número é bastante limitado, mas além dos existentes, outros poderão ser criados. O número dos direitos pessoais, ao contrário, é infinito; f) finalmente, só os direitos reais são suscetíveis de posse, tese que, entretanto, comporta divergências doutrinárias" (MONTEIRO, Washington de Barros. *Curso de direito civil*: direito das coisas. 36.ed. São Paulo, Saraiva, v. 3, p. 13) (arts. 46 e 47, CPC).

Ação redibitória Ação do adquirente contra o vendedor com o fim de responsabilizá-lo pelos vícios redibitórios encontrados na coisa vendida. Também conhecida por estimatória ou *quanti minoris*. São vícios redibitórios os defeitos ocultos que tornem a coisa imprópria ao uso a que é destinada ou lhe diminuam o valor (arts. 441, CC, e 18, CDC). O adquirente decai do direito de obter a redibição ou o abatimento no preço no prazo de trinta dias, se a coisa for móvel, e de um ano, se for imóvel, contado da entrega efetiva; se já estava na posse, o prazo conta-se da alienação, reduzido à metade (art. 445, CC). Na aplicação do CDC, o direito de reclamar pelos vícios aparentes ou de fácil constatação caduca em: I – trinta dias, tratando-se de fornecimento de serviço e de produtos não duráveis; II – noventa dias, tratando-se de fornecimento de serviço e de produtos duráveis (art. 26). Diante da duplicidade de normas (CC e CDC) dispondo a respeito do prazo para reclamar os defeitos ocultos, o entendimento que predomina na doutrina é o de que o contrato de compra e venda será regido pelo CC apenas na hipótese de relação entre consumidores (pessoa física x pessoa física), ou seja, quando o vendedor é um particular que não explore atividade econômica relacionada com o comércio de veículos. Por outro lado, aplicar-se-á o CDC quando o veículo for adquirido de uma concessionária ou de uma empresa de revenda de veículos.

Ação regressiva Ação para haver de alguém o valor despendido para cumprir obrigação que a este competia. Funda-se essa ação no direito de regresso que a lei, em certos casos, assegura a quem cumpre obrigação alheia. Assim, entre outros, possuem direito regressivo: o adquirente que sofrer evicção contra o vendedor de imóvel; o endossante da letra de câmbio contra o sacador ou aceitante; o empregador que indenizou prejuízos causados pelo empregado, como em ação de acidente de trânsito; a seguradora que tenha ressarcido o segurado, contra o causador do dano; o proprietário do imóvel contra o construtor; o que pagou indevidamente contra o devedor verdadeiro e seu fiador; o incumbido de guardar a coisa que perecer contra o terceiro culpado; o comerciante contra o fabricante quando tiver de indenizar produto defeituoso (art. 13, CDC); as pessoas jurídicas de direito público interno contra agentes seus que hajam causado dano, se houver, por parte destes, culpa ou dolo (art. 43, CC); o transportador contra motorista seu que haja causado acidente com o passageiro (art. 735, CC). É admissível a denunciação da lide, promovida por qualquer das partes, daquele que estiver obrigado, por lei ou pelo contrato, a indenizar, em ação regressiva, o prejuízo do que perder a demanda (art. 125, II, CPC).

Ação reipersecutória Ação em que o autor reclama o que se lhe deve ou lhe pertence e que se acha fora de seu patrimônio, inclusive interesses e penas convencionais. É toda ação em que se busca a entrega de alguma coisa, podendo o pedido se fundar em um direito real ou pessoal. Exemplo: ação de despejo, que é fundada em um direito pessoal e é reipersecutória.

Ação reivindicatória Ação movida pelo proprietário não possuidor contra o possuidor não proprietário para reaver a posse do imóvel (art. 1.228, CC). Trata-se de ação petitória, fundada no domínio, movida contra pessoa que não possuindo qualquer título, ou possuindo título de legitimidade discutível, exerce posse injusta sobre o imóvel. "Cumpre ao autor, na reivindicação do imóvel, descrever os limites externos, o perímetro da área reivindicada. E se quiser reivindicar apenas parte do imóvel, porque, vamos admitir em tese que apenas parte dele está sendo ocupada injustamente pelo réu, deve descrever a área reivindicada, além da área do imóvel. Essa é uma das questões mais polêmicas da ação reivindicatória. É nosso entendimento, consoante a jurisprudência dominante e a melhor doutrina, que se o autor não descrever os limites do imóvel a ação deve ser julgada improcedente. Aliás, deve o juiz, se verificar que a inicial não faz a descrição da área reivindicada, determinar que o autor a emende, pena de indeferimento" (HAENDCHEN, Paulo Tadeu; LETTERIELLO, Rêmolo. In: *Ação reivindicatória*. 4.ed. São Paulo, Saraiva, 1985, p. 25).

Ação renovatória de locação Ação que assiste ao locatário de imóvel não residencial para obter a renovação do contrato de locação por igual prazo do contrato em vigor (arts. 51 e 71, Lei n. 8.245/91). Ação específica de que dispõe o locatário para obter a renovação do contrato de locação que tenha por objeto, exclusivamente, imóvel destinado ao comércio. Mediante a referida ação, pode o locatário obter a renovação do contrato, por igual prazo, desde que a locação preencha os seguintes requisitos: a) que o contrato a renovar tenha sido celebrado por escrito e com prazo determinado; b) que o prazo mínimo do contrato a renovar, ou a soma dos prazos ininterruptos dos contratos escritos seja de cinco anos; c) que o locatário esteja explorando seu comércio, no mesmo ramo, pelo prazo mínimo e ininterrupto de três anos. A ação deve ser proposta no prazo máximo de um ano e no mínimo de seis meses, anteriores à data da finalização do prazo do contrato em vigor, sob pena da decadência do direito do locatário (art. 51, § 5º, Lei n. 8.245/91).

Ação rescisória Ação destinada a rescindir ou anular sentença de mérito transitada em julgado nos casos que a lei se refere. A ação tem por objetivo a anulação de uma decisão judicial passada em julgado, em razão de ter sido ela proferida contra expressa disposição de lei ou de ter violado direito expresso para efeito de restabelecer a verdade jurídica. A sentença de mérito, transitada em julgado, pode ser rescindida nas hipóteses elencadas no art. 966, CPC.

Ação revisional de alimentos Ação que assiste ao alimentante ou ao alimentado requererem a exoneração, a redução ou o aumento, respectivamente, do valor dos alimentos em vigor, na hipótese da mudança na fortuna de quem os supre ou na de quem os recebe (art. 1.699, CC). Nesse contexto, resta pacífico que as sentenças que decidem sobre alimentos trazem ínsita a cláusula *rebus sic stantibus*, obstativa do trânsito em julgado do *quantum* na sentença estabelecido (art. 15, Lei n. 5.478/68 – Lei de Alimentos). "Para que seja acolhido o pedido de revisão, deve ser provada a modificação das condições econômicas dos interessados. Na revisão, subsiste o princípio da proporcionalidade do § 1º do art. 1.694 do CC, de tal modo que o alimentando deve provar não só a necessidade de ser a pensão aumentada, como também que o alimentante tem condições de suportar o seu aumento. As hipóteses previstas no art. 1.699 do CC são alternativas e não concomitantes, bastando a prova de uma delas para justificar o pedido de revisão. Assim, se após a sentença os recursos do alimentante aumentam criando-se desproporção considerável entre a pensão que ele presta ao cônjuge ou ao parente e a fortuna que frui, eleva-se a quantia anteriormente fixada, como se faria se ao alimentário somente agora se reclamassem alimentos" (CAHALI, Yussef Said. *Dos alimentos*. 6.ed. São Paulo, RT, 2009, p. 591).

Ação revisional de aluguéis Ação que tem por finalidade ajustar o valor do aluguel em curso aos preços compatíveis com o mercado quando estiver defasado e não houver possibilidade de acordo entre locador e locatário (arts. 19 e 68, Lei n. 8.245/91). A ação revisional pode ser ajuizada tanto pelo locador como pelo locatário e obedecerá o rito sumário. Na petição inicial, o requerente deverá indicar, desde logo, o valor do aluguel cuja fixação é pretendida. Ao designar a audiência de conciliação, o juiz, se houver pedido e com base nos elementos fornecidos tanto pelo locador como pelo locatário, ou nos que indicar, fixará aluguel provisório, que será devido desde a citação, nos seguintes moldes: a) em ação proposta pelo locador, o aluguel provisório não poderá ser excedente a 80% do pedido; b) em ação proposta pelo locatário, o aluguel provisório não poderá ser inferior a 80% do aluguel vigente. Sem prejuízo da contestação e até a audiência, o réu poderá requerer que seja revisto o aluguel provisório, fornecendo os elementos para tanto. O pedido de revisão interrompe o prazo para interposição de recurso contra a decisão que fixar o aluguel provisório. Na audiência de conciliação, apresentada a contestação, que deverá conter contraproposta, se houver discordância quanto ao valor pretendido o juiz tentará a conciliação e, não sendo esta possível, determinará a realização de perícia, se necessária, designando, desde logo, audiência de instrução e julgamento (art. 68, Lei n. 8.245/91).

Ação revogatória Ação que assiste aos credores para desconstituir os atos praticados pelo devedor consistente em alienar ou onerar, de forma dolosa ou sob fraude, bens que poderiam ser usados para o pagamento da dívida. No processo de falência e recuperação de empresas, são revogáveis os atos praticados com a intenção de prejudicar credores, provando-se o conluio fraudulento entre o devedor e o terceiro que com ele contratar e o efetivo prejuízo sofrido pela massa falida (art. 130, Lei n. 11.101/2005 – Lei de Falências). Também chamada de *ação revocatória* e *ação pauliana*.

Ação sumaríssima Ação resumida, breve, concisa, sintética. A ação sumaríssima, ou a que obedece o rito sumaríssimo, tem por características a oralidade, a simplicidade, a informalidade, a economia processual e a celeridade. É adotada na Justiça comum (Juizados Especiais Cíveis e Criminais, regulados pela Lei n. 9.099/95), na Justiça federal (Juizados Especiais Cíveis e Criminais, regulados pela Lei n. 10.259/2001) e na Justiça do trabalho (arts. 852-A e segs., CLT) (*v. Procedimento sumaríssimo*).

Ação trabalhista Medida judicial pela qual pode o empregado reclamar do empregador à Justiça do trabalho o reconhecimento, a declaração, a atribuição ou efetivação de um direito decorrente da relação de trabalho. O mesmo que reclamatória trabalhista. Compete à Justiça do Trabalho processar e julgar as demandas decorrentes das relações de emprego e de trabalho. Anteriormente restrita às lides decorrentes da relação de emprego, a competência da Justiça trabalhista foi ampliada pela EC n. 45/2004, para também incluir as lides decorrentes da relação de trabalho, mediante a alteração da redação do art. 114, CF. As ações ajuizadas na Justiça do Trabalho tramitarão pelo rito ordinário ou sumaríssimo, conforme previsto na CLT, excepcionando apenas as que, por disciplina legal expressa, estiverem sujeitas a rito especial, tais como o mandado de segurança, *habeas corpus*, *habeas data*, ação rescisória, ação cautelar e ação de consignação em pagamento (IN n. 27/2005, TST). Para efeito de estabelecer a diferença entre relação de trabalho e relação de emprego, a doutrina considera relação de trabalho o vínculo contratual de prestação de serviços em que o prestador trabalha sem subordinação e por conta própria; e relação de emprego, a relação de natureza não eventual caracterizada pela subordinação do empregado ao empregador. Incluem-se no conceito de relação de trabalho os contratos de prestação de serviços, de empreitada e o trabalho autônomo. Dispõe ainda o inciso IX do art. 114 da CF que outras controvérsias decorrentes da relação de trabalho, na forma da lei, são de competência da Justiça do Trabalho. Por ora são contempladas as seguintes controvérsias: acidente do trabalho, dano moral, exercício do direito de greve, representação sindical e penalidade administrativa.

Acareação Ato pelo qual, por iniciativa do juiz ou a pedido das partes, duas ou mais testemunhas são colocadas frente a frente para dirimir declarações divergentes sobre fato que possa influir na decisão da causa (art. 461, III, CPC; art. 229, CPP).

Accipiens Expressão que designa a pessoa a quem foi transferido o bem objeto do contrato. Opõe-se a *tradens*, que se refere à pessoa que transferiu o bem.

Aceitação Ato pelo qual uma pessoa manifesta sua concordância aos termos essenciais de uma proposta de contrato tornando-o perfeito, acabado. O mesmo que consentimento, anuência e aprovação. A renúncia ao direito de recorrer independe da aceitação da outra parte (art. 999, CPC).

Aceitação expressa Aceitação decorrente de ato categórico, ou seja, a que se materializa por escrito ou declaração verbal (*expressis verbis*), como ocorre em relação à herança: a aceitação da herança, quando expressa, faz-se por declaração escrita; quando tácita, há de resultar tão somente de atos próprios da qualidade de herdeiro (art. 1.805, CC). A parte, que aceitar expressa ou tacitamente a sentença ou a decisão, não poderá recorrer (art. 1.000, CPC).

Aceitação tácita Aceitação inferida de atos inequívocos ou circunstâncias que a presumam, embora inexistente por escrito. A aceitação do mandato pode ser tácita e resulta do começo de execução (art. 659, CC). Considera-se aceitação tácita a prática, sem reserva alguma, de um ato incompatível com a vontade de recorrer (art. 1.000, CPC).

Aceite Expressão corrente no direito comercial que significa o ato pelo qual uma pessoa se vincula a uma obrigação cambial mediante assinatura no título (letra de câmbio; duplicata) convencionado a prazo (art. 12, Decreto n. 2.044/1908). Nesse caso, a data do vencimento será contada da data do aceite. O aceitante é o devedor principal do título; caso haja recusa ao aceite, ocorre o vencimento antecipado do título, podendo o beneficiário cobrar diretamente do sacador.

Acessão Modo de aquisição de coisa pertencente a outrem, por ser considerada acessória em relação à do adquirente, tida como a coisa principal (art. 1.248, CC). A acessão pode ser natural ou artificial. É natural, ou física, quando resulta de evento natural sem participação da vontade humana. É artificial se promovida em virtude de ato consciente e intencional do homem.

Acessória Aquilo que se junta ao objeto principal ou é dependente deste. Coisa cuja existência supõe a existência da principal. São consideradas acessórias, entre outras, a cláusula penal e as que podem ser inseridas em contrato de compra e venda: retrovenda; venda a contento; preferência; reserva de domínio (art. 505 a 528, CC). A ação acessória será proposta perante o juiz competente para a ação principal (art. 61, CPC).

Acessório Possui o mesmo significado de acessória, sendo a expressão utilizada para indicar tudo o que se ligou ao principal ou faz parte dele (art. 92, CC).

Acessorium sui principalis naturam sequitur Aforismo jurídico que tem por significado *o acessório sempre segue o principal*. Assim, tem-se que a nulidade da obrigação principal implica a das obrigações acessórias, mas a destas não induz a da obrigação principal (art. 184, CC).

Acidente Acontecimento imprevisto decorrente de ato involuntário do qual resulta dano causado à coisa (dano material) ou à pessoa (dano pessoal). É passível de indenização ou reparação o acidente decorrente da prática de ato ilícito, ou seja, quando o agente age com imperícia, imprudência ou negligência, circunstâncias que caracterizam a responsabilidade ou o crime culposo, se houver danos pessoais (arts. 186, 187 e 927, CC) (*v. Ação de reparação de danos causados em acidente de trânsito*).

Acidente aéreo Colisão de duas ou mais aeronaves, em voo ou em manobra na superfície, do qual resulte danos às pessoas ou coisas. A responsabilidade pela reparação dos danos resultantes do abalroamento cabe ao explorador ou proprietário da aeronave causadora, quer a utilize pessoalmente, quer por preposto. Havendo culpa concorrente, a responsabilidade dos exploradores é solidária, mas proporcional à gravidade da falta (CBA). Também constitui acidente aéreo a queda de qualquer tipo de aeronave, que cause danos pessoais ou materiais, este regido pelos arts. 186 e 927, CC (*v. Abalroamento de aeronaves*).

Acidente de navegação Acontecimento imprevisto, ocorrido com a participação de uma embarcação, decorrente de ato involuntário do qual resulta dano causado à coisa ou à pessoa. Consideram-se acidentes da navegação (art. 14, Lei n. 2.180/54): a) naufrágio, encalhe, colisão, abalroação, água aberta, explosão, incêndio, varação, arribada e alijamento; b) avaria ou defeito no navio nas suas instalações, que ponha em risco a embarcação, as vidas e fazendas de bordo. O Tribunal Marítimo é órgão judiciário competente para julgar os acidentes e fatos da navegação marítima, fluvial e lacustre e as questões relacionadas com tal atividade.

Acidente de trajeto Espécie de acidente de trabalho. Acidente de trajeto, de percurso ou *in itinere*, é aquele ocorrido fora do ambiente de trabalho, durante o deslocamento do segurado entre sua residência e local de trabalho e vice-versa e que, não obstante, é considerado acidente de trabalho. Equipara-se a acidente de trabalho o ocorrido no percurso da residência para o local de trabalho ou deste para aquela, qualquer que seja o meio de locomoção, inclusive veículo de propriedade do segurado (Lei n. 8.213/91).

Acidente de trânsito Acontecimento ocorrido com um ou mais veículos automotores em via pública do qual resultem danos materiais ou pessoais. Os acidentes de trânsito mais ocorrentes são atropelamento, colisão, capotamento, tombamento e queda. Acidentes decorrentes de atos nos quais o agente atua com imperícia, imprudência ou negligência, circunstâncias que ensejam a responsabilidade civil ou o crime culposo, se houver danos pessoais (arts. 186 e 927, CC) (*v. Ação de acidente de trânsito* e *Ação de reparação de danos causados em acidente de trânsito*).

Acidente do trabalho Acidente que ocorre pelo exercício do trabalho a serviço da empresa ou de empregador doméstico provocando lesão corporal ou perturbação funcional que cause morte, perda ou redução, permanente ou temporária, da capacidade para o trabalho (art. 2º, Lei n. 6.367/76 e art. 19, Lei n. 8.213/91).

Acionar Propor ou ajuizar uma ação ou demanda contra uma pessoa, em defesa de um direito subjetivo. Demandar. Processar.

Acionista Pessoa proprietária de ações de uma sociedade anônima ou de uma sociedade em comandita por ações. Sócio (*v. Sociedade anônima*).

Ações conexas Característica de duas ou mais ações que possuem o mesmo objeto ou a mesma causa de pedir (art. 55, CPC). Havendo conexão ou continência, o juiz, de ofício ou a requerimento de qualquer das partes, pode ordenar a reunião de ações propostas em separado, a fim de que sejam decididas simultaneamente. Correndo em separado ações conexas perante juízes que têm a mesma competência territorial, considera-se prevento aquele que despachou em primeiro lugar (*v. Conexão*).

Ações de cognição Ações que tendem à determinação da norma a valer no caso concreto, amplamente examinada. A ação de cognição ou de conhecimento visa ao exame mais completo possível do litígio, com oportunidade ampla de defesa e coleta exaustiva de provas, para que o juiz chegue a uma decisão final de mérito, de preferência justa. A ação de cognição divide-se em ação condenatória, declaratória e constitutiva. A cognição pode ser *plena* ou *limitada* (ou parcial). Será *plena* quando todos os elementos do trinômio (questões processuais, condições da ação e mérito) que constituem o objeto da cognição estiverem submetidos à atividade cognitiva do juiz. Será *limitada* quando ocorrer alguma limitação ao espectro de abrangência da cognição, ou seja, quando algum dos elementos do trinômio for eliminado da atividade cognitiva do juiz.

Ações de família Ações destinadas a solucionar pendências no âmbito familiar oriundas das relações matrimoniais, da união estável e do parentesco. Salvo as ações de alimentos, os processos contenciosos de divórcio, separação, reconhecimento e extinção de união estável, guarda, visitação e filiação são regidos pelos arts. 693 e segs. do CPC.

Ações inestimáveis Ações ou causas que não possuem conteúdo econômico imediato. Determinadas ações, de caráter personalíssimo, por não conterem ou não gerarem benefício patrimonial são tidas como ações de valor inestimável: investigação de paternidade, interdição, alteração de registro civil, dano estético, acidente de trabalho, anulação de casamento e as cautelares em geral.

Ações possessórias Ações asseguradas ao possuidor, proprietário ou não de imóvel, para efeito de ser mantido na posse em caso de turbação, restituído no de esbulho, e segurado de violência iminente, se tiver justo receio de ser molestado (art. 1.210, CC; art. 560, CPC). Faculta a lei que tanto o possuidor indireto (o proprietário) como o possuidor direto (comodatário, arrendatário, depositário, locatário, usufrutuário) podem utilizar-se das ações possessórias. Entretanto, não possuem capacidade para exercer tal direito o mandatário nem o empregado do proprietário, uma vez que estes conservam a posse em nome do proprietário ou em cumprimento de instruções dele recebidas (art. 1.198, CC). Tais ações, asseguradas pelo CPC, são a *manutenção de posse*, a *reintegração de posse* e o *interdito proibitório*. Ao possuidor é permitido utilizar o rito sumaríssimo dos Juizados Especiais Cíveis, desde que o valor do imóvel não exceda quarenta salários mínimos (art. 3º, IV, Lei n. 9.099/95). Em relação à exceção de domínio, ou seja, à arguição do domínio, ou da condição de proprietário do imóvel objeto da ação possessória, como defesa ou como fundamento para manter-se ou reintegrar-se na posse, a lei veda referida exceção. Excepcionalmente, a alegação de domínio pode ser recepcionada em duas situações: a) quando duvidosas ambas as posses alegadas; b) quando ambos os litigantes disputam a posse com fundamento na propriedade. (*v. Ação de manutenção de posse, Ação de reintegração de posse* e *Ação de interdito proibitório*).

A contrario sensu Pela razão contrária; ao contrário. Brocardo latino usado para afirmar que as razões expendidas pela outra parte não possuem força de convicção suficiente para elidir ou refutar argumentos já apresentados.

Acórdão Julgamento proferido pelos tribunais (art. 204, CPC). Decisão proferida por colegiados ou órgãos fracionários, ou seja, grupos de juízes pertencentes aos tribunais estaduais, regionais e superiores, em razão de pedido de reexame de sentença de primeiro grau ou de outro acórdão de segundo grau, feito pela parte em grau de recurso. Proferidos os votos dos desembargadores ou ministros, o presidente da câmara ou da turma anunciará o resultado do julgamento, designando para redigir o acórdão o relator, ou, se este for vencido, o autor do primeiro voto vencedor (art. 941, CPC). O conjunto de acórdãos dos tribunais sobre um mesmo tema dá origem à jurisprudência.

Acordar Firmar um acordo, convencionar. Concordar com as condições de um ajuste, com as cláusulas de um contrato ou com o voto de um desembargador ou ministro no julgamento de um processo. Esse ato pode ser representado por uma expressão como: "Acordaram, por unanimidade, dar provimento ao recurso".

Acordo Convergência de duas ou mais vontades. Convenção, ajuste ou contrato entre duas ou mais pessoas nos quais se estabelecem condições que se obrigam reciprocamente a cumprir. A expressão também é usada no sentido de transação ou negociação.

Acordo coletivo de trabalho (ACT) Conjunto de cláusulas que regulamentam a relação de trabalho de uma categoria de empregados resultante de processo de negociação entre o sindicato da categoria e as empresas correspondentes, com validade para os doze meses subsequentes. Requer homologação na Delegacia Regional do Trabalho (DRT), após o que passa a ter caráter e força de lei entre as partes. Diferentemente da convenção coletiva de trabalho, que vale para toda a categoria representada, os efeitos do ACT se limitam às empresas acordantes e a seus respectivos empregados.

Acordo de leniência Acordo celebrado por autoridade máxima de órgão ou entidade pública com pessoas jurídicas responsáveis administrativa e civilmente pela prática de atos contra a administração pública, nacional ou estrangeira, mediante efetiva colaboração com as investigações e o processo administrativo. Em contrapartida, a pessoa jurídica será isentada das sanções previstas nos arts. 6º, II, e 19, IV, Lei n. 12.846/2013, e terá reduzida em até dois terços o valor da multa aplicável (art. 16, Lei n. 12.846/2013) (*v. Colaboração premiada* e *Delação premiada*).

Acordo extrajudicial Convenção que, quando não derivada de contrato, resulta de documento firmado pelas partes interessadas, com o intuito de resolver pendência e evitar uma demanda judicial. O acordo extrajudicial, de qualquer natureza, homologado judicialmente constitui título executivo judicial (art. 515, CPC).

Acordo judicial Acordo, transação, autocomposição ou conciliação, firmado pelas partes ou seus advogados, mediante concessões recíprocas, durante a tramitação de processo judicial, com a finalidade de dar por findo o processo antes que este seja submetido a julgamento. Pode ocorrer voluntariamente, por meio de petição firmada por ambas as partes, ou na audiência de conciliação, devendo ser homologado pelo juiz (p. ex.: acordo de alimentos; acordo sobre a guarda dos filhos). O termo de conciliação, assinado pelas partes e homologado pelo juiz, terá valor de sentença (art. 359, CPC).

Acostado Expressão usada no meio forense para indicar juntada ou anexação de documentos aos autos ou processo.

Actio libera in causa Teoria que sustenta que o agente que, conscientemente, se põe em estado de inimputabilidade, e nessa condição comete fato típico previsível ao tempo da imputabilidade, deve ser responsabilizado, seja porque quis o resultado, uma vez que o prevendo não o evitou, seja porque, não o prevendo, deveria tê-lo feito. Tem-se, no primeiro caso, que o agente agiu com culpa; no segundo, que praticou dolo eventual (art. 28, II, CP). De acordo com a doutrina, a *actio libera in causa* configura-se tanto na ação de quem usa deliberadamente um meio para se colocar em estado de incapacidade física ou mental, no momento da ocorrência do fato delituoso, como na ação daquele que, apesar de não ter a intenção de praticar o delito, podia prever que tal meio o levaria a cometê-lo. Em qualquer dos casos, não se pode alegar inconsciência do ilícito no momento da prática do delito, visto que a consciência do agente existia antes de se colocar em estado de inimputabilidade. Exemplo clássico é o ato em que o agente se coloca em estado de embriaguez voluntária, no qual a sua capacidade de autodeterminação é auferida antes do consumo da bebida, não comportando, portanto, absolvição.

Acumular ações Cumulação de ações. Ato de promover e processar, no mesmo pedido, duas ou mais ações conexas para economia processual. O mesmo que cumular ações. Exemplos: ação de rescisão de contrato cumulada com imissão de posse; ação de divisão e demarcação (*v. Cumulação de ações*).

Acumular pedidos Cumulação de pedidos. Faculdade que a lei oferece ao autor de formular mais de um pedido na petição inicial desde que sejam compatíveis entre si (art. 327, CPC) (*v. Cumulação de pedidos*).

Adágio Provérbio; máxima; aforismo; axioma; brocardo; parêmia. São sentenças geralmente formuladas em latim e compostas de poucas palavras que expressam princípios admitidos universalmente como justos e conformes à razão. Tais sentenças ou frases são usuais no meio jurídico, porquanto costumam fazer parte da linguagem dos juristas e dos escritos forenses (petições iniciais, contestações, recursos, sentenças, acórdãos). Mostram-se, também, de relevante importância na aprendizagem e na aplicação do direito positivo. Exemplos: *dura lex, sed lex* (a lei é dura, mas é a lei); *dormientibus non sucurrit jus* (a lei não socorre quem dorme); *inaudita altera pars* (sem ouvir a outra parte); *permittitur quod non prohibetur* (presume-se permitido tudo aquilo que a lei não proíbe).

Ad argumentandum tantum Admitamos. Somente para argumentar. Expressão utilizada em peças processuais, principalmente contestações arrazoados, para ressalvar que, embora se possa admitir certo fato, alegação ou decisão, ainda assim a posição ou alegação sustentada prevalece. Exemplo: "Ainda que, *ad argumentandum tantum*, se admita que houve pagamento por parte do réu, referido pagamento, à evidência, não corresponde ao pagamento total da dívida".

Ad cautelam Locução latina que significa cautela ou precaução.

Ad corpus Locução latina empregada para indicar a venda de um imóvel feita por certo preço e como corpo certo, dentro de limites perfeitamente definidos (art. 500, § 3°, CC) (*v. Venda* ad corpus).

Adendo Aquilo que se acrescenta a uma obra, contrato ou documento, com o fim de completá-los. Apêndice; suplemento; aditamento; aditivo. O adendo se mostra útil na medida em que evita que se elabore um novo contrato apenas para se acrescentar ou alterar uma cláusula, por exemplo, a da vigência contratual ou a do valor do contrato. O autor da ação pode aditar o pedido, desde que o faça antes da citação do réu.

Adesão Ato de aderir ou concordar. Consentimento, aceitação, anuência. No referente a contratos, a adesão se caracteriza pelo fato de uma das partes estabelecer as cláusulas, unilateralmente, sem que a outra possa discutir ou modificar substancialmente seu conteúdo (art. 54, CDC) (*v. Contrato de adesão*).

Adesivo Diz-se do que adere ou se une a determinada coisa, como ocorre no contrato de adesão. No processo civil, o recurso adesivo consiste na faculdade do réu e do autor, quando ambos forem vencidos na ação, aderirem ao recurso que for interposto pelo outro (*v. Recurso adesivo*).

Ad hoc Locução latina "para o caso específico"; "para esta finalidade". O que é nomeado para tal fim processual ou legal. Indica o substituto ocasional para a prática de um ato em razão de ausência ou impedimento do titular do cargo: "curador *ad hoc*"; "juiz de paz *ad hoc*"; "advogado *ad hoc*"; "defensor *ad hoc*".

Adiamento Transferência para outro dia ou designação de outra data para efetivação de um ato, audiência ou diligência com data já marcada. A lei processual civil admite o adiamento da audiência por convenção das partes ou quando, por motivo justificado, não puderem comparecer o perito, as partes, as testemunhas ou os advogados (art. 362, CPC). Caso convenha, ambos os advogados poderão requerer, em petição conjunta, o adiamento da audiência.

Adiantamento da legítima Trata-se de doação *inter vivos* na qual posse e domínio dos bens doados se transferem ao donatário quando ainda vivo o doador, a título de adiantamento ou avanço da herança. A doação dos pais aos filhos importa adiantamento da legítima (art. 544, CC). Recebendo doações em vida do doador, os descendentes são obrigados, para igualar as legítimas dos demais herdeiros, a conferir o valor das doações, sob pena de sonegação. Esse processo, que se denomina *colação*, tem por fim igualar as legítimas dos descendentes e do cônjuge sobrevivente, obrigando também os donatários que, ao tempo do falecimento do doador, já não possuírem os bens doados (arts. 2.002 e 2.003, CC).

Adimplemento Pagamento de uma dívida ou cumprimento de uma obrigação. Contrário de inadimplemento, que significa ausência de pagamento.

Adimplente Aquele que cumpre a obrigação nos devidos tempo e lugar. O que realiza o adimplemento da dívida. Contrário de inadimplente.

Adimplir Cumprir uma obrigação ou saldar uma dívida.

Ad instar Locução latina que significa à semelhança de, à maneira de.

Aditamento Procedimento pelo qual se adita ou se adiciona alguma coisa com o objetivo de complementar ou completar outra que lhe guarda correspondência. Exemplos: "aditamento de um contrato"; "aditamento da inicial"; "termo aditivo".

Aditamento da denúncia Procedimento de competência de membro do MP com a finalidade de complementar fatos ou circunstâncias novas que não fazem parte da peça acusatória. O MP, verificando que houve omissão na denúncia, pode aditá-la, a todo tempo, antes da sentença final (art. 569, CPP). O mesmo ocorre em relação à queixa, ainda quando a ação penal for privativa do ofendido, cabendo ao MP intervir em todos os termos subsequentes do processo (art. 45, CPP). Nos casos de aditamento, haverá necessidade de manifestação do réu, em observância ao contraditório e à ampla defesa. Assim, haverá necessidade de interrogatório se o ato for destinado à inclusão de novos dados/fatos/circunstâncias inerentes ao delito ou à pessoa do réu.

Aditamento da petição inicial Faculdade que possui o autor da ação para aditar o pedido, desde que o faça antes da citação. Na denunciação da lide também se permite essa providência ao denunciado que comparecer ao processo, antes da citação do réu.

Aditar Ato de realizar aditamento. Adicionar, complementar. Pode-se aditar um contrato por meio de um *termo aditivo*, no qual se acrescenta ou se modifica determinada cláusula, por exemplo, a data de vigência do contrato. O autor da ação pode aditar o pedido da inicial, desde que o faça antes da citação (*v. Aditamento*).

Adjudicação Ato judicial que tem por objetivo transferir a propriedade de uma coisa móvel ou imóvel do patrimônio de uma pessoa para o de outra nos casos em que a lei especifica. Modalidade de expropriação de bens do executado (art. 825, CPC). Têm direito a requerer a adjudicação do bem, entre outros: o condômino, em relação à coisa indivisível; o promitente comprador, havendo recusa na outorga da escritura definitiva; o credor hipotecário, no caso de falência do devedor; o exequente, em relação aos bens penhorados.

Adjudicação compulsória Medida judicial que visa a obter o suprimento judicial da vontade recusada pelo vendedor, ou seja, o suprimento da vontade de outorgar a escritura definitiva e a consequente transferência do domínio do imóvel compromissado. Adjudicação forçada ou obrigatória, como nos contratos que tenham por objeto a promessa de compra e venda de imóveis e DL n. 58/37. Julgada procedente a ação, a sentença terá o condão de adjudicar o imóvel ao compromissário, valendo ela como título para a transcrição ou transferência de domínio (art. 16, § 2º) (*v. Ação de adjudicação compulsória*).

Adjudicar Ato de transferir, por decisão judicial, a propriedade de uma pessoa para a de outra, de bens que a esta pertence por imposição legal ou contratual (*v. Adjudicação*).

Ad judicia Locução latina derivada de *judicium* (juízo), que significa "para o juízo" e que, quando contida em um mandato ou procuração, indica a cláusula que confere ao mandatário poderes para representar o mandante em juízo. A cláusula *ad judicia* confere ao advogado poderes gerais para o foro (*v. Procuração* e *Mandato*).

Ad judicia et extra Locução latina empregada para indicar cláusula de instrumento de mandato ou procuração que atribui ao mandatário poderes para o foro em geral cumulados com poderes para praticar atos extrajudiciais, ou seja, poderes de representação e defesa perante repartições públicas e pessoas físicas e jurídicas.

Adjunto Expressão que indica a pessoa que atua como auxiliar ou substituto de outra no exercício de determinada função. Pessoa que não detém a titularidade do cargo (p. ex.: "secretário adjunto", "professor adjunto").

Ad litteram Locução latina que significa "ao pé da letra", "literalmente". É usada quando se pretende reproduzir um artigo ou um posicionamento doutrinário na íntegra.

Ad mensuram Locução latina empregada para indicar a venda de um imóvel quando feita mediante a especificação de suas medidas e do seu preço total ou preço por medida de extensão (art. 500, CC). A venda *ad mensuram* implica a determinação do preço por unidade ou por medida de extensão, constituindo-se a área como condição do preço. Por consequência, todo imóvel que for vendido pelo valor de "tanto por metro quadrado", por hectare ou por alqueire caracteriza a venda *ad mensuram*. Quando for constatado que a área adquirida é inferior à que consta da escritura de compra e venda, poderá o adquirente exigir o complemento da área por meio da ação ordinária *ex empto* ou *ex vendito*, e, não sendo a complementação possível, exigir abatimento proporcional do preço, por meio da ação ordinária *quanti minoris*. Poderá, também, requerer a rescisão do contrato, com a cominação de perdas e danos.

Ad negotia Cláusula que, quando inserida em contrato de mandato, confere ao mandatário poderes para praticar atos extrajudiciais ou relativos aos negócios em geral do mandante.

Ad nutum Expressão que indica que um determinado ato pode ser revogado ou tornado sem efeito, a qualquer tempo, pela vontade de apenas uma das pessoas que dele participam. Assim ocorre com os cargos públicos, em comissão ou de confiança, e outros que não são garantidos por estabilidade, que são passíveis de destituição ou demissão *ad nutum*, decorrente do livre arbítrio do agente público ou empregador. Nesse sentido, o art. 37, II, CF, que consigna que os cargos em comissão são de livre nomeação e exoneração.

Adoção Ato pelo qual uma pessoa, maior de 18 anos, independentemente do estado civil ou de se encontrar em relação hétero ou homoafetiva, adota outra pessoa como filho. O adotante há de ser, pelo menos, dezesseis anos mais velho do que o adotando. A adoção, que depende de sentença judicial, dá origem ao parentesco civil entre o adotando e o adotado (art. 1.593, CC), atribuindo-se a condição de filho ao adotado, tendo ele os mesmos direitos e deveres, inclusive sucessórios, que os filhos legítimos, além de se desligar de qualquer vínculo com pais e parentes, salvo nos impedimentos matrimoniais (art. 41, ECA).

Adoção à brasileira Ato de alguém registrar, como seu, filho de outrem, mesmo tendo pleno conhecimento de que não é seu pai biológico. Geralmente ocorre quando uma criança é encontrada junto à porta da casa ou simplesmente abandonada na rua, em lixeiras ou outros recipientes. Também pode ocorrer nas hipóteses de entrega espontânea da mãe ou do pai, logo após o parto e antes que se proceda ao registro da criança. Aquele que eventualmente venha a reconhecer como filho nessas condições pode ser indiciado pelo crime previsto no art. 242, CP. Ressalve-se que, quando o crime é praticado por motivo de reconhecida nobreza, a pena pode ser reduzida ou o juiz pode deixar de aplicar a pena, como consta do parágrafo único.

Adolescente Pessoa que vive a fase da adolescência, cuja idade, para o Direito brasileiro, se situa entre 12 e 18 anos. Adolescência é a fase do desenvolvimento humano que marca a transição entre a infância e a idade adulta e que se caracteriza por alterações em diversos níveis – físico, mental e social. Representa para o indivíduo um processo de distanciamento de formas de comportamento e privilégios típicos da infância e de aquisição de características e competências que o capacitem a assumir os deveres e papéis sociais do adulto. A Lei n. 8.069/90 (ECA) dispõe sobre a proteção integral à criança e ao adolescente, referindo que uma e outro gozam de todos os direitos fundamentais inerentes à pessoa humana, sem prejuízo da proteção integral de que trata a lei, assegurando-se-lhes, por lei ou por outros meios, todas as oportunidades e facilidades, a fim de lhes facultar o desenvolvimento físico, mental, moral, espiritual e social, em condições de liberdade e de dignidade.

Ad perpetuam rei memoriam Locução latina utilizada para indicar vistoria, ou exame prévio, a ser realizada sobre coisa ou pessoa, com caráter de perpetuidade, quando se evidenciar receio de que as provas a serem obtidas possam desaparecer. A produção antecipada da prova será admitida nos casos em que haja fundado receio de que venha a tornar-se impossível ou muito difícil a verificação de certos fatos na pendência da ação; a prova a ser produzida seja suscetível de viabilizar a autocomposição ou outro meio adequado de solução de conflito; o prévio conhecimento dos fatos possa justificar ou evitar o ajuizamento de ação (art. 381, CPC) (*v. Antecipação de provas*).

Ad probationem Locução latina utilizada para indicar o ato que pode ser provado informalmente, ou seja, diferentemente da forma solene (*ad solemnitatem*), que a lei exige para certos casos. Desse modo, a validade das declarações de vontade não dependerá de forma especial, senão quando a lei expressamente a exigir.

Ad quem Expressão latina que possui duplo significado: pode ser usada como indicativo de juiz ou tribunal de segunda instância (tribunal *ad quem*), ao qual se remete, em grau de recurso, o processo decidido pelo juiz *a quo* (instância inferior); pode ser empregado para designar o termo final de um prazo ou o dia em que se esgota um prazo (*dies ad quem*).

Adquirente Diz-se da pessoa que, a qualquer título, adquire a propriedade de determinada coisa. A aquisição pode operar-se por ato *inter vivos* ou *causa mortis*. A primeira ocorre por meio de compra e venda, troca, doação, usucapião, arrematação e adjudicação; a segunda dá-se por meio de inventário ou testamento. Em se tratando de imóveis, a propriedade somente se transfere mediante o registro da escritura pública; se for bem móvel, mediante a tradição (art. 1.245, CC). Se um imóvel for adquirido durante a locação, o adquirente não ficará obrigado a respeitar o contrato, se nele não for consignada a cláusula da sua vigência no caso de alienação, e não constar de registro (art. 576, CC). Caso venha a sofrer os efeitos da evicção, o adquirente tem direito, além da restituição integral do preço ou das quantias que pagou: à indenização dos frutos que tiver sido obrigado a restituir; à indenização pelas despesas dos contratos e pelos prejuízos que diretamente resultarem da evicção; às custas judiciais e aos honorários do advogado por ele constituído.

Ad referendum Locução empregada para indicar ato ou decisão provisória que, para terem plena validade, ainda dependem de aprovação ou *referendum* de órgão ou autoridade superior que possui competência para praticá-lo de forma legal.

Ad solemnitatem Expressão latina que indica o ato praticado de acordo com as formalidades indicadas em lei e que são necessárias para sua validade. Opõe-se a *ad probationem*, referente a atos que não exigem formalidade especial. Diz-se, então, que o ato de compra e venda de imóveis é *ad solemnitatem*, porque para sua realização a forma (escritura) é essencial (art. 108, CC).

Ad usum Expressão latina cujo significado é "segundo o uso ou costume".

Ad valorem Expressão latina que se entende por "conforme o valor". Tem efeito na carga tributária feita de acordo com o valor da mercadoria importada ou vendida, e não por seu volume, peso ou quantidade.

Advocacia Exercício da profissão de advogado legalmente habilitado perante a OAB. O exercício da atividade de advocacia no território brasileiro e a denominação de advogado são privativos dos inscritos na OAB (art. 8º, EAOAB). Para a inscrição como advogado são necessários: capacidade civil; diploma ou certidão de graduação em direito, obtido em instituição de ensino oficialmente autorizada e credenciada; título de eleitor e quitação do serviço militar, se brasileiro; aprovação em Exame de Ordem; não exercer atividade incompatível com a advocacia; idoneidade moral; prestar compromisso perante o conselho.

Advocacia administrativa Ato praticado por funcionário público que consiste em patrocinar, direta ou indiretamente, interesse privado perante a Administração Pública, valendo-se da qualidade de funcionário (art. 321, CP).

Advocacia de partido Diz-se dos serviços profissionais prestados pelo advogado a empresa ou pessoa jurídica de direito privado em horário integral ou parcial. Prestação de assessoria a pessoa jurídica, mediante recebimento de valor fixo mensal, englobando todas as áreas da empresa que necessitem de suporte e auxílio jurídico.

Advocacia em causa própria Diz-se dos atos de advocacia exercidos pelo advogado, em nome próprio, nas causas em que figure como autor ou réu (art. 103, CPC).

Advocacia extrajudicial Atividade desempenhada pelo advogado que se resume a atos de administração ou representação dos clientes perante repartições públicas e pessoas físicas e jurídicas, em geral, fora dos tribunais. Também consiste em advocacia extrajudicial, atividades relacionadas à elaboração de contratos, aos encaminhamentos de escrituras públicas e à interposição de recursos de natureza administrativa.

Advocacia judicial Serviços prestados pelo advogado na representação do cliente em juízo, ajuizando ações em seu nome ou promovendo sua defesa nos processos em que for réu.

Advocacia pública Atividade exercida por advogados vinculados à administração pública direta e indireta com o objetivo de defender e promover os interesses públicos da União, dos estados, do Distrito Federal e dos municípios, por meio da representação judicial, em todos os âmbitos federativos, das pessoas jurídicas de direito público.

Advogado Profissional liberal com formação específica obtida em faculdade de Direito e devidamente inscrito nos quadros da OAB. Procurador; constituído; mandatário; patrono. O exercício da atividade de advocacia no território brasileiro e a denominação de advogado são privativos dos inscritos na OAB (art. 8º, EAOAB). Para a inscrição como advogado são necessários: capacidade civil; diploma ou certidão de graduação em Direito, obtido em instituição de ensino oficialmente autorizada e credenciada; título de eleitor e quitação do serviço militar, se brasileiro; aprovação em Exame de Ordem; não exercer atividade incompatível com a advocacia; idoneidade moral; prestar compromisso perante o conselho.

Advogado dativo Defensor dativo. Advogado nomeado pelo juiz para promover a defesa do réu em processo criminal quando este não tiver recursos para constituição de profissional que lhe promova a defesa. É também assim considerado o defensor público. O advogado, que também pode ser indicado pela OAB ou pelo serviço de assistência jurídica oferecido pelo Estado, não poderá escusar-se, salvo justo motivo, de patrocinar gratuitamente a causa do necessitado (art. 34, XII, EAOAB) (*v. Defensoria pública*).

Afastamento do lar Medida judicial concedida de ofício pelo juiz determinando o afastamento do lar do ofensor ou da ofendida, conforme as circunstâncias, em caso de violência doméstica praticada contra a mulher, sem prejuízo dos direitos da mulher aos bens, guarda dos filhos e alimentos (arts. 22 e 23, Lei n.11.340/2006). A providência também poderá ser determinada atrelada ao pedido de separação de corpos prevista no art. 1.562 do CC (*v. Separação de corpos*).

Afiançado (civil) Pessoa que, na qualidade de devedor, figura como beneficiária da fiança prestada por outrem com o fim de garantir o pagamento de dívida perante o credor. Aquele que, tendo contraído dívida e não podendo adimpli-la, tem o pagamento desta garantido por terceiro, o fiador. O afiançado, no contrato de locação, é o locatário (Lei n. 8.245/91).

Afiançado (penal) Réu ou indiciado em processo criminal beneficiado com liberdade provisória, mediante pagamento de certa soma em dinheiro, nos casos de infração cuja pena privativa de liberdade máxima não seja superior a quatro anos (art. 322, CPP). O pagamento da fiança permite ao indiciado responder ao processo em liberdade. A fiança tomada por termo obrigará o afiançado a comparecer perante a autoridade todas as vezes que for intimado para atos do inquérito e da instrução criminal e para o julgamento. Quando o réu não comparecer, a fiança será havida como quebrada (art. 327, CPP) (*v. Fiança penal*).

Aforado Expressão forense utilizada para indicar a propositura ou o ajuizamento de uma ação. Também é empregada com o significado de imóvel submetido a contrato de enfiteuse, mediante o qual o proprietário cede o domínio útil de seu imóvel a outrem. Embora extinta pelo CC/2002, a enfiteuse permanece em uso para os terrenos da União, conforme dispõe a Lei n. 9.636, de 15.05.1998 (*v. Aforamento de imóveis da União*).

Aforamento Emprazamento. Indica o contrato de enfiteuse, pelo qual o proprietário cede a outrem o domínio útil de seu imóvel mediante pagamento de uma pensão ou foro anual. Em que pese extinta pelo CC/2002, a enfiteuse permanece em uso para os terrenos da União, conforme dispõe a Lei n. 9.636, de 15.05.1998 (*v. Aforamento de imóveis da União*).

Aforamento de imóveis da União Embora extinta pelo CC/2002, a enfiteuse permanece em uso para os terrenos da União, conforme dispõe a Lei n. 9.636, de 15.05.1998. Essa lei permite o aforamento de imóveis dominiais da União situados em zonas sujeitas ao regime enfitêutico. Referidos imóveis, desde que observadas as condições previstas no § 1º do art. 23 e resguardadas as situações previstas no inciso I do art. 5º, DL n. 2.398/87, poderão ser aforados mediante leilão ou concorrência pública, respeitado, como preço mínimo, o valor de mercado do respectivo domínio útil, estabelecido em avaliação de precisão realizada, especificamente para esse fim, pela SPU ou, sempre que necessário, pela Caixa Econômica Federal, com validade de seis meses, a contar da data de sua publicação (Lei n. 9.636/98). Por meio do regime de aforamento, o enfiteuta recebe o domínio útil do imóvel, podendo utilizá-lo mediante o pagamento de um foro anual, correspondente a 0,6% do valor do imóvel, sendo certo também que no caso de retomada do imóvel pela União o enfiteuta fará jus à indenização das benfeitorias por ele erigidas (casa, apartamento, plantações), bem como à parcela de solo sob o seu domínio útil.

Aforismo Axioma ou sentença de conteúdo moral e reflexivo que estabelece regra ou princípio a ser seguido por todos; máxima; provérbio.

A fortiori Expressão latina que, partindo da referência expressa a uma razão menos evidente, é utilizada para argumentar de forma mais concludente ou com mais razão. Exemplo: "Se os tribunais aceitam pacificamente aquela tese, *a fortiori* (com muito mais razão) deverão aceitar esta".

Agência reguladora Pessoa jurídica de direito público interno, geralmente constituída sob a forma de autarquia especial ou outro ente da administração indireta, cuja finalidade é regular e/ou fiscalizar a atividade de determinado setor da economia de um país, como os setores de energia elétrica, telecomunicações, produção e comercialização de petróleo, recursos hídricos, entre outros. São exemplos de agências reguladoras no âmbito federal: a Agência Nacional de Energia Elétrica (Aneel); a Agência Nacional de Telecomunicações (Anatel); a Agência Nacional do Petróleo (ANP); a Agência Nacional de Vigilância Sanitária (Anvisa); a Agência Nacional de Saúde Suplementar (ANS); a Agência Nacional de Águas (ANA); a Agência Nacional de Transportes Terrestres (ANTT); a Agência Nacional de Transportes Aquaviários (Antaq); a Agência Nacional do Cinema (Ancine). Em sentido amplo, agência reguladora é "qualquer órgão da Administração Direta ou entidade da Administração Indireta com função de regular a matéria específica que lhe está afeta" (DI PIETRO, Maria Sylvia. *Direito administrativo*. 15.ed. São Paulo, Atlas, 2003, p. 402). A Lei n. 13.848/2019 dispõe sobre a gestão, a organização, o processo decisório e o controle social das agências reguladoras.

Agente público Indivíduo que, em virtude de eleição, nomeação, designação, contratação ou qualquer outra forma de investidura ou vínculo, exerce mandato, cargo, emprego ou função em pessoa jurídica integrante da Administração Pública (art. 6º, V, Lei n. 14.133/2021).

Ágio Diferença que o comprador paga a mais sobre o valor nominal de título ou mercadoria quando a oferta é menor do que a procura. Juro de dinheiro emprestado. Derivam de ágio as expressões "agiota" e "agiotagem" (*v. Usura*).

Agiota Aquele que pratica ato de agiotagem ou usura. Na prática, é a pessoa que empresta dinheiro mediante cobrança de juros exorbitantes, bem acima da taxa legal (juros onzenários) (*v. Usura*).

Agravação Aumento ou majoração de encargo ou de penalidade imposta a uma pessoa em decorrência da peculiaridade ou circunstâncias que envolvem o ato praticado. Em direito penal ocorre agravação da pena quando o agente se omitiu na prática de um ato que lhe compelia praticar ou praticou um delito utilizando-se de métodos perversos que aumentem o sofrimento da vítima.

Agravado Assim considerada no processo judicial a parte adversa do recurso de agravo. Aquele que é ofendido em sua personalidade ou honra. Sendo caso de advogado comprovadamente ofendido em razão do exercício profissional ou de cargo ou função da OAB, tem ele direito ao desagravo público promovido pelo conselho competente, de ofício, a seu pedido ou de qualquer pessoa (art. 18, EAOAB).

Agravante Aquele que, sendo parte em processo judicial, não conformado com a decisão interlocutória proferida pelo juiz, interpõe recurso de agravo para o fim de reformá-la.

Agravantes Circunstâncias desabonatórias, relativas à conduta do acusado, previstas no CP para o agravamento ou aumento da pena. As circunstâncias agravantes, de aplicação obrigatória, estão previstas nos arts. 61 e 62, CP (*v. Circunstâncias agravantes*).

Agravo de instrumento Diz-se do recurso interposto, mediante petição que contém as razões do agravante, contra decisão interlocutória proferida pelo juiz no processo, para que seja encaminhado ao tribunal competente para julgamento (*v. Recurso de agravo de instrumento*).

Agravo em recurso especial e em recurso extraordinário Recurso cabível contra a inadmissão de recurso extraordinário ou de recurso especial, mediante interposição perante o STF ou para o STJ, conforme o caso. A petição de agravo de admissão será dirigida à presidência do tribunal de origem, não dependendo do pagamento de custas e despesas postais (art. 1.042, CPC).

Agravo interno Recurso processual interposto perante o órgão colegiado competente contra decisão proferida pelo relator, desembargador ou ministro, que não admitir o agravo de instrumento, negar-lhe provimento ou decidir, desde logo, o recurso não admitido na origem (*v. Recurso de agravo interno*).

Ajuizar Ato de o autor de uma ação propor ou encaminhar, ao setor competente do órgão judiciário, petição inicial contendo suas pretensões e o requerimento para que o juiz lhe conceda a prestação jurisdicional.

Ajustamento de conduta *V. Termo de Ajustamento de Conduta.*

Alçada Competência dos juízes decorrente de valor atribuído à causa no momento de sua propositura (competência *ratione valori*). Limite da jurisdição.

Alcoolemia Quantidade de álcool no sangue. A taxa de alcoolemia é a quantidade de álcool etílico existente no sangue de um indivíduo, em determinado momento, medido em gramas de álcool por litro de sangue (g/L). O medidor da alcoolemia é o etilômetro, popularmente conhecido por bafômetro. A partir da entrada em vigor do CTB (Lei n. 9.503/97), o ato de dirigir com capacidade psicomotora alterada em razão de álcool ou de outra substância psicoativa que determine dependência (art. 306, CTB).

Álea Expressão que indica um fato ou resultado futuro e incerto, de modo a ensejar tanto a possibilidade de vantagem quanto a de prejuízo para as partes. Segundo consta, a expressão tem origem na célebre frase de Júlio César, pronunciada ao atravessar o rio Rubicon: "*Alea jacta est*" ("a sorte está lançada") (*v. Aleatório*).

Álea administrativa A álea, no sentido de risco, é usual nos contratos administrativos, principalmente nos de concessão. Nesse particular, costuma ser dividida em álea ordinária e álea extraordinária. A álea ordinária corresponde aos riscos normais de qualquer empreendimento e que devem ser suportados pelo concessionário; não ensejam qualquer cobertura por parte do poder concedente. A álea extraordinária divide-se em álea administrativa e álea econômica. A primeira corresponde aos atos da administração não como parte da relação contratual, mas sim como ente no exercício de seu poder; a segunda tem a ver com fatos globalmente considerados, conjunturais, naturais, tais como crises econômicas, desastres naturais e oscilações de câmbio. Nesse caso, aplica-se a teoria da imprevisão para que o equilíbrio econômico-financeiro possa ser mantido.

Aleatório Relativo à álea. Do latim *aleatorius*, ou seja, aquilo que depende do acaso ou da eventualidade de que algo venha a ocorrer. É o ato que depende da realização de um evento futuro e incerto denominado *álea* (*v. Contrato aleatório*).

Alegações Afirmações, argumentos ou razões expendidas pelas partes no processo em que contendem, ou pelo juiz em suas decisões.

Alegações do autor Argumentos elaborados e apresentados pelo autor da ação, na petição inicial ou no transcorrer do processo, que visam a justificar a sua pretensão e convencer o juiz para que a sentença lhe seja favorável.

Alegações do réu Argumentos de defesa expendidos pelo réu da ação, na contestação, no pedido contraposto ou no transcorrer do processo, com o objetivo de defender-se e refutar a pretensão do autor (*v. Contestação*).

Alegações finais Ou razões finais, são argumentos apresentados pelos advogados das partes, durante o debate, depois de finda a instrução e antes de o juiz proferir a sentença. As alegações finais podem ser feitas oralmente, por escrito ou ser remissivas, isto é, quando o advogado da parte se satisfaz em aceitar, como se alegações finais fossem, os mesmos argumentos contidos na petição inicial ou na contestação.

Algemas Objetos de metal, na forma de pulseira, utilizados para manietar presos ou pessoas detidas pela polícia, a fim de dificultar sua fuga quando conduzidos fora do lugar de confinamento. Não se permite o uso de algemas no acusado durante o período em que permanecer no plenário do júri, salvo se absolutamente necessário à ordem dos trabalhos, à segurança das testemunhas ou à garantia da integridade física dos presentes (art. 474, § 3º, CPP). Os limites a respeito da utilização das algemas restaram pacificados pelo STF por meio da Súmula vinculante n. 11.

Alienação Ato de alienar, ou seja, de transferir a propriedade de uma para outra pessoa. Consistem em atos de alienação os relativos a compra e venda, troca e doação. A alienação pode ser onerosa ou gratuita. Dá-se a primeira quando há contraprestação pecuniária, como na compra e venda; verifica-se a segunda quando a transferência é feita por mera liberalidade do proprietário, como ocorre na doação. Para a validade da alienação, considerada ato jurídico, requerem-se: agente capaz; objeto lícito, possível, determinado ou determinável; forma prescrita ou não defesa em lei. A escritura pública é essencial à validade dos atos que visem à constituição, transferência, modificação ou renúncia de direitos reais sobre imóveis de valor superior a trinta vezes o maior salário mínimo vigente no país (art. 104, CC).

Alienação de imóveis da União A alienação de bens imóveis da União dependerá de autorização, mediante ato do presidente da República, e será sempre precedida de parecer da Secretaria do Patrimônio da União (SPU) quanto à sua oportunidade e conveniência. A alienação ocorrerá quando não houver interesse público, econômico ou social em manter o imóvel no domínio da União, nem inconveniência quanto à preservação ambiental e à defesa nacional, no desaparecimento do vínculo de propriedade. A competência para autorizar a alienação poderá ser delegada ao Ministro de Estado da Fazenda, permitida a subdelegação (Lei n. 9.636/88).

Alienação fiduciária Contrato pelo qual uma pessoa (credor fiduciário) empresta certo valor em dinheiro a outra (devedor, fiduciante ou alienante) para o fim de adquirir um certo bem móvel ou imóvel de terceiro mediante a condição de permanecer com o domínio e a posse indireta do bem enquanto não solvido o débito do devedor. Considera-se fiduciária a propriedade resolúvel de coisa móvel infungível que o devedor, com escopo de garantia, transfere ao credor. Constitui-se formalmente com o registro do contrato, celebrado por instrumento público ou particular, que lhe serve de título, no Registro de Títulos e Documentos do domicílio do devedor ou, em se tratando de veículos, na repartição competente para o licenciamento, fazendo-se a anotação no certificado de registro. No caso de veículo, a alienação fica registrada no documento de posse deste; no de imóvel, é comum que a propriedade definitiva, atestada pela escritura, só seja transmitida após a liquidação da dívida. Em ambos os casos, o comprador fica impedido de negociar o bem antes da quitação da dívida, mas pode usufruir dele. Com a constituição da propriedade fiduciária, dá-se o desdobramento da posse, tornando-se o devedor possuidor direto da coisa (art. 1.361, CC). São admitidas a alienação fiduciária de coisa fungível e a cessão fiduciária de direitos sobre coisas móveis, bem como de títulos de crédito, hipóteses em que, salvo disposição em contrário, a posse direta e indireta do bem objeto da propriedade fiduciária ou do título representativo do direito ou do crédito são atribuídas ao credor, que, em caso de inadimplemento ou mora da obrigação garantida, poderá vender a terceiros o bem objeto da propriedade fiduciária independentemente de leilão, hasta pública ou qualquer outra medida judicial ou extrajudicial, devendo aplicar o preço da venda no pagamento do seu crédito e das despesas decorrentes da realização da garantia, entregando ao devedor o saldo, se houver, acompanhado do demonstrativo da operação realizada (art. 66-B, § 3º, Lei n. 4.728/65).

Alienação fiduciária de aeronaves Ato jurídico pelo qual se transfere ao credor o domínio resolúvel e a posse indireta de aeronave ou de seus equipamentos, independentemente da respectiva tradição, tornando-se o devedor o possuidor direto e depositário com todas as responsabilidades e encargos que lhe incumbem, de acordo com as leis civil e penal (Lei n. 7.565/86).

Alienação fiduciária de bem imóvel Negócio jurídico pelo qual o devedor, ou fiduciante, com o escopo de garantia, contrata a transferência ao credor, ou fiduciário, da propriedade resolúvel de coisa imóvel (art. 22, § 1º, Lei n. 9.514/97). A alienação fiduciária poderá ser contratada por pessoa física ou jurídica, não sendo privativa das entidades que operam no SFI, podendo ter como objeto, além da propriedade plena: bens enfitêuticos, hipótese em que será exigível o pagamento do laudêmio, se houver a consolidação do domínio útil no fiduciário; o direito de uso especial para fins de moradia; o direito real de uso, desde que suscetível de alienação; a propriedade superficiária.

Alienação fiduciária de bem móvel A alienação fiduciária em garantia transfere ao credor o domínio resolúvel e a posse indireta da coisa móvel alienada, independentemente da tradição efetiva do bem, tornando-se o alienante ou devedor o possuidor direto e depositário com todas as responsabilidades e encargos que lhe incumbem, de acordo com as leis civil e penal. A alienação fiduciária somente se prova por escrito, e seu instrumento, público ou particular, qualquer que seja o seu valor, será obrigatoriamente arquivado, por cópia ou microfilme, no Registro de Títulos e Documentos do domicílio do credor, sob pena de não valer contra terceiros. Na alienação fiduciária, em que pese o devedor constituir-se depositário do bem alienado, não mais se permite requerer sua prisão civil na hipótese de ser declarado depositário infiel, conforme consta da Súmula vinculante n. 25 do STF.

Alienação fraudulenta Alienação antecipada de bens com o objetivo de fraudar credor. Transferência gratuita ou onerosa de bens, que poderiam ser usados para saldar dívidas, com o intuito de fraudar ou prejudicar credores, feita por proprietário devedor a terceiros, caracterizando a fraude contra credor (art. 158, CC). Geralmente ocorre quando o devedor transfere bens de forma gratuita para o nome de parentes ou promove venda fictícia a pessoa de seu círculo de amizades. "Diferença marcante entre a fraude contra credores e fraude de execução situa-se na categoria do interesse violado com a prática do ato fraudulento. Com efeito, a primeira tem por violado interesse de natureza privada, qual seja o interesse privado do credor. De sua vez, na fraude de execução o interesse infringido é o da própria atividade jurisdicional, ou seja, macula-se o prestígio da própria jurisdição ou do Estado-Juiz" (STJ, REsp n. 799.440/DF, rel. Min. João Otávio de Noronha). Comprovada a alienação dolosa, os credores poderão ajuizar a ação pauliana ou revocatória com o fim de anular os atos praticados pelo devedor.

Alienação judicial Alienação de bens, determinada pelo juiz da causa, feita por leiloeiro público credenciado, sempre que não houver acordo entre os interessados sobre o modo como se deve realizar a alienação dos bens. A alienação judicial far-se-á por leilão judicial eletrônico ou presencial (arts. 730 e 879, CPC).

Alienação judicial de bens apreendidos Forma de alienação de bens normatizada pelo Sistema Nacional de Bens Apreendidos (SNBA), criado pelo CNJ. O SNBA consolida, em um único banco de dados, as informações sobre os bens apreendidos em procedimentos criminais em todo o território nacional (como valor de mercado, localização, depositário, data de apreensão, destinação), permitindo melhor controle pelos órgãos judiciais de tudo o que é apreendido no país. O CNJ elaborou o Manual de Bens Apreendidos, com o objetivo de facilitar a desburocratização na alienação dos referidos bens. De qualquer modo, sempre que estiverem sujeitos a qualquer grau de deterioração ou depreciação, ou quando houver dificuldade para manutenção dos bens, o juiz determinará a alienação antecipada, visando à preservação do seu valor (art. 144-A, CPP). Os bens deverão ser vendidos em leilão, preferencialmente por meio eletrônico, pelo valor fixado na avaliação judicial ou por valor maior.

Alienação parental Ato de interferência na formação psicológica da criança ou do adolescente promovido ou induzido por um dos genitores, pelos avós ou por aqueles que tenham a criança ou o adolescente sob a sua autoridade, guarda ou vigilância, para que repudiem genitor, causando prejuízo ao estabelecimento ou à manutenção de vínculos com este (art. 2º, Lei n. 12.318/2010). A alienação parental, ou síndrome de alienação parental (SAP), expressão proposta pelo psiquiatra americano Richard A. Gardner no ano de 1985, consiste em situações em que pai, mãe ou ambos orientam seus filhos para o rompimento de laços afetivos com o outro genitor, criando sentimentos intensos de ansiedade e temor em relação ao genitor infamado. São, na verdade, atos com forte tendência vingativa, de iniciativa de cônjuges que não aceitam a ruptura da vida em comum.

Alienante Aquele que pratica ato relativo à transferência da propriedade de bens, como venda, troca ou doação. Para a validade da alienação de imóveis, exige-se que, além da capacidade, o objeto seja lícito e determinado e a forma seja prescrita em lei (art. 104, CC). Se o alienante for casado, exige-se, ainda, o consentimento do cônjuge, salvo se casado pelo regime de separação de bens (art. 1.647, CC) (*v. Alienação*).

Alimentos Pensão ou quantia que uma pessoa está obrigada por lei a conceder a outra, a título de manutenção, para prover suas necessidades alimentícias e de habitação. Pensão alimentícia. Pagamento sucessivo e continuado de certa quantia em dinheiro que uma pessoa faz a outra em razão de parentesco ou de dever de assistência, destinado a prover sua subsistência. O direito à prestação de alimentos é recíproco entre pais e filhos (art. 1.696, CC), sendo fixado na proporção das necessidades do alimentando e dos recursos do alimentante (art. 1.694, § 1º, CC). Em regra, os alimentos são prestados por certa soma em dinheiro, mas, excepcionalmente, podem ser oferecidos *in natura*, isto é, pelo próprio fornecimento dos gêneros alimentícios e de outras utilidades indispensáveis ao alimentando, como hospedagem e sustento (art. 1.701, CC). A obrigação alimentar dos pais abrange: a) os filhos menores de 18 anos; b) os filhos maiores, enquanto estudantes universitários, até a idade de 24 anos; c) os filhos inválidos de qualquer idade. O direito a alimentos, dependendo da situação, pode decorrer: a) *da lei* (legítimos): são os devidos em razão do vínculo de parentesco ou do dever de mútua assistência (casamento; união estável); b) *da vontade*: alimentos convencionados em contrato ou testamento; c) *da prática de ato ilícito*: alimentos devidos como forma de indenizar a própria vítima (em caso de lesão) ou seus sucessores (por falecimento da vítima) (arts. 186, 927 e 948, II, CC).

Alimentos civis Alimentos destinados à manutenção da condição social da pessoa necessitada, suprindo, além das necessidades naturais, outras necessidades compreendidas como morais e intelectuais conforme a sua condição social. São os destinados a manter a qualidade de vida do credor, de acordo com a condição social dos envolvidos, mantendo, assim, o padrão de vida e o *status* social do alimentado, respeitada a capacidade econômica do obrigado.

Alimentos entre companheiros Como ocorre com os parentes e cônjuges, podem os companheiros, na união estável, pedir, uns aos outros, os alimentos de que necessitam para viver de modo compatível com a sua condição social (art. 1.694, CC). Para tanto, deverá o requerente demonstrar: a) a convivência com pessoa solteira, separada judicialmente ou de fato, divorciada ou viúva; b) que a convivência tenha sido duradoura, pública e contínua; c) a necessidade dos alimentos.

Alimentos entre cônjuges Pensão alimentícia que um cônjuge se obriga a prestar ao outro, na quantidade de que este necessita para viver de modo compatível com a sua condição social (art. 1.694, CC), em razão do dever de mútua assistência (art. 1.566, III, CC). Após a dissolução do casamento, a continuidade da prestação alimentar, caso não haja acordo a respeito, fica condicionada à prova da necessidade dos alimentos pelo cônjuge requerente (v. também *Ação de alimentos*).

Alimentos gravídicos Alimentos que compreendem os valores suficientes para cobrir as despesas adicionais do período de gravidez e que sejam dela decorrentes, da concepção ao parto, inclusive as referentes a alimentação especial, assistência médica e psicológica, exames complementares, internações, parto, medicamentos e demais prescrições preventivas e terapêuticas indispensáveis, a juízo do médico, além de outras que o juiz considere pertinentes (Lei n. 11.804/2008). Convencido da existência de indícios da paternidade, o juiz fixará alimentos gravídicos, que perdurarão até o nascimento da criança, sopesando as necessidades da parte autora e as possibilidades da parte ré (art. 6º). Os alimentos gravídicos serão posteriormente convertidos em pensão alimentícia em favor do menor, caso haja nascimento com vida, até que uma das partes solicite revisão (art. 6º, parágrafo único). Em relação à defesa do réu, este será citado para apresentar resposta em cinco dias (art. 7º), ocasião na qual, não se considerando pai do nascituro, requererá que seja efetivado o exame de DNA.

Alimentos indenizatórios Indenizatórios ou compensatórios são os alimentos destinados a ressarcir vítimas ou familiares de vítimas de ato ilícito (arts. 186, 187 e 927, CC), resultando de sentença condenatória por responsabilidade civil (arts.

944 e segs., CC). Na hipótese de vítimas que venham a sofrer invalidez permanente ou homicídio, o ofensor poderá ser compelido a indenizar o ofendido ou seus sucessores mediante o pagamento de pelo menos um salário mínimo mensal até a data em que a vítima vier, se vivo estiver, a completar 65 anos de idade, conforme entendimento da iterativa jurisprudência (art. 948, II, CC).

Alimentos naturais Alimentos indispensáveis para garantir a subsistência do beneficiário. Alimentos estritamente necessários à mantença de uma pessoa, compreendendo tão somente a alimentação, a educação, a cura, o vestuário, a habitação, nos limites das necessidades vitais.

Alimentos para os filhos Alimentos que os pais são obrigados a prestar aos filhos menores, aos filhos maiores incapazes (art. 1.590, CC) e aos filhos maiores universitários, em decorrência do poder familiar. Para a manutenção dos filhos, os cônjuges divorciados contribuirão na proporção de seus recursos (art. 1.703, CC). Com a maioridade, extingue-se o poder familiar, mas não cessa desde logo o dever de prestar alimentos que, a partir de então, se funda no parentesco. É vedada a exoneração automática do alimentante que completar 18 anos, sem possibilitar ao alimentando a oportunidade de manifestar-se e comprovar, se for o caso, a impossibilidade de prover a própria subsistência (Súmula n. 358, STJ).

Alimentos provisionais nas ações de investigação de paternidade Alimentos facultados ao sedizente filho, havido fora do casamento, requerer que lhe sejam concedidos na hipótese de sentença favorável, ainda que sobre esta penda recurso. O pedido somente pode ser admitido de forma incidental na ação principal, não podendo ser promovido como medida antecedente ou preparatória (art. 7º, Lei n. 8.560/92).

Alimentos provisórios Alimentos fixados liminarmente no despacho inicial proferido pelo juiz na ação de alimentos ajuizada pelo rito especial da Lei n. 5.478/68 (Lei da Ação de Alimentos). A ação de alimentos é de rito especial, e o credor já dispõe de prova pré-constituída da obrigação alimentar: parentesco, casamento ou união estável. Parte-se do pressuposto de que existe relação obrigacional, fato que dispensa discutir a existência ou não da dívida alimentar. Assim, esses alimentos não podem ser concedidos em ação de investigação de paternidade, por ausência da prova pré-constituída do parentesco. Nesse caso, o direito a alimentos somente se verifica após sentença que admitir e reconhecer o estado de filiação.

Alimentos transitórios Alimentos, de cunho resolúvel, prestados notadamente entre ex-cônjuges ou ex-companheiros, em que o credor, em regra pessoa com idade apta para o trabalho, necessita de alimentos temporários, ou seja, até que se projete determinada condição ou ao final de certo tempo, circunstância em que a obrigação extinguir-se-á automaticamente. Em regra, os alimentos transitórios são devidos até o momento em que o alimentando atinja sua autonomia financeira, o que costuma ocorrer com o exercício de uma atividade remunerada. Representa uma forma de superar os usuais percalços decorrentes da transição invariavelmente penosa da dissolução da união conjugal ou convivencial. "Sendo os alimentos oriundos do casamento e da convivência estável em decorrência da *affectio societatis*, dela provém um dever de ordem humanitária, restando evidente que aquele dotado de recursos haverá de prover ao ex-cônjuge ou ex-companheiro necessitado, ainda que este tenha condições para trabalhar; todavia, haverá de se estabelecer um dado lapso de tempo, determinado, um prazo certo para a vigência deste provisionamento, de modo que o alimentando, saudável e apto, ingresse no mercado de trabalho e obtenha seu próprio sustento" (BUZZI, Marco Aurélio. *Alimentos transitórios*: uma obrigação por tempo certo. Curitiba, Juruá, 2003. p. 147).

Alínea As alíneas ou letras constituem desdobramentos dos incisos e dos parágrafos de uma lei. A alínea é grafada com letra minúscula e seguida de parêntese: *a)*; *b)*; *c)* etc. O desdobramento das alíneas (item) faz-se com números cardinais, seguidos de ponto: 1.; 2. etc.

Alíquota Expressão utilizada no âmbito do direito tributário para designar o percentual ou valor fixo a ser aplicado sobre a base de cálculo para determinação do valor de um tributo. A alíquota será um percentual quando a base de cálculo for um valor econômico, e será um valor quando a base de cálculo for uma unidade não monetária. As alíquotas em percentual são mais utilizadas em impostos; as alíquotas em valor são mais usuais em tributos como empréstimo compulsório, taxas e contribuição de melhoria. De acordo com o princípio da progressividade, quanto maior a base de cálculo, maior é a alíquota. É o que ocorre, por exemplo, na tabela progressiva mensal do imposto de renda na fonte, incidente sobre rendimentos do trabalho e outros, na qual, quanto maior for o salário recebido pelo contribuinte, maior será a alíquota (percentual) de desconto na fonte.

Alternativo Doutrina progressista do Direito, fundada em uma visão global e antidogmática, pela qual alguns juristas propõem que os juízes, ao se depararem com uma lei omissa, lacunosa ou contraditória, ao aplicá-las, façam-no de maneira a favorecer os mais fracos e oprimidos tendo em vista a adoção de um conceito mais amplo de fins sociais e bem comum.

Aluguel Valor pago pelo locatário, ao locador, em retribuição ao uso da coisa decorrente do contrato de locação. Também é conhecido pelo termo *aluguer*.

Aluvial Terreno cuja formação se processou por força do aluvião, isto é, em virtude da acessão natural (art. 1.250, CC).

Aluvião Acréscimos que, sucessiva e imperceptivelmente, formarem-se para a parte do mar e das correntes, aquém do ponto a que chega a preamar média, ou do ponto médio das enchentes ordinárias, bem como a parte do álveo que se descobrir pelo afastamento das águas (art. 1.250, CC).

Alvará Documento expedido por uma autoridade judicial ou administrativa que contém ordem ou concede licença, ou autorização, para que alguém pratique determinado ato ou exercite um direito (alvará de soltura, alvará para construção, alvará para porte de arma etc.).

Alvedrio Vontade própria; arbítrio da parte ou do juiz.

Álveo Superfície que as águas cobrem sem transbordar para o solo natural e ordinariamente enxuto (art. 1.252, CC).

Amazônia legal Região assim declarada por lei, que compreende os Estados do Acre, Pará, Amazonas, Roraima, Rondônia, Amapá e Mato Grosso e as regiões situadas ao norte do paralelo 13° S, dos Estados de Tocantins e Goiás, e ao oeste do meridiano de 44° W, do Estado do Maranhão (art. 3º, I, Lei n. 12.651/2012).

Ambiguidade Diz-se do que é ambíguo, ou seja, do que não é suficientemente claro, ensejando equívoco ou dúvida em sua interpretação. Defeito linguístico que enseja dupla interpretação. Expressão que indica a presença de um termo que tanto pode conter mais de um significado, como possuir pelo menos dois significados aos quais correspondem diferentes interpretações. A ambiguidade pode também indicar que a disposição tem significados distintos um do outro, ou que tem um significado amplo e outro restrito. Diz-se, portanto, que uma lei, um artigo de lei ou uma determinada expressão contida no corpo da lei são ambíguos quando, por defeito de clareza de sua redação (equívoca, duvidosa, variável, com dois sentidos), passam a suscitar dúvidas em relação a seu verdadeiro sentido ou ensejar diferentes interpretações.

Ameaça Demonstração ou sinal evidente de que um ato de violência contra uma coisa ou pessoa está na iminência de concretizar-se. A ameaça tanto pode ser relacionada a um direito, o de personalidade, por exemplo, como à liberdade pessoal e à integridade física de uma pessoa (art. 147, CP).

Amicus curiae "Amigo da Corte". Intervenção assistencial em processos por parte de pessoa natural ou jurídica, órgão ou entidade especializada, com representatividade adequada, que pode ser admitida por juiz ou relator, em consideração à relevância da matéria, à especificidade do tema objeto da demanda ou à repercussão social da controvérsia (art. 138, CPC). Para o plural, usa-se *amici curiae* (amigos da Corte). Os *amici curiae* não são partes dos processos; atuam apenas como interessados na causa. No STF, é admitida a intervenção do *amicus curiae*, por força do § 2º do art. 7º da Lei n. 9.868/99. Referido instituto possibilita que as associações de magistrados, advogados, membros do Ministério Público, entidades do movimento social, comunidades étnicas e raciais, comunidades e entidades religiosas, ONGs, Ministério Público, federações de entidades de classe, órgãos e entidades governamentais ingressem nos processos em que se discute a constitucionalidade de leis e atos governamentais que ameacem ou violem os interesses e direitos coletivos dos grupos que representam, bem como os direitos difusos.

Amigável Denominação atribuída ao ato de consenso das partes usado para evitar ou dar fim a uma pendência judicial ou extrajudicial. Acordo, transação ou composição amigável ou por mútuo consentimento. Na prática forense, a composição amigável, consensual ou por mútuo consentimento é o ato originado da vontade das partes que dá por encerrada a demanda judicial em andamento ou que proporciona um processo judicial sem litígio ou contestação (p. ex., divórcio consensual).

Amortização Extinção gradativa de uma dívida feita pelo pagamento em prestações. Abatimento ou pagamento antecipado de parcela de uma dívida.

Analogia Derivação de análogo, aquilo que é semelhante, comparável ou afim. Consiste em atribuir a um caso não regulamentado a mesma disciplina aplicada em um caso regulamentado semelhante. Constitui uma das fontes do Direito das quais deve se socorrer o juiz para a aplicação da lei quando depare com lacunas ou omissões (art. 140, CPC). Para alguns autores, o uso da analogia corresponde à interpretação extensiva ou indutiva feita em razão da semelhança com outro artigo de lei. "Quando o texto contém uma enumeração de casos, cumpre distinguir: se ela é *taxativa*, não há lugar para processo analógico; se *exemplificativa* apenas, dá-se o contrário, não se presume restringida a faculdade do aplicador do Direito" (MAXIMILIANO, Carlos. *Hermenêutica e aplicação do Direito*. 13.ed. Rio de Janeiro, Forense, 1993, p. 213).

Analogia em direito penal A analogia não se aplica ao direito penal, porquanto nesta área específica do Direito cumpre haver estrita observância ao princípio da legalidade. Assim, se o legislador nada previu a respeito de uma dada conduta praticada pelo agente, tipificando-a como criminosa, é porque esta se mostra irrelevante na esfera penal, não podendo, portanto, ser objeto de interpretação ou aplicação analógica. "As condutas que o legislador deseja proibir ou impor, sob a ameaça de sanção, devem vir descritas de forma clara e precisa, de modo que o agente as conheça e as entenda sem maiores dificuldades. O campo de abrangência do Direito Penal, dado o seu caráter fragmentário, é muito limitado. Se não há previsão expressa da conduta que se quer atribuir ao agente, é sinal de que esta não merece a atenção do legislador, muito embora seja parecida com outra já prevista pela legislação penal. Quando se inicia o estudo da analogia em Direito Penal, devemos partir da seguinte premissa: é terminantemente proibido, em virtude do princípio da legalidade, o recurso à analogia quando esta for utilizada de modo a prejudicar o agente, seja ampliando o rol de circunstâncias agravantes, seja ampliando o conteúdo dos tipos penais incriminadores, a fim de abranger hipóteses não previstas expressamente pelo legislador etc." (GREGO, Rogério. *Curso de direito penal*: Parte Geral. 5.ed. Rio de Janeiro, Ímpetus, 2005, p. 46).

Anatocismo O mesmo que capitalização de juros, ou seja, cobrança de juros sobre juros. O anatocismo é vedado por nosso Direito, mesmo que expressamente convencionado. A vedação advém do Decreto n. 22.626/33 e da Lei n. 1.521/51 (art. 4º), que trata dos crimes contra a economia popular. A proibição também inclui as operações realizadas por instituições financeiras, porquanto, segundo entendimento da doutrina e da jurisprudência, mesmo com a edição da Súmula n. 596 ("as disposições do Decreto 22.626 de 1933 não se aplicam às taxas de juros e aos outros encargos cobrados nas operações realizadas por instituições públicas ou privadas, que integram o sistema financeiro nacional") pelo mesmo STF, o enunciado da Súmula n. 121 não restou prejudicado.

Aneel Agência Nacional de Energia Elétrica. Agência reguladora criada pela Lei n. 9.427, de 26.12.1996. Autarquia sob regime especial, vinculada ao Ministério das Minas e Energia, com sede e foro no Distrito Federal, cuja finalidade é regular e fiscalizar produção, transmissão e comercialização de energia elétrica, em conformidade com as políticas e diretrizes do governo federal. A agência é administrada por uma diretoria colegiada, formada pelo diretor geral e outros quatro diretores, entre eles o diretor ouvidor. As funções executivas da Aneel estão a cargo de vinte superintendentes. A maioria das superintendências se concentra em questões técnicas – regulação, fiscalização, mediação e concessão – e uma parte delas se dedica à relação da Aneel com seu público interno e a sociedade. Nas questões jurídicas, a Procuradoria Federal representa a agência.

Anencefalia Morte cerebral ou parada total e irreversível das funções encefálicas em consequência de processo irreversível e de causa conhecida, ainda que o tronco cerebral esteja temporariamente ativo. O diagnóstico de anencefalia é feito por exame ultrassonográfico realizado a partir da 12ª semana de gestação e deve conter: duas fotografias, identificadas e datadas, uma com a face do feto em posição sagital e a outra com a visualização do polo cefálico no corte transversal, demonstrando a ausência da calota craniana e de parênquima cerebral identificável; e laudo assinado por dois médicos capacitados para tal diagnóstico (art. 2º, Resolução n. 1.989/2012, CFM). Segundo o Conselho Federal de Medicina (CFM), os exames complementares a serem observados para constatação de morte encefálica devem seguir o disposto na Resolução n. 2.173/2017. Sendo o anencéfalo o resultado de um processo irreversível, de causa conhecida e sem qualquer possibilidade de sobrevida, por não possuir a parte vital do cérebro, é considerado desde o útero um feto morto cerebral. Em relação à possibilidade de antecipação do parto em casos de gravidez de feto anencéfalo, o plenário do STF, julgando ação de arguição de descumprimento de preceito fundamental (ADPF n. 54), ajuizada pela Confederação Nacional dos Trabalhadores na Saúde (CNTS), na data de 12.04.2012, decidiu por maioria que não pratica o crime de aborto tipificado no Código Penal a mulher que decide pela antecipação do parto em casos de gravidez de feto anencéfalo. De acordo com a Lei n. 9.882/99, que regula as arguições de descumprimento de preceito fundamental (ADPFs), a decisão tomada pelo STF tem "eficácia contra todos e efeito vinculante relativamente aos demais órgãos do Poder Público". Diante disso, o CFM emitiu a Resolução n. 1.989/2012, na qual consta o procedimento que deve ser adotado pelos profissionais da Medicina para diagnosticar existência de feto anencefálico e interrupção da gravidez.

Ânimo Do latim *animus*; ato de vontade ou intenção consciente e deliberada de praticar um ato. O *animus* pressupõe a vontade manifestada de forma livre e espontânea, portanto isenta de coação. O domicílio da pessoa natural é o lugar onde ela estabelece a sua residência com ânimo definitivo. Em relação à posse, de acordo com a teoria de Savigny, ela se caracteriza por um elemento material, o *corpus*, e um elemento psíquico, que é o *animus*. O *animus* (vontade) é a intenção de ter a coisa como sua. Ou seja, é a intenção de dono, independentemente da convicção do possuidor ser, na realidade, proprietário da coisa.

Anistia Relativamente à matéria fiscal ou de direito tributário, significa o perdão concedido pelo órgão arrecadador de tributos ao contribuinte por infrações por ele cometidas contra o Fisco. Na área político-criminal, a anistia corresponde ao perdão concedido a todos que, no período compreendido entre 2 de setembro de 1961 e 15 de agosto de 1979, cometeram crimes políticos ou conexos com estes, crimes eleitorais, aos que tiveram seus direitos políticos suspensos e aos servidores da Administração Direta e Indireta, de fundações vinculadas ao poder público, aos servidores dos Poderes Legislativo e Judiciário, aos militares e aos dirigentes e representantes sindicais, punidos com fundamento em atos institucionais e complementares (Lei n. 6.683/79).

A non domino Expressão latina que indica alienação de uma coisa feita por quem não é seu legítimo proprietário, ou seja, feita por quem não possui o domínio sobre a coisa. Venda *a non domino*. Assim, feita por quem não seja proprietário, a tradição não alheia a propriedade (art. 1.268, CC).

Antecipação da tutela Medida judicial que tem por objetivo obter a antecipação dos efeitos da sentença que o demandante procura alcançar por meio da ação ajuizada, mediante prova inequívoca e verossimilhança (aparência de verdadeiro; *fumus boni iuris*) das alegações e fundado receio de dano irreparável ou de difícil reparação (*periculum in mora*) (art. 303, CPC).

Antecipação de provas Providência judicial destinada a antecipar a produção de provas correspondente à vistoria, ou exame prévio, a ser realizada sobre coisa ou pessoa, com caráter de perpetuidade, quando se evidenciar receio de que as provas a serem obtidas possam desaparecer. A produção antecipada da prova, também denominada vistoria *ad perpetuam rei memoriam*, pode consistir em interrogatório da parte, inquirição de testemunhas e exame pericial. No processo penal, se, mesmo após convocação por edital, o réu não comparecer nem constituir advogado, fica o juiz autorizado a determinar a produção antecipada das provas consideradas urgentes e, se necessário, decretar a prisão preventiva (art. 366, CPP) (*v. Prova antecipada*).

Antenupcial Antes dos nubentes contraírem núpcias; período que antecede ao casamento (*v. Pacto antenupcial*).

Anteprojeto Esboço ou proposta de lei que antecede o projeto de lei.

Anterioridade Precedência temporal de um fato em relação a outro. Princípio segundo o qual não se cobrará tributo novo no mesmo ano civil em que haja sido publicada a lei que o instituiu ou aumentou. É vedado à União, aos Estados, ao Distrito Federal e aos Municípios cobrar tributos no mesmo exercício financeiro em que haja sido publicada a lei que os instituiu ou aumentou (art. 150, III, CF). Constituem exceções à aplicação do princípio da anterioridade: imposto sobre importação (II), imposto sobre exportação (IE), imposto sobre produtos industrializados (IPI), imposto sobre operações financeiras (IOF) – estes impostos também podem ter alíquotas alteradas pelo presidente –, imposto extraordinário no caso de guerra externa ou sua iminência (art. 154, II, CF), empréstimos compulsórios para atender às despesas extraordinárias decorrentes de calamidade pública, guerra externa ou sua iminência (art. 148, I, CF) – diferentemente, o empréstimo compulsório para assuntos de interesse relevante precisa atender ao princípio da anterioridade (art. 148, II, CF) –, contribuições de intervenção no domínio econômico relativas a importação e comercialização de petróleo e seus derivados, gás natural e seus derivados e álcool combustível (art. 177, § 4°, I, *b*, CF); e ICMS sobre combustíveis e lubrificantes (art. 155, § 4°, IV, *c*, CF).

Anticrese Direito real de garantia pelo qual o devedor, conservando ou não a posse do imóvel, concede ao credor, como garantia de pagamento da dívida, frutos e rendimentos produzidos pelo referido imóvel. É o contrato pelo qual o devedor, ou um terceiro, atribui a posse de um imóvel seu ao credor para que este perceba, em compensação da dívida, os respectivos frutos (art. 1.506, CC).

Anticrético O que é relativo à anticrese. Denominação das partes na anticrese, da qual participam o credor anticrético e o devedor anticrético.

Antinomia Indica contradição ou conflito entre duas leis ou dois artigos de lei de maneira a ensejar dúvidas em sua interpretação. O termo indica também as contradições normativas ou disposições contraditórias, decorrentes da existência de dispositivos legais inconciliáveis ou incompatíveis entre si. Diz-se que há contradição quando se afirma e se nega, simultaneamente, algo sobre a mesma coisa. Antinomia jurídica é "a oposição que ocorre entre duas normas contraditórias (total ou parcialmente), emanadas de autoridades competentes num mesmo âmbito normativo que colocam o sujeito numa posição insustentável pela ausência ou inconsistência de critérios aptos a permitir-lhe uma saída nos quadros de um ordenamento dado" (FERRAZ, Tercio Sampaio. *Antinomia*. São Paulo, Enciclopédia Saraiva de Direito, p.14).

Anuência Consentimento; aprovação; autorização; aceitação. O silêncio importa anuência quando as circunstâncias ou os usos o autorizarem e não for necessária a declaração de vontade expressa (art. 111, CC).

Anulabilidade Qualidade do que pode ser anulado em razão de descumprimento às prescrições legais. A anulabilidade somente se aplica ao ato anulável, isto é, o ato cujo vício ou defeito pode ser suprido (ratificado, convalidado) antes da arguição de anulabilidade.

À ordem Cláusula inserida no texto de um título de crédito possibilitando que seu beneficiário transfira a terceiro o direito de receber a importância nele consignada por meio de endosso. Contêm a cláusula 'à ordem' a nota promissória, a duplicata, a letra de câmbio e o cheque.

Apelação civil Recurso cabível, no prazo de quinze dias, contra decisões definitivas de primeira instância, que extingue o processo com ou sem julgamento do mérito, a ser interposto perante tribunal de segunda instância pelas partes que integram a lide (*v. Recurso de apelação civil*).

Apelação penal Recurso cabível, no prazo de cinco dias, ao tribunal competente ou à turma de primeiro grau, contra sentenças definitivas do juízo criminal e decisões do Tribunal do Júri (art. 593, CPP) (*v. Recurso de apelação penal*).

Apensamento Ato pelo qual se apensa ou se anexa aos autos de um processo petições, documentos e outros incidentes que com ele tenham relação ou conexão. Assim, serão apensos aos autos principais, entre outros, as contas do inventariante e o incidente de remoção de inventariante.

Aplicação da lei Um dos deveres do juiz que consiste na solução do caso concreto, submetido a sua apreciação, em conformidade com a prescrição das normas legais. O juiz não se exime de decidir sob a alegação de lacuna ou obscuridade do ordenamento jurídico (art. 140, CPC). Quando a lei for omissa, o juiz decidirá o caso de acordo com a analogia, os costumes e os princípios gerais de Direito (art. 4º, LINDB).

Aplicação da pena Ato praticado pelo juiz criminal, que, avaliando culpabilidade, antecedentes, conduta social, personalidade do agente, motivos, circunstâncias e consequências do crime, bem como o comportamento da vítima, fixa a pena do condenado (art. 59, CPP) (*v. Dosimetria da pena*).

Aplicação da pena nos crimes ambientais De acordo com a Lei n. 9.605/98, que dispõe sobre as sanções penais e administrativas derivadas de condutas e atividades lesivas ao meio ambiente, para imposição e gradação da penalidade, a autoridade competente observará: a gravidade do fato, tendo em vista os motivos da infração e suas consequências para a saúde pública e para o meio ambiente; os antecedentes do infrator quanto ao cumprimento da legislação de interesse ambiental; e a situação econômica do infrator, no caso de multa (art. 6º).

Apócrifo Não autêntico; sem autoria. Documento sem assinatura do emitente. Diz-se, também, dos livros da Bíblia cuja autenticidade não foi suficientemente estabelecida e que são rejeitados pelas Igrejas cristãs. Também podem ser considerados apócrifos um e-mail no qual não consta o remetente e uma carta anônima. Petições iniciais ou de recursos apócrifas ou sem assinatura do advogado, para alguns tribunais, são consideradas inexistentes de modo a prejudicar a análise do mérito.

Apólice Instrumento ou documento representativo do contrato de seguro, que consigna riscos assumidos, valor do objeto seguro, prêmio devido ou pago pelo segurado e que, após ser remetido ao segurado, aperfeiçoa o contrato firmado entre seguradora e segurado (arts. 758 e segs., CC).

Apologia Defesa, justificação ou incentivo à prática de um ato. Manifestação ou discurso feito para louvar, elogiar ou exaltar uma pessoa, um movimento social ou uma corrente filosófica. A apologia do crime feita publicamente é vedada pela lei penal (art. 287, CP). Em relação às denominadas "marchas da maconha", o Plenário do STF reconheceu sua constitucionalidade no julgamento da ADPF n. 187, realizado em 15.06.2011. Seguindo o voto do relator, Ministro Celso de Mello, a Corte deu interpretação conforme a Constituição ao dispositivo do CP, para afastar qualquer entendimento no sentido de que as marchas constituem apologia ao crime. Para os ministros presentes à sessão, prevalece nesses casos a liberdade de expressão e de reunião. Os ministros salientaram, contudo, que as manifestações devem ser lícitas, pacíficas, sem armas e com prévia notificação da autoridade competente.

Aposentadoria Afastamento voluntário ou compulsório do trabalho ou das funções exercidas, mediante recebimento por meio do órgão previdenciário de certa remuneração vitalícia nas hipóteses especificadas em lei. O mesmo que *reforma* para os militares. A aposentadoria pode se dar por invalidez, idade ou tempo de contribuição.

Aposentadoria complementar Benefício opcional disponibilizado ao trabalhador, que lhe proporciona um seguro previdenciário adicional de acordo com suas possibilidades e necessidades. Aposentadoria voluntária contratada para garantir uma renda extra ao trabalhador ou a seu beneficiário mediante o pagamento mensal de quantia fixada conforme sua disponibilidade. O valor do benefício é aplicado pela entidade gestora com base em cálculos atuariais. O saldo acumulado poderá ser resgatado integralmente ou recebido mensalmente, como uma pensão ou aposentadoria tradicional. Existem dois tipos de previdência complementar: a previdência aberta e a previdência fechada. As instituições que trabalham com planos de previdência aberta são fiscalizadas pela Superintendência de Seguros Privados (Susep) do Ministério da Fazenda. As Entidades Fechadas de Previdência Complementar (EFPC), conhecidas como fundos de pensão, são instituições sem fins lucrativos que mantêm planos de previdência coletivos. São permitidas exclusivamente aos empregados de uma empresa e aos servidores da União, dos Estados, do Distrito Federal e dos Municípios, entes denominados patrocinadores; e aos associados ou membros de pessoas jurídicas de caráter profissional, classista ou setorial, denominados instituidores. A LC n. 109/2001 estendeu a previdência complementar fechada aos trabalhadores vinculados a alguma entidade representativa, como sindicatos, cooperativas, associações, órgãos de classe e outras entidades de caráter classista, profissional e setorial, na modalidade denominada previdência associativa. A fiscalização das EFPC é feita pela Superintendência Nacional de Previdência Complementar e regulada pela Secretaria de Políticas de Previdência Complementar (SPPC), do Ministério da Previdência Social. São exemplos de entidades fechadas a OAB-PREV, a BB-Previdência e a JUSPREV.

Aposentadoria compulsória Aposentadoria obrigatória a que estão sujeitos os segurados da Previdência Social e os servidores públicos que tenham completado setenta anos de idade, se do sexo masculino, ou sessenta e cinco anos de idade, se do sexo feminino, podendo ser requerida pelo próprio empregador (arts. 186, Lei n. 8.112/90, e 51, Lei n. 8.213/91).

Aposentadoria de policiais Aposentadoria especial concedida, de forma voluntária ou compulsória, ao servidor público policial que preenche os requisitos legais. Quando voluntária, o policial tem direito a proventos integrais após trinta anos de contribuição, desde que conte pelo menos vinte anos de exercício estritamente policial, se homem, ou após 25 anos de contribuição, desde que conte pelo menos quinze anos de exercício estritamente policial, se mulher. O policial também poderá ser aposentado compulsoriamente, com proventos proporcionais ao tempo de contribuição, aos 65 anos de idade, qualquer que seja a natureza dos serviços prestados (art. 1º, LC n. 51/85).

Aposentadoria especial Modalidade de aposentadoria concedida pelo órgão previdenciário ao segurado que tiver trabalhado sujeito a condições especiais que prejudiquem a saúde ou a integridade física, durante 15, 20 ou 25 anos, conforme dispuser a lei. O valor da aposentadoria consistirá numa renda mensal equivalente a 100% do salário de benefício. A concessão da aposentadoria especial dependerá de comprovação pelo segurado, perante o INSS, do tempo de trabalho permanente, não ocasional nem intermitente, em condições especiais que prejudiquem a saúde ou a integridade física, durante o período mínimo fixado (art. 57, Lei n. 8.213/91).

Aposentadoria híbrida Modalidade de aposentadoria na qual se agrega tempo rural e urbano para efeito de contagem do tempo de contribuição, nos termos da Lei n. 11.718/2008. Visa a legitimar as situações de alternância entre trabalho rural e urbano, em especial dos trabalhadores que dedicaram significativo tempo de sua vida nas lides do campo e que posteriormente, pela mudança de ofício, não poderiam aproveitar referido período para fins de carência.

Aposentadoria por idade Modalidade de aposentadoria concedida pelo órgão previdenciário ao segurado que, cumprida a carência exigida na lei, completar 65 anos de idade, se homem, ou 60, se mulher. Tais limites de idade são reduzidos para 60 e 55 anos, respectivamente, no caso de trabalhadores rurais. O valor da aposentadoria consistirá em uma renda mensal de 70% do salário de benefício, mais 1% deste por grupo de doze contribuições, não podendo ultrapassar 100% do salário de benefício. Dá-se a aposentadoria compulsória por idade aos servidores públicos e segurados empregados que tenham cumprido o período de carência e completado 70 anos de idade, se do sexo masculino, ou 65 anos, se do sexo feminino (art. 186, Lei n. 8.112/90; art. 51, Lei n. 8.213/91).

Aposentadoria por invalidez Modalidade de aposentadoria concedida pelo órgão previdenciário ao segurado que, estando ou não em gozo de auxílio-doença, for considerado incapaz e insuscetível de reabilitação para o exercício de atividade que lhe garanta a subsistência. O benefício lhe será pago enquanto permanecer nessa condição. A concessão dependerá da verificação da condição de incapacidade, mediante exame médico-pericial a cargo da Previdência Social, podendo o segurado, às suas expensas, fazer-se acompanhar de médico de sua confiança. A aposentadoria por invalidez, inclusive a decorrente de acidente do trabalho, consistirá em uma renda mensal correspondente a 100% do salário de benefício, observado o disposto na Lei de Benefícios da Previdência Social (art. 42, Lei n. 8.213/91).

Aposentadoria por tempo de contribuição A Reforma da Previdência (EC n. 103/2019) extinguiu a aposentadoria por tempo de contribuição (com a reforma, ela se torna aposentadoria por tempo de contribuição e idade, conhecida como aposentadoria por pontos). Caso o contribuinte não tenha direito adquirido dentro das regras antigas, ou se não cumprir os requisitos das regras de transição, terá de cumprir: se mulher: pedágio de 50%, desde que tenha 28 anos e 1 dia de tempo de contribuição; se homem: pedágio de 50% para quem já tem 33 anos e 1 dia de tempo de contribuição. Terá direito à aposentadoria quando completar os requisitos do sistema de pontos ou da aposentadoria por idade, salvo a pessoa com deficiência, os casos de aposentadoria especial, entre outros definidos em lei

Aposentadoria por tempo de serviço (*v. Aposentadoria por tempo de contribuição*).

Aposentadoria rural Aposentadoria por idade concedida pelo órgão previdenciário ao trabalhador rural que completar 60 anos, se homem, ou 55 anos, se mulher (art. 48, Lei n. 8.213/91). Para solicitar o benefício, os trabalhadores rurais devem provar, com documentos, 180 meses de atividade rural. Em relação à aposentadoria por tempo de serviço, será a mesma concedida aos 35 anos para os homens e aos 30 anos para as mulheres. A comprovação do tempo de serviço, inclusive mediante justificação administrativa ou judicial, só produzirá efeito quando baseada em início de prova material contemporânea dos fatos, não admitida prova exclusivamente testemunhal, exceto na ocorrência de motivo de força maior ou caso fortuito (arts. 55, § 3º, e 108, Lei n. 8.213/91). O início de prova material consiste em documentos que comprovem o exercício da atividade nos períodos a serem contados, devendo ser contemporâneos dos fatos a comprovar, indicando, ainda, o período e a função exercida pelo trabalhador. O STJ tem considerado início razoável de prova documental: a certidão de casamento, em que consta a profissão do marido da requerente como lavrador; as notas fiscais de comercialização de produtos agrícolas produzidos na propriedade rural; a ficha de alistamento militar, o Certificado de Dispensa de Incorporação, o Certificado de Reservista e o Título Eleitoral, nos quais consta a profissão de agricultor; e a declaração do sindicato de trabalhadores rurais. Referentemente à idade do trabalhador rural a ser considerada para início da contagem do tempo de atividade rural, expressiva jurisprudência tem entendido que a partir dos 12 anos de idade já é possível computar referido tempo (STJ, REsp n. 541.103/RS).

Aposta Ajuste ou convenção pela qual duas ou mais pessoas se comprometem, reciprocamente, a pagar uma à outra certa quantia em dinheiro, desde que alguma delas acerte um palpite ou previsão em relação a um acontecimento futuro. Devido à sua ilicitude, as dívidas de jogo ou aposta não podem ser exigidas judicialmente. Havendo pagamento voluntário, o que caracteriza *obrigação natural*, aquele que pagou não pode recobrar a quantia paga, salvo se foi ganha por dolo, ou se o perdente é menor ou interdito (art. 814, CC).

A posteriori Locução latina que, filosoficamente, indica conhecimento decorrente da experiência; nos meios forenses, é empregada no sentido geral de *depois* ou *mais tarde*, em contraposição à expressão *a priori* (antes). Exemplos: "É vedada ao recorrente a alteração *a posteriori* de suas teses recursais, como meio de tentar afastar os fundamentos adotados na decisão atacada"; "Não tendo a parte se insurgido oportunamente contra o conhecimento de recurso sem assinatura, não pode, *a posteriori*, alegar a sua inexistência, em virtude da preclusão".

Apostila Aditamento a um ato administrativo anterior para fins de retificação ou atualização. O mesmo que anotar à margem, emendar, corrigir. É a complementação de um ato. Trata-se de ato aditivo, confirmatório de alterações de direitos, regalias ou vantagens, exarado em documento oficial com finalidade de atualizá-lo. A apostila tem por objeto a correção de dados constantes em atos administrativos anteriores ou o registro de alterações na vida funcional de um servidor, tais como promoções, lotação em outro setor, majoração de vencimentos, aposentadoria e reversão à atividade, entre outros. Geralmente, a apostila é feita no verso do documento a que se refere. Pode, no entanto, caso não haja mais espaço para o registro de novas alterações, ser feita em folha timbrada separada.

Aprazar Conceder prazo. Assinar prazo para alguma coisa ou para que alguém pratique determinado ato. Também possui o sentido de marcar ou designar (p. ex.: "A audiência foi aprazada para o dia 7").

Apreciação Submeter fato, pedido ou causa a exame, análise ou opinião do juiz.

Apreensão Ato pelo qual uma pessoa toma ou retoma de outrem coisa que lhe pertence e da qual foi despojada injustamente ou coisa que seja objeto de litígio. Também indica o recolhimento, feito por autoridade policial ou pelo Judiciário, de coisas ou objetos que foram utilizados na prática de um delito (*v. Busca e apreensão* e *Alienação judicial de bens apreendidos*).

Apreensão de produto e instrumento de infração ou crime ambiental A Lei n. 9.605/98, que dispõe sobre as sanções penais e administrativas derivadas de condutas e atividades lesivas ao meio ambiente, também estabelece as regras a respeito da apreensão de produto e instrumento de infração ou crime ambiental: verificada a infração, serão apreendidos seus produtos e instrumentos, lavrando-se os respectivos autos; os animais serão libertados em seu *habitat* ou entregues a jardins zoológicos, fundações ou entidades assemelhadas, desde que sob a responsabilidade de técnicos habilitados; produtos perecíveis ou madeiras serão avaliados e doados a instituições científicas, hospitalares, penais e outras com fins beneficentes; produtos e subprodutos da fauna não perecíveis serão destruídos ou doados a instituições científicas, culturais ou educacionais; os instrumentos utilizados na prática da infração serão vendidos, garantida sua descaracterização por meio da reciclagem.

Apregoar Ato de chamar ou convocar as partes, seus procuradores e testemunhas para participarem da audiência. Realizar o pregão. O chamamento é feito em voz alta, por escrivão ou oficial de justiça, junto aos corredores ou à sala de espera do foro.

Aprendiz Designativo da pessoa que se encontra em processo de aprendizagem de uma certa arte ou ofício. O iniciante em uma profissão. Para efeitos legais e trabalhistas, aprendiz é o maior de 14 anos e menor de 24 anos que celebra contrato de aprendizagem, nos termos do art. 428 da CLT. O Serviço Nacional de Aprendizagem Industrial (SENAI) e o Serviço Nacional de Aprendizagem Comercial (SENAC) são instituições de ensino voltadas à formação de aprendizes.

A priori Expressão que, em filosofia, tem por significado conhecimento anterior à experiência; em Direito, indica o oposto à expressão *a posteriori*, ou seja, o "que vem antes" ou "o anterior". As expressões *a priori* e *a posteriori* são utilizadas pela filosofia, especialmente pela epistemologia, para designar dois tipos diferentes de conhecimento: *a priori* designa um conhecimento ou argumento anterior à experiência e *a posteriori*, um fato sobre a sua base. Os termos foram criados pelo filósofo alemão Immanuel Kant, para quem, mesmo considerando-se que todo conhecimento começa com a experiência, nem todo conhecimento tem necessariamente sua origem na experiência. Exemplos: "*A priori*, pode-se afirmar que o juiz acatará os argumentos do autor"; "Não há, *a priori*, violação do princípio da legalidade"; "*A priori*, não é ilegal o indeferimento do pedido de licença por autoridade que, dentro de sua esfera de atribuições, vale-se de juízo de conveniência e oportunidade e observa o interesse do serviço público".

Apropriação Ato pelo qual uma pessoa toma posse de alguma coisa que anteriormente se encontrava na posse de outra. Apossamento, ocupação ou apoderamento. A apropriação será ilícita ou indébita quando decorrer da falta de consentimento do proprietário da coisa, ou seja, quando for violenta, clandestina ou precária.

Apropriação de coisa achada Delito penal praticado por quem acha coisa alheia perdida e dela se apropria, total ou parcialmente, deixando de restituí-la ao dono ou legítimo possuidor ou de entregá-la à autoridade competente dentro do prazo de quinze dias (art. 169, II, CP).

Apropriação de coisa havida por erro, caso fortuito ou força maior Delito penal consistente em alguém apropriar-se de coisa alheia vinda a seu poder por erro, caso fortuito ou força da natureza (art. 169, CP).

Apropriação de tesouro Delito penal praticado por quem acha tesouro em prédio alheio e se apropria, no todo ou em parte, da quota a que tem direito o proprietário do prédio (art. 170, I, CP).

Apropriação indébita Delito penal consistente em apropriar-se de coisa alheia móvel de que tem a posse ou a detenção (art. 168, CP).

Apropriação indébita previdenciária Delito penal consistente em deixar de repassar à Previdência Social as contribuições recolhidas dos contribuintes no prazo e na forma legal ou convencional (art. 168-A, CP). O crime de apropriação indébita previdenciária tem sido entendido como crime omissivo próprio (ou omissivo puro), isto é, aquele em que não se exige necessariamente nenhum resultado naturalístico, esgotando-se o tipo subjetivo apenas na transgressão da norma incriminadora, no dolo genérico, sem necessidade de comprovação do fim especial de agir, ou dolo específico, consistente na vontade livre e consciente de ter a coisa para si (*animus rem sibi habendi*) (STJ, REsp n. 1.113.735/RS, 5ª T., rel. Min. Arnaldo Esteves Lima, j. 02.03.2010, *DJe* 29.03.2010).

Apud Expressão latina que significa *à vista de, junto de*. É usada pelo autor de um texto quando deseja dar a conhecer que a citação que faz em sua obra pertence originariamente a outro autor, cujo nome é precedido por *apud*. Enquanto *apud* é empregado na citação de autores, *in* é usado para a citação de obras. "Inadmissibilidade de requerimento de prova. Precedentes do Pretório Excelso e desta Corte" (*apud* MIRABETE, Julio Fabbrini. *Código de Processo Penal interpretado*).

Apud acta Expressão – *apud* (junto) e *acta* (ação, autos) – usada para designar a procuração lavrada junto aos autos judiciais, ou seja, lavrada em audiência, nos autos de um processo, pelo próprio escrivão, perante o juiz e assinada pelo outorgante (*v. Procuração* apud acta).

Aquestos Diz-se dos bens adquiridos na constância do casamento. Porém, quando contraído mediante o regime de separação legal ou obrigatória, comunicam-se os adquiridos na constância do casamento (Súmula n. 377, STF). Para efeito dessa súmula, o STJ entende que a partilha dos bens adquiridos na constância da sociedade conjugal, erigida sob a forma de separação legal de bens, não exige comprovação ou demonstração de comunhão de esforços na formação desse patrimônio, a qual é presumida.

Aquiliana Expressão derivada da Lei de Aquília (*lex Aquilia de damno*), de autoria do tribuno romano Lúcio Aquílio, em 286 a.C., que tornava obrigatório o ressarcimento dos prejuízos por parte daquele que os tivesse causado, de qualquer forma, a outrem. Origina-se daí a expressão *culpa aquiliana*, que até hoje se emprega em nosso Direito para caracterizar a culpa extracontratual e a responsabilidade de indenizar, dela decorrente, pela prática de ato ilícito (arts. 186, 187 e 927, CC) (*v. Responsabilidade civil*).

Aquisição Expressão derivada de adquirir, que significa o ato pelo qual uma pessoa obtém de outra a propriedade ou o domínio de alguma coisa, seja por ato *inter vivos*, seja por ato *causa mortis*.

Aquisição a título gratuito É a que se dá sem que o alienante exija do adquirente qualquer contraprestação pecuniária, como ocorre na doação. É a que se opera em favor do adquirente por mera liberalidade do proprietário da coisa.

Aquisição a título oneroso É a aquisição pela qual o adquirente se obriga a uma prestação equivalente ao valor do bem adquirido, ou seja, ao pagamento do preço estipulado pelo alienante, como se verifica na compra e venda.

Aquisição a título universal É a que se processa por sucessão hereditária, ou seja, por meio do inventário de uma pessoa falecida. O mesmo que aquisição *causa mortis*. Nesse caso, o formal de partilha, contendo o quinhão do herdeiro, devidamente registrado, constitui título aquisitivo de propriedade com efeito equivalente à escritura pública de compra e venda.

Aquisição *causa mortis* Aquisição resultante do falecimento de uma pessoa, o *de cujus*, que deixa bens a serem inventariados e transmitidos aos sucessores. Decorre da sucessão hereditária, isto é, em consequência da morte do proprietário dos bens e da consequente abertura do inventário. Por ocasião do inventário, compete ao juiz, depois de ouvida a Fazenda Pública, proceder ao cálculo do imposto de transmissão *causa mortis* (Imposto sobre Transmissão *Causa Mortis* e Doação de Quaisquer Bens ou Direitos – ITCD).

Aquisição da posse Adquire-se a posse desde o momento em que se torna possível o exercício, em nome próprio, de qualquer dos poderes inerentes à propriedade (art. 1.204, CC). A posse pode ser adquirida: pela própria pessoa que a pretende ou por seu representante; e por terceiro sem mandato, dependendo de ratificação. O possuidor tem direito a ser mantido na posse em caso de turbação, restituído no de esbulho, e segurado de violência iminente, se tiver justo receio de ser molestado (art. 1.210, CC). Não obsta a manutenção ou reintegração na posse a alegação de propriedade ou de outro direito sobre a coisa (§ 2º).

Aquisição da propriedade imóvel Aquisição da propriedade que se dá pelo registro do título, por usucapião ou por acessão. Transfere-se entre vivos a propriedade mediante o registro do título translativo no Registro de Imóveis. Enquanto não se registrar o título translativo, o alienante continua a ser havido como dono do imóvel (art. 1.245, CC). A aquisição derivada se opera mediante a sucessão da propriedade, seja de forma singular, seja de forma universal; a originária, mediante usucapião (arts. 1.238 e segs., CC).

Aquisição da propriedade móvel As formas mais comuns de aquisição da propriedade móvel são por usucapião, ocupação ou tradição. Os bens móveis e imóveis estão sujeitos a modos diferentes de transmissão da propriedade, bastando a tradição para os primeiros e exigindo-se a transcrição no registro imobiliário para os segundos.

Aquisição *inter vivos* Modo de aquisição da propriedade efetivada por meio de ato praticado, em vida, pelo próprio alienante. Assim ocorre nos contratos de compra e venda, troca e doação. A aquisição *inter vivos* importa no pagamento do Imposto sobre Transmissão de Bens Imóveis (ITBI), arrecadado pelo município onde se situar o imóvel.

Aquisição prescritiva Funda-se na prescrição aquisitiva, ou seja, na posse exercida pelo adquirente, por certo tempo, findo o qual se extingue ou prescreve o direito de ação do proprietário da coisa para reavê-la. O mesmo que aquisição por usucapião ou *ad usucapionem* (*v. Prescrição aquisitiva*).

A quo Expressão latina que designa juiz ou tribunal de instância inferior (primeira instância) de cuja sentença se recorre. A expressão também é utilizada para significar o dia a partir do qual principia a correr um prazo (*dies a quo*).

Arbitragem Processo extrajudicial utilizado para dar solução a pendência ou controvérsia havida entre duas ou mais pessoas. A arbitragem, ou convenção de arbitragem, decorre da formação do juízo arbitral, pelo qual, com fundamento em compromisso escrito, as partes submetem suas pendências judiciais ou extrajudiciais a um árbitro escolhido de comum acordo (Lei n. 9.307/96).

Arbitramento Procedimento judicial ou extrajudicial utilizado para estabelecer valor de determinada coisa ou serviço prestado quando inexistirem elementos expressos de valoração. O arbitramento tem lugar, entre outros, na fixação de honorários advocatícios, na liquidação de sentença e na correção do valor da causa.

Arbitrário Ato ou deliberação fundada no arbítrio ou na vontade unilateral de alguém, contrariando lei ou regra existente. O ato arbitrário, quando praticado por autoridade ou funcionário público, é considerado abuso de poder. Arbitrariedade é, portanto, o conjunto de atos arbitrários praticados por pessoa ou autoridade que impliquem prejuízos ao direito ou à liberdade de pessoas. Contra ato arbitrário praticado pela autoridade constituída cabe *habeas corpus* ou mandado de segurança. Constitui delito penal o exercício arbitrário das próprias razões, que consiste em fazer justiça pelas próprias mãos, para satisfazer pretensão, embora legítima, e tirar, suprimir, destruir ou danificar coisa própria que se acha em poder de terceiro por determinação judicial ou convenção (arts. 345 e 346, CP).

Arbítrio Poder ou faculdade que alguém possui de, segundo suas próprias razões e direito de escolha, realizar uma opção. Alvedrio; vontade própria. Difere o ato arbitrário do arbítrio porque, naquele, o ato praticado se encontra defeso em lei. Assim, o juiz possui livre arbítrio para apreciar os elementos de prova constante do processo a fim de firmar seu livre convencimento.

Árbitro Juiz de fato e de direito, ao qual poderão louvar-se, mediante compromisso escrito, as pessoas capazes de contratar, para resolverem suas pendências judiciais ou extrajudiciais de qualquer valor concernentes a direitos patrimoniais sobre os quais a lei admite transação, conforme faculta a Lei de Arbitragem (Lei n. 9.307/96). Pessoa, ou pessoas, escolhida de comum acordo pelas partes para que lhes decida uma controvérsia que não pretendem levar ao Judiciário. Também se denomina árbitro a pessoa ou profissional responsável por dirigir e fazer cumprir as regras da modalidade do jogo ou do esporte ao qual estão submetidos intervindo sempre que uma regra é violada. Os árbitros esportivos são designados pelas organizações ou associações responsáveis pelas diferentes modalidades esportivas.

Área de preservação permanente (APP) Área protegida, coberta ou não por vegetação nativa, com a função ambiental de preservar os recursos hídricos, a paisagem, a estabilidade geológica e a biodiversidade, facilitar o fluxo gênico de fauna e flora, proteger o solo e assegurar o bem-estar das populações humanas (art. 3°, II, Lei n. 12.651/2012 – Código Florestal). As áreas de preservação permanente têm a função de preservar locais frágeis, como margens de rios, topos de morros e encostas, que não podem ser desmatados, pois o desmatamento pode causar erosões e deslizamentos, além de esses lugares protegerem nascentes, fauna, flora e biodiversidade, entre outros.

Área de reserva legal Área localizada no interior de uma propriedade ou posse rural, delimitada nos termos do art. 12, Lei n. 12.651/2012, com a função de assegurar o uso econômico, de modo sustentável, dos recursos naturais do imóvel rural, auxiliar a conservação, a reabilitação dos processos ecológicos e promover a conservação da biodiversidade, bem como o abrigo e a proteção de fauna silvestre e da flora nativa (art. 3°, III, Lei n. 12.651/2012 – Código Florestal).

Área *non aedificandi* Área não sujeita à edificação por determinação legal. A regra geralmente contemplada nos planos diretores dos municípios e em legislações ambientais visa à proibição de construção em áreas de preservação permanente, áreas de risco, áreas contaminadas, áreas de mananciais e encostas de rios, entre outras. Nas rodovias federais, a figura da faixa *non aedificandi* tem por finalidade proibir a construção de qualquer natureza em zonas urbanas, suburbanas, de expansão urbana ou rural, em faixa de reserva de 15 metros, adjacente a cada lado da faixa de domínio da rodovia (Lei n. 6.766/79).

Aresto Decisão proferida por um tribunal de instância superior por meio de suas turmas ou colegiados. O mesmo que acórdão (*v. Acórdão*).

Arguição Ato de arguir, acusar, denunciar, apontar. Exemplos: "arguição de inconstitucionalidade"; "arguição de descumprimento de preceito fundamental", "arguição de suspeição".

Arguição de descumprimento de preceito fundamental (ADPF) Instrumento jurídico utilizado para evitar ou reparar lesão a preceito fundamental resultante de ato do poder público (União, estados, Distrito Federal e municípios), incluídos aí atos anteriores à promulgação da Constituição. A ADPF foi instituída em 1988, pelo § 1º do art. 102 da CF, posteriormente regulamentado pela Lei n. 9.882/99. Sua criação teve por objetivo suprir a lacuna deixada pela ação direta de inconstitucionalidade (ADIn), que não pode ser proposta contra lei ou atos normativos que entraram em vigor em data anterior à promulgação da Constituição de 1988. São legitimados ativos para propor a ADPF as mesmas pessoas e entidades que podem ajuizar a ADIn. A ADPF admite liminar, concedida pela maioria absoluta dos membros do STF, que pode consistir na determinação para que juízes e tribunais suspendam o andamento de processo ou de efeitos de decisões judiciais, ou de qualquer outra medida que apresente relação com a matéria objeto da ação. A decisão da ADPF produz efeito *erga omnes* (contra todos) e vinculantes em relação aos demais órgãos do poder público. Os efeitos no tempo serão *ex tunc* (retroativos), mas o STF poderá, em razão da segurança jurídica ou de excepcional interesse social, restringir os efeitos da decisão, decidir que essa somente produzirá efeitos a partir do trânsito em julgado ou de outro momento futuro que venha a ser fixado.

Arguir Ato de alegar, ponderar ou apontar argumentos que convêm aos interesses da parte que o faz ou contrários ao interesse da outra parte com quem contende (*v. Arguição*).

Argumentum a contrario Em sentido contrário. Ao reverso. Argumento pelo qual se procura não aplicar uma opinião ou disposição a outra espécie do mesmo gênero. Argumento de interpretação que considera válido ou permitido o contrário do que tiver sido proibido ou limitado. O caso analisado será resolvido de maneira oposta ao costumeiramente aceito. O mesmo que *argumentum a contrario sensu*. Por exemplo: se a carteira de habilitação para dirigir veículos está proibida a menores de 18 anos, aos maiores está permitida.

Argumentum a pari O que se aplica a outros casos. Argumento pelo qual se procura aplicar uma opinião ou disposição a outra espécie do mesmo gênero: o Estatuto do Idoso se aplica às pessoas com mais de 60 anos de idade; logo, se aplica a Pedro, que tem 65 anos.

Arma Instrumento usado para defender, atacar ou ameaçar um bem, um animal ou uma pessoa. Costuma ser usada tanto em ataque como na autodefesa. Pode, também, ser empregada em caça e pesca. Armas são, muitas vezes, causas de morte, pois servem de objeto para a prática de homicídios e suicídios. As armas são classificadas da seguinte forma: a) arma branca: serve para simples ataque, embora possa causar morte; não são capazes de disparar projéteis (bastões, facas, espadas, arco e flecha); b) arma de fogo: capaz de lançar projéteis a partir de explosão interna (revólveres, pistolas, espingardas, metralhadoras); c) arma não letal: capaz de ferir uma pessoa sem provocar morte (eletrochoque, pistola ou revólver com projéteis de borracha); d) arma de efeito moral: destinada a causar grande incômodo para uma pessoa dificultando sua reação (som alto ou luzes fortes); e) arma química: capaz de irritar ou danificar, por meio de gases e outros elementos, o organismo de uma pessoa (gás de pimenta, gás lacrimogêneo); f) arma biológica: libera doenças capazes de impor danos graves a um ser (vírus). A Lei n. 10.826, de 22 de dezembro de 2003, dispõe sobre registro, posse e comercialização de armas de fogo e munição, sobre o Sistema Nacional de Armas e define crimes.

A rogo Assinatura feita por terceiro a pedido de pessoa que não saiba ou não possa, momentaneamente, assinar um documento (art. 37, § 1º, LRP).

Arquivamento de processo Ato judicial realizado pelo escrivão do cartório judicial, em relação aos processos findos nos casos determinados em lei. O procedimento de baixa e arquivamento do processo somente ocorrerá após a certificação de trânsito em julgado e depois de se verificar o cumprimento de todas as providências determinadas pela sentença. O arquivamento pode ser efetivado com ou sem baixa na distribuição. O arquivamento sem baixa estabelece tão somente a suspensão do processo, sem sua extinção, possibilitando sua reativação e prosseguimento posterior; o arquivamento com baixa conduz ao cancelamento da distribuição realizada, implicando ao autor a tarefa de ajuizar novo processo. As execuções fiscais relativas a débito igual ou inferior àquele estabelecido em ato do Procurador-Geral da Fazenda Nacional devem ter seus autos arquivados, sem baixa na distribuição (art. 20, Lei n. 10.522/2002).

Arras Quantia em dinheiro que um contratante entrega a outro com o fim de garantir o cumprimento de um contrato. Sinal ou princípio de pagamento. O sinal (ou arras) dado por um dos contraentes firma a presunção de acordo final e torna obrigatório o contrato (arts. 417 e segs., CC). As arras podem ser penitenciais ou confirmatórias.

Arras confirmatórias São confirmatórias as arras propriamente ditas na medida em que representam uma prestação efetiva, realizada em garantia da conclusão de um contrato. A entrega do sinal faz prova do acordo de vontades, de modo que, a partir de então, as partes não podem rescindi-lo unilateralmente, sob pena de responder por perdas e danos.

Arras penitenciais São penitenciais as arras quando houver, no contrato, cláusula expressa no sentido de que arrependimento ou desistência de uma das partes implicará perda do sinal dado ou devolução em dobro. Nessa hipótese, se o arrependimento for do comprador, perderá para o vendedor o sinal dado; se o arrependimento for do vendedor, devolverá em dobro o sinal. Em ambos os casos, a penalidade imposta possui caráter de cláusula penal compensatória. "São muitas as semelhanças entre o sinal e a cláusula penal: ambas destinam-se a assegurar o cumprimento de uma obrigação" e "exercem função coercitiva, pois, em caso de inadimplemento, tanto a retenção da quantia adiantada como a devolução em dobro demonstram a feição sancionária do sinal" (ROSENVALD, Nelson. *Direito das obrigações*, Rio de Janeiro, Forense, 2004, p. 569).

Arrazoado Diz-se do conjunto de ponderações, razões e contrarrazões oferecidas, respectivamente, pelo recorrente e pelo recorrido nos recursos promovidos perante os tribunais.

Arrazoar Ato pelo qual a parte apresenta ou expõe alegações ou razões de ataque (razões) ou defesa (contrarrazões) em relação à decisão da causa e nos recursos judiciais.

Arrecadação de bens Arrecadação ou apreensão judicial de bens para que fiquem sob vigilância da autoridade judiciária nos casos em que a lei especifica, como nos casos de herança jacente e de declaração de ausência (art. 26, CC; arts. 738 e 744, CPC). A arrecadação de bens também tem lugar em processo de falência. Nesse caso, após a arrecadação, os bens arrecadados ficarão sob a guarda do administrador judicial ou de pessoa por ele escolhida, sob responsabilidade daquele, podendo o falido ou qualquer de seus representantes ser nomeado depositário dos bens (art. 108, Lei n. 11.101/2005).

Arrematação Aquisição feita por aquele que der maior lanço (arrematante), da coisa alienada judicialmente, em hasta pública, nos casos especificados em lei.

Arrendamento de aeronave Contrato pelo qual uma das partes se obriga a ceder à outra, por tempo determinado, o uso e gozo de aeronave ou de seus motores, mediante certa retribuição. O contrato deverá ser feito, facultativamente, por instrumento público ou particular, com a assinatura de duas testemunhas, e inscrito no Registro Aeronáutico Brasileiro.

Arrendamento mercantil Negócio jurídico realizado entre pessoa jurídica, na qualidade de arrendadora, e pessoa física ou jurídica, na qualidade de arrendatária, e que tenha por objeto o arrendamento de bens adquiridos pela arrendadora, segundo especificações da arrendatária e para uso próprio desta. O mesmo que *leasing*. Podem ser objeto de arrendamento mercantil bens imóveis e móveis, de produção nacional ou estrangeira, tais como veículos, máquinas, computadores e equipamentos, entre outros. Findo o contrato, pode a locatária optar entre devolução do bem, renovação da locação ou compra pelo preço residual fixado no momento da firmatura do contrato (Lei n. 6.099/74) (*v. Leasing*).

Arrendamento rural Contrato agrário pelo qual uma pessoa se obriga a ceder à outra, por tempo determinado ou não, o uso e o gozo de imóvel rural, parte ou partes dele incluindo ou não outros bens, benfeitorias ou facilidades, com o objetivo de nele ser exercida atividade de exploração agrícola, pecuária, agroindustrial, extrativa ou mista, mediante certa retribuição ou aluguel, observados os limites percentuais da Lei (art. 3º, Decreto n. 59.566/66). Trata-se de locação de imóvel que obrigatoriamente deve ser rural, podendo a locação abranger todo o imóvel ou somente parte dele e incluir ou não benfeitorias (moradia, galpões, depósitos etc.). O contrato abrange os seguintes tipos de exploração: a) agrícola (produção vegetal); pecuária (cria, recria, invernagem ou engorda de animais); b) agroindustrial (transformação de produto agrícola, pecuário ou florestal); c) extrativa (extração de produto agrícola, animal ou florestal); d) mista (quando abranger mais de uma das modalidades anteriores). Os prazos mínimos de arrendamento são (art. 13, II, *a*): três anos, no caso de exploração de lavoura temporária (cana, milho, arroz, feijão, trigo, soja, hortaliças etc.) ou de pecuária de pequeno e médio porte (cunicultura, apicultura, suinocultura, ovinocultura etc.); cinco anos, quando se refira a exploração de lavoura permanente (viticultura, citricultura, pomicultura, cafeicultura, cacauicultura etc.); sete anos, para o caso de exploração florestal. Em caso de contrato de prazo indeterminado, prescreve o art. 21 do Decreto n. 59.566 que se presume o arrendamento contratado pelo prazo mínimo de três anos.

Arrependimento Ato praticado por um contratante resultante da mudança de vontade que consiste em voltar atrás ou retirar seu consentimento a um negócio ou contrato ajustado. Se o arrependimento verificar-se antes de concluído o contrato e acarretar prejuízos à outra parte, esta tem direito a exigir perdas e danos, salvo disposição contrária (art. 420, CC).

Arresto Tutela cautelar judicial que tem por finalidade a apreensão dos bens do devedor como forma de garantir ao credor a cobrança de seu crédito, evitando que sejam alienados como fraude à futura execução (art. 301, CPC). Justifica a medida o fundado receio de que o devedor, antes do ajuizamento ou do julgamento da lide, cause ao direito do credor lesão grave e de difícil reparação.

Arribada forçada Entrada de um navio em um porto por circunstâncias alheias à vontade do capitão. Desta maneira, a arribada forçada ocorre quando um navio, por necessidade imperiosa, entra em algum porto ou lugar distinto daqueles determinados na viagem a que se propusera (art. 740, CCom).

Arrimo (1) Expressão que designa a pessoa que tem sob sua responsabilidade o sustento de pessoas da família. Amparo; segurança; proteção. São dispensados de incorporação os brasileiros arrimos de família. A lei que dispõe sobre o serviço militar considera arrimo de família: 1) o filho único de mulher viúva ou solteira, da abandonada pelo marido ou da desquitada [separada judicialmente ou divorciada], à qual sirva de único arrimo ou o que ela escolher quando tiver mais de um, sem direito a outra opção; 2) o filho que sirva de único arrimo ao pai fisicamente incapaz para prover seu sustento; 3) o viúvo ou desquitado que tiver filho menor (legítimo ou legitimado) de que seja único arrimo; 4) o casado que sirva de único arrimo à esposa ou a esposa e filho menor (legítimo ou legitimado); 5) o solteiro que tiver filho menor (legalmente reconhecido) de que seja único arrimo; 6) o órfão de pai e mãe que sustente irmão menor, maior inválido ou interdito, ou ainda irmã solteira ou viúva que viva em sua companhia; e 7) o órfão de pai e mãe que sirva de único arrimo a uma de suas avós ou avô decrépito ou valetudinário, incapaz de prover os meios de subsistência.

Arrimo (2) Expressão que designa muro ou estacas construídos para servir de apoio ou segurança a uma construção.

Arrogar Ato pelo qual alguém atribui para si direito sobre determinada coisa que não lhe pertence ou autoria de um determinado ato praticado por outrem. Exemplos: "A União arroga-se o direito de propriedade de bem usucapiendo"; "O Presidente do clube arrogou-se o direito de demitir o treinador e contratar outro em seu lugar".

Arrolamento Ato ou efeito de arrolar, ou seja, de incluir alguém ou alguma coisa em rol ou em lista. Fazer uma relação; relacionar; listar; inventariar.

Arrolamento de bens Medida que objetiva preservar a existência e a integridade dos bens quando houver fundado receio de seu extravio ou dissipação. A finalidade precípua do arrolamento é assegurar os bens que estão sendo (ou futuramente serão) objeto de uma ação de divórcio, anulação ou nulidade de casamento ou de inventário, entre outras (art. 301, CPC). O arrolamento de bens também tem lugar no direito fiscal no caso especificado na Lei n. 9.532/97.

Arrolamento em inventário Modalidade de inventário sumário facultado aos herdeiros de pessoa falecida, que tenha deixado bens, quando o valor destes for igual ou inferior a 1.000 (mil) salários mínimos, desde que sejam todos maiores e capazes (arts. 660 e segs., CPC) (*v. Inventário por arrolamento*).

Arrombamento Abertura forçada ou violenta de alguma coisa, feita em razão de ordem judicial, para possibilitar o cumprimento de uma diligência. No processo de execução, o juiz poderá expedir ordem de arrombamento quando o devedor fechar as portas da casa a fim de obstar a penhora de bens. Sendo deferido o pedido, dois oficiais de justiça serão autorizados a arrombar portas, móveis e gavetas, onde presumirem que se achem os bens (art. 846, CPC).

Arrombamento (crime de furto) Forma qualificada do delito de furto, que consiste em destruição ou rompimento de obstáculo à subtração da coisa (art. 155, § 4º, I, CP).

Artifício Processo ardiloso ou fraudulento utilizado na prática de um ato com o fim deliberado de causar prejuízo a outrem ou induzir alguém a praticar um determinado ato. Assim, constitui artifício, simulação ou *frau legis* a atitude do devedor que põe ou tenta pôr seus bens em nome de terceiros a fim de frustrar execução ou lesar credores (art. 792, CPC).

Artigo Cada uma das partes ou dos dispositivos numerados que contém uma lei ou um código. Os artigos são numerados em ordem crescente na forma ordinal do primeiro até o nono, e na forma cardinal a partir do décimo artigo. Os artigos serão designados pela abreviatura "Art." sem travessão/hífen antes do início do texto. Os artigos podem desdobrar-se em parágrafos e incisos, estes, em alíneas e estas, em itens. A LC n. 95, de 26 de fevereiro de 1998, contém regras específicas a respeito da sistematização de leis e seus artigos.

Ascendente Pessoa de quem se descende. Antepassado, ancestral, avós, pais. Ascendentes naturais provêm da igualdade de sangue (consanguinidade), enquanto os civis originam-se do instituto da doação.

Assédio moral Conduta abusiva praticada pelo empregador, ou pessoa a ele subordinada, contra empregados no ambiente de trabalho, de modo a sujeitá-los a situações humilhantes e constrangedoras. O mesmo que *mobbing*, espécie de *bullying* no local de trabalho, ou seja, situações de assédio moral, coação psicológica e violência emocional, uma severa forma de estresse psicológico resultante de comunicações hostis ou atos dirigidos de forma sistemática a um indivíduo com dificuldades em defender-se. Caracteriza-se pela degradação deliberada das condições de trabalho em que prevalecem atitudes e condutas negativas dos chefes em relação a seus subordinados, acarretando prejuízos práticos e emocionais para o trabalhador. Nesse contexto, um ou mais sujeitos assediadores criam um ambiente laboral hostil e intimidatório em relação a um ou mais assediados, de modo a afetar gravemente sua dignidade pessoal e causar danos à saúde dos afetados. Com semelhante conduta, praticada de forma prolongada e repetitiva, visam os assediadores, sobretudo, desestabilizar a vítima de modo a forçá-la a solicitar demissão do emprego. Os fatos mais comuns são as humilhações verbais, inclusive pela utilização de palavras de baixo calão, coações psicológicas com a finalidade de adesão do empregado a PDV ou à demissão, atribuição de tarefas estranhas ou incompatíveis com o cargo ou com o tempo em que são exigidas, exigências de cumprimento de metas ou produtividade além das possibilidades de serem efetivadas, divulgação de comentários maliciosos visando a subestimar esforços, com prejuízos à saúde mental do trabalhador. As reparações devidas para as vítimas de assédio moral são rescisão indireta, nos termos do art. 383 da CLT, e indenização por danos morais.

Assédio processual Espécie do gênero assédio moral que se caracteriza pela prática de atos que, afrontando a boa-fé e a lealdade processuais e no manifesto abuso de direito, visam retardar o cumprimento e a concretização da prestação jurisdicional, com o propósito de prejudicar a parte contrária. Caracteriza-se pelo abuso e excessivo emprego de instrumentos processuais, ainda que legalmente contemplados pelo ordenamento jurídico, com fins meramente procrastinatórios, atentando contra a celeridade processual. Para Mylene Pereira Ramos, juíza da 63ª Vara do Trabalho de São Paulo, assédio processual é "a procrastinação por uma das partes no andamento de processo, em qualquer uma de suas fases, negando-se a cumprir decisões judiciais, amparando-se ou não em norma processual, para interpor recursos, agravos, embargos, requerimentos de provas, petições despropositadas, procedendo de modo temerário e provocando incidentes manifestamente infundados, tudo objetivando obstaculizar a entrega da prestação jurisdicional à parte contrária" (Processo n. 02784200406302004).

Assédio sexual Constrangimento provocado na vítima, em busca de favor sexual, mediante a utilização de poderes concedidos por situação hierárquica superior. Conduta intimidatória do empregador que assedia sexualmente empregada sua, valendo-se de sua condição de provedor do vínculo empregatício. Pode ocorrer de forma intimidatória (ameaça de dispensa) ou por chantagem (promessa de promoção ou aumento de salário). A Lei n. 10.224, de 15.05.2001, introduziu no CP a tipificação do crime de assédio sexual: "Art. 216-A. Constranger alguém com o intuito de obter vantagem ou favorecimento sexual, prevalecendo-se o agente da sua condição de superior hierárquico ou ascendência inerentes ao exercício, emprego, cargo ou função". A pena prevista é de detenção de 1 a 2 anos.

Assembleia Reunião ou congregação de pessoas que integram uma determinada entidade (sociedade civil, sociedade anônima ou comercial, sindicato etc.), com o fim de deliberarem sobre certas questões de interesse comum. São denominadas ordinárias as assembleias anuais com datas previstas nos estatutos, geralmente destinadas à prestação de contas ou para eleição de nova diretoria; são extraordinárias quando convocadas para deliberação de questões imprevistas que requerem solução imediata ou urgente.

Assembleia constituinte Reunião de políticos (deputados e senadores) especialmente eleitos por sufrágio universal direto para o fim específico de elaborar a Constituição de um país. A Assembleia Nacional Constituinte destinada a elaborar a Constituição Federal brasileira de 1988 foi convocada pela EC n. 26/85. Os parlamentares que redigiram a atual Constituição foram eleitos em 1986. O trabalho, iniciado em fevereiro daquele ano, foi concluído após vinte meses de trabalhos e debates. Em outubro de 1988, a Constituição da República Federativa do Brasil foi promulgada pelo presidente da Assembleia Nacional Constituinte, o deputado Ulysses Guimarães.

Assentada Denominação que se atribui ao termo no qual se lavram os fatos ocorridos em audiência, bem como, por extenso, os despachos e a sentença, se esta for proferida no ato.

Assentamento Providência que consiste em assentar, lançar ou registrar um ato jurídico ou fatos que ocorrem em uma audiência ou inquérito policial. A expressão é também usada para designar o ato de lançamento ou alteração de dados junto aos cartórios de registros públicos e para denominar o ato pelo qual os beneficiários da reforma agrária são imitidos na posse dos imóveis desapropriados para tal fim (art. 17, Lei n. 8.629/93).

Assentamento de agricultores Expressão que designa o ato pelo qual os beneficiários da reforma agrária são imitidos na posse dos imóveis desapropriados para tal fim (art. 17, Lei n. 8.629/93). A Constituição Federal de 1988 estabelece que os beneficiários da distribuição de imóveis rurais pela reforma agrária receberão títulos de domínio ou de concessão de uso, instrumentos que asseguram o acesso à terra. O contrato de concessão de uso transfere o imóvel rural ao beneficiário da reforma agrária em caráter provisório e assegura aos assentados o acesso à terra, aos créditos disponibilizados pelo Incra e a outros programas do governo federal. O título de domínio é o instrumento que transfere o imóvel rural ao beneficiário da reforma agrária em caráter definitivo. É garantido pela Lei n. 8.629/93, quando verificado que foram cumpridas as cláusulas do contrato de concessão de uso e o assentado têm condições de cultivar a terra e de pagar o título de domínio em vinte parcelas anuais. Além da garantia de propriedade da terra para os trabalhadores rurais assentados, a titulação efetuada pelo Incra contém dispositivos norteadores dos direitos e deveres dos participantes do processo de reforma agrária, especialmente do poder público, representado pelo Incra, e dos beneficiários, caracterizado pelos assentados. Tendo em vista a importância da política de titulação dos assentamentos, que representa o coroamento do processo reformista, o Incra disponibiliza a relação dos beneficiários contemplados com os documentos de titulação a partir de 2001, em cada uma das superintendências regionais, conferindo publicidade ao processo de recebimento de títulos de domínio e de concessão de uso de imóveis objeto de reforma agrária.

Assentamento no registro civil Ato de assento ou lançamento e posteriores alterações de dados pessoais junto aos cartórios de registro civil concernentes a nascimento, nome, casamento e óbito do registrando (*v. Assento*).

Assentimento Consentimento; aceitação; anuência; concordância. A denegação do consentimento, quando injusta, pode ser suprida pelo juiz (art. 1.519, CC). Pode-se estipular a fiança, ainda que sem consentimento do devedor ou contra a sua vontade (art. 820, CC).

Assento Diz-se do termo pelo qual se promove o registro, ou lançamentos, de determinados atos perante o Registro Civil das Pessoas Naturais (Lei n. 6.015/73). Dessa forma, perante o referido registro, proceder-se-ão assentos e eventuais alterações do nascimento (art. 54), dos matrimônios (art. 70) e dos óbitos (art. 77).

Assessor jurídico Advogado vinculado à administração pública ou a uma empresa que tem como função a prestação de serviços de aconselhamento ou consultoria, geralmente por meio de parecer. Salvo demonstração de culpa ou erro grosseiro, submetida às instâncias administrativo-disciplinares ou jurisdicionais próprias, não cabe a responsabilização do advogado público pelo conteúdo de seu parecer de natureza meramente opinativa.

Assessoria jurídica Conjunto de pessoas ou empresas constituídas por advogados ou juristas, denominados assessores, cuja finalidade é a prestação de serviços de aconselhamento ou consultoria a outros órgãos ou empresas.

Assinação Concessão de prazo; aprazamento para alguém praticar um determinado ato ou manifestar-se. Designação de tempo e lugar para cumprimento de um ato.

Assinatura Ato pelo qual uma pessoa apõe seu nome por extenso, ou abreviado por caracteres próprios, em papel ou documento para obrigar-se ou manifestar sua anuência sobre os termos nele contidos. Assinatura também equivale à firma.

Assinatura a rogo Assinatura aposta por estranho em documento do qual não participa, a pedido de uma das partes que é analfabeta ou está fisicamente impossibilitada de assinar. Nos atos relativos ao Registro Civil, exige-se que, na assinatura a rogo de analfabeto, tome-se a impressão dactiloscópica deste (art. 37, § 1º, LRP). Também se exige a assinatura de duas testemunhas quando o assinante não for conhecido do tabelião ou não puder identificar-se por documento.

Assinatura digital (eletrônica) Modalidade de assinatura eletrônica, resultado de uma operação matemática que utiliza criptografia e permite aferir, com segurança, a origem e a integridade do documento. Ao teor da Lei n. 11.419/2006, constitui assinatura eletrônica as seguintes formas de identificação inequívoca do signatário: assinatura digital baseada em certificado digital emitido por autoridade certificadora credenciada, na forma de lei específica; e mediante cadastro de usuário no Poder Judiciário, conforme disciplinado pelos órgãos respectivos. A assinatura digital é semelhante à assinatura manuscrita e tem por função comprovar a autoria de determinado conjunto de dados que, no caso do processo eletrônico, são as peças e os documentos que o instruem. A assinatura digital não se confunde com a *digitalização de uma assinatura manuscrita*. Esta não tem nenhum significado como meio de comprovação de autoria de um documento porque, como se trata de mera imagem, pode ser facilmente copiada e colada em qualquer outro documento. Já a assinatura digital, como resultado de uma operação matemática que tem como uma das variáveis o resumo matemático do próprio documento assinado, não é passível de transferência para qualquer outro documento. Cada assinatura digital é única e exclusiva para aquele documento assinado. A assinatura eletrônica é importante, pois ela é necessária para o advogado enviar dados, mediante o credenciamento prévio no Poder Judiciário, conforme disciplinado pelos órgãos respectivos, e também que o documento seja enviado em formato PDF.

Assistência Ato pelo qual se presta auxílio ou se ampara alguém suprindo suas necessidades de manutenção ou subsistência. Compete ao marido, com a colaboração da mulher, prover a manutenção da família, entendida esta como dever de assistência, subministrando aos filhos os meios necessários para sua educação e subsistência. Compete também aos pais prestar assistência aos filhos maiores de 16 anos, no ato da vida civil em que forem partes, da mesma forma que isso cabe aos tutores em relação aos tutelados (art. 1.634, CC).

Assistência judiciária gratuita Diz-se da assistência judiciária prestada gratuitamente a pessoa natural ou jurídica, brasileira ou estrangeira, com insuficiência de recursos para pagar as custas e despesas processuais e os honorários de advogado, quando tenham necessidade de pleitear ou defender-se em juízo. A alegação de insuficiência é presumida exclusivamente quando deduzida pela pessoa natural. A gratuidade da Justiça pode ser concedida ainda que o requerente seja assistido por advogado particular. A gratuidade da Justiça compreende: taxas ou custas judiciais; selos postais; despesas com publicações na Imprensa Oficial, dispensando-se a publicação em outros meios; indenização devida à testemunha que, quando empregada, receberá do empregador salário integral, como se em serviço estivesse; despesas com a realização do exame de código genético – DNA – e de outros exames considerados essenciais; honorários do advogado e do perito, e remuneração do intérprete ou tradutor nomeado pelo juízo para apresentação de versão em português de documento redigido em língua estrangeira; custo com a elaboração de memória de cálculo, quando exigida para a instauração da execução; depósitos previstos em lei para interposição de recurso, ajuizamento de ação e demais atos processuais inerentes ao exercício da ampla defesa e do contraditório; emolumentos devidos a notários ou registradores em decorrência da prática de registro, averbação ou qualquer outro ato notarial necessário à efetivação de decisão judicial ou à continuidade de processo judicial no qual o benefício tenha sido concedido (art. 98, CPC).

Assistência jurídica (*v. Assistente jurídico*).

Assistência processual Possibilidade de um terceiro, com interesse jurídico em que a sentença seja favorável a uma das partes que contendem em juízo, intervir no processo para assisti-la na qualidade de assistente (art. 119, CPC). A assistência é simples quando o assistente atua como auxiliar da parte principal; é litisconsorcial quando o assistente é litisconsorte da parte principal e a sentença influir na relação jurídica entre ele e o adversário do assistido.

Assistência social A assistência social, direito do cidadão e dever do Estado, é política de seguridade social não contributiva que provê os mínimos sociais realizada por meio de um conjunto integrado de ações de iniciativa pública e da sociedade, para garantir o atendimento às necessidades básicas. A assistência social tem por objetivo a proteção social que visa à garantia da vida, redução de danos e prevenção da incidência de riscos, especialmente: a) a proteção à família, à maternidade, à infância, à adolescência e à velhice; b) o amparo a crianças e adolescentes carentes; c) a promoção da integração ao mercado de trabalho; d) a habilitação e reabilitação das pessoas com deficiência e a promoção de sua integração à vida comunitária; e e) a garantia de um salário-mínimo de benefício mensal à pessoa com deficiência e ao idoso que comprovem não possuir meios de prover a própria manutenção ou de tê-la provida por sua família. À assistência social também cabe a vigilância socioassistencial, que visa a analisar territorialmente a capacidade protetiva das famílias e nela a ocorrência de vulnerabilidades, ameaças, vitimizações e danos; e a defesa de direitos, que visa a garantir o pleno acesso aos direitos no conjunto das provisões socioassistenciais (Lei n. 8.742/93).

Assistente Aquele que presta assistência. O que acompanha na prática de um ato jurídico. Ajudante, auxiliar, adjunto. Assistente jurídico; assistente processual. São assistentes, entre outros, pais e tutores em relação aos atos praticados por filhos ou tutelados incapazes (arts. 1.690 e 1.747, I, CC).

Assistente jurídico Advogado vinculado à administração pública ou a uma empresa que tem como função a prestação de serviços de aconselhamento ou consultoria, geralmente por meio de parecer. O mesmo que assessor jurídico (*v. Assessor jurídico*).

Assistente técnico Aquele que, no processo em que é requerida perícia, é indicado pela parte para representá-lo e para acompanhar os trabalhos do perito e manifestar-se a respeito do laudo pericial. No âmbito do processo civil, ao lado do perito, de nomeação do juiz, institui-se a figura do assistente técnico da parte. A distinção entre os dois deriva do sujeito processual que os nomeia: o primeiro é nomeado pelo juiz; o segundo é indicado pela parte. Por ser de confiança da parte, o assistente técnico não está sujeito a impedimento ou suspeição. O assistente técnico funciona como consultor da parte e seu parecer equivale ao de uma perícia extrajudicial (art. 465, CPC).

Associação Entidade ou agremiação destinada a reunir, aproximar ou congregar pessoas com objetivos comuns previamente determinados. Segundo a CF, é plena a liberdade de associação para fins lícitos, vedada a de caráter paramilitar (art. 5º, XVII).

Assunção Ato pelo qual uma pessoa assume um cargo ou uma obrigação; ato de assumir.

Astreinte Do latim *astringere*, de *ad* e *stringere*, apertar, compelir, pressionar. Expressão originária do Direito francês, é medida compulsória resultante de condenação judicial, compelindo uma pessoa ao pagamento de prestação periódica e, às vezes, progressiva, durante o período em que não cumprir a obrigação a que está sujeita. O mesmo que multa cominatória. Trata-se de multa diária imposta por condenação judicial. A finalidade da medida é constranger o vencido a cumprir a sentença ou decisão interlocutória de antecipação de tutela e evitar o retardamento em seu cumprimento. A Lei n. 9.609/98, que dispõe sobre a proteção de propriedade intelectual de programa de computador, prevê expressamente a ação para o autor de programas de computador proibir ao infrator a prática do ato incriminado com a cominação de pena pecuniária para o caso de o réu não concretizar a pretensão do autor (art. 14) (*v. Ação cominatória*).

Ata Documento redigido em uma reunião, assembleia ou sessão, no qual se faz constar todos os atos e deliberações ali ocorridos. Utiliza-se a ata nas assembleias de condôminos, associações em geral, sociedades esportivas e recreativas, empresas de sociedade anônima e outras. A lavratura da ata é imprescindível para registro e conservação das deliberações tomadas nas reuniões, servindo como prova documental em qualquer processo judicial. Costuma ser lançada em livros próprios, devidamente autenticados, cujas páginas são numeradas e rubricadas por quem redigiu os termos de abertura e de encerramento. Na ata, escreve-se tudo de forma contínua para evitar que nos espaços em branco se façam acréscimos. Não se admitem rasuras. Para ressalvar erro na redação, usa-se a expressão "digo", depois da qual se redige o texto correto. Quando, por esquecimento, for omitido algum dado, usa-se ao final a expressão "em tempo", seguindo-se o acréscimo. Se finalizada na mesma reunião, assinam todos os presentes; se não finalizada, assinam o presidente e o secretário que lavrou a ata, colocando-se a ata em votação na assembleia seguinte.

Atentado Ato praticado por uma das partes, no curso do processo, que viole penhora, arresto, sequestro ou imissão na posse, prossegue em obra embargada ou que ocasione qualquer outra inovação ilegal no estado de fato.

Atentado à dignidade da Justiça Ato ou conduta comissiva ou omissiva do executado que, durante o processo de execução: frauda a execução; se opõe maliciosamente à execução, empregando ardis e meios artificiosos; dificulta ou embaraça a realização da penhora; resiste injustificadamente às ordens judiciais; intimado, não indica ao juiz quais são e onde estão os bens sujeitos à penhora e seus respectivos valores, não exibe prova de sua propriedade e, se for o caso, certidão negativa de ônus.

Atentado violento ao pudor Prática de ato diverso da conjunção carnal como, por exemplo, acariciar as partes íntimas de uma pessoa após havê-la subjugado de alguma forma pelo emprego de arma ou outra violência. O crime de atentado violento ao pudor, descrito no art. 214 do CP, vigorou até o advento da Lei n. 12.015 / 2009, que o revogou e ampliou a abrangência do crime de estupro, de modo a abranger o antigo crime de atentado violento ao pudor. De qualquer modo, o atentado violento ao pudor não deixou de ser crime, apenas passou a ser tipificado como estupro em outro dispositivo legal (art. 213, CP).

Atenuantes Aquilo que atenua ou diminui a gravidade de uma falta ou um crime. Circunstâncias abonatórias, relativas à conduta do acusado, previstas no CP e que contribuem para a redução da pena. As circunstâncias atenuantes, de aplicação obrigatória, estão previstas no art. 65 do CP (*v. Circunstâncias atenuantes*).

Atestado Documento pelo qual alguém certifica algum fato; declaração escrita e assinada por quem de direito para firmar ou certificar a existência ou verdade de um fato, estado ou qualidade, pelo conhecimento pessoal ou em razão do cargo ou ofício que exerce. Tem-se, assim, atestado de boa conduta, atestado de bons antecedentes, atestado de residência, atestado de saúde, atestado médico, atestado de vacina, atestado de conclusão de curso e outros.

Atipicidade Relativo ao que é atípico. Inadequação do fato à norma. Diz-se dos fatos que não contêm os elementos constitutivos do delito, não interessando, portanto, ao direito penal. Diz-se, portanto, que o reconhecimento do princípio da insignificância afasta a tipicidade material do fato, impondo a absolvição do réu em razão da conduta atípica.

Ato anulável Negócio passível de invalidade quando praticado por pessoa relativamente incapaz ou quando contém vício resultante de dolo, erro, coação, fraude ou simulação (arts. 119 e 171, CC). O negócio anulável pode ser confirmado pelas partes, salvo direito de terceiro (art. 172, CC).

Ato arbitrário (*v. Arbitrário*).

Ato bilateral Ato jurídico decorrente do acordo entre duas ou mais vontades e que pressupõe a existência de obrigações recíprocas (sinalagma), em oposição ao ato unilateral, pelo qual somente uma das partes fica obrigada. São considerados atos bilaterais, entre outros, os contratos de compra e venda, de troca, de locação e de arrendamento.

Ato *causa mortis* Ato que se forma e produz efeitos somente após o advento da morte de determinada pessoa (*v. Transmissão* causa mortis).

Ato consensual Ato decorrente do consenso ou consentimento manifesto expressa ou tacitamente pelas partes. Ato para o qual se exige o consentimento para sua celebração.

Ato constitutivo Diz-se do ato jurídico que constitui ou dá origem à formação da pessoa jurídica. O ato constitutivo da pessoa jurídica se formaliza por meio de estatuto ou contrato. A existência legal das pessoas jurídicas de direito privado começa com a inscrição do ato constitutivo no respectivo registro, precedida, quando necessário, de autorização ou aprovação do Poder Executivo, averbando-se no registro todas as alterações por que passar o ato constitutivo (art. 45, CC).

Ato discricionário Ato praticado pela autoridade administrativa fundado no livre arbítrio e nos critérios de oportunidade e conveniência. O ato discricionário, que se opera nos estritos limites da lei, não se confunde com o ato arbitrário, que se dá contra a lei e é suscetível de apreciação judicial.

Ato gratuito Diz-se do ato, característico dos contratos benéficos, pelo qual alguém, por liberalidade e sem exigir contraprestação, presta um serviço ou transfere a propriedade de um bem a outrem. Opera-se a gratuidade nos contratos de doação pura e simples e no contrato de comodato.

Ato ilícito Ação ou omissão, dolosa ou culposa, que viola direito alheio ou causa prejuízo a outrem, passível de indenização. Aquele que, por ação ou omissão voluntária, negligência ou imprudência, violar direito e causar dano a outrem, ainda que exclusivamente moral, comete ato ilícito. Em relação à ação ou omissão culposa, caracterizam atos ilícitos os praticados com negligência, imprudência ou imperícia, como ocorre nos acidentes de trânsito. Quem causar danos em decorrência da prática de ato ilícito ficará obrigado a repará-los (arts. 186, 187 e 927, CC). "O direito se constitui como um projeto de convivência, dentro de uma comunidade civilizada (o Estado), no qual se estabelecem os padrões de comportamento necessários. A ilicitude ocorre quando *in concreto* a pessoa se comporta fora desses padrões. Em sentido lato, sempre que alguém se afasta do programa de comportamento idealizado pelo direito positivo, seus atos voluntários correspondem, genericamente, a atos ilícitos (fatos do homem atritantes com a lei). Há, porém, uma ideia mais restrita de ato ilícito, que se prende, de um lado, ao comportamento injurídico do agente, e de outro, ao resultado danoso que dessa atitude decorre para outrem. Fala-se, então, de ato ilícito em sentido estrito, ou simplesmente ato ilícito, como se faz no art. 186 do atual Código Civil" (THEODORO JR., Humberto,

Comentários ao novo Código Civil, volume 3, t. 2: Dos efeitos do negócio jurídico, final do livro III. Rio de Janeiro: Forense, 2003). Quem causar danos decorrentes da prática de ato ilícito fica obrigado a repará-los (art. 927, CC).

Ato infracional Ato que corresponde à prática de uma conduta vedada por lei ou contrária à lei. Entre tantas outras, o ato infracional se revela nas seguintes condutas: dirigir embriagado; dirigir acima do limite de velocidade; dirigir sem habilitação; portar arma sem a devida licença; transportar mercadorias sem a nota fiscal; crime ou contravenção penal praticados por menores de 18 anos.

Ato *inter vivos* Ato que é praticado e produz efeitos durante a vida de quem o pratica (*v. Transmissão* inter vivos).

Ato jurídico Ato lícito, praticado por quem possui capacidade, que tem por objetivo resguardar, adquirir, modificar, transferir ou extinguir direitos. "Se a ordem jurídica toma em consideração o comportamento do homem em si mesmo, e, ao atribuir-lhe efeitos jurídicos, valoriza a consciência que, habitualmente, o acompanha, e a vontade que normalmente o determina, o fato deverá qualificar-se como ato jurídico" (BETTI, Emilio. *Teoria geral do negócio jurídico*, p. 107).

Ato jurídico perfeito A Constituição Federal de 1988 reproduz, no art. 5º, XXXVI, fórmula já tradicional do direito constitucional brasileiro segundo a qual "a lei não prejudicará o direito adquirido, o ato jurídico perfeito e a coisa julgada". Trata-se de postulado fundamental de segurança jurídica do Estado de Direito. Essa fórmula impõe ao constituinte que o legislador não só respeite as situações jurídicas individuais consolidadas, mas que também preserve os efeitos que hão de se protrair. Da mesma forma, exige-se que a lei respeite a coisa julgada formal, que impede a discussão da questão decidida no mesmo processo, quanto à coisa julgada material, que obsta à discussão da questão decidida em outro processo.

Ato nulo Ato que não tem efeito jurídico por estar viciado ou por ter nulidade absoluta prevista em lei (art. 16, CC). Atos jurídicos nulos são aqueles expressamente previstos em lei. Assim revela o princípio de direito processual francês *pas de nullité sans texte* ("não há nulidade sem previsão legal"). Da mesma forma, "não há nulidade sem prejuízo" (*pas de nullité sans grief*). A nulidade de ato jurídico pode ser alegada por qualquer interessado ou pelo Ministério Público e deve ser pronunciada pelo juiz quando ele conhecer de seus efeitos e as encontrar provadas (art. 168, CC). Em regra, a declaração de nulidade de um ato pela lei configura-se pelas seguintes expressões: "é nulo"; "sob pena de nulidade"; "não terá validade"; "será de nenhum efeito"; "não produzirá efeito algum"; "ter-se-á por não escrito"; "não pode"; "não é lícito"; "não é permitido"; "não poderá"; "é vedado"; "é proibido"; "é defeso" (SANTOS, Carvalho, *apud* AGUIAR, Joaquim. *Programa de direito civil*, p. 245).

Ato obsceno Ato imoral e ofensivo ao decoro público praticado em lugar público. O delito de ato obsceno se tipifica quando o agente, em lugar público, ou aberto ou exposto ao público, exprime manifestação corpórea, de cunho sexual, que ofende o pudor público. De qualquer modo, é necessário que a conduta tenha cunho sexual, erótico, lascivo ou impudico. Pode revelar-se por gestos ou por palavras, como nos casos de simulação de masturbação ou de ato sexual e exibição de nádegas e órgão sexuais. O ato obsceno constitui crime previsto no art. 233 do CP.

Ato oneroso Ato bilateral que gera vantagens para ambas as partes que dele participam, em razão de cada uma sofrer um sacrifício patrimonial equivalente ao proveito obtido. Opõem-se ao ato gratuito, pelo qual somente uma das partes se obriga e inexiste contraprestação.

Ato simulado Ato praticado para produzir efeito diverso do declarado, com o fim de prejudicar terceiro ou violar disposição de lei (*v. Simulação*).

Ato unilateral Ato que resulta da declaração de vontade ou decisão de uma só parte, como ocorre na doação sem encargo (arts. 538 e 1.857, CC). A unilateralidade também se manifesta nos contratos de adesão, como revela o art. 54 do CDC: "Contrato de adesão é aquele cujas cláusulas tenham sido aprovadas pela autoridade competente ou estabelecidas unilateralmente pelo fornecedor de produtos ou serviços, sem que o consumidor possa discutir ou modificar substancialmente seu conteúdo". Por outro lado, o mesmo CDC classifica como cláusulas abusivas as que permitam ao fornecedor, direta ou indiretamente, variação do preço de maneira unilateral; autorizem o fornecedor a cancelar o contrato unilateralmente, sem que igual direito seja conferido ao consumidor; autorizem o fornecedor a modificar unilateralmente o conteúdo ou a qualidade do contrato, após sua celebração.

Ato volitivo Diz-se do ato de volição ou de vontade manifestado de forma voluntária ou espontânea.

Atos lesivos à administração pública Constituem atos lesivos à administração pública, nacional ou estrangeira, todos aqueles praticados pelas sociedades empresárias e sociedades simples, personificadas ou não, independentemente da forma de organização ou modelo societário adotado, bem como a quaisquer fundações, associações de entidades ou pessoas, ou sociedades estrangeiras, que tenham sede, filial ou representação no território brasileiro, constituídas de fato ou de direito, ainda que temporariamente, que atentem contra o patrimônio público nacional ou estrangeiro, contra princípios da administração pública ou contra os compromissos internacionais assumidos pelo Brasil (arts. 1º, parágrafo único, e 5º, Lei n. 12.846/2013). Entre esses atos incluem-se: prometer, oferecer ou dar, direta ou indiretamente, vantagem indevida a agente público, ou a terceira pessoa a ele relacionada; comprovadamente, financiar, custear, patrocinar ou de qualquer modo subvencionar a prática dos atos ilícitos previstos nesta Lei; comprovadamente, utilizar-se de interposta pessoa física ou jurídica para ocultar ou dissimular seus reais interesses ou a identidade dos beneficiários dos atos praticados.

Atos normativos Atos normativos de competência privativa do Poder Executivo que variam de acordo com o nível da autoridade que os pratica. Assim, são de competência do governador os decretos; dos secretários de estado, as resoluções; de órgãos colegiados, as deliberações; de outras autoridades, incluindo-se os dirigentes de autarquias, as portarias.

Atos normativos primários Hipóteses constitucionalmente previstas em que o Poder Executivo produz atos normativos primários, normas que se subordinam diretamente à Constituição, e não à lei. Como exemplo de tais hipóteses, tem-se a competência do Presidente da República, do Governador ou do Prefeito Municipal para dispor, mediante decreto, sobre organização e funcionamento da administração federal, estadual ou municipal quando não implicar aumento de despesa nem criação ou extinção de órgãos públicos e extinguir, mediante decreto, funções ou cargos públicos, quando vagos.

Ausência Situação fática caracterizada pelo desaparecimento de uma pessoa do seu domicílio sem que dela se tenha notícia e que não tenha deixado procurador com poderes para administrar seus bens (art. 22, CC). A ausência, para fins de direitos, especialmente hereditários, pode ser declarada judicialmente a requerimento de qualquer interessado ou do Ministério Público. Para fins previdenciários, a morte presumida do segurado, declarada pela autoridade judicial competente depois de seis meses de ausência, possibilita a concessão de pensão provisória (art. 78, Lei n. 8.213/91).

Ausente Expressão designativa da pessoa que não está ou não comparece a um determinado local ou a determinado compromisso. Pessoa que desaparece de forma prolongada do seu domicílio, sem deixar endereço, sem mandar notícias e sem deixar representante.

Autarquia Serviço autônomo criado por lei com personalidade jurídica, patrimônio e receita próprios para executar atividades típicas da administração pública, que requeiram, para seu melhor funcionamento, gestão administrativa e financeira descentralizada (art. 5º, DL n. 200/67). Pessoa jurídica de direito público, criada por lei, com capacidade de autoadministração para o desempenho de serviço público descentralizado, mediante controle administrativo exercido nos limites da lei (DI PIETRO, Maria Sylvia. *Direito administrativo*. 19.ed. São Paulo, Saraiva, p. 423). Por serem dotadas de personalidade pública, as autarquias estão imunes à tributação e desfrutam de prazos processuais especiais para contestar e recorrer, além de contar com foro judicial privilegiado. Os funcionários das autarquias não se confundem com os funcionários públicos, devendo ser denominados servidores autárquicos. Contudo, são equiparados a funcionários públicos para efeitos penais.

Autenticação de documento Ato que consiste em conferir e dar validade à cópia de um documento. A cópia de um documento, devidamente autenticada por tabelião, tem fé pública e possui a mesma força probante que o original. Não deve ser confundida com autenticação ou reconhecimento de firma. Portanto, no art. 411 do CPC, onde se lê "Considera-se autêntico o documento quando: o tabelião reconhecer a firma do signatário", o correto é ler: "Considera-se autêntica a assinatura [...]".

Autenticação de peças processuais Ato praticado pelo advogado da parte que consiste em declarar a validade de cópias extraídas de peças processuais com o objetivo de instruir um recurso. Fazem a mesma prova que os originais as cópias reprográficas de peças do próprio processo judicial declaradas autênticas pelo próprio advogado sob sua responsabilidade, se não lhes for impugnada a autenticidade.

Autenticar Ato de declarar autêntica, ou seja, declarar que a cópia reprográfica de um documento confere com o original, conferindo-lhe a mesma validade. Somente podem declarar a autenticidade de um documento as pessoas dotadas de fé pública, como notários e escrivães dos cartórios judiciais. A exceção fica por conta dos advogados, aos quais é permitido declarar a validade de cópias extraídas de peças processuais com o objetivo de instruir um recurso. A lei, em geral, veda a autenticação de cópia de documento não original, ainda que autenticado.

Autêntico Qualidade ou condição daquilo ou de quem é original ou revestido das formalidades legais. Fidedigno. Sem adulteração. Documento autêntico, verdadeiro ou legítimo.

Auto Documento oficial, emitido por agente público, que contém anotação pormenorizada e autenticada de um fato, por meio de ato ou diligência, administrativa ou judiciária. Há vários tipos de autos, que variam de acordo com fatos ou ocorrências que neles se registram: auto de penhora, auto de infração, auto de flagrante etc. Os autos devem ser lavrados de acordo com as normas pertinentes para que se evitem questionamentos ulteriores.

Auto de infração Ato administrativo materializado por escrito pela autoridade competente para efeito de caracterizar a ocorrência de infração à legislação específica, no âmbito federal, estadual ou municipal. O auto de infração, no qual se expõem os fatos ilícitos atribuídos ao autuado e se indica a legislação infringida, serve como fundamento para a instauração do processo administrativo.

Auto de infração de trânsito Ato administrativo materializado por escrito pela autoridade de trânsito no caso de ocorrência de infração ao CTB (Lei n. 9.503/97). A infração deverá ser comprovada por declaração da autoridade ou do agente da autoridade de trânsito, por aparelho eletrônico ou por equipamento audiovisual, reações químicas ou qualquer outro meio tecnologicamente disponível, previamente regulamentado pelo Contran. O auto de infração será arquivado, e seu registro julgado insubsistente: I – se considerado inconsistente ou irregular; II – se, no prazo máximo de trinta dias, não for expedida a notificação da autuação (art. 281, CTB).

Auto de infração tributária Ato administrativo, materializado por escrito pelo agente do fisco federal, estadual ou municipal, no exercício de função fiscalizadora, no momento em que for verificada infração à legislação tributária. Com a lavratura do auto de infração, consuma-se o lançamento do crédito tributário (art. 242, CTN). No auto de infração, é consignada a infração – ou infrações –, que no entender do agente tenha sido praticada pelo sujeito passivo da obrigação tributária. O encaminhamento do auto para conhecimento da autoridade julgadora dá ensejo à instauração da instância contenciosa. São exemplos de infrações, entre outros, a falta de pagamento de imposto devido e o transporte de mercadorias sem nota fiscal. O processo administrativo fiscal inicia-se quando o contribuinte autuado decide exercer seu direito constitucional à ampla defesa, discutindo o mérito da exigência constante do auto de infração, em conformidade com o rito do contraditório administrativo previsto em lei.

Auto de penhora Ato processual, materializado por escrito por oficial de justiça e mediante mandado judicial, que tem por objeto descrição ou apreensão de bens do devedor, com o objetivo de garantir o pagamento da dívida ao credor no processo de execução. Efetuar-se-á a penhora onde quer que se encontrem os bens, ainda que sob posse, detenção ou guarda de terceiros, devendo a penhora incidir em tantos bens quantos bastem para o pagamento do principal atualizado, juros, custas e honorários advocatícios. O auto de penhora conterá: indicação do dia, mês, ano e lugar em que foi feita; nomes do credor e do devedor; descrição dos bens penhorados, com seus característicos; e nomeação do depositário dos bens (art. 838, CPC).

Autonomia Diz-se da faculdade ou condição que uma pessoa, órgão ou instituição tem de reger-se por seus próprios meios ou por suas próprias leis. A autonomia é absoluta quando exercida sem qualquer restrição, como a que possui a União; é relativa, quando parcialmente exercida, em razão da dependência ou subordinação a um órgão superior.

Autonomia de vontade Poder ou faculdade que têm os indivíduos para regular seus direitos e obrigações mediante o exercício do livre arbítrio. É representada em contratos que obrigam os indivíduos com força de lei, desde que a convenção não seja contrária à lei, à moral, à ordem pública e aos bons costumes.

Autópsia Exame cadavérico. Exame pericial feito no cadáver para se descobrir a *causa mortis*. O mesmo que autópsia. Embora etimologicamente *necrópsia* signifique "exame de uma pessoa morta" e *autópsia* tenha o significado de "exame de si mesmo", os dois termos costumam ser usados como sinônimos indistintamente. O exame costuma ser feito por um perito, um médico especializado denominado *legista* (art. 162, CPP).

Autor Requerente. Demandante. Parte. Aquele que provoca a atividade judicial, iniciando a ação visando à satisfação de uma pretensão. O autor da ação há que se fazer representar por advogado legalmente habilitado perante a OAB salvo se atuar em causa própria (art. 17, CPC).

Autoridade Indivíduo a quem, em razão do cargo público ocupado, a lei confere competência para praticar atos que devem ser acatados pelas pessoas em geral. Nesse sentido, diz-se autoridade judiciária, para o juiz ou magistrado; autoridade policial, para o delegado de polícia; autoridade coatora, para o agente público que agiu com abuso de poder ou feriu direito líquido e certo (*v. Abuso de autoridade*).

Autorização Ato concessivo ou permissivo outorgado por pessoa ou órgão público a alguém para exercício de um direito. Outorga. Mandato. Procuração.

Autorização administrativa Ato administrativo discricionário e precário pelo qual a administração pública viabiliza ao particular a realização de certa atividade, serviço ou a utilização de determinados bens particulares ou públicos, de seu exclusivo ou predominante interesse, tal como ocorre com o uso especial de bem público. Ato administrativo primário, permissivo, "pelo qual um *órgão* da Administração permite a alguém o exercício de um direito ou de uma competência pré-existente" (Freitas do Amaral. *Curso de direito administrativo*. Lisboa, Almedina, v. II, 2001).

Autorização do cônjuge Vênia, outorga ou consentimento concedido por um cônjuge ao outro para a prática de ato expressamente previsto em lei.

Autorização judicial Consentimento obrigatório, concedido por juiz de Direito, para a prática de determinados atos previstos em lei. Entre outros casos, exige-se autorização judicial para alienação de bens de menores, alienação de bens do tutelado, alienação de bens do inventário e alteração do regime de bens.

Autos Conjunto das peças que formam um processo, ou seja, petição inicial, contestação, procurações e documentos de cunho probatório do autor e do réu. Essas peças reunidas constituem os autos ou processo. O mesmo que processo.

Autos conclusos Expressão usada para designar o ato pelo qual o escrivão judicial, depois da manifestação das partes ou cumprida uma diligência no processo, dá os autos por conclusos, ou seja, considera os autos ou processo em condições de serem remetidos ao juiz para que este decida a questão ou determine, por despacho, o próximo ato judicial que dará prosseguimento ao feito.

Autos em carga Expressão forense que indica o ato pelo qual o advogado procede à retirada dos autos para exame ou para sobre eles se manifestar fora do cartório judicial. A restituição dos autos deverá ser feita: a) no prazo fixado pelo juiz; b) em cinco dias, para falar sobre documentos; c) em cinco dias, quando lhe for oferecido vista sem prazo fixado pelo juiz (*v. Carga de autos*).

Autos suplementares São os autos que, por determinação legal, devem ser formados pelo escrivão, em duplicata, por meio da reprodução de todos os atos e termos do processo original.

Autotutela Fiscalização exercida pela administração pública sobre seus bens e atos para bom uso deles.

Autuação Ato de escrivão de foro ou secretário de tribunal consistente na formação dos autos de um processo. Ao receber a petição inicial de qualquer processo, o escrivão a autuará, mencionando juízo, natureza do processo, número de seu registro, nomes das partes e data de seu início; e procederá do mesmo modo em relação aos volumes em formação (art. 206, CPC). Juntamente com a petição inicial, serão autuados os documentos de cunho probatório que a acompanham e o instrumento de procuração. Essas peças reunidas (autuadas), às quais se sobrepõe uma capa de cartolina, nos processos físicos ou analógicos, constituem os autos ou processo.

Autuação em apenso Procedimento relativo à formação dos autos de um processo acessório que correm apensos ou anexos ao processo principal.

Auxiliar da Justiça Pessoa que exerce cargo ou função no Poder Judiciário, como o escrivão, o oficial de justiça, o perito, o depositário, o administrador, o intérprete, o tradutor, o mediador, o conciliador judicial, o partidor, o distribuidor, o contabilista e o regulador de avarias (art. 149, CPC).

Auxílio-doença Benefício concedido ao segurado impedido de trabalhar por doença ou acidente por mais de quinze dias consecutivos. No caso dos trabalhadores com carteira assinada, os primeiros quinze dias são pagos pelo empregador, e a Previdência Social paga a partir do 16º dia de afastamento do trabalho. Para os demais segurados, inclusive o doméstico, a Previdência paga o auxílio desde o início da incapacidade e enquanto ela perdurar. Em ambos os casos, deverá ter ocorrido o requerimento do benefício. Tem direito ao benefício o trabalhador que tiver contribuído para a Previdência Social por, no mínimo, doze meses (carência). Esse prazo não será exigido em caso de acidente de qualquer natureza (por acidente de trabalho ou fora do trabalho) ou de doença profissional ou do trabalho (art. 59, Lei n. 8.213/91).

Auxílio emergencial Benefício financeiro concedido pelo Governo Federal destinado a trabalhadores informais, microempreendedores individuais (MEI), autônomos e desempregados, com o objetivo de fornecer proteção emergencial no período de enfrentamento à crise causada pela pandemia do Coronavírus – COVID-19.

Auxílio-reclusão Benefício devido aos dependentes do segurado recolhido à prisão que não receber remuneração da empresa nem estiver em gozo de auxílio-doença, aposentadoria ou abono de permanência em serviço, durante o período em que estiver preso sob regime fechado ou semiaberto. Equipara-se à condição de recolhido à prisão a situação do segurado com idade entre 16 e 18 anos que tenha sido internado em estabelecimento educacional ou congênere, sob custódia do Juizado de Infância e da Juventude. Não cabe concessão de auxílio-reclusão aos dependentes do segurado que estiver em livramento condicional ou cumprindo pena em regime aberto (art. 80, Lei n. 8.213/91).

Aval Garantia de pagamento de valor constante em título de crédito feita por terceiro em favor do credor, mediante assinatura aposta no verso ou no anverso do próprio título. Termo que designa uma garantia dada por uma terceira pessoa ou entidade (o avalista) ao credor de um crédito concedido. Obrigação cambiária assumida por alguém no intuito de garantir o pagamento de um título de crédito nas mesmas condições de outro obrigado (art. 14, Decreto n. 2.044/1908; art. 897, CC). O aval tem natureza comercial e significa garantia dada por um terceiro, estranho ao título de crédito (letra de câmbio, nota promissória, duplicata, cheque), pela qual se prende à obrigação, isto é, fica vinculado solidariamente ao título avalizado, pelo compromisso que assume de pagar o valor, quando não satisfeito pelo devedor. O aval deve ser lançado no próprio título, não podendo ser formalizado em documento apartado. As modalidades conhecidas de aval são: aval em branco, é o aval frontal (assinatura simples na parte frontal do título); aval em preto, aval simultâneo, no qual duas ou mais pessoas garantem um mesmo avalizado; aval sucessivo, no qual o avalista é garantido por outro avalista. Salvo no caso de suprimento da outorga conjugal, nenhum dos cônjuges pode, sem autorização do outro, exceto no regime da separação absoluta, prestar fiança ou aval (art. 1.647, III, CC).

Avaliação Ato ou efeito de avaliar, ou seja, de atribuir a uma determinada coisa um certo valor ou preço. A avaliação pode ser judicial, feita por avaliador nomeado pelo juiz, ou extrajudicial, quando feita por particular ou pela autoridade administrativa para efeito de cobrança de impostos e taxas.

Avalista Pessoa que presta aval para garantir o pagamento de dívida contraída por outro mediante título de crédito. A exigência quanto ao avalista, de parte do credor, geralmente é a de que ele demonstre idoneidade financeira para o caso de eventual execução judicial. O avalista equipara-se àquele cujo nome indicar;

na falta de indicação, ao emitente ou devedor final. Pagando o título, tem o avalista ação de regresso contra seu avalizado e demais coobrigados anteriores (art. 899, CC). Salvo no caso de suprimento da outorga conjugal, nenhum dos cônjuges pode, sem autorização do outro, exceto no regime da separação absoluta, prestar fiança ou aval (art. 1.647, CC).

Avarias Despesas extraordinárias feitas a bem do navio ou da carga, conjunta ou separadamente, e todos os danos acontecidos àquele ou a esta, desde o embarque e partida até a sua volta e desembarque (art. 761, CCom).

Averbação Providência adotada em órgãos públicos e cartórios extrajudiciais decorrente do ato de escrever, anotar ou declarar em nota, à margem de um título ou de um registro, eventual alteração do assento ou registro anterior. No Registro de Imóveis devem ser averbados, entre outros atos: as convenções antenupciais e do regime de bens diversos do legal; a extinção dos ônus e direitos reais; os contratos de promessa de compra e venda, das cessões e das promessas de cessão a que alude o DL n. 58, de 10.12.1937; a alteração do nome por casamento ou por divórcio; os atos pertinentes a unidades autônomas condominiais; as cláusulas de inalienabilidade, impenhorabilidade e incomunicabilidade impostas a imóveis, bem como da constituição de fideicomisso (art. 167, Lei n. 6.015/73).

Aviso administrativo Informação ou comunicado expedido por ministros ou secretários de Estado a outras autoridades da mesma hierarquia. Quando redigido em linguagem clara, favorece a eficácia da comunicação. Tanto o ofício como o aviso tem como finalidade o tratamento de assuntos oficiais pelos órgãos da administração pública entre si e, no caso do ofício, também com particulares.

Aviso-prévio Denominação dada à comunicação antecipada e obrigatória que o empregador deve fazer ao empregado quando, em uma relação de emprego sem prazo determinado, pretender rescindir sem justa causa o contrato de trabalho. O aviso deverá ser formulado com antecedência mínima de oito dias, se o pagamento for efetuado por semana ou tempo inferior; trinta dias aos que perceberem por quinzena ou mês, ou que tenham mais de doze meses de serviço na empresa (arts. 487 a 489, CLT). Para contratos que tenham completado um ano, serão acrescidos três dias ao período de comunicação obrigatória, sendo que a cada ano de vigência do mesmo contrato acrescentam-se mais três dias ao prazo mínimo exigido, até o máximo de sessenta dias, perfazendo um total de até noventa dias (Lei n. 12.506/2011).

Avocar Chamar ou atrair para si. Arrogar-se. Ato emanado da autoridade judiciária de grau superior e que consiste no chamamento ou atração, para si, de autos processuais para, entre outros casos, deslinde de questões relacionadas a infrações administrativas cometidas por juízes ou funcionários da justiça de primeiro grau (art. 235, CPC; arts. 82 e 642, CPP).

Avulsão Aderência ou superposição natural de terra, areia ou plantas a um terreno, em decorrência das águas da chuva ou da correnteza de um rio (art. 1.251, CC).

Axioma Frase ou sentença breve e doutrinária, escrita em latim, utilizada para expressar uma verdade resultante de muita experiência e reflexão. O mesmo que *máxima* ou *aforismo*. Exemplo: *Actori incumbit onus probandi*.

Azienda Expressão designativa do acervo ou patrimônio pertencente a uma pessoa ou a uma entidade, com o fim de desenvolver atividades comerciais ou industriais. Fundo de comércio.

Bacharel em Direito Aquele que concluiu o curso de Direito, porém ainda não está habilitado legalmente a exercer a advocacia, devendo prestar o exame da OAB (*v. Exame de Ordem*).

Baixa dos autos Expressão que significa a volta dos autos ao juízo originário após interposto o último recurso (art. 1.006, CPC; art. 637, CPP).

Baixa na distribuição Cancelamento do processo na distribuição (art. 290, CPC). O arquivamento com baixa conduz ao cancelamento da distribuição realizada, cabendo ao autor a tarefa de ajuizar novo processo. O procedimento de baixa e arquivamento do processo somente ocorrerá após a certificação de trânsito em julgado e depois de se verificar o cumprimento de todas as providências determinadas pela sentença.

Banca Escritório de advocacia integrado por diversos profissionais ou advogados. Sociedade civil de prestação de serviço de advocacia.

Banco Nacional de Perfis Genéticos Instituído com o objetivo de armazenar dados de perfis genéticos coletados para subsidiar ações destinadas à apuração de crimes. A adesão dos Estados e do Distrito Federal à Rede Integrada ocorrerá por meio de acordo de cooperação técnica celebrado entre a unidade federativa e o Ministério da Justiça e Segurança Pública (Decreto n. 7.950/2013). Os condenados por crime praticado, dolosamente, com violência de natureza grave contra pessoa, ou por qualquer dos crimes previstos no dos Crimes Hediondos (Lei n. 8.072/90), serão submetidos, obrigatoriamente, à identificação do perfil genético, mediante extração de DNA, por técnica adequada e indolor (Lei n. 7.210/84).

Banimento Medida judicial que determina a perda de nacionalidade de um cidadão, com a obrigação de deixar o país e a proibição de retornar. A CF veda, de modo absoluto, a pena de banimento (art. 5º, XLVII, *d*).

Bastonário Designação usada em Portugal para indicar o presidente de uma associação pública profissional, denominada "ordem", como ocorre com a Ordem dos Advogados.

Beca Vestimenta típica usada na colação de grau por formandos de cursos superiores; por advogados em ocasião de sustentação oral nos tribunais; por desembargadores; e por ministros dos tribunais superiores.

Bedel Antigo designativo dos oficiais de justiça, derivado do latim *bidellus* (vara utilizada por eles para conduzir a juízo aqueles que não compareciam voluntariamente). Deriva daí a expressão "condução debaixo de vara", ainda hoje empregada na linguagem forense para indicar a condução forçada da testemunha que desatende intimação para depor em juízo.

Bem Coisa ou direito, material ou imaterial, suscetível de valoração, pertencente a uma pessoa física ou jurídica. Consideram-se bens materiais os móveis, imóveis e semoventes; bens imateriais, aqueles que dizem respeito à vida, honra, à saúde, ao crédito, entre outros. Ao conjunto de bens se denomina patrimônio.

Bem acessório Bem ou coisa ligada a outro bem considerado principal ou que faz parte dele. Bem cuja existência supõe a do principal (art. 92, CC). Nos imóveis, o solo é o principal, sendo considerado acessório tudo o que nele se incorporar permanentemente, tais como construções, minerais e matas permanentes ou transitórias. Nos veículos automotores, são acessórios todos os bens que, quando não acompanhados de fábrica, lhes são acrescentados com a finalidade de assegurar conforto e segurança ao motorista. A fiança, garantia do contrato de locação, é contrato acessório deste último, considerado principal.

Bem comum Conjunto de situações capazes de realizar e assegurar o bem-estar social (art. 5º, LINDB). A expressão indica também o bem ou a coisa da qual duas ou mais pessoas detêm a propriedade em condomínio, e bem público usado de forma coletiva pela sociedade em geral.

Bem de família Propriedade ou imóvel reservado pelos cônjuges, ou pela entidade familiar, em que se estabelece o domicílio, com a cláusula ou o benefício de ficar isento de qualquer execução por dívida posterior à sua instituição. Há duas modalidades de bem de família: a) bem de família legal, previsto na Lei n. 8.009/90; b) bem de família convencional, com previsão no art. 1.711, CC.

Bem indivisível Bem que não pode ser dividido sem que se altere a sua substância ou aquele que, embora divisível, é considerado indivisível por disposição legal ou vontade das partes (arts. 87, 88 e 1.320, CC; art. 65, Lei n. 4.504/64). Os bens naturalmente divisíveis podem tornar-se indivisíveis por determinação da lei ou por vontade das partes (art. 88, CC).

Benefício Aquilo que beneficia ou favorece uma pessoa. Denominação dada à contribuição pecuniária prestada pela Previdência Social destinada a assegurar aos seus beneficiários meios indispensáveis de manutenção, por motivos de incapacidade, desemprego involuntário, idade avançada, tempo de serviço, encargos familiares e prisão ou morte daqueles de quem dependiam economicamente.

Benefício da assistência judiciária gratuita Benefício prestado gratuitamente por órgãos públicos (defensoria pública), por advogados nomeados pela OAB ou pelo próprio juiz às pessoas comprovadamente necessitadas que tenham de pleitear ou defender-se em juízo (Lei n. 1.060/50) (v. *Assistência judiciária gratuita*).

Benefício da progressão de regime Progressão do regime prisional do apenado para o regime menos rigoroso daquele a que foi condenado. A progressão para o regime menos rigoroso pressupõe o preenchimento simultâneo dos requisitos objetivo e subjetivo (art. 112, LEP). O primeiro consiste no resgate de certa quantidade de pena, prevista em lei, no regime anterior, que poderá ser de 1/6 para os crimes comuns e 2/5 (se o apenado for primário) ou 3/5 (se o apenado for reincidente), para os crimes hediondos ou equiparados, nos termos da Lei n. 11.464/2007; o segundo refere-se ao bom comportamento carcerário, atestado por certidão emitida pelo diretor da unidade prisional em que o apenado encontrar-se recolhido. O Plenário do STF confirmou por unanimidade, em 16.05.2013, que a exigência de cumprimento de um sexto da pena para a progressão de regime se aplica aos crimes hediondos praticados antes da vigência da Lei n. 11.464/2007 (RE n. 579.167, com repercussão geral).

Benefício de ordem Direito assegurado por lei ao fiador de exigir que o locador acione primeiramente o devedor principal e que os bens deste sejam executados antes dos seus. O fiador demandado pelo pagamento da dívida tem direito a exigir, até a contestação da lide, que sejam primeiro executados os bens do devedor (art. 827, CC). No que concerne à pessoa jurídica, também há entendimento de que o benefício de ordem beneficia os sócios para efeito de primeiramente responderem os bens da empresa pela dívida, e, após, os dos sócios.

Benefício de prestação continuada Benefício concedido pela Previdência Social que consiste na garantia de um salário mínimo mensal à pessoa com deficiência e ao idoso com 65 anos ou mais que comprovem não possuir meios de prover a própria manutenção nem de tê-la provida por sua família. Para efeito de recebimento do benefício, a família deve ser composta pelo requerente, pelo cônjuge ou companheiro, pelos pais e, na ausência de um deles, pela madrasta ou o padrasto, pelos irmãos solteiros, os filhos e enteados solteiros e pelos menores tutelados, desde que vivam sob o mesmo teto (art. 20, Lei n. 8.742/93).

Benéfico Diz-se dos contratos firmados em benefício de um só dos contratantes, como ocorre com os contratos gratuitos ou unilaterais. São exemplos de contratos benéficos a doação sem encargo e o comodato.

Benfeitoria Obra realizada na estrutura de um bem com a finalidade de conservá-lo, melhorá-lo ou proporcionar prazer a seu proprietário, possuidor ou detentor.

Bens alodiais Bens imóveis que se encontram livres de foros ou encargos. A expressão também indica os imóveis que confinam com terrenos de marinha, mas que não estão sujeitos aos encargos da enfiteuse ou aforamento.

Bens apreendidos São aqueles retidos pelas autoridades policiais em razão da prática de delito ou por serem resultantes de busca e apreensão em processo judicial ou, ainda, os recolhidos pela fiscalização da Receita Federal em razão da prática de contrabando ou descaminho.

Bens clausulados Diz-se dos bens ou dos direitos que sofrem restrições negociais decorrentes de cláusula de inalienabilidade, de impenhorabilidade ou de incomunicabilidade imposta pelo proprietário alienante (*v. Cláusula de inalienabilidade*, *Cláusula de impenhorabilidade* e *Cláusula de incomunicabilidade*).

Bens comuns Bens de uso público destinados a uso da comunidade, não sendo passíveis de apropriação ou aquisição por particulares, como os monumentos, as praças, as ruas, os rios, os parques e os prédios destinados aos serviços públicos.

Bens consumíveis São consumíveis os bens móveis cujo uso importa destruição imediata da própria substância, sendo também considerados tais os destinados à alienação (art. 86, CC). São bens que se utilizam apenas uma vez e com essa utilização eles deixam de existir, pelo menos com a mesma natureza. Ou seja, o bem desaparece ou a sua natureza é totalmente alterada, como ocorre no caso do fermento que vai ser utilizado na fabricação de pão.

Bens divisíveis São os bens que se pode fracionar sem que haja alteração na sua substância, diminuição considerável de valor ou prejuízo do uso a que se destinam (art. 87, CC). "São os que se podem partir em porções reais e distintas, formando cada qual um todo perfeito", conforme o conceito extraído do art. 52, CC/1916, que ainda permanece atual. Os bens naturalmente divisíveis podem tornar-se indivisíveis por determinação da lei ou por vontade das partes (arts. 88 e 1.320, CC).

Bens fungíveis São fungíveis os bens móveis que podem ser substituídos por outros da mesma espécie, qualidade e quantidade (art. 85, CC), ou por outros equivalentes. Se um bem é substituível, é tido como fungível; se é insubstituível, é infungível. São bens fungíveis, entre outros, o botijão de gás, um galão de gasolina, uma saca de cimento de determinada marca, uma saca de trigo, um garrafão de vinho de determinada categoria e marca. A fungibilidade também diz respeito ao mútuo, que, de acordo com o art. 586, CC, é o empréstimo de coisas fungíveis. Pelo contrato de mútuo, o mutuário é obrigado a restituir ao mutuante o que dele recebeu em coisa do mesmo gênero, qualidade e quantidade.

Bens imóveis Diz-se do solo e tudo quanto a ele se pode incorporar artificialmente. Consideram-se imóveis para os efeitos legais: os direitos reais sobre imóveis e as ações que os asseguram e o direito à sucessão aberta.

Bens impenhoráveis Bens patrimoniais que não podem ser objeto de penhora por credores em virtude de disposição legal, testamentária ou por convenção, como aqueles instituídos legal ou convencionalmente como bens de família (arts. 1.711

e 1.715, CC; arts. 832 e 833, CPC; Lei n. 8.009/90). O bem de família é isento de execução por dívidas posteriores à sua instituição, salvo as que provierem de tributos relativos ao prédio ou de despesas de condomínio (art. 1.715, CC).

Bens inalienáveis Bens que não podem ser objeto de qualquer das diferentes modalidades de alienação, como compra e venda, permuta, doação, cessão e adjudicação. A inalienabilidade pode decorrer de lei ou da vontade, como ocorre com a cláusula de inalienabilidade. Os bens públicos de uso comum do povo e os de uso especial são inalienáveis, enquanto conservarem a sua qualificação, na forma que a lei determinar (art. 100, CC).

Bens indivisíveis Bens que não podem ser divididos sem que se altere sua substância e os que, embora naturalmente divisíveis, se consideram indivisíveis por lei ou vontade das partes (art. 88, CC). Por determinação da lei, as servidões prediais são indivisíveis e subsistem, no caso de divisão dos imóveis, em benefício de cada uma das porções do prédio dominante. Também continuam a gravar cada uma das porções do prédio serviente, salvo se, por natureza ou destino, só se aplicarem a certa parte de um ou de outro (art. 1.386, CC). Não pode um condômino em coisa indivisível vender a sua parte a estranhos, se outro condômino quiser adquiri-la pelo mesmo preço (art. 504, CC).

Bens infungíveis São bens móveis que, ao contrário dos bens fungíveis, não podem ser substituídos por outros da mesma espécie, qualidade e quantidade (art. 85, CC). Considerando esse fato, é possível incluir no rol de bens infungíveis: um quadro de pintor famoso; determinado animal reprodutor; um automóvel antigo conservado como relíquia; uma moeda antiga pertencente a um colecionador. Todavia, um bem fungível pode tornar-se infungível por convenção, como ocorreria no caso de empréstimo de um exemplar de obra literária ou jurídica de valor inestimável, porquanto autografado especialmente pelo autor. Nesse caso, o mesmo exemplar da obra deve ser devolvido a quem o emprestou.

Bens móveis Bens suscetíveis de movimento próprio, ou de remoção por força alheia, sem alteração da sua substância ou da sua destinação econômico-social (art. 82, CC). Desse modo, são considerados móveis, por sua natureza, os animais (semoventes), os veículos automotores, em razão de possuírem movimento próprio, e as máquinas, os computadores, os telefones móveis, os *tablets*, os computadores, os móveis, os eletrodomésticos, os implementos agrícolas e outros objetos que podem ser transportados de um lugar para outro. Também se consideram móveis para os efeitos legais: as energias que tenham valor econômico; os direitos reais sobre objetos móveis e as ações correspondentes; os direitos pessoais de caráter patrimonial e respectivas ações (art. 83, CC).

Bens onerados Bens sobre os quais recai um ônus ou encargo impedindo a sua livre disposição por seu titular. Bens embaraçados ou gravados. Constituem ônus que restringem o direito de propriedade, a penhora, a hipoteca, a enfiteuse, a servidão, o usufruto, o uso, a habitação, o penhor e a anticrese.

Bens particulares Bens próprios ou privativos da pessoa física ou jurídica de direito privado. São bens que compõem o patrimônio do indivíduo ou de uma sociedade, contrapondo-se aos bens públicos, estes integrados ao patrimônio das pessoas de direito público.

Bens públicos São públicos os bens de domínio nacional pertencentes a pessoas jurídicas de direito público interno (art. 98, CC), ou seja, a União, os estados, o Distrito Federal e os territórios, os municípios, as autarquias – inclusive as associações públicas –, as demais entidades de caráter público criadas por lei (art. 41, CC). O CC considera especificamente bens públicos os de uso comum do povo (art. 99, CC).

Bens vacantes Expressão indicativa da herança deixada pelo *de cujus* que não possui herdeiros. Serão declarados vacantes os bens da herança jacente quando, após praticadas todas as exigências legais, não aparecerem herdeiros (arts. 1.819 e 1.820, CC) (*v. Herança vacante*).

Bicameral Sistema por meio do qual o Poder Legislativo é exercido por duas câmaras, como ocorre no Brasil, com a Câmara dos Deputados e o Senado Federal.

Bigamia Crime instantâneo contra a família que consiste em alguém, sendo casado, contrair novo casamento; estado da pessoa que se casa duas vezes sem que o primeiro matrimônio esteja desfeito legalmente (art. 235, CP).

Bilateral Relativo a dois lados ou, juridicamente, à participação de duas pessoas em determinado ato negocial. O mesmo que sinalagmático. Contrapõe-se à unilateral. Diz-se do contrato que origina direitos e obrigações recíprocas aos contratantes. Assim, o contrato de compra e venda é bilateral ou sinalagmático, porque comprador e vendedor são, reciprocamente, credores e devedores um do outro: o comprador é devedor do preço acordado e obriga-se a pagá-lo, com direito ao recebimento da coisa; o vendedor é devedor da entrega da coisa, obrigando-se a entregá-la, com direito ao recebimento do preço.

Bill of Rights Declaração de direitos de 1689 (*Bill of Rights of* 1689), elaborada pelo Parlamento inglês, que determinou, entre outras coisas, o direito à liberdade, à vida e à propriedade privada. Determinou, ainda, que o rei ficaria impedido de suspender a aplicação de leis, de aumentar impostos e de recrutar ou manter exércitos em época de paz sem a autorização do Parlamento, que teve assegurado o seu poder na Inglaterra. Essa declaração de direitos foi anexada em Ato do Parlamento em 16 de dezembro de 1689, passando depois a ser conhecida como *Bill of Rights*.

Biodiversidade Biodiversidade, ou diversidade biológica, compreende a totalidade de formas de vida possíveis de ser encontradas na Terra. A biodiversidade possui três grandes níveis: 1) diversidade genética – os indivíduos de uma mesma espécie não são geneticamente idênticos entre si; 2) diversidade orgânica – os cientistas agrupam os indivíduos que possuem uma história evolutiva comum em espécies. Possuir a mesma história evolutiva faz cada espécie possuir características únicas que não são compartilhadas com outros seres vivos; 3) diversidade ecológica – as populações de uma mesma espécie e de espécies diferentes interagem entre si formando comunidades; essas comunidades interagem com o ambiente formando ecossistemas, que interagem entre si formando paisagens, que, por sua vez, formam os biomas, como desertos, florestas e oceanos (fonte: http://marte.museu-goeldi.br/marcioayres/index.php; acessado em 18.10.2012).

Bioética "Conjunto de conceitos, argumentos e normas que valorizam e justificam eticamente os atos humanos que podem ter efeitos irreversíveis sobre os fenômenos vitais" (KOTTOW, M. H. *Introducción a la bioética*. Chile, Editorial Universitaria, 1995, p. 53). Em termos gerais, expressa um conjunto de pesquisas, discursos e práticas, normalmente multidisciplinares, destinados a esclarecer e resolver questões éticas suscitadas em razão dos avanços da medicina e da biologia. A bioética, portanto, guarda estreita relação com a ética e a responsabilidade decorrentes das práticas e das pesquisas desenvolvidas pelos cientistas em relação ao aborto, à eutanásia, aos transgênicos, à fertilização *in vitro*, à clonagem e aos testes com animais.

Bis in idem Expressão que indica "duas vezes sobre a mesma coisa". Em direito tributário ocorre quando uma pessoa jurídica de direito público tributa mais de uma vez o mesmo sujeito passivo sobre o mesmo fato gerador. No direito penal, a proibição do *bis in idem* significa que ninguém pode ser processado ou punido duas vezes pelo mesmo fato.

Bitributação Ocorre quando duas pessoas jurídicas de direito público tributam, por meio de duas normas, uma de cada ente, o mesmo sujeito passivo sobre o mesmo fato gerador. Quando isso ocorre, a presunção é de que uma das pessoas jurídicas de direito público esteja invadindo a competência tributária da outra.

Boa fama Opinião comum a respeito da idoneidade de uma pessoa em sua profissão ou na vida privada. Reputação ou idoneidade que possui uma pessoa. Os prejuízos ou danos causados à boa fama incluem-se nos danos morais, sendo passíveis de ressarcimento pelo causador.

Boa-fé Indica a conduta desprovida de dolo que motiva alguém à prática de um ato. Considerado princípio jurídico, é amplamente utilizado como fundamento para a manutenção de um ato viciado por alguma irregularidade. Para seu reconhecimento, cumpre examinar a intenção que moveu o agente a fazer ou deixar de fazer alguma coisa, o que somente se pode aferir após o exame das circunstâncias do caso concreto. O CC, no art. 422, consagra explicitamente o princípio da boa-fé objetiva ao dispor que "os contratantes são obrigados a guardar, assim na conclusão do contrato, como em sua execução, os princípios de probidade e boa-fé".

Boa-fé objetiva Sentimento de lealdade ou modelo de conduta ao qual tem o poder-dever de ajustar-se toda pessoa honesta, escorreita e leal. Considerada princípio jurídico consagrado explicitamente pelo CC, é amplamente utilizada como fundamento para a manutenção de um ato viciado por alguma irregularidade.

Boa-fé subjetiva Sentimento que se revela na pessoa que presume ser titular de um direito que, na verdade, só existe na aparência. Nessa condição, o indivíduo se mostra ignorante em relação à realidade dos fatos e de eventual lesão que possa ser causada a direito alheio, como ocorre no casamento putativo ou na posse de boa-fé.

Boletim de ocorrência Instrumento do qual a autoridade policial se utiliza para proceder ao registro de uma ocorrência policial, seja de ofício, seja a pedido da parte interessada. Emite-se o boletim de ocorrência (BO) para, entre outros casos, registrar um acidente de trânsito, uma tentativa de agressão, uma ameaça, um furto, o desaparecimento de uma pessoa etc.

Bons costumes Conjunto de regras e de práticas de vida que, em dado meio e em certo momento histórico, as pessoas honestas, corretas e de boa-fé adotam como maneira de ser. Em consideração a esse fato, um ato ou o exercício de um direito apresentam-se contrários aos bons costumes quando envolverem conotações de imoralidade ou de violação das normas elementares normalmente aceitas e impostas pela sociedade como um todo (arts. 13 e 1.638, CC).

Brevi manu Tradição da coisa que se opera quando aquele que possuía em nome alheio passa a possuir em nome próprio (*v. Tradição* brevi manu).

Brocardo Princípio ou axioma jurídico, expresso em latim, que corresponde a um conceito ou regra de abrangência geral ou universal. Máxima; axioma; adágio. *Lex posterior derogat priori* (a lei posterior revoga a anterior); *dormientibus non succurrit jus* (o direito não socorre os que dormem); *dura lex, sed lex* (a lei é dura, mas é a lei).

Burocracia Forma de estruturação e organização administrativa, caracterizada pelo excessivo formalismo e pela lenta tramitação de processos administrativos por diferentes hierarquias, resultando na exagerada demora na prestação do serviço público.

Busca e apreensão Medida judicial destinada a obter a apreensão de determinada coisa ou pessoa do poder de quem a detenha ilegalmente, a fim de que ela seja guardada ou depositada até que o juiz decida a quem deve ser entregue em definitivo. Como processo autônomo, a busca e apreensão encontra previsão no DL n. 911/69, que regula os contratos de alienação fiduciária.

Cadastro Nacional de Pessoas Desaparecidas Tem por objetivo implementar e dar suporte à Política Nacional de Busca de Pessoas Desaparecidas, visando ao desenvolvimento de sistema de informações, transferência de dados e comunicação em rede entre os diversos órgãos envolvidos, principalmente os de segurança pública, de modo a agilizar a divulgação dos desaparecimentos e a contribuir com as investigações, a busca e a localização de pessoas desaparecidas. As diretrizes da Política preveem, entre outras providências, informações relativas a cadáveres não identificados, integração com o Cadastro Nacional de Crianças Desaparecidas, acesso a dados de telefonia móvel e convênio com emissoras de rádio e TV para emissão de alertas urgentes (Lei n. 13.812/2019).

Cadeia Estabelecimento penal. Prisão. Local em que são confinadas preventivamente as pessoas indiciadas na prática de um delito ou no qual permanecem para cumprir pena os indivíduos definitivamente condenados pela Justiça (*v. Prisão*).

Cadeia dominial Histórico da propriedade imóvel obtido junto ao Cartório de Registro de Imóveis, que consiste em apontar a sequência cronológica em que se operaram os registros e a legitimidade de todas as transmissões de determinada propriedade imóvel, desde o primeiro até o último registro.

Caducar Juridicamente significa acabar, extinguir, perder o efeito de um direito ou de uma pretensão. A caducidade, em regra, origina-se do não exercício de um direito no prazo em que deveria (prescrição, decadência), seja por disposição de lei, seja por convenção entre as partes. "A prescrição faz caducar a ação; a decadência faz caducar o direito" (SILVA, De Plácido e. *Vocabulário jurídico*, p. 348).

Caducidade Perda de um direito pelo decurso de prazo legal exigido para que fosse exercido. Geralmente ocorre em razão da inércia ou da renúncia ao exercício do direito por seu titular. Manifesta-se por prescrição, decadência ou preclusão.

Calúnia Crime contra a honra que consiste em imputar falsamente a alguém fato definido como crime. A doação pode ser revogada por ingratidão do donatário quando este profere calúnia contra o doador (art. 557, III, CC; arts. 138, 144 e 145, CP; arts. 513 e 518, CPP).

Câmara Recinto no qual se reúnem os membros de uma determinada instituição ou corporação para debater e deliberar a respeito de temas pertinentes às suas finalidades. Expressão aplicável às Câmaras de Vereadores, Câmaras de Indústria e Comércio, Câmara do Livro, Câmara de Comércio Exterior e Câmara de Deputados, Câmara Cível, entre outras.

Câmara dos Deputados Câmara legislativa ou local onde se reúnem e atuam os deputados federais para discutir, elaborar e aprovar as leis de sua competência. Juntamente com o Senado Federal, compõe o Congresso Federal.

Câmara judiciária Denominação atribuída às seções ou grupos nos quais se dividem os desembargadores de um Tribunal de Justiça, com a finalidade de julgarem os recursos que lhes são submetidos. As câmaras, de acordo com a especialidade da matéria em julgamento, estabelecida no Regimento Interno de cada tribunal, podem ser cíveis ou criminais. Denomina-se Câmaras Reunidas a reunião de todas as Câmaras de uma mesma especialidade. Exemplos: Câmaras Cíveis Reunidas; Câmaras Criminais Reunidas. Cada câmara é composta de 3 a 4 desembargadores, dependendo do que dispõe o regimento interno, sendo presidida pelo desembargador mais antigo.

Cancelamento de protesto Ato de cancelar o protesto pelo devedor mediante pagamento do título e posterior entrega e requerimento ao oficial do cartório. Com o cancelamento, as certidões expedidas contra o devedor são inutilizadas (Lei n. 6.690/79).

Capacidade de fato Condição que permite o exercício de direitos pelo próprio titular. Atributo ou aptidão de personalidade moral que se confunde com o autodiscernimento ou a consciência dos próprios atos.

Capacidade jurídica Condição que possibilita a uma pessoa adquirir e exercer direitos, além de contrair obrigações (art. 5º, CC).

Capacidade plena Condição atribuída às pessoas aptas a exercer direitos, isto é, as que completam a maioridade civil, desde que não incorram em nenhuma outra modalidade de incapacidade (arts. 3º e 5º, CC).

Capacidade processual Condição que habilita a pessoa a ingressar em juízo, como autor ou réu, em defesa de seus interesses. Capacidade *ad processum* (art. 17, CPC).

Capacidade relativa Condição atribuída aos relativamente incapazes, habilitando-os à prática de certos atos ou à maneira de exercê-los. Consideram-se relativamente incapazes os maiores de 16 e menores de 18 anos; os ébrios habituais ou viciados em tóxicos; aqueles que, por causa transitória ou permanente, não puderem exprimir sua vontade; os pródigos (art. 4º, CC).

Capitalização de juros Incorporação periódica de juros devidos e já vencidos ao capital (principal) representativo da dívida para constituírem um novo valor. Cobrança de juros sobre juros. A capitalização de juros, também denominada *anatocismo*, é vedada por lei (*v. Anatocismo*).

Captação de causas Diz-se do ato, praticado por profissional liberal, entre eles o advogado, que, utilizando meios artificiosos, procura atrair causas ou clientes para a prestação de serviços. Angariar ou captar causas pelo advogado constitui infração disciplinar penalizada pelo EAOAB.

Caput Diz-se da cabeça ou da parte principal de um artigo de lei.

Carência de ação Situação que se caracteriza pelo não preenchimento de alguma das condições da ação, ou seja, ausência de legitimidade ou de interesse processual (art. 485, VI, CPC).

Carga de autos Ato de competência do escrivão do cartório judicial que consiste na entrega dos autos ao advogado da parte que o solicitar, mediante registro em livro próprio e assinatura do solicitante. Ao advogado é assegurado o direito de retirar os autos do cartório ou da secretaria, pelo prazo legal, sempre que neles lhe couber falar neles por determinação do juiz nos casos previstos em lei (art. 107, CPC).

Cargo de confiança Função de confiança. Designativo do cargo público exercido temporariamente e de forma exclusiva por servidores ocupantes de cargo efetivo por designação do administrador público. O cargo de confiança é exclusivo para as atribuições de direção, chefia e assessoramento. É também denominado função gratificada, em razão de originar um acréscimo nos vencimentos do ocupante do cargo.

Cargo em comissão Cargo comissionado. Função comissionada. Designativo do cargo público exercido temporariamente e de forma precária por pessoa não concursada e de confiança do administrador público. Como ocorre com as funções de confiança, o cargo em comissão é exclusivo para as funções de direção, chefia e assessoramento. As nomeações para cargo em comissão são de livre nomeação e exoneração, permitida, pois, a exoneração *ad nutum* (art. 37, II, CF). Em regra, qualquer pessoa, mesmo não servidor público efetivo, pode ser nomeada para ocupar um cargo em comissão.

Carta arbitral Documento expedido pelo cartório judicial, mediante despacho autorizativo do juiz, determinando que órgão jurisdicional nacional pratique ou determine o cumprimento, na área de sua competência territorial, de ato solicitado por árbitro. A carta arbitral atenderá, no que couber, aos requisitos da citação por mandado e será instituída com a convenção de arbitragem, a prova da nomeação do árbitro e a prova da aceitação da função pelo árbitro (arts. 67 e 260, IV, CPC).

Carta de adjudicação Documento expedido pelo cartório judicial, mediante despacho autorizativo do juiz, destinado a formalizar a transferência de um bem imóvel objeto de execução ao adjudicatário. A carta de adjudicação conterá a descrição do imóvel, com remissão à sua matrícula e aos registros, a cópia do auto de adjudicação e a prova de quitação do imposto de transmissão (art. 877, CPC).

Carta de arrematação Documento expedido pelo cartório judicial, mediante chancela do juiz, pelo qual um terceiro ou o próprio credor adquire o bem penhorado objeto de execução e de posterior leilão. A carta de arrematação conterá: a descrição do imóvel, com remissão à sua matrícula ou individuação e aos seus registros, a cópia do auto de arrematação e a prova de pagamento do imposto de transmissão, além da indicação da existência de eventual ônus real ou gravamen (art. 901, § 2º, CPC).

Carta de ordem Documento redigido pelo escrivão e assinado pelo presidente do tribunal endereçado a juiz de instância inferior para que este pratique determinado ato ou diligência de origem. São requisitos essenciais da carta de ordem: a indicação dos juízes de origem e de cumprimento do ato; o inteiro teor da petição, do despacho judicial e do instrumento do mandato conferido ao advogado; a menção do ato processual que lhe constitui o objeto; e o encerramento com a assinatura do juiz (arts. 236, 237 e 260, CPC).

Carta Magna Expressão sinônima de Constituição tanto no nível federal como no estadual. Origina-se da expressão Magna Carta, que em latim significa "Grande Carta". Seu nome completo é "Grande carta das liberdades ou concórdia entre o rei João e os barões para a outorga das liberdades da Igreja e do Reino inglês". Foi assinada pelo rei João Sem-Terra, da Inglaterra, em 15 de junho de 1215, sendo considerada o primeiro documento a colocar por escrito alguns direitos do povo inglês. Entre outros direitos, a Magna Carta estabeleceu que o rei devia seguir a lei e não podia mais reinar por sua própria conta e vontade. É considerada uma espécie de constituição, por ter sido um dos primeiros documentos a conceder direitos aos cidadãos.

Carta precatória Documento redigido pelo escrivão e assinado pelo juiz a ser endereçado a juiz de outra comarca, requisitando a realização de um ato processual que interessa à solução do processo que corre no juízo de origem. São requisitos essenciais da carta precatória: a indicação dos juízes de origem e de cumprimento do ato; o inteiro teor da petição, do despacho judicial e do instrumento do mandato conferido ao advogado; a menção do ato processual que lhe constitui o objeto; e o encerramento com a assinatura do juiz (arts. 236, 237 e 260, CPC).

Carta rogatória Pedido da autoridade judiciária brasileira à autoridade de outro país para que sejam cumpridas determinadas providências processuais fora de sua jurisdição (art. 368, CPP). São requisitos essenciais da carta rogatória: a indicação dos juízes de origem e de cumprimento do ato; o inteiro teor da petição, do despacho judicial e do instrumento do mandato conferido ao advogado; a menção do ato processual que lhe constitui o objeto; e o encerramento com a assinatura do juiz (arts. 236, 237 e 260, CPC).

Carta testemunhável Modalidade de recurso criminal requerida ao escrivão ou secretário do tribunal nas 48 horas posteriores ao despacho que denegar o recurso, com a indicação das peças do processo penal a serem trasladadas, contra decisão que denegar recurso ou decisão que, embora o admita, obstar à sua expedição e ao seguimento para o juízo *ad quem* (arts. 639 a 646, CPP).

Cartel Expressão de origem francesa que indica o acordo explícito ou implícito entre empresas concorrentes para, especialmente, fixação de preços ou quotas de produção, divisão de clientes e de mercados de atuação. O objetivo do cartel é, mediante ação coordenada entre concorrentes, eliminar a concorrência e aumentar os preços, com o consequente prejuízo aos consumidores. Cartel, além de ser um ilícito administrativo, é crime punível com pena de 2 a 5 anos de reclusão ou multa, nos termos da Lei n. 8.137/90. No âmbito administrativo, a empresa condenada pelo Cade por prática de cartel poderá pagar multa de 1 a 30% de seu faturamento bruto no ano anterior ao início do processo administrativo que apurou a prática. Por sua vez, os administradores da empresa direta ou indiretamente envolvidos com o ilícito podem ser condenados a pagar uma multa entre 10 a 50% daquela aplicada à empresa. Outras penas acessórias podem ser impostas, por exemplo, a proibição de contratar com instituições financeiras oficiais e de parcelar débitos fiscais, bem como de participar de licitações promovidas pela administração pública federal, estadual e municipal por prazo não inferior a cinco anos.

Cártula Expressão latina indicativa de "pequeno papel" e utilizada em Direito como expressão sinônima de título de crédito.

Casamento anulável Aquele que é contraído por determinadas pessoas ou em determinadas situações, como falta de idade mínima para casar; falta de autorização do representante legal; vício da vontade, nos termos dos arts. 1.556 a 1.558 do CC; incapacidade de consentir ou de manifestar, de modo inequívoco, o consentimento; o que é realizado pelo mandatário sem que este ou o outro contraente soubessem da revogação do mandato, não sobrevindo coabitação entre os cônjuges; incompetência da autoridade celebrante (art. 1.550, CC); erro essencial quanto à pessoa de um dos cônjuges (art. 1.556, CC). Embora anulável ou mesmo nulo, se contraído de boa-fé por ambos os cônjuges, o casamento, em relação a estes e aos filhos, produz todos os efeitos até o dia da sentença anulatória (art. 1.561, CC).

Casamento civil Ato formal e solene que une homem e mulher, estabelecendo comunhão plena de vida, com base na igualdade de direitos e deveres. O casamento se realiza no momento em que o homem e a mulher manifestam, perante o juiz, sua vontade de estabelecer vínculo conjugal, e o juiz os declara casados (arts. 1.511 e 1.514, CC). Em que pese o fato de o CC referir-se expressamente ao casamento de homem e mulher, o STJ, por maioria, reconheceu a possibilidade de habilitação de pessoas do mesmo sexo para o casamento civil (STJ, REsp n. 1.183.378, em 25.10.2011).

Casamento inexistente Casamento contraído entre pessoas do mesmo sexo, realizado sem o consentimento de um ou de ambos os cônjuges ou celebrado por autoridade incompetente em razão da matéria. A primeira hipótese restou parcialmente prejudicada em razão de o STJ ter proferido entendimento segundo o qual é possível o casamento civil de pessoas de mesmo sexo.

Casamento nulo Aquele que é contraído por pessoas que não observarem qualquer um dos impedimentos arrolados pelo art. 1.521 do Código Civil (arts. 1.548 e 1.550, CC). Embora anulável ou mesmo nulo, se contraído de boa-fé por ambos os cônjuges, o casamento, em relação a estes e aos filhos, produz todos os efeitos até o dia da sentença anulatória (art. 1.561, CC) (*v. Impedimentos matrimoniais*).

Casamento putativo Casamento nulo ou anulável contraído de boa-fé por um ou por ambos os cônjuges (art. 1.561, CC). Dá-se, por exemplo, quando um dos cônjuges desconhece que o outro já era casado. Trata-se, nesse caso, de boa-fé subjetiva, que se revela no cônjuge que presume ser titular de um direito que, na verdade, só existe na aparência. A tese putativa não se aplica à união estável, conforme jurisprudência do Superior Tribunal de Justiça.

Casamento religioso O mesmo que casamento eclesiástico. O que é celebrado por ministro ou autoridade religiosa. O casamento religioso, à semelhança do casamento civil, exige a instrução de processo de habilitação matrimonial destinado a comprovar que nada se opõe ao matrimônio e que existe o consentimento dos nubentes. A celebração do casamento obedece a exigências específicas de cada religião. O casamento religioso, quando atender às exigências da lei para a validade do casamento civil, equipara-se a este (art. 1.515, CC).

Caso de força maior Indica o fato necessário cujo resultado não pode ser evitado pela vontade do homem. Em que pese o CC não estabelecer diferença entre o caso fortuito e o de força maior, é de consenso que a força maior guarda relação com os fenômenos da natureza, tais como tempestade, terremoto, vendaval, inundação, incêndio e raio, ao passo que o caso fortuito representa o fato estranho à vontade das partes, embora decorrente de ato ou de omissão praticado pela vontade humana de terceiro, como a guerra, a greve, os protestos populares. O devedor não responde pelos prejuízos resultantes de caso de força maior se expressamente não se houver por eles responsabilizado (art. 393, CC) (*v. Caso fortuito*).

Caso fortuito Fato ou acontecimento imprevisto que se constitui em impeditivo para a realização de um ato capaz de gerar efeitos jurídicos. Verifica-se no fato necessário cujos efeitos não poderiam ser evitados ou impedidos. O caso fortuito representa o fato estranho à vontade das partes, embora decorrente de ato de ação ou de omissão praticado pela vontade humana de terceiro, como a guerra, a greve, os protestos populares.O devedor não responde pelos prejuízos resultantes de caso fortuito se expressamente não se houver por eles responsabilizado (art. 393, CC) (*v. Caso de força maior*).

Catedrático Designação do professor de notório saber que leciona em caráter efetivo ou como titular de uma cátedra ou cadeira em uma universidade.

Caução Do latim *cautio*; ato de se acautelar; precaução. Cautela que alguém tem ou toma como garantia de indenização de algum dano possível ou por eventual falta de cumprimento de alguma obrigação. Indica as várias formas de garantia usadas para a concretização de um ato, de maneira voluntária ou por determinação judicial ou legal. A caução pode ser real, quando prestada por hipoteca ou penhor, ou fidejussória, se a garantia dada for pessoal, mediante fiança de terceiro. A caução poderá ser prestada pelo interessado ou por terceiro. Quando a lei não determinar a espécie de caução, esta poderá ser prestada em dinheiro, papéis de crédito, títulos da União ou dos estados, pedras e metais preciosos, hipoteca, penhor e fiança. O juiz poderá determinar as medidas que considerar adequadas para efetivação da tutela provisória (art. 297, CPC).

Caução de dano infecto *Cautio damni infecti*. Caução que o proprietário de um prédio é obrigado a prestar para assegurar eventuais prejuízos ao prédio vizinho em razão de obras que pretende realizar (*v. Ação de dano infecto*).

Caução de rato Expressão que designa o fato de alguém que, no intuito de defender os interesses de determinada pessoa, pratica ato de reputada urgência em seu favor, assumindo a responsabilidade do seu ato e o compromisso de exibir a competente procuração no prazo legal ou que lhe for assinado. Trata-se de ato praticado por procurador *ad referendum* daquele que por ele foi beneficiado. Exemplo disso consta do art. 104 do CPC, que faculta ao advogado, em nome da parte, intentar ação, a fim de evitar preclusão, decadência ou prescrição para praticar ato considerado urgente.

Caução fidejussória Diz-se da garantia pessoal prestada por terceiro, que assume a dívida do devedor perante o credor. É representada pela fiança, utilizada para garantir o cumprimento de contratos, sobretudo o de locação (*v. Fiança*).

Caução locatícia Modalidade de garantia do contrato de locação que o locador pode exigir do locatário, entre outras. A caução poderá ser em bens móveis ou imóveis. Quando representada por bens móveis, deverá ser registrada em cartório de títulos e documentos; quando por bens imóveis, deverá ser averbada à margem da respectiva matrícula. A caução em dinheiro, que não poderá exceder o equivalente a três meses de aluguel, será depositada em caderneta de poupança, autorizada pelo poder público e por ele regulamentada, revertendo em benefício do locatário todas as vantagens dela decorrentes por ocasião do levantamento da soma respectiva (art. 37, Lei n. 8.245/91).

Caução na ação de despejo Caução (real ou fidejussória) não inferior a seis meses nem superior a doze meses do aluguel, atualizado até a data da prestação da caução (art. 64, Lei n. 8.245/91), que é efetivada nos autos da execução provisória de despejo, desde que não fundada no art. 9º, Lei n. 8.245/91. Ocorrendo a reforma da sentença ou da decisão que concedeu liminarmente o despejo, o valor da caução reverterá em favor do réu, como indenização mínima de perdas e danos, podendo este reclamar, em ação própria, a diferença pelo que a exceder.

Caução real Garantia prestada pelo devedor ao credor representada, entre outras, por hipoteca, penhor e anticrese.

Causa Meio ou instrumento processual que a lei assegura à parte para que ela possa requerer, em juízo, o reconhecimento do direito que alega ter; meio processual pelo qual se pode reclamar à Justiça reconhecimento, declaração, atribuição ou efetivação de um direito. Processo; lide; demanda (art. 17, CPC).

Causa de menor complexidade São as causas de competência dos juizados especiais cíveis comuns e federais. Nos juizados da Justiça Comum, são as causas assim consideradas: as causas cujo valor não exceda a quarenta vezes o salário mínimo; a ação de despejo para uso próprio; as ações possessórias sobre bens imóveis de valor não excedente a quarenta vezes o salário mínimo (art. 3º, Lei n. 9.099/95).

Causa de pedir Requisito indispensável à propositura de uma ação, constituído pelos fatos e fundamentos jurídicos do pedido a serem formulados pelo autor na petição inicial. Diz respeito à indicação do que pretende o autor e à justificativa da sua pretensão.

Causalidade adequada (*v. Teoria da causalidade adequada*).

Causa madura Causa que, por tratar de matéria exclusivamente de Direito e não necessitar de produção de provas em audiência, permite ao juiz o julgamento imediato e antecipado da lide (art. 355, CPC).

Causa mortis Por causa da morte. Um dos efeitos *causa mortis* é o pagamento do imposto de transmissão decorrente da transferência de bens deixados pelo *de cujus* aos herdeiros na sucessão hereditária. Também se opera o seu efeito nos atos de disposição de última vontade, como no testamento (*v. Transmissão* causa mortis).

Causa petendi Causa de pedir. Fundamento da pretensão encaminhada a juízo. A lei processual considera inepta a petição inicial quando lhe faltar pedido ou causa de pedir (art. 330, § 1º, CPC).

Causa própria Diz-se dos atos de advocacia exercidos pelo advogado, em nome próprio, nas causas em que figure como autor ou réu. A lei faculta ao advogado postular em causa própria quando tiver habilitação legal (art. 103, CPC).

Causídico Advogado ou procurador que tem sob sua responsabilidade a propositura, a defesa ou o acompanhamento de uma causa.

Cédula de crédito imobiliário Título executivo extrajudicial, representativo de créditos imobiliários, emitido pelo credor do crédito imobiliário com ou sem garantia, real ou fidejussória, sob a forma escritural ou cartular. A CCI poderá ser integral, quando representar a totalidade do crédito; ou fracionária, quando representar parte dele, não podendo a soma das CCIs fracionárias emitidas em relação a cada crédito exceder o valor total do crédito que elas representam. A CCI deverá conter: a denominação *Cédula de Crédito Imobiliário*, quando emitida cartularmente; o nome, a qualificação e o endereço do credor e do devedor e, no caso de emissão escritural, também o do custodiante; a identificação do imóvel objeto do crédito imobiliário, com a indicação da respectiva matrícula no Registro de Imóveis competente e do registro da constituição da garantia, se for o caso; a modalidade da garantia, se for o caso; o número e a série da cédula; o valor do crédito que representa; a condição de integral ou fracionária e, nessa última hipótese, também a indicação da fração que representa; o prazo, a data de vencimento, o valor da prestação total, nela incluídas as parcelas de amortização e juros, as taxas, seguros e demais encargos contratuais de responsabilidade do devedor, a forma de reajuste e o valor das multas previstas contratualmente, com a indicação do local de pagamento; o local e a data da emissão; a assinatura do credor, quando emitida cartularmente; a autenticação pelo oficial do Registro de Imóveis competente, no caso de contar com garantia real; cláusula à ordem, se endossável (arts. 18 e 19, Lei n. 10.931/2004).

Cédula de crédito rural Promessa de pagamento em dinheiro, com ou sem garantia real cedularmente constituída, sob as seguintes denominações e modalidades: Cédula Rural Pignoratícia; Cédula Rural Hipotecária; Cédula Rural Pignoratícia e Hipotecária; Nota de Crédito Rural. A cédula de crédito rural é título civil, líquido e certo, exigível pela soma dela constante ou do endosso, além dos juros, da comissão de fiscalização, se houver, e demais despesas que o credor fizer para segurança, regularidade e realização de seu direito creditório (arts. 9º e 10, Decreto-lei n. 167/67).

Cédula rural hipotecária Modalidade de cédula de crédito rural representativa de promessa de pagamento em dinheiro garantida por hipoteca constituída sobre imóvel do devedor. Para validade deverá conter os seguintes requisitos: denominação "Cédula Rural Hipotecária"; data e condições de pagamento; nome do credor e a cláusula à ordem; valor do crédito deferido, lançado em algarismos e por extenso, com indicação da finalidade ruralista a que se destina o financiamento concedido e a forma de sua utilização; descrição do imóvel hipotecado com indicação do nome, se houver, dimensões, confrontações, benfeitorias, título e data de aquisição e anotações (número, livro e folha) do registro imobiliário; taxa dos juros a pagar e a da comissão de fiscalização, se houver, e tempo de seu pagamento; praça do pagamento; data e lugar da emissão; assinatura do próprio punho do emitente ou de representante com poderes especiais (art. 20, Decreto-lei n. 167/67).

Cédula rural pignoratícia Modalidade de cédula de crédito rural representativa de promessa de pagamento em dinheiro garantida por bens dados em penhor pelo devedor. Para que tenha validade, deverá conter os seguintes requisitos: denominação *Cédula Rural Pignoratícia*; data e condições de pagamento; havendo prestações periódicas ou prorrogações de vencimento, acrescentar: "nos termos da cláusula Forma de Pagamento abaixo" ou "nos termos da cláusula Ajuste de Prorrogação abaixo"; nome do credor e a cláusula à ordem; valor do crédito deferido, lançado em algarismos e por extenso, com indicação da finalidade ruralista a que se destina o financiamento concedido e a forma de sua utilização; descrição dos bens vinculados em penhor, que se indicarão por espécie, qualidade, quantidade, marca ou período de produção, se for o caso, além do local ou depósito em que os mesmos bens se encontrarem; taxa dos juros a pagar, e da comissão de fiscalização, se houver, e o tempo de seu pagamento; praça do pagamento; data e lugar da emissão; assinatura do próprio punho do emitente ou de representante com poderes especiais (art. 14, Decreto-lei n. 167/67).

Celetista Empregado cujas condições de trabalho são regidas pela CLT. O regime de trabalho celetista diferencia-se do regime estatutário, de exclusividade dos servidores públicos.

Cerceamento de defesa Negativa ou obstáculo oposto, de forma ilegal, ao defensor, que dificulta ou interfere na qualidade ou eficiência da defesa dos interesses do seu cliente. Segundo emana da CF, aos litigantes, em processo judicial ou administrativo, e aos acusados em geral são assegurados o contraditório e a ampla defesa, com os meios e recursos a ela inerentes (art. 5º, LV).

Certidão Documento fornecido a pedido da parte interessada, por notário, oficial de registros públicos, escrivão ou serventuário da Justiça, no qual se declaram ou se confirmam a prática de um ato ou a existência de conteúdo em livro, processo ou documento. Farão a mesma prova que os originais as certidões textuais de qualquer peça judicial, do protocolo das audiências ou de qualquer outro livro a cargo do escrivão, sendo extraídas por ele, ou sob sua vigilância, e por ele subscritas, assim como os traslados de autos, quando por outro escrivão consertados (art. 216, CC). Terão a mesma força probante os traslados e as certidões, extraídos por tabelião ou oficial de registro, de instrumentos ou documentos lançados em suas notas (art. 217, CC). É assegurada a todos, independentemente do pagamento de taxas, a obtenção de certidões em repartições públicas, para a defesa de direitos e o esclarecimento de situações de interesse pessoal (art. 5º, XXXIV, *b*, CF).

Certificação digital Processo eletrônico utilizado para garantir o sigilo de documentos e a privacidade na comunicação de pessoas e instituições públicas e privadas. A certificação digital impede a adulteração dos documentos nos meios eletrônicos, entre eles a internet, e assegura-lhes curso legal. É considerada o equivalente eletrônico das carteiras de identidade, dos passaportes e cartões de associados, que identificam de maneira segura tanto pessoas físicas como jurídicas.

Certificado Documento ou instrumento escrito, em regra de caráter público, pelo qual se afirma a existência de um fato que é de conhecimento daquele que o subscreve. Embora a certidão também seja utilizada para certificar, o certificado dela difere por não se constituir cópia de um ato escrito já existente, como ocorre com a certidão. Entre outros casos, o certificado é utilizado para comprovar a conclusão de um curso, a prestação do serviço militar e a regularidade perante um órgão público.

Certificado digital Processo digital decorrente da certificação, que utiliza um algoritmo criptográfico, denominado chave, para transformar, validar, autenticar, cifrar e decifrar dados. Combina uma chave pública e outra privada. Quando há coincidência entre as duas chaves, pode-se confirmar que a informação enviada é íntegra e que a identidade de quem a transmitiu é autêntica. O certificado digital, na prática, equivale a uma carteira de identidade virtual. Ele contém, como outros documentos, dados de seu titular, tais como nome, identidade civil e e-mail, além do nome e do e-mail da autoridade certificadora que o emitiu. É por meio dele que as assinaturas digitais são certificadas.

Cessão Expressão designativa do ato pelo qual uma pessoa – o cedente – transfere a outra – o cessionário – bens ou direitos a ela pertencentes, sub-rogando-se o cessionário em todos os direitos do cedente. A cessão ou transferência pode ser gratuita, como ocorre com a doação, ou onerosa, como na cessão de crédito. Outros exemplos de cessão são: cessão de contrato; cessão de direitos autorais; cessão de direitos hereditários; cessão de uso.

Cessão de crédito Cedência ou transferência do seu crédito, que faz o credor a terceiro. "A cessão de crédito é o negócio jurídico, em geral de caráter oneroso, através do qual o sujeito ativo de uma obrigação a transfere a terceiro, estranho ao negócio original, independentemente da anuência do devedor. O alienante toma o nome de cedente, o adquirente o de cessionário, e o devedor, sujeito passivo da obrigação, o de cedido" (RODRIGUES, Silvio. *Direito civil*. 27.ed. São Paulo, Saraiva, 1999, p. 291). Ao credor é lícito ceder o seu crédito se a isso não se opuser a natureza da obrigação, a lei ou convenção (arts. 286 e segs., CC).

Cessão de direitos Contrato a título gratuito ou oneroso pelo qual a pessoa titular de direitos (cedente) os transfere a outra (cessionária). A cessionária torna-se sub-rogada em todos os direitos da cedente. A cessão de direitos configura sub-rogação convencional, que ocorre quando o credor recebe o pagamento de terceiro e expressamente lhe transfere todos os direitos, ações, privilégios e garantias do primitivo, em relação à dívida, contra o devedor principal e os fiadores (arts. 347 e 349, CC). Podem ser objeto de cessão direitos como o de posse, de crédito e os hereditários.

Cessão de direitos autorais Cessão de direitos sobre obra literária, técnica, artística ou científica que ao autor se permite fazer à própria editora ou a terceiro. Os direitos de autor poderão ser total ou parcialmente transferidos a terceiros, por ele ou por seus sucessores, a título universal ou singular, pessoalmente ou por meio de representantes com poderes especiais, por meio de licenciamento, concessão, cessão ou por outros meios admitidos em Direito. A cessão, que presume-se onerosa, se fará sempre por escrito (arts. 49 e 50, Lei n. 9.610/98).

Cessão de direitos hereditários Cessão por escritura pública que se permite ao herdeiro fazer do quinhão que lhe cabe na herança, após a abertura da sucessão (art. 1.793, CC). "Cessão de herança é a alienação gratuita ou onerosa da herança a terceiro, estranho ou não ao inventário. A cessão pode ser total ou parcial, quando envolver todo o quinhão do cedente ou parte dele" (FIÚZA, César. *Direito civil*: curso completo de acordo com o Código Civil de 2002. Belo Horizonte, Del Rey, 2003, p. 856). Permite-se a cessão apenas da cota, e não de qualquer bem da herança considerado individualmente, salvo acordo expresso entre todos os herdeiros. A cota não poderá ser cedida a terceiro antes de ser dada preferência a coerdeiro (art. 1.794, CC). A cessão somente pode ser feita por escritura pública e após a abertura da sucessão, ou seja, após a morte do autor da herança, posto que a herança de pessoa viva não pode ser objeto de contrato.

Chamamento ao processo Medida processual facultada ao fiador e ao devedor solidário para chamar a juízo a fim de integrarem o processo o devedor, os demais fiadores ou os demais devedores solidários, para que também respondam pelo débito comum (art. 130, CPC).

Cheque Título de crédito que representa uma ordem de pagamento de quantia certa à vista feito pelo emitente em favor do beneficiário e contra o sacado (banco). O cheque pode ser nominal, nominal não à ordem e ao portador (Lei n. 7.357/85 – Lei do Cheque).

Cheque administrativo É o cheque emitido pelo próprio banco, por solicitação do cliente, em nome da pessoa que o cliente pretende beneficiar com o pagamento. Esse cheque pode ser comprado pelo interessado em qualquer agência bancária.

Cheque ao portador Cheque que não contém expressamente o nome do beneficiário, sendo pago a quem o apresentar (art. 17, Lei n. 7.357/85).

Cheque cruzado Aquele no qual são apostos dois traços paralelos, em sentido diagonal, na frente do documento, e que não pode ser sacado, somente depositado em estabelecimento bancário.

Cheque especial Modalidade de cheque decorrente de relação contratual pela qual o banco concede ao correntista uma linha especial de crédito destinada a cobrir valores que ultrapassem o valor existente na conta, mediante a cobrança de juros.

Cheque nominativo Cheque nominal. Aquele que deve ser pago a pessoa determinada, cujo nome consta do título (art. 8º, Lei n. 7.357/85).

Cheque pós-datado Cheque emitido com data futura, popularmente conhecido como "pré-datado". A data nele aposta fica sem efeito, visto que o cheque é uma ordem de pagamento à vista (art. 32, Lei n. 7.357/85). Assim, se for apresentado para pagamento antes da data prevista, o banco terá de pagá-lo ou devolvê-lo se não houver fundos.

Cheque visado Aquele que tem o visto do sacado, garantindo ter o emitente fundos suficientes para o pagamento do título (art. 7º, Lei n. 7.357/85).

CIPA Comissão Interna de Prevenção de Acidentes, de obrigatória constituição nos estabelecimentos ou locais de obra especificados em lei, que tem por finalidade incentivar a participação dos empregados na política de segurança do trabalho das empresas, de forma a prevenir e diminuir os riscos de acidente e doenças profissionais no ambiente laboral. A Cipa é composta de empregados eleitos por seus pares e de empregados indicados pelo empregador (Norma Regulamentadora n. 5, Portaria n. 3.214/78, do Ministério do Trabalho e Emprego). O empregado integrante da Cipa goza de estabilidade no emprego, desde o registro da candidatura até um ano após o final de seu mandato, conforme art. 10, II, *a*, ADCT.

Circular Correspondência interna emitida pela gerência ou chefia de departamento de empresa privada ou de órgão público, endereçada aos empregados ou funcionários, que tem o objetivo de transmitir normas, ordens, avisos, pedidos, visando a atualizar ou uniformizar procedimentos.

Circunscrição Divisão territorial definida por lei que delimita o espaço destinado à atuação de um órgão público ou de um órgão judiciário. "Nas eleições presidenciais, a circunscrição será o país; nas eleições federais e estaduais, o estado; e nas municipais, o respectivo município" (art. 86, Código Eleitoral). A Justiça Federal é dividida em circunscrições judiciárias, que são afetas aos respectivos tribunais regionais federais.

Circunstâncias agravantes Circunstâncias desabonatórias relativas à conduta do acusado que são utilizadas pelo juiz para agravamento ou aumento da pena. As circunstâncias agravantes, de aplicação obrigatória, estão previstas nos arts. 61 e 62 do CP. Em relação aos crimes ambientais, *vide* art. 15, Lei n. 9.605/98.

Circunstâncias atenuantes Aquilo que atenua ou que diminui a gravidade de uma falta ou de um crime. Circunstâncias abonatórias relativas à conduta do acusado, previstas no art. 65 do Código Penal, que contribuem para a redução da pena. As circunstâncias atenuantes são de aplicação obrigatória. Em relação aos crimes ambientais, *vide* art. 14, Lei n. 9.605/98.

Citação É o ato pelo qual são convocados o réu, o executado ou o interessado integrar a relação processual (art. 238, CPC). Ato processual pelo qual o escrivão judicial, por ordem da autoridade judiciária competente, dá conhecimento ao réu da existência de ação sobre a qual ele deve se manifestar.

Citação circunduta Diz-se da citação anulável por algum ato ou fato previsto em lei. A ausência ou deficiência da citação determina sua nulidade absoluta, não podendo, assim, ser convalidada.

Citação com hora certa Citação com hora marcada, mediante prévio aviso aos familiares ou vizinhos, feita por oficial de justiça, quando houver presunção de que o réu está se ocultando para não ser citado (arts. 252 e 253, *caput*, CPC).

Citação pessoal Forma de citação feita por Oficial de Justiça na qual o réu é citado pessoalmente ou na pessoa de seu representante legal (art. 246, CPC).

Citação por precatória Citação realizada por meio de carta precatória enviada pelo juízo da comarca do domicílio do autor para o juízo de outra comarca onde resida o réu (arts. 236 e 237, CPC).

Citação postal Forma de citação feita pelos Correios, por meio de carta registrada e aviso de recebimento (AR), remetida pelo escrivão ao réu, em que se anexa a petição inicial com o despacho do juiz (arts. 246 e 247, CPC).

Citra petita Expressão latina que tem por significado "aquém do pedido". O mesmo que *infra petita*. Diz-se da sentença de procedência que concedeu ao autor menos do que foi pedido.

Cível Termo usado para denominar, de forma genérica, a área do Direito em que predominam o direito civil ou o direito privado. Referente ao direito civil. Nesse sentido, diz-se juízo cível aquele que engloba as causas cíveis de toda natureza, de forma a distingui-lo de outros juízos, como o juízo criminal.

Civil Relativo ao ramo do direito civil ou direito privado, representado pelo CC e por outras leis extravagantes que dizem respeito às relações negociais entre particulares. Refere-se também ao cidadão e à Polícia Civil, para distingui-la da Polícia Militar.

Civilista Diz-se do especialista ou tratadista no ramo do direito civil. Doutrinador e estudioso da matéria cível.

Clandestino Designativo do ato jurídico praticado na clandestinidade, ou seja, às ocultas, com a intenção dolosa de descumprir a lei ou de fraudar um negócio jurídico ou prejudicar determinada pessoa.

Cláusula Cada uma das disposições de um contrato, tratado, testamento ou qualquer outro documento análogo, público ou privado.

Cláusula acessória A que complementa o contrato. Embora ela não seja da substância do contrato, faculta-se às partes inseri-la em seu contexto. É também denominada cláusula especial, como ocorre com a cláusula penal, a de preferência e a de retrovenda.

Cláusula *ad judicia* Cláusula constante de instrumento de mandato pela qual o mandatário concede ao advogado plenos poderes para o foro em geral (art. 105, CPC). A cláusula não inclui poderes como receber a citação inicial, confessar, reconhecer a procedência do pedido, transigir, desistir, renunciar ao direito sobre o qual se funda a ação, receber, dar quitação e firmar compromisso, os quais deverão constar expressamente da procuração para que o advogado constituído possa legalmente exercê-los.

Cláusula à ordem Cláusula existente em títulos de crédito, como a nota promissória, a duplicata, a letra de câmbio e o cheque, que possibilita que sejam endossados ou transferidos a terceiro (art. 17, Lei n. 7.357/85 – Lei do Cheque).

Cláusula compromissória Convenção por meio da qual as partes em um contrato se comprometem a submeter à arbitragem os litígios que possam surgir relativamente a tal contrato (art. 4º, Lei n. 9.307/96). A cláusula compromissória deve ser estipulada por escrito, podendo estar inserta no próprio contrato ou em documento apartado que a ele se refira. Nos contratos de adesão, a cláusula compromissória só terá eficácia se o aderente tomar a iniciativa de instituir a arbitragem ou concordar, expressamente, com sua instituição, desde que por escrito em documento anexo ou em negrito, com a assinatura ou visto especialmente para essa cláusula.

Cláusula com reserva de domínio Cláusula do contrato de compra e venda de coisa móvel pela qual o vendedor reserva para si a propriedade, até que o preço esteja integralmente pago (art. 521, CC) (*v. Reserva de domínio*).

Cláusula *constituti* Convenção expressa ou tácita pela qual se entende efetivada a tradição da coisa alienada, ainda que ela continue em poder do alienante ou de terceiro, a título de detenção. O mesmo que *constituto possessório*. É *expressa* quando resulta de cláusula contratual; é *tácita* quando inferida das cláusulas contratuais incompatíveis com a transferência material do imóvel para o comprador (*v. Constituto possessório*).

Cláusula de eleição Cláusula mediante a qual as partes modificam a competência em razão do valor e do território, elegendo foro onde serão propostas as ações oriundas de direitos e obrigações. A escolha ou eleição do foro deve constar de instrumento escrito e aludir expressamente a determinado negócio jurídico (art. 63, CPC).

Cláusula de impenhorabilidade Cláusula pela qual alguém, em contrato a título gratuito e por ato de vontade ou de disposição de última vontade, determina que a coisa alienada não pode ser penhorada pelos credores do beneficiado. A impenhorabilidade pode ser absoluta ou relativa, vitalícia ou temporária. A cláusula de impenhorabilidade está implícita na cláusula que determina a inalienabilidade de bens (art. 1.911, CC). Em relação ao testamento, não pode o testador estabelecer cláusula de impenhorabilidade sobre os bens da legítima, salvo se houver justa causa (art. 1.848, CC). Nada impede, pois, que se a estabeleça em relação aos bens disponíveis.

Cláusula de inalienabilidade Cláusula pela qual alguém, em contrato a título gratuito e por ato de vontade ou de disposição de última vontade, determina que a coisa alienada não pode ser transmitida a terceiro pelo adquirente. A cláusula de inalienabilidade, que pode ser temporária ou vitalícia, quando imposta aos bens por ato de liberalidade, implica impenhorabilidade e incomunicabilidade (art. 1.911, CC). Em relação ao testamento, não pode o testador estabelecer cláusula de inalienabilidade sobre os bens da legítima, salvo se houver justa causa (art.

1.848, CC). Tal regra não se aplica, pois, aos bens disponíveis, os quais podem ser clausulados.

Cláusula de incomunicabilidade Cláusula pela qual o doador ou testador condiciona que os bens doados ou da herança não se comuniquem ao beneficiário em razão do casamento. A cláusula justifica-se quando o doador tiver fundadas suspeitas de um casamento por interesses ou de que o beneficiário pretende se casar com pessoa inidônea. Nesse caso, o cônjuge favorecido permanece com a propriedade exclusiva da coisa, mesmo que o casamento se realize mediante a adoção do regime de comunhão universal de bens. A cláusula de incomunicabilidade está implícita na cláusula que determina a inalienabilidade de bens (art. 1.911, CC). Em relação ao testamento, não pode o testador estabelecer cláusula de incomunicabilidade sobre os bens da legítima, salvo se houver justa causa (art. 1.848, CC), não impedindo, pois, que se aplique aos bens disponíveis.

Cláusula de indivisão Cláusula decorrente de acordo entre condôminos, pela qual se estabelece que a coisa deverá permanecer indivisa por certo tempo. Idêntica cláusula também poderá ser imposta pelo doador ou pelo testador, em relação a um imóvel doado ou legado. Em qualquer dos casos, o prazo de indivisão não poderá exceder a cinco anos, salvo prorrogação por acordo das partes quando se origine de ato *inter vivos* (art. 1.320, CC).

Cláusula de retrovenda Cláusula pela qual o vendedor de coisa imóvel reserva-se o direito de recobrá-la no prazo máximo de decadência de três anos, restituindo o preço recebido e reembolsando as despesas do comprador, inclusive as que, durante o período de resgate, se efetuaram com sua autorização escrita ou para a realização de benfeitorias necessárias (art. 505, CC).

Clausulado Diz-se do bem ou do direito gravado ou atrelado a uma cláusula restritiva de inalienabilidade, impenhorabilidade ou incomunicabilidade.

Cláusula írrita Cláusula contratual sem efeito em razão de afrontar a lei ou o próprio contrato.

Cláusula leonina Cláusula contratual que atribui a um dos contratantes mais direitos ou vantagens do que ao outro. É leonina a cláusula que exclua qualquer sócio de participar dos lucros e das perdas (art. 1.008, CC).

Cláusula penal Cláusula acessória facultativa em que se estipula pena ou multa para o contratante que culposamente descumprir a obrigação principal ou incidir em mora (art. 408, CC). "A cláusula penal é um pacto acessório ao contrato ou a outro ato jurídico, efetuado na mesma declaração ou em declaração à parte, por meio do qual se estipula uma pena, em dinheiro ou outra utilidade, a ser cumprida pelo devedor ou por terceiro, cuja finalidade precípua é garantir, alternativa ou cumulativamente, conforme o caso, em benefício do credor ou de outrem, o fiel cumprimento da obrigação principal, bem assim, ordinariamente, constituir-se na pré-avaliação das perdas e danos e em punição do devedor inadimplente" (FRANÇA, Rubens Limongi. *Teoria e prática da cláusula penal*. São Paulo, Saraiva, 1988, p. 6).

Cláusula pétrea Norma constitucional que impede, de forma absoluta, revogação ou modificação de determinados artigos da CF. Determinação constitucional rígida e permanente, insuscetível de ser objeto de qualquer deliberação ou proposta de modificação, ainda que por emenda à Constituição. As principais cláusulas pétreas estão previstas no art. 60, § 4º, da CF: "Não será objeto de deliberação a proposta de emenda tendente a abolir: a forma federativa de Estado; o voto direto, secreto, universal e periódico; a separação dos Poderes; os direitos e garantias individuais". Discute-se, no meio jurídico, sobre a consideração de outros dispositivos constitucionais como cláusulas pétreas, especialmente os direitos sociais (art. 6º) e outros direitos individuais dispersos pelo texto constitucional.

Claúsula *rebus sic stantibus* Cláusula que, no direito privado, serve de fundamento para a resolução do contrato de execução continuada ou diferida caso a prestação de uma das partes se torne excessivamente onerosa, com extrema vantagem para a outra, em virtude de acontecimentos extraordinários e imprevisíveis (art. 478, CC) (*v. Teoria da imprevisão*).

Cláusula resolutiva Também conhecida como cláusula resolutória, é a condição constante de contrato que autoriza uma das partes a rescindir a convenção em razão do não cumprimento da obrigação pela outra parte. A parte prejudicada pelo inadimplemento do contrato pode requerer a resolução ou exigir-lhe o cumprimento, com indenização de perdas e danos (art. 475, CC). A cláusula resolutiva expressa opera de pleno direito; a tácita depende de interpelação judicial (art. 474, CC).

Cláusula testamentária Cláusula inserta em testamento pela qual o testador, em ato de última vontade, dispõe a respeito de seus bens. Havendo herdeiros necessários, o testador só poderá dispor da metade da herança (parte disponível) (art. 1.789, CC). As disposições que excederem a parte disponível reduzir-se-ão aos limites dela (art. 1.967, CC). Quando o testador só em parte dispuser da cota hereditária disponível, o remanescente pertencerá aos herdeiros legítimos (art. 1.966, CC). Quando a cláusula testamentária for suscetível de interpretações diferentes, prevalecerá a que melhor assegurar a observância da vontade do testador (art. 1.899, CC).

Coabitação Convivência legítima sob o mesmo teto; diz-se da vida em comum de casais, nela se inserindo o relacionamento sexual.

Coação Pressão ou ameaça exercida sobre alguém para que faça ou deixe de fazer algo. Vício de consentimento que macula a manifestação da vontade, podendo dar causa à invalidade ou até mesmo à nulidade do negócio jurídico (art. 171, II, CC). É legal quando exercida pelo próprio poder público ou com sua autorização; é ilegal quando vedada por lei. Há duas espécies de coação: a vis absoluta, que é a violência física exercida contra alguém para que pratique um ato contra sua vontade; e a vis compulsiva, considerada a violência moral, a ameaça que causa temor no coagido, impelindo-o à prática do ato contra sua vontade.

Coação irresistível Delito penal que consiste em constranger alguém, mediante violência ou grave ameaça, ou depois de lhe haver reduzido, por qualquer outro meio, a capacidade de resistência, a não fazer o que a lei permite, ou a fazer o que ela não manda (art. 146, CP).

Coaf (Conselho de Controle de Atividades Financeiras) Órgão administrativo brasileiro criado pela Lei n. 9.613/98, vinculado ao Ministério da Economia, com a finalidade de disciplinar, aplicar penas administrativas, receber, examinar e identificar ocorrências suspeitas de atividade ilícitas relacionada à lavagem de dinheiro e ao financiamento de terrorismo internacional. A Lei n. 13.974/2020 transferiu o Coaf para o Banco Central do Brasil.

Coautoria Também denominada codelinquência ou coparticipação, configura a participação de mais de um agente na prática do delito, cada qual chamado *coautor*. No meio literário, dá-se a coautoria quando vários autores contribuem para a elaboração de uma mesma obra.

Codicilo Escrito de última vontade, feito por instrumento particular, datado e assinado pela própria pessoa, pelo qual o testador pode dispor sobre seu enterro, sobre esmolas de pouca monta a certas e determinadas pessoas ou, indeterminadamente, aos pobres de certo lugar, assim como legar móveis, roupas ou joias, não muito valiosas, de seu uso pessoal (art. 1.881, CC).

Código Brasileiro de Aeronáutica (CBA) Conjunto sistematizado de normas instituído pela Lei n. 7.565/86 que, juntamente com Tratados, Convenções e Atos Internacionais de que o Brasil seja parte, regula o Direito aeronáutico.

Código Civil (CC) Conjunto ordenado e sistematizado de princípios e normas de Direito privado que regula as relações civis das pessoas físicas e jurídicas. O *Codex Maximilianeus Bavaricus Civilis* de 1756 foi o primeiro corpo de leis a usar a denominação *código civil*. No entanto, o primeiro código civil, considerado o que mais guarda semelhança com os códigos modernos, foi o Code Civil des Français (Código Civil dos Franceses) promulgado por Napoleão Bonaparte em 1804. O primeiro Código Civil Brasileiro – Lei n. 3.071, de 1º de janeiro de 1916 –, entrou em vigor em 1917, após quinze anos de discussão no Congresso brasileiro. Foi substituído pelo atual Código Civil, instituído pela Lei n. 10.406, de 10 de janeiro de 2002.

Código Comercial (CCom) Conjunto ordenado e sistematizado de normas de Direito privado que regula as relações comerciais. O atual Código Comercial Brasileiro foi instituído pela Lei n. 556, de 25 de junho de 1850.

Código de Defesa do Consumidor (CDC) Conjunto ordenado e sistematizado de normas de Direito público destinadas à proteção dos direitos do consumidor e a disciplinar relações e responsabilidades entre o fornecedor e o consumidor final. O CDC foi instituído pela Lei n. 8.078, de 11 de setembro de 1990.

Código de ética Conjunto de normas de cunho corporativo que estabelece as regras básicas de conduta a serem observadas pelos membros de uma determinada entidade no exercício da profissão. Inúmeras entidades profissionais possuem código de ética, tais como Código de Ética e Disciplina da OAB, Código de Ética Médica, Código de Ética Odontológica, Código de Ética de Enfermagem. As infrações ao código de ética costumam ser julgadas pelos Tribunais de Ética ou pelos Conselhos de Ética de cada entidade.

Código de Processo Civil (CPC) Conjunto ordenado e sistematizado de normas de Direito público que dispõe sobre procedimentos, forma e sequência nos quais os atos processuais devem ser praticados em Juízo para impulsionar o processo até a concretização da prestação jurisdicional. Conjunto de normas de Direito adjetivo ou formal que representa o direito processual e regula o processo judicial e a organização judiciária. O CPC/73 foi instituído pela Lei n. 5.869, de 11.01.1973. A Lei n. 13.105, de 16.03.2015, institui o novo CPC, que entrou em vigor após decorrido um ano da data de sua publicação oficial (*DOU* 17.03.2015).

Código de Processo Penal (CPP) Conjunto ordenado e sistematizado de normas de Direito público que dispõe sobre os procedimentos a serem adotados na condução e prática dos atos processuais necessários para impulsionar a ação ou processo penal até o julgamento final. O atual CPP foi instituído pelo DL n. 3.689, de 03.10.1941.

Código de Trânsito Brasileiro (CTB) Conjunto de normas instituído pela Lei n. 9.503/97, destinado a regular o trânsito de qualquer natureza nas vias terrestres do território nacional abertas à circulação, que é aplicável a qualquer veículo, bem como aos proprietários e condutores dos veículos nacionais ou estrangeiros e às pessoas nele expressamente mencionadas.

Código disciplinar Conjunto de normas expedido por uma determinada instituição destinado a especificar os atos cometidos por seus integrantes que constituem infrações disciplinares e as penas aplicáveis, bem como as regras a serem observadas no processo disciplinar. Em regra, possuem código disciplinar as entidades de classe, os conselhos profissionais e as corporações militares. São exemplos: Código Disciplinar da FIFA; Código Disciplinar da Polícia Militar; Código de Ética e Disciplina da OAB; Código Brasileiro Disciplinar de Futebol.

Código Florestal Conjunto de normas destinado à proteção da vegetação, das áreas de preservação permanente e áreas de reserva legal; exploração florestal, suprimento de matéria-prima florestal, controle da origem dos produtos florestais e controle e prevenção dos incêndios florestais e que prevê instrumentos econômicos e financeiros para o alcance de seus objetivos (art. 1º-A, Lei n. 12.651/2012). O Código Florestal brasileiro institui as regras gerais sobre onde e de que forma o território brasileiro pode ser explorado ao determinar as áreas de vegetação nativa que devem ser preservadas e quais regiões são legalmente autorizadas a receber os diferentes tipos de produção rural. O Código utiliza dois tipos de áreas de preservação: a reserva legal e a área de preservação permanente (APP). A reserva legal é a porcentagem de cada propriedade ou posse rural que deve ser preservada, variando de acordo com a região e o bioma. Segundo o Código, os tamanhos das reservas correspondem a 80% em áreas de florestas da Amazônia Legal, 35% no cerrado, 20% em campos gerais e 20% em todos os biomas das demais regiões do país. As APPs têm a função de preservar locais frágeis, como beiras de rios, topos de morros e encostas, que não podem ser desmatados para não causar erosões e deslizamentos, além de proteger nascentes, fauna, flora e biodiversidade, entre outros.

Código Penal (CP) Conjunto ordenado e sistematizado de normas de direito público que, objetivando especialmente a proteção do patrimônio, da vida, da honra e da integridade das pessoas, define as condutas criminosas e comina as respectivas sanções. O CP vigente foi instituído pelo DL n. 2.848/40.

Código Penal Militar (CPM) Conjunto de princípios e normas, instituído pelo DL n. 1.001, de 21.10.1969, que dispõe sobre os crimes militares e as penas aplicáveis aos que neles incorrerem. O estatuto penal militar alcança os integrantes das Forças Armadas, Polícias Militares e Corpos de Bombeiros Militares, que devem obedecer e respeitar as regras militares.

Código Tributário Nacional (CTN) Conjunto de princípios e normas de direito público que dispõe sobre a aplicabilidade dos tributos, sua extensão, alcance, limites e sobre direitos e deveres dos contribuintes, atuação dos agentes fiscalizadores e demais disposições (Lei n. 5.172/66).

Coerção Violência física, emprego da força. É legítima quando exercida pelo próprio Estado, como ocorre na condução coercitiva de testemunha à audiência ou empregada por particular na defesa da posse em caso de esbulho. É ilegítima quando não permitida por lei.

Cognição Ato ou processo de conhecer. Abrange a atenção, a percepção, a memória, o raciocínio, o juízo, a imaginação e o pensamento. No direito processual civil, "é prevalentemente um ato de inteligência, consistente em considerar, analisar e valorar as alegações e as provas produzidas pelas partes, vale dizer as questões de fato e as de direito que são deduzidas no processo e cujo resultado é o alicerce, o fundamento do *judicium* do julgamento do objeto litigioso do processo" (WATANABE, Kazuo. *Da cognição no processo civil*. São Paulo, Revista dos Tribunais, 1987, p. 41). A cognição pode ser plena ou limitada (parcial), segundo a extensão permitida.

Cognição exauriente Exauriente ou completa é a cognição que permite ao juiz emitir seu provimento baseado em um juízo de certeza decorrente de aprofundado exame das alegações e das provas, como ocorre no processo de conhecimento.

Cognição limitada Limitação relativa ao aspecto de abrangência da cognição, ou seja, quando algum dos elementos do trinômio pressupostos processuais-condições da ação-mérito não fizer parte da atividade cognitiva do juiz.

Cognição plena Cognição caracterizada quando todos os elementos do trinômio que constitui o objeto da cognição (pressupostos processuais, condições da ação e mérito) estiverem submetidos à atividade cognitiva do juiz, como se dá no processo de conhecimento, no qual a sentença examinará a questão da forma mais completa possível.

Cognição sumária Configura-se quando o provimento jurisdicional é concedido com base em um juízo de probabilidade, assim como ocorre ao se examinar um pedido de antecipação de tutela ou uma medida cautelar.

Coisa abandonada Coisa que o dono abandona com a intenção de renunciar a posse sobre ela, sujeitando-a à apropriação (art. 1.275, III, CC). Abandonada, a coisa se torna *res nullius*, coisa de ninguém, sendo suscetível de ocupação.

Coisa acessória Coisa que, para existir, depende da coisa principal (art. 92, CC). Aquela cuja existência supõe a da principal. São consideradas acessórias, entre outras, a cláusula penal e as que podem ser inseridas em contrato de compra e venda: retrovenda; venda a contento; preferência; reserva de domínio (arts. 505 a 528, CC).

Coisa consumível Bem móvel cujo uso importa a destruição imediata da própria substância (art. 86, CC) (*v. Bens consumíveis*).

Coisa divisível A que pode ser dividida em porções diversas, formando cada qual um todo perfeito (art. 87, CC) (*v. Bens divisíveis*).

Coisa fungível Coisa móvel que pode ser substituída por outra de mesma espécie, quantidade e qualidade (art. 85, CC) (*v. Bens fungíveis*).

Coisa julgada Relação jurídica já apreciada e decidida judicialmente. Sentença transitada em julgado da qual não cabe mais recurso (art. 502, CPC). *Res judicata*. De acordo com a CF, "a lei não prejudicará o direito adquirido, o ato jurídico perfeito e a coisa julgada" (art. 5º, XXXVI).

Coisa julgada formal Imutabilidade da sentença dentro no mesmo processo em razão do esgotamento de todos os meios de impugnação possíveis.

Coisa julgada material Autoridade que torna imutável e indiscutível a decisão de mérito não mais sujeita a recurso (art. 502, CPC). É a imutabilidade dos efeitos que se projetam fora do processo impedindo que nova demanda seja proposta sobre a mesma lide.

Colaboração premiada Diz-se da colaboração ou denúncia voluntária feita pelo indiciado em crime praticado em concurso, com a finalidade de colaborar com a investigação e o processo criminal e de obtenção de benefício penal. Nesse caso, o juiz poderá conceder o perdão judicial, reduzir em até 2/3 a pena privativa de liberdade ou substituí-la por restritiva de direitos. A colaboração consiste em: identificação dos demais coautores e partícipes da organização criminosa e das infrações penais por eles praticadas; revelação da estrutura hierárquica e da divisão de tarefas da organização criminosa; prevenção de infrações penais decorrentes das atividades da organização criminosa; recuperação total ou parcial do produto ou do proveito das infrações penais praticadas pela organização criminosa; localização de eventual vítima com sua integridade física preservada (Lei n. 12.850/2013) (*v. Delação premiada*).

Colação Devolução ao *monte-mor* (espólio) de bens ou valores recebidos pelos herdeiros do *de cujus*, antes de este falecer, com a finalidade de igualar as legítimas dos descendentes (art. 2.003, CC). Toda e qualquer doação feita pelos pais aos filhos importa adiantamento de legítima (art. 544, CC). Assim, quando os pais falecem, todas as doações eventualmente feitas por eles a filhos deverão ser restituídas ao inventário, com o fim de igualar a quota de cada herdeiro.

Colateral Grau de parentesco considerado na linha transversal, como os primos. São parentes em linha colateral ou transversal, até o quarto grau, as pessoas provenientes de um só tronco, sem descenderem uma da outra (art. 1.592, CC).

Colegiado Grupo de pessoas ou profissionais de uma determinada área de atividade que se reúnem periodicamente para deliberar a respeito de questões que lhes são pertinentes. Também conhecidos por órgãos colegiados, conselhos, comitês, juntas, câmaras, turmas, colégios, comissões, equipes, grupos de trabalho. As câmaras dos tribunais inferiores e as turmas dos tribunais superiores constituem colegiados integrados por desembargadores e ministros, respectivamente.

Colendo Forma de tratamento solene normalmente utilizada na redação de recursos dirigidos às câmaras ou turmas de um tribunal.

Colisão Choque de dois corpos; batida; trombada. Evento de trânsito decorrente do choque entre dois veículos automotores. Contraposição de opiniões, interesses ou pensamentos. Afronta direta à lei. Sempre que, no exercício do poder familiar, colidir o interesse dos pais com o do filho, a requerimento deste ou do Ministério Público, o juiz lhe dará curador especial (art. 1.692, CC).

Comandita Forma de sociedade da qual participam sócios comanditados, pessoas físicas responsáveis solidária e ilimitadamente pelas obrigações sociais, e sócios comanditários, obrigados somente pelo valor de sua cota (art. 1.045, CC).

Comarca Circunscrição territorial que abrange um ou mais municípios, onde o Poder Judiciário desenvolve suas funções. Território que delimita o âmbito de atuação dos magistrados.

Cominação Sanção ou penalidade civil imposta por conduta ilícita ou por inadimplemento de obrigação assumida. Pena pecuniária imposta a quem transgredir um preceito (art. 567, CPC). O valor da cominação imposta na cláusula penal não pode exceder o da obrigação principal (art. 412, CC) (*v. Cláusula penal*).

Comodato Empréstimo gratuito de coisa não fungível. Contrato pelo qual o proprietário de uma determinada coisa, móvel ou imóvel – o comodante –, empresta-a a determinada pessoa – o comodatário –, sem exigência de pagamento (art. 579, CC).

Comoriência Diz-se da morte simultânea de duas ou mais pessoas. Para efeito de sucessão, a comoriência é presumida sempre que não se possa determinar com exatidão a ordem em que as mortes ocorreram (art. 8º, CC).

Companheira(o) Pessoa livre que vive exclusivamente, como se casada fosse, com outra pessoa solteira, viúva, separada ou divorciada, sob o mesmo teto e, eventualmente, sob sua dependência econômica. A convivência pública, contínua, duradoura e estabelecida com o objetivo de constituição de família enseja o reconhecimento da união estável (art. 1.723, CC).

Competência Atribuição conferida por lei ou regulamento a uma pessoa para, no exercício da função ou profissão, desempenhar certos atos. Juridicamente, representa atribuições ou poderes concedidos por lei a um juiz para processar e julgar certos feitos ou questões. Resulta da divisão ou especialização das atividades judiciárias. A competência ou o juízo competente são determinados em razão da matéria (*ratione materiae*), compreendendo principalmente a área cível e a penal, e em razão do território (*ratione loci*).

Competência absoluta Competência atribuída ao juiz para atuar em determinado processo. Ela é determinada em razão da matéria e da hierarquia, sendo inderrogável por convenção das partes. Nesse caso, as partes não podem, mesmo de comum acordo, alterar ou modificar a competência que tiver sido determinada pela matéria do litígio ou pela hierarquia dos juízes. Essa alteração somente poderá ocorrer em se tratando da competência relativa (art. 64, § 1º, CPC). A incompetência absoluta poderá ser proposta como preliminar, no prazo da contestação.

Competência em razão da matéria Competência atribuída ao juiz para processar e julgar causas adstritas a uma vara especializada em determinada área do Direito. Competência *ratione materiae*. A competência em razão da matéria, da pessoa ou da função é inderrogável por convenção das partes (art. 62, CPC). As comarcas de maior porte são constituídas por varas cíveis e penais comuns e por varas especializadas por competência em razão da matéria, como a Vara de Família, a Vara da Infância e da Juventude, a Vara dos Registros Públicos, a Vara das Falências e Concordatas, os Juizados Especiais Cíveis e outros.

Competência em razão do território Competência atribuída ao juiz para processar e julgar causas em determinada extensão territorial, denominada foro ou comarca, para a qual se encontra designado com o fim de exercer as funções. O foro de competência pode ser determinado pelo domicílio do réu, em razão da situação da coisa, em razão da pessoa ou em razão dos fatos (arts. 54 e 62, CPC).

Competência em razão do valor Competência atribuída ao juiz ou juízo para processar e julgar causas limitadas a determinado valor, como ocorre nos processos de rito sumário do CPC e nos Juizados Especiais. Nos Juizados Especiais Cíveis da Justiça Comum, a competência dos juízes é limitada ao valor de quarenta salários mínimos; nos Juizados Especiais Cíveis da Justiça Federal, a sessenta salários mínimos.

Competência funcional Competência determinada pela função que o órgão jurisdicional deve exercer no processo. Diz respeito à distribuição das atividades jurisdicionais entre os diversos órgãos que podem atuar no processo. Chiovenda salienta que a competência funcional pode se verificar em duas hipóteses: "a. Quando as diversas funções necessárias num mesmo processo ou coordenadas à atuação da mesma vontade da lei são atribuídas a juízes diversos ou a órgãos jurisdicionais diversos (competência por graus; cognição e execução; medidas provisórias e definitivas e outras); b. Quando uma causa é confiada ao juiz de determinado território pelo fato de ser mais fácil ou mais eficaz a sua função (execução no lugar dos bens; processo de falência na sede do estabelecimento comercial principal, etc.)" (CHIOVENDA, Giuseppe. *Instituições de direito processual civil*, 2. ed. São Paulo: Bookseller, 2000, v. II).

Competência originária Atribuição conferida por lei ao órgão judiciário de instância superior para que julgue, de forma originária ou inicial, determinadas ações (*v. Ação originária*).

Competência privativa Poder que têm os entes políticos para instituir privativa ou exclusivamente os impostos expressamente definidos na Constituição Federal (arts. 153, 155 e 156, CF).

Competência relativa É a competência determinada em razão do território (*ratione loci*) ou do valor da causa (*ratione valori*). Nesses casos, a competência poderá ser alterada pela vontade das partes (foro de eleição), pela conexão ou pela continência de causas (art. 54, CPC). A incompetência, absoluta ou relativa, será alegada como questão preliminar de contestação (art. 64, CPC).

Competência residual Poder que tem a União de, mediante lei complementar, instituir novos impostos, diferentes de todos aqueles previstos na Constituição, com fato gerador e base de cálculo novos, respeitando o princípio da não cumulatividade (arts. 154, I, e 195, § 4º, CF).

Competência tributária É o poder concedido ao ente tributante para instituir e exigir o tributo, bem como regular seu valor, época e modalidade de pagamento e definir as atribuições dos órgãos lançadores, arrecadadores e fiscalizadores.

Compliance Com origem no verbo em inglês *to comply* ("cumprir"), trata-se de um conjunto de disciplinas que têm a função de garantir o cumprimento de normas legais e regulamentadoras para atividades institucionais e de empresas, permitindo a detecção e o tratamento de quaisquer desvios ou inconformidades nesses ambientes e proporcionando maior segurança.

Composse Caracteriza-se pela existência de um só imóvel, porém, com mais de um sujeito titular de direitos possessórios. Também conhecida pela sinonímia *condomínio* ou *copropriedade*, a composse é entendida como uma coisa pertencente a vários proprietários (art. 1.199, CC). Na composse, cada compossuidor é proprietário de apenas uma parte ideal de um todo. Ocorre composse: a) entre cônjuges casados sob o regime da comunhão universal de bens; b) entre herdeiros antes da partilha dos imóveis; c) entre diversas pessoas que, mesmo não vinculadas por parentesco, possuem um imóvel em conjunto.

Compromisso arbitral Convenção por meio da qual as partes submetem um litígio à arbitragem de uma ou mais pessoas, podendo ser judicial ou extrajudicial. O compromisso arbitral extrajudicial será celebrado por escrito particular, assinado por duas testemunhas, ou por instrumento público (art. 9º, Lei n. 9.307/96).

Compromisso de ajustamento de conduta Também conhecido como Termo de Ajustamento de Conduta (TAC), é o instrumento jurídico pelo qual o causador de um dano a criança, adolescente ou consumidor coletivamente considerados, assume o compromisso de adequar sua conduta às exigências legais, sob pena de sanções fixadas no próprio termo de ajustamento de conduta. É considerado título executivo extrajudicial de obrigação de fazer, não fazer ou indenizar. (*v. Termo de ajustamento de conduta*).

Comunhão parcial de bens Regime de bens imposto por lei aos cônjuges que não convencionarem outro regime. Por meio dele se estabelece que os bens adquiridos após o casamento passam a integrar a comunhão de bens (arts. 1.658 e 1.660, CC), com exceção dos bens enumerados no art. 1.659 (art. 1.658, CC).

Comunhão universal de bens Regime de bens resultante de pacto antenupcial entre os cônjuges no qual há comunicação de todos os bens presentes e futuros de cada cônjuge, assim como suas dívidas passivas, com as exceções do art. 1.668 do CC (art. 1.667, CC).

Comutação da pena Substituição da pena mais grave imposta ao réu por outra mais branda ou menos gravosa. É também considerada um indulto parcial (arts. 738 e 739, CPP, e Decreto n. 5.295/2004).

Concessão administrativa Outorga que faz o poder público a um particular ou a uma empresa privada do direito de executar, em seu nome e mediante certos encargos e obrigações, uma obra ou explorar serviço público ou de certos bens por tempo determinado. Exemplo: concessão de emissoras de rádio e televisão (art. 175, CF).

Concessão de uso especial para fins de moradia Concessão aplicada às áreas de propriedade da União, inclusive aos terrenos de marinha e acrescidos, que é conferida aos possuidores ou ocupantes que preencham os requisitos legais estabelecidos na MP n. 2.220, de 04.09.2001 (art. 22-A, Lei n. 9.636/98). Referido direito não se aplica a imóveis funcionais.

Conciliação Meio pelo qual as partes, mediante concessões mútuas, chegam a um acordo, pondo fim a uma demanda judicial. Diferencia-se da transação, que, embora também seja um acordo, é realizada mediante ato extrajudicial (petição específica), a ser homologado posteriormente pelo juiz da causa. O art. 334 contempla a obrigatoriedade da designação de audiência de conciliação ou de mediação no prazo de trinta dias. A autocomposição obtida na audiência será reduzida a termo e homologada por sentença. O Código de Ética e Disciplina da OAB, art. 2º, parágrafo único, VI, consigna como um dos deveres do advogado "estimular, a qualquer tempo, a conciliação e a mediação entre os litigantes, prevenindo, sempre que possível, a instauração de litígios".

Conciliação prévia Ajuste promovido por comissão de conciliação prévia instituída por empresas e sindicatos, de composição paritária, com representantes de empregados e empregadores, que tem a atribuição de tentar conciliar os conflitos individuais do trabalho e evitar que o empregado ingresse com uma ação trabalhista perante a Justiça do Trabalho (arts. 625-A e 625-B, CLT).

Conciliador Profissional, considerado auxiliar da Justiça, recrutado entre os bacharéis em Direito. Bacharel que tem por função a condução da audiência de conciliação e de mediação sob a supervisão do juiz leigo ou do juiz togado.

Concilium fraudis Conluio entre dois ou mais indivíduos com a finalidade de lesar ou fraudar outrem. Má-fé ou intuito malicioso de prejudicar alguém, como ocorre na fraude à execução.

Conclusos Expressão usada no meio forense para indicar que os autos (processo) estão prontos e em condições de ser remetidos ao juiz para que este profira decisão.

Concubinato União de homem e mulher não desimpedidos para a vida em comum. Relação adulterina entre um homem e uma mulher sendo um deles casado e não separado ou não divorciado de fato ou de direito (art. 1.727, CC).

Concurso Modalidade de licitação para escolha de trabalho técnico, científico ou artístico, cujo critério de julgamento será o de melhor técnica ou conteúdo artístico, e para concessão de prêmio ou remuneração ao vencedor (art. 6º, XXXIX, Lei n. 14.133/2021).

Concurso de agentes Participação de mais de uma pessoa na prática de um delito (art. 29, CP). De acordo com a doutrina, a configuração do concurso de agentes exige: a) pluralidade de agentes e condutas; b) relevância causal de cada conduta; c) liame subjetivo ou normativo entre as pessoas; d) identidade de infração penal.

Concurso de crimes Prática de mais de uma ação ou omissão delituosa por um único agente. Verifica-se o concurso material se o agente, mediante duas ou mais ações ou omissões, comete dois ou mais crimes idênticos ou não (art. 69, CP); dá-se o concurso formal quando o agente, mediante uma só ação ou omissão, comete dois ou mais crimes idênticos ou não (art. 70, CP).

Concurso formal de crimes Prática de dois ou mais crimes, idênticos ou não, mediante uma única ação ou omissão, por uma só pessoa (art. 70, CP).

Concurso material de crimes Prática de dois ou mais crimes, idênticos ou não, mediante mais de uma ação ou omissão, por uma só pessoa (art. 69, CP).

Concussão Crime contra a administração pública que consiste em exigir, para si ou para outrem, vantagem indevida fora de sua função ou antes de assumi-la (art. 316, CP).

Condição Cláusula que, derivando exclusivamente da vontade das partes, subordina o efeito do negócio jurídico a evento futuro e incerto (art. 121, CC). São lícitas, em geral, todas as condições não contrárias à lei, à ordem pública ou aos bons costumes; entre as condições defesas se incluem as que privarem de todo efeito o negócio jurídico ou o sujeitarem ao puro arbítrio de uma das partes (art. 122, CC).

Condição potestativa Aquela em que seu implemento depende da exclusiva e arbitrária vontade de uma das partes. "Segundo o magistério de Caio Mário, 'dizem-se [...] *potestativas*, quando a eventualidade decorre da vontade humana, que tem a faculdade de orientar-se em um ou outro sentido; a maior ou menor participação da vontade obriga distinguir a condição *simplesmente potestativa* daquela outra que se diz *potestativa pura*, que põe inteiramente ao arbítrio de uma das partes o próprio negócio jurídico'. [...] 'É preciso não confundir: a 'potestativa pura' anula o ato, porque o deixa ao arbítrio exclusivo de uma das partes. O mesmo não ocorre com a condição 'simplesmente potestativa''" (STJ, REsp n. 258.103/MG, rel. Min. Sálvio de Figueiredo Teixeira, j. 20.03.2003, *DJ* 07.04.2003). Em outras palavras: uma das partes se sujeita ao domínio da vontade da outra e se torna mero expectador, em permanente expectativa, enquanto a outra parte se reveste de irrestritos poderes para decidir como bem lhe aprouver (STJ, REsp n. 291.631/SP, 3ª T., rel. Min. Castro Filho, j. 04.10.2001, *DJ* 15.04.2002).

Condição resolutiva Condição que, quando inserida em cláusula contratual, extingue o contrato ou o direito a que ela se propõe. Se for resolutiva a condição, enquanto esta não se realizar, vigorará o negócio jurídico, podendo exercer-se desde a conclusão deste o direito por ele estabelecido (art. 127, CC). Sobrevindo a condição resolutiva, extingue-se, para todos os efeitos, o direito a que ela se opõe (art. 128, CC). A cláusula resolutiva expressa opera de pleno direito; a tácita depende de interpelação judicial (art. 474, CC).

Condição suspensiva A que suspende os efeitos do ato jurídico durante o período em que determinado evento não ocorre. Subordinando-se a eficácia do negócio jurídico à condição suspensiva, enquanto esta não se verificar, não se terá adquirido o direito a que ele visa (art. 125, CC). A venda feita a contento do comprador é tida como realizada sob condição suspensiva, ainda que a coisa lhe tenha sido entregue; e não se reputará perfeita enquanto o adquirente não manifestar seu agrado (art. 509, CC).

Condições da ação Condições ou requisitos processuais exigidos por lei para admissibilidade e processamento de uma ação cível. São condições da ação a legitimidade e o interesse processual (art. 485, VI, CPC). A inexistência de qualquer dessas condições acarreta a carência de ação, tendo como consequência a extinção do processo sem a resolução do mérito.

Condomínio Direito de propriedade exercido ao mesmo tempo por diversas pessoas sobre um mesmo objeto, incidindo referido direito em um quinhão ideal (art. 1.314, CC; Lei n. 4.591/64). O condomínio pode ser convencional, quando resultar de acordo de vontade; eventual, como ocorre na doação em comum a duas ou mais pessoas; obrigatório ou legal, quando derivar de imposição de lei, em razão do estado de indivisão da coisa. Em relação à forma, o condomínio é classificado em *pro diviso*, quando cada condômino possui uma parte certa e determinada, e *pro indiviso*, quando a posse dos condôminos é exercida sobre uma parte ideal.

Conexão Característica de duas ou mais ações que possuem o mesmo pedido ou a mesma causa de pedir (art. 155, CPC). Na contestação, é lícito ao réu propor reconvenção para manifestar pretensão própria, conexa com a ação principal ou com o fundamento da defesa (art. 343, CPC) (*v. Ações conexas*).

Confisco Transferência para o Estado de todos ou de parte dos bens de um particular em consequência de crime, contravenção ou prevaricação; apreensão, pela alfândega, de mercadorias introduzidas por descaminho ou contrabando; apreensão de bens de um funcionário prevaricador. A lei também prevê o confisco de todo e qualquer bem de valor econômico apreendido em decorrência do tráfico de entorpecentes e drogas afins (art. 243, parágrafo único, CF). É vedado à União, aos estados, ao Distrito Federal e aos municípios utilizar tributo com efeito de confisco (art. 150, IV, CF).

Confissão Meio de prova, judicial ou extrajudicial, pelo qual a parte admite a verdade de um fato, contrário a seu interesse e favorável ao do adversário (art. 389, CPC). A confissão judicial pode ser espontânea ou provocada. A confissão espontânea pode ser feita pela própria parte ou por mandatário com poderes especiais e, quando requerida pela parte, será lavrado o respectivo termo nos autos. A confissão provocada constará do termo de depoimento pessoal (art. 390, CPC). "Na confissão ocorre apenas a admissão de um fato (ou de certos fatos) como verdadeiro. Daí não se conclui, inexoravelmente, que o direito objeto do litígio deva atribuir-se à parte contrária. A pretensão e a resistência (ao menos em tese) permanecem, e deve o juiz sobre elas manifestar-se. Evidentemente, quando a confissão incidir sobre o fato principal da causa (o fato constitutivo do direito do autor), considerado em sua integralidade, e desde que ausente, na defesa do réu, alguma exceção substancial indireta (afirmação de fato impeditivo, modificativo ou extintivo do direito do autor), poder-se-ia até mesmo concluir que, na prática, a confissão equivaleria a verdadeiro reconhecimento do pedido. Uma vez reconhecida a existência do fato jurídico que serve de fundamento exclusivo para a demanda, e não havendo fato outro principal a ser analisado, não se cogitará mais de questões fundamentais no processo, ambas se equiparando, em termos gerais, no plano concreto, e surtindo efeitos práticos. Ao revés, se a confissão recai sobre mero elemento acidental ou secundário da demanda, então, pouca relevância terá na decisão da causa (no julgamento de procedência ou improcedência da demanda). Apenas algum elemento acessório é que se tornará incontroverso, daí não advindo nenhum reflexo para a questão principal da causa" (MARINONE, Luiz Guilherme. *Manual de processo de conhecimento*. 4.ed. São Paulo, Revista dos Tribunais, 2005, p. 319).

Confissão presumida Confissão não expressa, ou tácita, que ocorre quando o juiz se convence dos fatos alegados pelo silêncio da parte ou pela dedução (arts. 334 e 385, CPC).

Confissão tácita O mesmo que confissão presumida. Dá-se também o nome *confissão ficta*.

Conflito de competência Conflito que ocorre quando dois ou mais juízes se declaram competentes (conflito positivo) ou incompetentes (conflito negativo) para decidir a lide (art. 66, CPC).

Conflito de leis Concorrência de duas leis sobre o mesmo fato. O conflito pode ocorrer no tempo ou no espaço. Quando se dá no tempo, cumpre examinar a questão da retroatividade ou irretroatividade da lei; quando ocorre em relação ao espaço, requer a resolução do problema da territorialidade ou extraterritorialidade da lei.

Confusão Circunstância extintiva da obrigação pela qual recaem sobre a mesma pessoa as qualidades de credor e devedor (art. 381, CC).

Conivência Ação praticada com o intuito de ajudar ou contribuir, de algum modo, para a realização de um ato ilícito (art. 29, CP).

Cônjuges Denominação conferida às pessoas unidas pelo casamento civil.

Cônjuge varão Cônjuge do sexo masculino.

Cônjuge virago Diz-se do cônjuge do sexo feminino. Embora vastamente utilizada no meio jurídico, a expressão *virago* é contestada pelos eruditos, para quem o correto é *cônjuge varoa*.

Consanguinidade Ligação de pessoas por laços de sangue, originando o parentesco por consanguinidade.

Conselho Grupo de pessoas ou profissionais, pertencentes ou não a uma mesma área de atividade, constituído para deliberar a respeito de questões que lhes são pertinentes. São exemplos: Conselho Nacional da Previdência Social; Conselho Nacional das Cidades; Conselho Nacional de Biossegurança; Conselho Nacional de Defesa Ambiental; Conselho Nacional de Educação; Conselho Nacional de Justiça; Conselho Tutelar.

Conselho Nacional de Justiça (CNJ) Instituição pública que visa a aperfeiçoar o trabalho do sistema judiciário brasileiro, principalmente no que diz respeito a controle e transparência administrativos e processuais, de forma a contribuir para que a prestação jurisdicional seja realizada com moralidade, eficiência e efetividade em benefício da sociedade. O CNJ é composto de quinze conselheiros, sendo nove magistrados, dois membros do Ministério Público, dois advogados e dois cidadãos de notável saber jurídico e reputação ilibada, com mandato de dois anos.

Conselho Nacional do Ministério Público (CNMP) Criado pela EC n. 45, em 08.12.2004, com sede em Brasília (DF), é a instituição pública que atua em prol do cidadão para coibir qualquer tipo de abuso do Ministério Público (MP) e de seus membros, respeitando a autonomia da instituição. Presidido pelo Procurador-geral da República, o Conselho é formado por catorze membros, sendo quatro integrantes do MPU, três do MPE, dois juízes, um indicado pelo STF e outro pelo Superior Tribunal de Justiça, dois advogados, indicados pelo Conselho Federal da Ordem dos Advogados do Brasil, e dois cidadãos de notável saber jurídico e reputação ilibada, um indicado pela Câmara dos Deputados e outro pelo Senado Federal.

Consentimento Ato de consentir. Acordo, por manifestação livre da vontade, com outras pessoas, para que se forme ato jurídico. Pode ser expresso se é verbal, por escrito ou por meio de sinais inequívocos; e tácito se resulta de ato que revela a intenção do agente de consentir.

Consentimento do cônjuge O consentimento dado por um cônjuge ao outro para a prática de um ato jurídico denomina-se outorga: outorga marital, quando do marido; outorga uxória, quando da mulher. Nos atos da vida civil, exceto no regime da separação absoluta de bens, um cônjuge não pode sem a autorização ou consentimento do outro: alienar ou gravar de ônus real os bens imóveis; pleitear, como autor ou réu, acerca desses bens ou direitos; prestar fiança ou aval; fazer doação, não sendo remuneratória, de bens comuns, ou dos que possam integrar futura meação (art. 1.647 do CC). No entanto, pode o empresário casado, sem necessidade de outorga conjugal, qualquer que seja o regime de bens, alienar os imóveis que integrem o patrimônio da empresa ou gravá-los de ônus real (art. 978 do CC). No âmbito processual, o cônjuge somente necessitará do consentimento do outro para propor ações que versem sobre direitos reais imobiliários (art. 73, CPC).

Consentimento para o casamento Assentimento ou manifestação voluntária de concordância com o casamento exigido por lei aos nubentes (art. 1.535, CC) e aos pais dos nubentes quando estes forem menores de 18 anos (art. 1.517, CC).

Consignação Também chamada *estimatório*, é o contrato pelo qual o consignante entrega bens móveis ao consignatário, que fica autorizado a vendê-los pagando àquele o preço ajustado, salvo se preferir, no prazo estabelecido, restituir-lhe a coisa consignada (art. 534, CC).

Consignação em pagamento Depósito judicial ou em estabelecimento bancário da coisa devida destinado a extinguir a obrigação nos casos e formas legais (art. 335, CC). A consignação tem lugar: se o credor não puder, ou, sem justa causa, recusar receber o pagamento, ou dar quitação na devida forma; se o credor não for, nem mandar receber a coisa em lugar, tempo e condição devidos; se o credor for incapaz de receber, for desconhecido, declarado ausente, ou residir em lugar incerto ou de acesso perigoso ou difícil; se ocorrer dúvida sobre quem deva legitimamente receber o objeto do pagamento; se pender litígio sobre o objeto do pagamento.

Consignação judicial Consignação em juízo ou em estabelecimento bancário da coisa devida, destinada a extinguir a obrigação em casos e formas legais (art. 334, CC; art. 539, CPC).

Consolidação Fusão ou reunião de todas as leis esparsas que versem sobre uma mesma matéria originando um único diploma jurídico. Difere da codificação por não ser considerada uma nova lei. Exemplo: a CLT.

Consolidação das Leis do Trabalho (CLT) Conjunto de normas destinado a regular as relações individuais e coletivas de trabalho nela previstas representado pelo DL n. 5.452, de 01.05.1943.

Consórcio Reunião de pessoas naturais e jurídicas em grupo, com prazo de duração e número de cotas previamente determinados, promovida por uma administradora, com a finalidade de propiciar a seus integrantes, de forma isonômica, a aquisição de bens ou serviços por meio de autofinanciamento (Lei n. 11.795/2008, art. 2º).

Consórcio de empresas Associação de companhias ou empresas, sob o mesmo controle ou não, que manterão sua personalidade jurídica, para obter finalidade comum ou determinado empreendimento, geralmente de grande vulto ou de custo muito elevado, exigindo para sua execução conhecimento técnico especializado e instrumental técnico de alto padrão. De maneira geral, os consórcios são constituídos para: a) execução de grandes obras de engenharia; b) atuação no mercado de capitais; c) acordos exploratórios de serviços de transporte; d) exploração de atividades minerais e correlatas; e) atividades de pesquisa ou uso comum de tecnologia; f) licitações públicas.

Constituto possessório *Constitutum possessorium*. Convenção expressa ou tácita pela qual se entende efetivada a tradição da coisa alienada, ainda que ela continue em poder do alienante ou de terceiro, a título de detenção (art. 1.267, parágrafo único, CC). O mesmo que cláusula *constituti*. É expresso quando resulta de cláusula contratual; é tácito quando inferido das cláusulas contratuais incompatíveis com a transferência material do imóvel para o comprador.

Constrangimento ilegal Crime contra a liberdade individual que consiste em constranger alguém, mediante violência ou grave ameaça, ou depois de lhe haver reduzido, por qualquer outro meio, a capacidade de resistência, a não fazer o que a lei permite ou a fazer o que ela não manda (art. 146, CP).

Consuetudinário Referente ao costume. Costumeiro. Diz-se Direito consuetudinário o Direito adotado na Inglaterra também conhecido por *common law*.

Consumidor Toda pessoa física ou jurídica que adquire ou utiliza produto ou serviço como destinatário final. Equipara-se ao consumidor a coletividade de pessoas, ainda que indetermináveis, que haja intervindo nas relações de consumo (art. 2º, Lei n. 8.078/90, CDC).

Contestação Uma das formas de resposta do réu na qual este impugna o pedido do autor formulado na petição inicial (arts. 335 e 336, CPC). A falta de contestação resulta em revelia do réu (art. 344, CPC).

Continência de causas Fato processual que ocorre quando entre duas ou mais ações houver identidade das partes e da causa de pedir, porém, o pedido de uma, por ser mais amplo, abrange o das demais (arts. 55, 56 e 58, CPC).

Contrabando Delito penal que consiste em importar ou exportar mercadoria proibida ou praticar fato assimilado, em lei especial, a contrabando (art. 334-A, CP).

Contradita Direito que tem a parte de refutar em juízo o que foi dito pela parte adversária ou por testemunha (art. 457, § 1º, CPC; art. 214, CPP).

Contraditório Princípio que assegura a igualdade das partes perante o Judiciário, permitindo ao acusado o direito à ampla defesa (art. 5º, LV, CF). A CF estendeu a garantia do contraditório e da ampla defesa a todos os litigantes e acusados, em qualquer processo judicial ou administrativo. Desse modo, em qualquer processo judicial, ainda que a relação material verse sobre interesses disponíveis, deve o magistrado garantir, no plano processual, o contraditório e a ampla defesa, inclusive nomeando defensor dativo ao réu revel, citado pessoalmente (*v. Direito de defesa*).

Contrafação Crime que consiste na imitação de assinatura, produto ou registro público de valor. Toda espécie de falsificação (art. 297, CP).

Contrafé Cópia da petição inicial que o Oficial de Justiça deverá entregar ao citando no momento da citação para oferecer resposta (art. 251, CPC; art. 357, CPP).

Contraminuta Alegações escritas por meio das quais a parte recorrida refuta, total ou parcialmente, os fundamentos ou a procedência de uma ação ou recurso contra ele interposto.

Contraprestação Obrigação que cada uma das partes tem de, reciprocamente, satisfazer ou cumprir sua parte nos contratos bilaterais (art. 798, I, *d*, CPC).

Contrario sensu O mesmo que ao reverso, ou de forma diferente. Pela razão contrária; em sentido contrário. Argumento utilizado para interpretar dispositivos legais quando afirmações em sentido inverso são invocadas em favor da tese que se pretende comprovar.

Contrato Convenção ou acordo de vontades que tem por fim criar, modificar ou extinguir direitos e obrigações. Quanto ao regime jurídico, os contratos celebrados podem ser: de Direito privado, como compra e venda, doação e locação, regidos pelo Código Civil; administrativos, entre os quais se incluem: os tipicamente administrativos, sem paralelo no Direito privado e inteiramente regidos pelo Direito público, como concessão de serviços, de obras e de uso de bem público; os que têm paralelo no Direito privado, mas também são regidos pelo Direito público, como mandato, empréstimo, depósito e empreitada.

Contrato acessório Aquele que pressupõe a existência de outro principal, do qual depende e para o qual, normalmente, serve de garantia (por exemplo, fiança); *pacto adjeto*.

Contrato administrativo Aquele que a administração pública firma com o particular, ou com outra entidade administrativa, para realização de serviço, execução de obra ou obtenção de qualquer outra prestação de interesse público nas condições estabelecidas pela própria administração. Instrumento que cria ou estabelece vínculo jurídico entre a administração pública e um particular visando à realização de determinada prestação. A formalização do contrato administrativo exige prévio processo de licitação.

Contrato aleatório Aquele no qual o cumprimento da obrigação é incerto por depender de evento futuro e também incerto chamado *álea*. A denominação vem do latim *alea*, sorte, destino, podendo ensejar tanto a vantagem como o prejuízo para as partes (arts. 458 a 461, CC).

Contrato anulável Aquele que, viciado por incapacidade da parte, erro, dolo, coação, estado de perigo, lesão ou fraude contra credores, tem eficácia até o momento de sua anulação ou convalidação (arts. 138 e segs. e 171, CC). O contrato anulável pode ser convalidado ou confirmado pelas partes, salvo direito de terceiro (art. 172, CC).

Contrato atípico É o contrato que não encontra regulamentação no ordenamento jurídico. Um exemplo é o de cessão de crédito que, apesar de ser nominado, não tem causa peculiar, podendo configurar tanto como alienação onerosa como uma dação em pagamento. Também se incluem na categoria de contratos atípicos os contratos mistos, formados por mais de uma modalidade contratual típica nominada, por exemplo: o do Sistema Financeiro da Habitação (mútuo, seguro, hipoteca, promessa de compra e venda); o de fornecimento de combustíveis (compra e venda e comodato); o de aluguel de garagem (locação e depósito) (SANCHES, Sydney. *Os contratos atípicos no direito privado e seu tratamento judicial e extrajudicial.* Revista Ajuris, v. 17, n. 48, p. 170-8, mar. 1990).

Contrato benéfico Aquele em que apenas uma das partes se compromete a transferir direitos a outra sem que esta assuma alguma obrigação. Também denominado *contrato a título gratuito*, encontra exemplos marcantes na doação, no usufruto e na fiança.

Contrato complexo Contrato inominado e atípico que se caracteriza pela coexistência de obrigações pertinentes a tipos diferentes de contratos. Também denominado *contrato misto* e *híbrido*. No contrato complexo, cada contrato se rege pelas normas do seu tipo, porém, tais normas deixam de ser incidentes quando se chocarem com o resultado que elas visam assegurar. Diz-se que o contrato de franquia é contrato complexo por integrar regras sobre locação, financiamento e compra e venda e que, em razão disso, não pode ser subordinado a nenhuma outra figura contratual.

Contrato comutativo Aquele de natureza bilateral e onerosa cujas obrigações são perfeitamente equivalentes. Exemplo típico é o de compra e venda, pelo qual uma das partes transfere a coisa vendida mediante recebimento de um preço equivalente ao valor da coisa.

Contrato consigo mesmo Também denominado autocontrato ou procuração em causa própria, é aquele que se efetiva pela participação de uma só pessoa, que representa as duas partes, exprimindo em nome de ambas a vontade de contratar. Nesse caso, embora fisicamente haja uma única pessoa, são duas as manifestações de vontade: uma como representante; outra como parte do negócio jurídico celebrado. Exemplo: "A" outorga procuração a "B" para que este realize a venda de um veículo. Ocorre que "B" se interessa pelo veículo e decide ele mesmo adquiri-lo. Nesse caso, a celebração do contrato de compra e venda envolverá apenas uma pessoa: "B", que, de um lado, estará representando "A" e, de outro, seus próprios interesses (art. 117, CC).

Contrato de adesão Contrato cujas cláusulas tenham sido aprovadas pela autoridade competente ou estabelecidas unilateralmente pelo fornecedor de produtos ou serviços, sem que o consumidor possa discutir ou modificar substancialmente seu conteúdo (art. 54, CDC).

Contrato de aprendizagem Contrato de trabalho especial, ajustado por escrito e por prazo determinado, em que o empregador se compromete a assegurar ao maior de 14 e menor de 24 anos, inscrito em programa de aprendizagem e formação técnico-profissional metódica, compatível com o seu desenvolvimento físico, moral e psicológico, e o aprendiz, a executar com zelo e diligência as tarefas necessárias a essa formação (art. 428, CLT).

Contrato de arrendamento mercantil Contrato firmado entre pessoa jurídica, na qualidade de arrendadora, e pessoa física ou jurídica, na qualidade de arrendatária, que tem por objeto o arrendamento de bens adquiridos pela arrendadora, segundo especificações da arrendatária e para uso próprio desta. O mesmo que *leasing*. Podem ser objeto do contrato bens imóveis e móveis, de produção nacional ou estrangeira, tais como veículos, máquinas, computadores e equipamentos, entre outros. Findo o contrato, pode a locatária optar entre devolução do bem, renovação da locação ou compra pelo preço residual fixado no momento da firmatura do contrato (Lei n. 6.099/74 e Resolução n. 980/84).

Contrato de arrendamento rural Contrato agrário pelo qual uma pessoa se obriga a ceder a outra, por tempo determinado ou não, uso e gozo do imóvel rural, parte ou partes dele, incluindo ou não outros bens, benfeitorias ou facilidades, com o objetivo de nele ser exercida atividade de exploração agrícola, pecuária, agroindustrial, extrativa ou mista, mediante certa retribuição ou aluguel, observados os limites percentuais da Lei (art. 3º, Decreto n. 59.566/66).

Contrato de comissão Contrato pelo qual alguém, denominado comissário, adquire ou aliena bens, em seu próprio nome, mas no interesse de outrem, o comitente (art. 693, CC).

Contrato de comodato Contrato de empréstimo gratuito de coisa não fungível (art. 579, CC). Contrato pelo qual o proprietário de uma determinada coisa móvel ou imóvel, o comodante, empresta-a a determinada pessoa, o comodatário, sem exigência de pagamento.

Contrato de corretagem Contrato pelo qual uma pessoa, não ligada a outra em virtude de mandato, prestação de serviços ou por qualquer relação de dependência, obriga-se a obter para a segunda um ou mais negócios conforme as instruções recebidas (art. 722, CC).

Contrato de doação Contrato pelo qual uma pessoa, por liberalidade, transfere de seu patrimônio bens ou vantagens para o de outra (art. 538, CC). O contrato pode ser formalizado por escritura pública ou instrumento particular (art. 541, CC); e, quando feita por ascendente a descendente, importa adiantamento da legítima (art. 544, CC).

Contrato de empreitada Contrato pelo qual uma das partes (empreiteiro) se obriga perante a outra (dono da obra) a realizar determinada obra ou serviço, mediante o recebimento de certo preço, sem guardar qualquer relação de dependência. O empreiteiro pode contribuir para ela só com seu trabalho ou com ele e os materiais. Caso contribua somente com o trabalho, tem-se caracterizada a empreitada de lavor (arts. 610 e segs., CC).

Contrato de execução diferida Também conhecido por contrato de execução retardada. É aquele cuja execução fica subordinada a um termo futuro. Exemplo: as partes convencionam a venda de um bem que somente será entregue pelo vendedor e pago pelo comprador em determinada data.

Contrato de fiança Contrato pelo qual uma ou mais pessoas (fiador ou fiadores) comprometem-se, perante o credor, a satisfazer a obrigação do devedor (afiançado) se este não a cumprir. Assim, aquele que assumir, perante o credor, a obrigação de saldar uma dívida, se esta não for paga pelo devedor, estará firmando um contrato de fiança (art. 818, CC).

Contrato de locação Contrato pelo qual uma das partes (locador) se obriga a ceder a outra, por tempo determinado ou não, uso e gozo de coisa não fungível mediante certa retribuição (art. 565, CC). Em que pese o CC delimitar-se a normatizar a locação de coisas, pois a locação de prédio urbano está sujeita à lei especial (art. 2.036, CC), o conceito do contrato se aplica a ambas as hipóteses. "Destarte, o Código Civil regula a locação de vagas autônomas de garagem; espaços destinados à publicidade; locação de apart-hotéis, hotéis-residência ou equiparados (além de aplicação de normas do CDC); e formas de locação que não tenham sido objeto de regulamentação própria" (ROSENVALD, Nelson. *Código Civil comentado.* 13.ed. Barueri, Manole, 2019, p. 595).

Contrato de mandato Contrato pelo qual alguém recebe de outrem poderes para, em seu nome, praticar atos ou administrar interesses (art. 653, CC). Não obstante a lei conceituar expressamente o mandato, este pode também ser entendido como o instrumento pelo qual uma pessoa – o *mandante* –, autoriza a outra – o *mandatário* – a praticar um ou mais atos em seu nome. Assim, a procuração, instrumento do mandato, é também entendida como delegação, autorização ou confiança.

Contrato de mútuo Contrato de empréstimo de coisas fungíveis. Diz-se, pois, que o mútuo é o empréstimo de consumo, ao contrário do comodato, tido como empréstimo de uso. Isto porque, no mútuo, a não ser que haja convenção em contrário, a coisa a ser devolvida pelo mutuário não será a mesma que foi tomada por empréstimo, uma vez que o bem emprestado será substituído por outro, de igual espécie, gênero, qualidade e quantidade. Por extensão, também incluem-se em objeto do mútuo as coisas consumíveis, preconizadas no art. 86 do Código Civil. São exemplos desta última categoria: sementes, produtos agrícolas em geral e bebidas em geral.

Contrato de parceria rural Contrato agrário pelo qual uma pessoa – parceiro ou outorgante – se obriga a ceder à outra – parceiro ou outorgado –, por tempo determinado ou não, o uso específico de imóvel rural, de parte ou partes dele, incluindo ou não benfeitorias, outros bens ou facilidades, industrial, extrativa vegetal ou mista; ou lhe entrega animais para cria, recria, invernagem, engorda ou extração de matérias primas de origem animal, mediante partilha de riscos de caso fortuito e de força maior do empreendimento rural e dos frutos, produtos ou lucros havidos nas proporções que estipularem, observados os limites percentuais da Lei (art. 4º, Decreto n. 59.566/66).

Contrato de risco Aquele em que um dos contratantes se declara isento de qualquer responsabilidade pelo eventual insucesso do negócio objeto do contrato. Nos contratos agrícolas de venda para entrega futura, o risco é inerente ao negócio, não se podendo cogitar em ocorrência de imprevisão. Ocorre contrato de risco quando for avençado que o advogado somente receberá honorários se for vitorioso no processo. Também são considerados contratos de risco aqueles firmados pela Petrobras com empresas que se dedicam à exploração de petróleo.

Contrato de seguro Contrato pelo qual o segurador se obriga, mediante o pagamento do prêmio, a garantir interesse legítimo do segurado, relativo a pessoa ou coisa, contra riscos predeterminados (art. 757, CC).

Contrato de sociedade Contrato celebrado por duas ou mais pessoas que reciprocamente se obrigam a contribuir com bens ou serviços para o exercício de atividade econômica e a partilha, entre si, dos resultados (art. 981, CC) (*v.* também *Sociedade simples*).

Contrato de sociedade cooperativa Contrato celebrado por pessoas que reciprocamente se obrigam a contribuir com bens ou serviços para o exercício de uma atividade econômica, de proveito comum, sem objetivo de lucro (art. 3º, Lei n. 5.764/71).

Contrato de trabalho Acordo de vontades por meio do qual uma pessoa física (empregado) se compromete a prestar pessoalmente serviços não eventuais a outra (empregador) mediante subordinação e recebimento de salário.

Contrato de transporte aéreo Contrato pelo qual o empresário se obriga a transportar passageiro, bagagem ou carga, por meio de aeronave, mediante pagamento (art. 222, Lei n. 7.565/86, com redação dada pela MP n. 1.089/2021).

Contrato inominado É o contrato que não possui uma denominação específica, em regra previsto em lei especial, como o de alienação fiduciária, o de *leasing*, o de *franchising* e outros contratos mistos.

Contrato *intuitu personae* Aquele cujo objeto está essencialmente ligado a uma pessoa específica. É firmado em consideração a determinada pessoa. Por ser considerado personalíssimo, é intransmissível, ou seja, não pode ser executado por outra pessoa. São exemplos: contrato administrativo, contrato de sociedade, contrato de fiança, contrato de trabalho, contratação de determinado cantor para um show.

Contrato leonino Aquele que é redigido de forma a favorecer uma das partes em evidente prejuízo da outra, como ocorre nos contratos por adesão.

Contrato misto (*v. Contrato complexo*).

Contrato nominado É o contrato que possui um *nomen iuris* previsto na lei. São assim considerados os contratos previstos no CC, como a compra e venda, a empreitada, o depósito e a doação e outros previstos em lei especial, como o de locação de imóveis, o de arrendamento e o de parceria rural.

Contrato nulo Contrato celebrado sem a observância das formalidades legais, tais como celebração por pessoa absolutamente incapaz; objeto ilícito, impossível ou indeterminável; não utilização de forma prescrita em lei; houver sido preterida alguma solenidade que a lei considere essencial para sua validade (art. 166, CC). As nulidades podem ser alegadas por qualquer interessado, ou pelo Ministério Público, quando lhe couber intervir, e devem ser pronunciadas pelo juiz, quando conhecer do negócio jurídico ou dos seus efeitos e as encontrar provadas, não lhe sendo permitido supri-las, ainda que a requerimento das partes (art. 168, CC). O negócio jurídico nulo não é suscetível de confirmação, nem convalesce pelo decurso do tempo (art. 169, CC).

Contrato sinalagmático Aquele em que ocorre a presença do sinalagma, ou seja, um vínculo de reciprocidade entre os contratantes. O mesmo que contrato bilateral. Nesse contrato, uma obrigação é causa e pressuposto da outra, uma vez que atribui, reciprocamente, direitos e obrigações para cada um dos contratantes.

Contrato solene Aquele que exige o cumprimento de requisitos ou de formalidades essenciais para sua validade. Cita-se, como exemplo, o contrato de compra e venda de imóvel, para o qual se exige que seja formalizado por escritura pública (arts. 107 a 109, CC).

Contrato típico É o contrato regulamentado por lei, como todos os descritos no CC, o de promessa de compra e venda, o de *leasing* e o de alienação fiduciária, entre outros.

Contravenção penal Infração tipificada em lei e que, por ser menos grave do que o crime, é penalizada com pena mais branda. Infração de menor potencial ofensivo punida com prisão simples, multa ou ambas cumulativamente (DL n. 3.688/41). São contravenções penais, entre outras: omissão de cautela na guarda ou condução de animais; deixar cair objetos de janelas de prédios; provocação de tumulto ou conduta inconveniente; provocar falso alarma; perturbação do trabalho ou do sossego alheio; recusa de moeda de curso legal; jogo de azar; jogo do bicho; mendicância; importunação ofensiva ao pudor; embriaguez; servir bebidas alcoólicas a menores; crueldade contra animais; exercício ilegal de profissão. Por serem tais infrações consideradas de menor potencial ofensivo, a competência para julgá-las é do Juizado Especial Criminal.

Contribuição de melhoria Modalidade de tributo instituído e cobrado pela União, pelos estados, pelo Distrito Federal ou pelos municípios, no âmbito de suas respectivas atribuições, para fazer face ao custo de obras públicas de que decorra valorização imobiliária, tendo como limite total a despesa realizada e como limite individual o acréscimo de valor que da obra resultar para cada imóvel beneficiado (arts. 81 e 82, CTN). Será devida a Contribuição de Melhoria, no caso de valorização de imóveis de propriedade privada, em virtude de qualquer das seguintes obras públicas: abertura, alargamento, pavimentação, iluminação, arborização, esgotos pluviais e outros melhoramentos de praças e vias públicas; construção e ampliação de parques, campos de desportos, pontes, túneis e viadutos; construção ou ampliação de sistemas de trânsito rápido, inclusive todas as obras e edificações necessárias ao funcionamento do sistema; serviços e obras de abastecimento de água potável, esgotos, instalações de redes elétricas, telefônicas, transportes e comunicações em geral ou de suprimento de gás, funiculares, ascensores e instalações de comodidade pública; proteção contra secas, inundações, erosão, ressacas, e de saneamento de drenagem em geral, diques, cais, desobstrução de barras, portos e canais, retificação e regularização de cursos d'água e irrigação; construção de estradas de ferro e construção, pavimentação e melhoramento de estradas de rodagem; construção de aeródromos e aeroportos e seus acessos; aterros e realizações de embelezamento em geral, inclusive desapropriações em desenvolvimento de plano de aspecto paisagístico (arts. 1º e 2º, DL n. 195/67).

Controladoria-Geral da União Órgão do Governo Federal responsável pela defesa do patrimônio público, transparência, prevenção e combate à corrupção e ouvidoria. O Decreto n. 9.723/2019 institui a Rede Nacional de Ouvidorias, com a finalidade de integrar as ações de simplificação desenvolvidas pelas unidades de ouvidoria dos Poderes da União, dos Estados, do Distrito Federal e dos Municípios.

Contumácia Ausência da parte (autor ou réu) em juízo sem justificativa, deixando o processo correr à revelia. Expressiva doutrina considera a contumácia um simples efeito da revelia. Contumácia também significa teimosia, obstinação, insistência, repetição ou reiteração de um ato. Com esse sentido, o STF decidiu que no caso de contumácia delitiva não cabe aplicação do princípio da insignificância.

Convenção O mesmo que acordo. Também costuma ser usado como sinônimo de tratado.

Convenção coletiva do trabalho Conjunto de cláusulas resultante de processo de negociação entre o sindicato da categoria profissional e as empresas correspondentes que regulamenta a relação de trabalho de uma categoria de empregados. Tem validade para os doze meses subsequentes e requer homologação na Delegacia Regional do Trabalho (DRT), passando a ter caráter e força de lei entre as partes.

Convenção de arbitragem Meio de solução de litígios submetido ao juízo arbitral mediante utilização da cláusula compromissória ou do compromisso arbitral (art. 3º, Lei n. 9.307/96). As causas cíveis serão processadas e decididas pelo juiz nos limites de sua competência, ressalvado às partes o direito de instituir juízo arbitral, na forma da lei (art. 42, CPC). Cabe ao réu, ao promover a defesa, alegar a existência da convenção, sob pena de a omissão implicar aceitação da jurisdição estatal e renúncia ao juízo arbitral (art. 337, § 6º, CPC).

Convenção de condomínio Acordo por escrito elaborado e aprovado pelos condôminos de unidade residencial, mediante a assinatura de titulares de direitos que representem, no mínimo, 2/3 das frações ideais que compõem o condomínio, que estabelece as normas de convivência, administração e deliberação a ser adotadas pelos condôminos (art. 9º, Lei n. 4.591/64).

Convenção de Genebra Conjunto de tratados internacionais, assinados entre 1864 e 1949, que tem a finalidade de reduzir os efeitos das guerras sobre a população civil, além de oferecer regras de proteção para militares capturados ou feridos em guerra. Coube ao suíço Henri Dunant, fundador da Cruz Vermelha, a iniciativa de organizar o acordo em uma convenção que ocorreu na cidade de Genebra, Suíça, em 1864, da qual participaram as principais potências europeias. Posteriormente, várias outras convenções foram realizadas para ampliar e detalhar uma espécie de regulamento visando a regrar a conduta a ser adotada em relação aos prisioneiros de guerra.

Convênio Acordo firmado por entidades públicas de qualquer espécie, ou entre estas e organizações particulares, para realização de objetivos de interesse comum dos partícipes. Embora seja um acordo, o convênio não é contrato; pois, no contrato, as partes têm interesses diversos e opostos, ao passo que, no convênio, as partes têm interesses comuns e coincidentes. A organização dos convênios não exige formalidade, porém exige autorização legislativa e recursos financeiros para atendimento dos encargos assumidos no termo de cooperação. A execução dos convênios fica, comumente, a cargo de uma das entidades participantes ou de comissão diretora. O texto do convênio deve conter prazo de duração, podendo ser prorrogado quantas vezes for necessário. O convênio pode ser extinto a qualquer momento pela vontade dos partícipes. Decidida a extinção, lavra-se o termo de extinção ou rescisão. Aplica-se a Lei n. 14.133/2021 aos convênios, acordos, ajustes e outros instrumentos congêneres celebrados por órgãos e entidades da Administração Pública.

Cooperação internacional Cooperação na área jurídica, realizada pelo Brasil com outros países, formalizada por tratado ou com base em reciprocidade, observados os seguintes critérios: respeito às garantias do devido processo legal no Estado requerente; igualdade de tratamento entre nacionais e estrangeiros, residentes ou não no Brasil, em relação ao acesso à Justiça e à tramitação dos processos, assegurando-se assistência judiciária aos necessitados; publicidade processual, exceto nas hipóteses de sigilo previstas na legislação brasileira ou na do Estado requerente; existência de autoridade central para recepção e transmissão dos pedidos de cooperação; espontaneidade na transmissão de informações a autoridades estrangeiras (art. 26, CPC).

Cooperação nacional Cooperação judiciária realizada entre os órgãos do Poder Judiciário, estadual ou federal, especializado ou comum, em todas as instâncias e graus de jurisdição, inclusive nos tribunais superiores, mediante recíproca cooperação entre os magistrados e servidores (art. 67, CPC).

Cooperativa Sociedade integrada por pessoas que reciprocamente se obrigam a contribuir com bens ou serviços para exercício de uma atividade econômica, de proveito comum, sem objetivo de lucro. Sociedade de pessoas com forma e natureza jurídica próprias, de caráter civil e não sujeita à falência, constituída para prestar serviços aos associados. Distingue-se das demais sociedades por possuir, entre outras, as seguintes características: adesão voluntária, com número ilimitado de associados, salvo impossibilidade técnica de prestação de serviços; variabilidade do capital social representado por quotas-partes; limitação do número de quotas-partes do capital para cada associado, facultado, porém, o estabelecimento de critérios de proporcionalidade, se assim for mais adequado para o cumprimento dos objetivos sociais; incessibilidade das quotas-partes do capital a terceiros estranhos à sociedade; singularidade de voto, podendo as cooperativas centrais, federações e confederações de cooperativas, com exceção das que exerçam atividade de crédito, optar pelo critério da proporcionalidade (Lei n. 5.764/71).

Cooperativa de trabalho Sociedade constituída por trabalhadores para o exercício de suas atividades laborativas ou profissionais com proveito comum, autonomia e autogestão para obterem melhor qualificação, renda, situação socioeconômica e condições gerais de trabalho (art. 2º, Lei n. 12.690/2012).

Coronavírus Grande família de vírus comuns em espécies diferentes de animais, incluindo camelos, gado, gatos e morcegos. Alguns deles podem afetar os seres humanos, causando sintomas de resfriado ou, no caso do MERS-CoV e do SARS-CoV, problemas respiratórios mais sérios. Em dezembro de 2019, houve a transmissão de um novo coronavírus (SARS-CoV-2), identificado em Wuhan, na China, causando a COVID-19. Em seguida, a doença passou a ser disseminada e transmitida pessoa a pessoa (Ministério da Saúde, 2020).

Corregedor Aquele que corrige. No meio jurídico tem por significado a pessoa designada para atuar em uma corregedoria, órgão de fiscalização disciplinar, controle e orientação de uma determinada classe de servidores públicos ligados à administração da Justiça.

Corregedor-geral Corregedor eleito pelo Tribunal Pleno dos Tribunais de Justiça, composto por todos os desembargadores, que tem por funções fiscalização disciplinar, controle e orientação dos serviços forenses perante órgãos e servidores de primeiro grau do Poder Judiciário, bem como servidores pertencentes ao quadro da Corregedoria.

Corregedor-geral do Ministério Público Procurador de Justiça eleito pelo Colégio de Procuradores de Justiça de cada estado para mandato de dois anos, podendo ser reconduzido ao cargo por mais dois anos, que tem por funções orientação, fiscalização e acompanhamento das atividades funcionais de promotores e procuradores de Justiça. Também possui a atribuição de instaurar processo administrativo disciplinar contra membros do Ministério Público, punindo aqueles que cometam faltas funcionais ou tenham conduta incompatível com o cargo.

Corregedoria Órgão de fiscalização, controle e orientação de uma determinada classe de servidores públicos ligados à administração pública ou à administração da Justiça federal e estadual. Algumas corregedorias conhecidas são: Corregedoria-geral da União; Corregedoria-geral da Justiça; Corregedoria-geral do Ministério Público; Corregedoria-geral da Polícia Civil; Corregedoria-geral da Polícia Militar; Corregedoria-geral da Polícia Federal; Corregedoria-geral da Justiça Federal; Corregedoria-geral da Justiça do Trabalho; Corregedoria-geral do Ministério Público Federal; Corregedoria-geral do INSS; Corregedoria Nacional de Justiça.

Corregedoria-geral da União Órgão federal, chefiado pelo corregedor-geral da União, que atua no combate à impunidade na Administração Pública Federal, promovendo, coordenando e acompanhando a execução de ações disciplinares que visem à apuração de responsabilidade administrativa de servidores públicos. Atua também capacitando servidores para composição de comissões disciplinares, realizando seminários com objetivo de discutir e disseminar as melhores práticas relativas do exercício do direito disciplinar e fortalecendo as unidades componentes do Sistema de Correição do Poder Executivo Federal, exercendo as atividades de órgão central deste sistema.

Corregedoria-geral de Justiça Órgão vinculado ao Tribunal de Justiça, que tem por funções fiscalização disciplinar, controle e orientação dos serviços forenses, com jurisdição em cada estado, exercido por um desembargador, denominado corregedor-geral da Justiça, com a cooperação de juízes-corregedores.

Corregedoria-geral do Ministério Público Órgão vinculado ao Ministério Público cujas funções são orientar, fiscalizar e acompanhar as atividades funcionais de promotores e procuradores de Justiça, mediante a realização de correições periódicas. A corregedoria-geral também é responsável pela elaboração de relatórios sobre as atividades das promotorias e das procuradorias de Justiça, com a finalidade de avaliar o desempenho global e a demanda de serviços.

Correio eletrônico *E-mail*. Modalidade de transmissão ou recebimento de informações e documentos que se realiza pela internet, a rede mundial de computadores (*Web*). Nos termos da legislação em vigor, para que a mensagem de correio eletrônico tenha valor documental e para que possa ser aceita como documento original, é necessário existir a certificação digital, que atesta a identidade do remetente na forma estabelecida em lei.

Corretagem Contrato pelo qual uma pessoa, não ligada a outra em virtude de mandato, prestação de serviços ou por qualquer relação de dependência, obriga-se a obter para a segunda um ou mais negócios, conforme as instruções recebidas (art. 722, CC).

Corretor Pessoa que, não ligada a outra em virtude de mandato, prestação de serviços ou por qualquer relação de dependência, obriga-se a obter para a segunda um ou mais negócios, conforme as instruções recebidas (art. 722, CC). Aquele que, mediante remuneração, agencia ou intermedeia, aproximando duas pessoas para a efetivação de um negócio. A remuneração é devida ao corretor uma vez que tenha conseguido o resultado previsto no contrato de mediação ou ainda que este não se efetive em virtude de arrependimento das partes (art. 725, CC).

Corréu Copartícipe. Corresponsável. Aquele que, juntamente com outro agente, como parte passiva responde ao mesmo processo civil ou criminal. No crime, o corréu participa de alguma forma para a prática do delito. No cível, o fato de ser corréu pode resultar da responsabilidade solidária.

Corte Tribunal de Justiça. Órgão recursal de instância superior. O Supremo Tribunal Federal, por ser considerado a mais alta instância do Poder Judiciário brasileiro.

Costume Fonte primária e formal de Direito que se distingue das demais por ser, em sua origem, direito não escrito. Supõe sempre a repetição de uma conduta em determinado meio social durante certo lapso de tempo. "Em nosso sistema legal, onde prevalece o Direito codificado, o costume constitui mera fonte subsidiária de Direito, servindo apenas como elemento de interpretação ou para suprir a lacuna da lei – costume *secundum legem* ou *praeter legem* (art. 4°, LINDB)" (Euclides Alcides Rocha, TRT-9ª Região, Ver. LTR, v. 54, n. 5, p. 608).

Cota O mesmo que quota. Designação da parte proporcional com que cada um de vários indivíduos contribui para determinado fim. Quantia com que cada pessoa contribui para o pagamento de uma despesa comum, como ocorre com a cota condominial (art. 1.334, CC). Parte igual ou desigual em que se divide o capital social da sociedade limitada, cabível uma ou diversas a cada sócio (art. 1.055, CC). Parte na herança que cabe a cada um dos herdeiros no inventário. No direito processual, significa o lançamento feito nos autos pelo advogado, vedado em lei (art. 202, CPC).

COVID-19 Doença causada pelo vírus SARS-CoV-2, que apresenta um espectro clínico variando de infecções assintomáticas a quadros graves (Ministério da Saúde, 2020).

Crédito tributário Quantia devida pelo contribuinte a título de tributo ou imposto. É o objeto da obrigação jurídica tributária. Prestação pecuniária que o sujeito ativo da obrigação tributária (União, estados, Distrito Federal e municípios) tem o direito de exigir do sujeito passivo direto ou indireto (contribuinte, responsável ou terceiro). O crédito decorre da obrigação principal e tem a mesma natureza desta (art. 139, CTN). Com o lançamento, a obrigação jurídica tributária passa a ser líquida, certa e exigível em data e prazo predeterminados.

Credor Sujeito ativo de determinada obrigação; o titular de um crédito, com direito a exigir a prestação; o portador de título de crédito; pessoa a favor de quem a dívida foi constituída (credor de alimentos, credor hipotecário, credor fiduciário, credor anticrético, credor quirografário). Havendo credores solidários, cada um deles tem direito a exigir do devedor o cumprimento da prestação por inteiro (art. 267, CC).

Credor anticrético Credor que tem seu direito ou crédito garantido pelo devedor mediante convenção de anticrese. O credor anticrético tem direito a reter em seu poder o bem enquanto a dívida não for paga. Extingue-se esse direito decorridos quinze anos da data de sua constituição (art. 1.423, CC).

Credor hipotecário Credor que tem seu direito ou crédito garantido pelo devedor mediante instituição de hipoteca. O credor hipotecário tem o direito de excutir a coisa hipotecada ou empenhada, e preferir a outros credores no pagamento, observada, quanto à hipoteca, a prioridade no registro (art. 1.422, CC).

Credor pignoratício Credor que tem seu direito ou crédito garantido pelo devedor mediante objeto dado em penhor. O credor pignoratício tem o direito de excutir a coisa hipotecada ou empenhada, e preferir a outros credores no pagamento, observada, quanto à hipoteca, a prioridade no registro (art. 1.422, CC).

Crime Toda ação ou omissão ilícita, culpável ou dolosa, tipificada em lei, que ofenda valores sociais básicos de dado momento histórico em determinada sociedade (art. 1º, CP). O art. 1º da Lei de Introdução ao Código Penal considera crime a infração penal a que a lei comina pena de reclusão ou de detenção isoladamente, alternativamente ou cumulativamente com a pena de multa; contravenção é a infração penal a que a lei comina, isoladamente, pena de prisão simples ou de multa, ou ambas, alternativa ou cumulativamente.

Crime continuado Espécie de concurso de crimes que ocorre quando o agente, mediante mais de uma ação ou omissão, pratica dois ou mais crimes da mesma natureza, e, pelas condições de tempo, lugar, maneira de execução e outras semelhantes, devem os subsequentes ser havidos como continuação do primeiro (art. 71, CP).

Crime culposo Delito penal praticado sem intenção ou dolo de quem o cometeu. Considera-se, neste caso, que o agente procedeu com negligência, imperícia ou imprudência (arts. 186, 187 e 927, CC; e art. 18, II, CP). São considerados crimes culposos os decorrentes de acidentes de trânsito com vítima.

Crime de poluição Ato de causar poluição de qualquer natureza em níveis tais que resultem ou possam resultar em danos à saúde humana, que provoquem a mortandade de animais ou a destruição significativa da flora (art. 54, Lei n. 9.605/98).

Crime de racha Delito que consiste em participar, na direção de veículo automotor, em via pública, de corrida, disputa ou competição automobilística não autorizada pela autoridade competente, desde que resulte em dano potencial à incolumidade pública ou privada. O racha é reprimido pelo CTB em seu art. 308, que o tipifica como crime punível com "detenção, de seis meses a dois anos, multa e suspensão ou proibição de se obter a permissão ou a habilitação para dirigir veículo automotor".

Crime do colarinho-branco Delitos contra o sistema financeiro previstos na Lei n. 7.429/86. Ato delituoso cometido por pessoa de elevada respeitabilidade e posição socioeconômica, muitas vezes mediante abuso de confiança e uso de informações privilegiadas. Os autores se utilizam de métodos sofisticados e transações complexas com o objetivo de obter considerável ganho financeiro. Essa modalidade delituosa foi definida inicialmente pelo criminalista norte-americano Edwin Sutherland como *white collar crime*, que é, em sua concepção, "um crime cometido por uma pessoa respeitável, e de alta posição social, no exercício de suas ocupações" (SUTHERLAND, Edwin Hardin. *White collar crime*, New York: Dryden, 1949) (*v. Crimes contra o sistema financeiro*).

Crime doloso Delito penal praticado por livre e consciente vontade do agente de produzir o resultado (art. 18, CP). É também denominado crime ou dano comissivo ou intencional. O agente prevê o resultado lesivo de sua conduta e, mesmo assim, leva-a adiante, produzindo o resultado.

Crime hediondo Delito considerado de maior gravidade pela lei, pois, quando praticado, costuma causar a repulsa da sociedade. São considerados hediondos os seguintes crimes, consumados ou tentados: homicídio, quando praticado em atividade típica de grupo de extermínio, ainda que cometido por um só agente; homicídio qualificado; lesão corporal dolosa de natureza gravíssima (art. 129, § 2º, CP) e lesão corporal seguida de morte (art. 129, § 3º, CP), quando praticadas contra autoridade ou agente descrito nos arts. 142 e 144 da Constituição Federal, integrantes do sistema prisional e da Força Nacional de Segurança Pública, no exercício da função ou em decorrência dela, ou contra seu cônjuge, companheiro ou parente consanguíneo até terceiro grau, em razão dessa condição; latrocínio; extorsão qualificada pela morte; extorsão mediante sequestro e na forma qualificada; estupro; estupro de vulnerável; epidemia com resultado de morte; falsificação, corrupção, adulteração ou alteração de produto destinado a fins terapêuticos ou medicinais; genocídio (Lei n. 8.072/90); favorecimento da prostituição ou de outra forma de exploração sexual de criança ou adolescente ou de vulnerável (art. 1º, VIII, Lei n. 8.072/90). Segundo a Constituição Federal, os crimes hediondos são inafiançáveis e insuscetíveis de graça ou anistia, assim como prática da tortura, tráfico de entorpecentes e drogas afins, e terrorismo, por eles respondendo mandantes, executores e os que, podendo evitá-los, se omitirem.

Crime putativo É um ato praticado por agente que acredita ou pressupõe que tal ato constitui crime (art. 20, § 1º, CP).

Crimes contra a administração ambiental (*v. Crimes contra o meio ambiente*).

Crimes contra a fauna ambiental (*v. Crimes contra o meio ambiente*).

Crimes contra a honra Crimes de calúnia, difamação e injúria, conforme disposto no Capítulo V, Título I, Parte Especial do CP (arts. 138 a 140, CP). São crimes classificados como de mera conduta, sendo objeto da proteção jurídico-penal o bem imaterial honra, que, na definição de Magalhães Noronha, pode ser considerado "o complexo ou conjunto de predicados ou condições da pessoa que lhe conferem consideração social e estima própria" (NORONHA, Edgard Magalhães. *Curso de direito processual penal*, 21.ed. São Paulo: Saraiva, 1992).

Crimes contra a ordem econômica Constitui crime contra a ordem econômica: abusar do poder econômico, dominando o mercado ou eliminando, total ou parcialmente, a concorrência mediante qualquer forma de ajuste ou acordo de empresas; firmar acordo, convênio, ajuste ou aliança entre ofertantes, visando: a) à fixação artificial de preços ou quantidades vendidas ou produzidas; b) ao controle regionalizado do mercado por empresa ou grupo de empresas; c) ao controle, em detrimento da concorrência, de rede de distribuição ou de fornecedores (art. 4º, Lei n. 8.137/90).

Crimes contra a ordem tributária Suprimir ou reduzir tributo ou contribuição social e qualquer acessório mediante as seguintes condutas: omitir informação ou prestar declaração falsa às autoridades fazendárias; fraudar a fiscalização tributária, inserindo elementos inexatos ou omitindo operação de qualquer natureza, em documento ou livro exigido pela lei fiscal; falsificar ou alterar nota fiscal, fatura, duplicata, nota de venda, ou qualquer outro documento relativo à operação tributável; elaborar, distribuir, fornecer, emitir ou utilizar documento que saiba ou deva saber falso ou inexato; negar ou deixar de fornecer, quando obrigatório, nota fiscal ou documento equivalente, relativo a venda de mercadoria ou prestação de serviço, efetivamente realizada, ou fornecê-la em desacordo com a legislação. Constitui crime da mesma natureza: fazer declaração falsa ou omitir declaração sobre rendas, bens ou fatos, ou empregar outra fraude, para eximir-se, total ou parcialmente, de pagamento de tributo; deixar de recolher, no prazo legal, valor de tributo ou de contribuição social, descontado ou cobrado, na qualidade de sujeito passivo de obrigação e que deveria recolher aos cofres públicos; exigir, pagar ou receber, para si ou para o contribuinte beneficiário, qualquer percentagem sobre a parcela dedutível ou deduzida de imposto ou de contribuição como incentivo fiscal; deixar de aplicar, ou aplicar em desacordo com o estatuído, incentivo fiscal ou parcelas de imposto liberadas por órgão ou entidade de desenvolvimento; utilizar ou divulgar programa de processamento de dados que permita ao sujeito passivo da obrigação tributária possuir informação contábil diversa daquela que é, por lei, fornecida à Fazenda Pública (arts. 1º e 2º, Lei n. 8.137/90).

Crimes contra a vida Crimes descritos no Título I – Dos Crimes contra a Pessoa –, Capítulo I, da Parte Especial do Código Penal. São crimes contra a vida: homicídio; induzimento, instigação ou auxílio do suicídio; infanticídio; aborto (arts. 121 a 128, CP).

Crimes contra crianças e adolescentes Delitos praticados por ação ou omissão contra a criança e o adolescente previstos na Lei n. 8.069/90 (ECA). São considerados crimes praticados contra crianças e adolescentes, entre outros: privar criança ou adolescente de sua liberdade, procedendo a sua apreensão sem estar em flagrante de ato infracional ou inexistindo ordem escrita da autoridade judiciária competente; deixar a autoridade policial responsável pela apreensão de criança ou adolescente de fazer imediata comunicação à autoridade judiciária competente e à família do apreendido ou à pessoa por ele indicada; submeter criança ou adolescente sob sua autoridade, guarda ou vigilância a vexame ou constrangimento; deixar a autoridade competente, sem justa causa, de ordenar a imediata liberação de criança ou adolescente tão logo tenha conhecimento da ilegalidade da apreensão; subtrair criança ou adolescente ao poder de quem os tem sob sua guarda em virtude de lei ou ordem judicial com o fim de colocação em lar substituto (arts. 228 a 244, ECA).

Crimes contra o meio ambiente Crimes praticados contra a fauna e a flora, conforme dispõe a Lei Ambiental (Lei n. 9.605/98). Incidem nos primeiros delitos: matar, perseguir, caçar, apanhar ou utilizar espécimes da fauna silvestre, nativos ou em rota migratória, sem a devida permissão, licença ou autorização da autoridade competente, ou em desacordo com a obtida. Pratica crimes contra a flora aquele que destruir ou danificar floresta considerada de preservação permanente, mesmo que em formação, ou utilizá-la com infringência das normas de proteção.

Crimes contra o ordenamento urbano e o patrimônio cultural ambiental (*v. Crimes contra o meio ambiente*).

Crimes contra o patrimônio Crimes previstos no Título II da Parte Especial do CP. São crimes contra o patrimônio: furto, roubo, extorsão, usurpação, dano, apropriação indébita, estelionato e receptação (arts. 155 a 180, CP).

Crimes contra o sistema financeiro Crimes contra o conjunto de instituições monetárias, ou seja, instituições bancárias, sociedades por ações, mercado financeiro de capitais e valores mobiliários. Equipara-se à instituição financeira: a pessoa jurídica que capte ou administre seguros, câmbio, consórcio, capitalização ou qualquer tipo de poupança, ou recursos de terceiros; a pessoa natural que exerça quaisquer das atividades referidas neste artigo, ainda que de forma eventual. São considerados crimes contra o sistema financeiro: impressão ou publicação não autorizada; divulgação falsa ou incompleta de informação; gestão fraudulenta ou temerária; apropriação indébita e desvio de recursos; sonegação de informação; emissão, oferecimento ou negociação irregular de títulos ou valores mobiliários; exigência de remuneração acima da legalmente permitida; fraude à fiscalização ou ao investidor; documentos contábeis falsos ou incompletos; contabilidade paralela; omissão de informações; desvio de bem indisponível; apresentação de declaração ou reclamação falsa; manifestação falsa; operação desautorizada de instituição financeira; empréstimo a administradores ou parentes e distribuição disfarçada de lucros; violação de sigilo bancário; obtenção fraudulenta de financiamento; aplicação irregular de financiamento; falsa identidade; evasão de divisas; prevaricação financeira (Lei n. 7.492/86). A Lei n. 7.492/86 é também conhecida como Lei dos Crimes de Colarinho-Branco.

Crimes contra os idosos Delitos praticados por ação ou omissão contra os idosos previstos no Estatuto do Idoso (arts. 95 a 108, Lei n. 10.741/2003). São considerados crimes praticados contra idosos, entre outros: discriminar pessoa idosa, impedindo ou dificultando seu acesso a operações bancárias, aos meios de transporte, ao direito de contratar ou por qualquer outro meio ou instrumento necessário ao exercício da cidadania, por motivo de idade; deixar de prestar assistência ao idoso, quando possível fazê-lo sem risco pessoal, em situação de iminente perigo, ou recusar, retardar ou dificultar sua assistência à saúde, sem justa causa, ou não pedir, nesses casos, o socorro de autoridade pública; abandonar o idoso em hospitais, casas de saúde, entidades de longa permanência ou congêneres, ou não prover suas necessidades básicas, quando obrigado por lei ou mandado.

Crimes de trânsito Delitos penais praticados por condutores de veículos automotores em vias públicas, entre eles: homicídio culposo; lesão corporal culposa; omissão de socorro a acidentado (arts. 302 a 312-B, CTB).

Crimes eleitorais Consideram-se crimes eleitorais as condutas que ofendem os princípios resguardados pela legislação eleitoral, como a lisura e a legitimidade das eleições, a liberdade e o sigilo do voto. A Lei n. 13.834/2019 incluiu no Código Eleitoral (Lei n. 4.737/65) a denunciação caluniosa com finalidade eleitoral, punida com reclusão, de 2 a 8 anos, e multa. Incorre nas mesmas penas quem, ciente da inocência do denunciado, divulga ou propala o ato ou fato que lhe foi falsamente atribuído.

Criminalística Conjunto de conhecimentos técnico-científicos que tem por finalidade a apreciação, interpretação e descrição dos elementos de ordem material encontrados no local do fato criminoso, bem como dos instrumentos utilizados para a realização do crime, com o objetivo de identificar as circunstâncias do crime e a sua autoria. "Conjunto de conhecimentos que, reunindo as contribuições das várias ciências, indica os meios para descobrir crimes, identificar os seus autores e encontrá-los, utilizando-se de subsídios da química, da antropologia, da psicologia, da medicina legal, da psiquiatria, da datiloscopia, etc., que são consideradas ciências auxiliares do direito penal" (*Enciclopédia Saraiva de Direito*, v. 21, 1997:486).

Criminologia Estudo do crime. Expressão originada do latim *crimino* (crime) e do grego *logos* (estudo). "Ciência empírica (baseada na observação e na experiência) e interdisciplinar que tem por objeto de análise do crime, a personalidade do autor do comportamento delitivo, da vítima e o controle social das condutas criminosas" (PENTEADO FILHO, Nestor Sampaio. *Manual esquemático de criminologia*. 3.ed. São Paulo, Saraiva, 2013, p. 21).

Culpa Elemento subjetivo do crime (art. 18, II, CP) ou do ato ilícito que consiste em negligência, imperícia e imprudência (arts. 186, 187 e 927, CC). Característica e fundamento do crime culposo, ou seja, aquele praticado sem dolo ou intenção do agente.

Culpa aquiliana Culpa extracontratual, assim denominada em razão de não decorrer de obrigação preexistente em contrato, caracterizadora do ato ilícito (art. 186, CC). Expressão derivada da Lei de Aquília (*Lex Aquilia de damno*), de autoria do tribuno romano Lúcio Aquílio, em 286 a.C., que tornava obrigatório o ressarcimento dos prejuízos por parte daquele que, de qualquer forma, tivesse causado danos a outrem. A culpa aquiliana foi recepcionada em nosso ordenamento jurídico, nos arts. 186, 187 e 927 do CC, que determina àquele que praticar ato ilícito a responsabilidade de indenizar.

Culpa concorrente Culpa recíproca imputada em maior ou menor grau ao lesante e ao lesado pela prática do evento danoso. Verifica-se quando a vítima tiver concorrido culposamente para o evento danoso. Nesse caso, sua indenização será fixada tendo-se em conta a gravidade de sua culpa em confronto com a do autor do dano (art. 945, CC).

Culpa consciente Culpa que se manifesta no momento em que "o autor da ação, embora prevendo as consequências ou o resultado da mesma, acredita, de modo sincero, na possibilidade de contornar situações e evitar o evento lesivo ao direito" (LEIRIA, Antônio Fabrício. *Delitos de trânsito*, Porto Alegre, Síntese, 1976, p. 23).

Culpa *in eligendo* Resulta da escolha malfeita e ocorre em relação às seguintes pessoas: o patrão por seus empregados; serviçais e prepostos, no exercício do trabalho que lhes competir, ou por ocasião dele; os donos de hotéis, hospedarias, casas ou estabelecimentos, em que se albergue por dinheiro, mesmo para fins de educação, por seus hóspedes, moradores e educandos (art. 932, CC).

Culpa *in vigilando* Decorre da falta de vigilância ou atenção a que estão obrigadas certas pessoas em relação a outras, como os pais em relação aos filhos que estiverem sob seu poder e em sua companhia; o tutor e o curador pelos pupilos e curatelados que se acharem nas mesmas condições (art. 932, CC).

Cumprimento de sentença Procedimento judicial destinado a obter o pagamento de valores fixados em sentença condenatória originada de processo de conhecimento. O cumprimento de sentença, previsto no art. 523, CPC, exige simples petição na qual o credor requer a intimação do devedor para que efetue o pagamento no prazo de quinze dias, sob pena de acréscimo de 10% de multa e, também, de honorários de advogado de 10%, e de expedição de mandado de penhora e avaliação, seguindo-se os atos de expropriação.

Cumprimento de sentença condenatória de pagamento de prestação alimentícia Procedimento judicial destinado a compelir o devedor ao pagamento de valores fixados em sentença condenatória em alimentos ou de decisão interlocutória que fixa alimentos originada de processo de conhecimento. O cumprimento de sentença exige simples petição na qual o credor requer a intimação do devedor para que efetue o pagamento no prazo de três dias sob pena de prisão de um a três meses. Requerida a prisão do alimentante em face do inadimplemento, o débito alimentar que autoriza sua prisão civil é o que compreende as três prestações anteriores ao ajuizamento da execução e as que vencerem no curso do processo (art. 528, CPC). O exequente pode optar por promover o cumprimento da sentença ou decisão desde logo, caso em que não será admissível a prisão do executado e, recaindo a penhora em dinheiro, a concessão de efeito suspensivo à impugnação não obsta a que o exequente levante mensalmente a importância da prestação (art. 528, § 7º, CPC).

Cumprimento de sentença condenatória em quantia certa Procedimento judicial destinado a obter o pagamento de valores fixados em sentença condenatória originada de processo de conhecimento. O cumprimento de sentença exige simples petição na qual o credor requer a intimação do devedor para que efetue o pagamento no prazo de quinze dias sob pena de acréscimo de 10% de multa e expedição de mandado de penhora e avaliação (art. 523, CPC).

Cumprimento de sentença condenatória em quantia certa pela Fazenda Pública Procedimento judicial destinado a obter da Fazenda Pública o pagamento de quantia certa fixada em sentença condenatória, originada de processo de conhecimento. O cumprimento de sentença exige simples petição na qual o credor requer a intimação do devedor para que efetue o pagamento no prazo de trinta dias, não se lhe aplicando a multa de 10% (art. 534, CPC).

Cumprimento provisório de sentença condenatória em quantia certa Procedimento judicial destinado ao cumprimento provisório de sentença condenatória em quantia certa na hipótese de impugnação feita pelo devedor mediante recurso desprovido de efeito suspensivo. A multa de 10% também é devida no cumprimento provisório de sentença condenatória ao pagamento de quantia certa. O cumprimento provisório da sentença será requerido por petição acompanhada de cópias das seguintes peças do processo, cuja autenticidade poderá ser certificada pelo próprio advogado, sob sua responsabilidade pessoal: sentença ou acórdão exequendo; certidão de interposição do recurso não dotado de efeito suspensivo; procurações outorgadas pelas partes; decisão de habilitação, se for o caso; facultativamente, outras peças processuais consideradas necessárias para demonstrar a existência do crédito (art. 520, CPC).

Cumulação de ações Faculdade que a lei oferece ao autor de, em determinados casos, ajuizar simultaneamente mais de uma ação, desde que os objetos de ambas sejam compatíveis. São exemplos: ação de divisão e demarcação (arts. 569 e 570, CPC); e inventários de pessoas diversas (art. 672, CPC).

Cumulação de pedidos Faculdade que a lei oferece ao autor de formular mais de um pedido na petição inicial desde que sejam compatíveis entre si (art. 327, CPC). Exemplo: manutenção de posse com pedidos de perdas e danos e cominação de pena para caso de nova turbação (art. 555, CPC). A petição inicial que contiver pedidos incompatíveis poderá ser indeferida pelo juiz (art. 330, CPC).

Curador Pessoa idônea a quem se atribui a função de exercer a curatela, destinada a reger a pessoa e os bens de indivíduo maior, porém incapacitado para fazê-lo. Quando o interdito for pessoa casada ou em união estável, o cônjuge ou companheiro, não separado judicialmente ou de fato, é, de fato, seu curador (art. 1.775, CC) (*v. Curatela*).

Curador à lide Ou curador especial. Pessoa nomeada pelo juiz, incumbida de zelar pelos interesses do incapaz, se este não tiver representante legal ou se os interesses deste colidirem com os daquele, enquanto durar a incapacidade, e do réu preso revel, bem como do réu revel citado por edital ou com hora certa, enquanto não for constituído advogado (art. 72, CPC). Também aplica-se ao ausente, se o não tiver, e ao incapaz, se concorrer na partilha com seu representante, desde que exista colisão de interesses (art. 686, CPC).

Curadoria especial Diz-se das curadorias instituídas temporariamente para a prática de determinados atos de forma que, depois de concluídos estes, esgota-se automaticamente a função de curador. Em regra, essas curadorias são exercidas pelos membros do Ministério Público, defensores públicos ou advogados nomeados pelo juiz da causa, dando origem à expressão "curador *ad hoc*". A curadoria especial se aplica: ao incapaz, se não tiver representante legal ou se os interesses deste colidirem com os daquele, enquanto durar a incapacidade; ao réu preso revel, bem como ao réu revel citado por edital ou com hora certa, enquanto não for constituído advogado; ao ausente, se o não tiver, e ao incapaz, se concorrer na partilha com o seu representante, desde que exista colisão de interesses (arts. 72 e 686, CPC) (*v. Curador à lide*).

Curatela Incumbência conferida pelo juiz, em processo de interdição, a alguém para cuidar dos interesses de outrem que não pode fazê-lo pessoalmente. Estão sujeitos à curatela: aqueles que, por causa transitória ou permanente, não puderem exprimir sua vontade; ébrios habituais e os viciados em tóxicos; e os pródigos (art. 1.767, CC).

Curatela do nascituro Curatela concedida ao nascituro na hipótese de a mulher grávida enviuvar e não estiver exercendo o poder familiar (art. 1.779, CC). A nomeação de curador somente se justifica quando demonstrada a necessidade de preservar direitos do nascituro, por exemplo, o de receber herança, legado ou doação, consolidados após o nascimento com vida.

Curatela própria É a curatela requerida pelo próprio interessado, enfermo ou portador de deficiência física, com a finalidade de nomeação de curador que possa cuidar de todos ou de alguns de seus bens ou negócios (art. 1.780, CC).

Custas Despesas, encargos, gastos acarretados com promoção ou realização de atos processuais ou registros públicos que devem ser ressarcidos pela parte requerente ou pela parte vencida em processo judicial. Salvo as disposições concernentes à justiça gratuita, cabe às partes prover as despesas dos atos que realizam ou requerem no processo, antecipando-lhes o pagamento desde o início até a sentença final; e, ainda, na execução até a plena satisfação do direito reconhecido no título (art. 82, CPC). Não se sujeitam ao pagamento de custas judiciais: a) ações de competência dos Juizados Especiais estaduais e federais, salvo os casos previstos em lei e recursos para as turmas recursais; b) beneficiários da assistência judiciária gratuita (Lei n. 1.060/50); c) União, o estado de Minas Gerais e seus municípios e as respectivas autarquias e fundações; d) autor nas ações populares, nas ações civis públicas e nas ações coletivas de que trata a Lei Federal n. 8.078, de 11.09.1990, que dispõe sobre o CDC, ressalvada a hipótese de litigância de má-fé; e) autor da ação relativa aos benefícios da Previdência Social, até o valor previsto no art. 128 da Lei Federal n. 8.213, de 24.07.1991, considerado o valor em relação a cada autor, quando houver litisconsórcio ativo; f) réu que cumprir mandado de pagamento ou de entrega da coisa na ação monitória; g) Ministério Público; h) Defensoria Pública; i) Fazenda Pública, nos processos de execução fiscal, quando desistir da cobrança ou promover o arquivamento dos autos.

Custas finais São as custas apuradas antes do arquivamento do feito, referentes aos atos praticados durante o processo, e não recolhidas prévia ou intermediariamente.

Custas iniciais Iniciais ou prévias são as custas a serem pagas pela parte autora da ação no início do processo por meio de formulário ou guia próprios. A guia é emitida em três vias (a primeira via é anexada aos autos do processo; a segunda, entregue à parte que ajuíza a ação; e a terceira, com o distribuidor-contador), contendo nome das partes, natureza da ação, valor da causa, data de ingresso da ação e número do processo, além da discriminação de todas as despesas relativas à ação, tais como custas ao escrivão, custas ao oficial de justiça para promover citações, notificações ou intimações e custas ao distribuidor-contador.

Custas intermediárias São as custas originadas e devidas durante a tramitação do processo judicial não incluídas nas custas prévias, ou, ainda, quando: a) houver impugnação ao valor da causa, e o juiz decidir pela alteração, devendo a parte ser intimada a pagar a diferença; b) o contador apurar diferença entre o valor devido e as custas prévias recolhidas, em razão de interpretação errônea da natureza da ação ou inclusão na faixa de valor diverso.

A B C **D** E F G H I J K L M N O P Q R S T U V W X Y Z

Dação em pagamento Acordo realizado com o objetivo de extinguir uma obrigação pelo qual o credor recebe coisa que não seja dinheiro em substituição da prestação que lhe era devida (arts. 356 a 359, CC).

Dano Prejuízo ou perda de um bem juridicamente protegido. Pode ser real ou material, quando atingir um bem cujo valor possa ser apurado; ou moral, quando ofender um direito personalíssimo ou extrapatrimonial. Aquele que sofrer dano causado por ato ilícito decorrente de ação ou omissão voluntária, negligência ou imprudência tem direito a ser indenizado, por meio da competente ação de reparação de danos (arts. 186, 177 e 927, CC). "A indenização mede-se pela extensão do dano" (art. 944, CC).

Dano culposo Aquele provocado por imperícia, negligência ou imprudência do autor. Havendo culpa concorrente, ou seja, caso a vítima tiver concorrido culposamente para o evento danoso, sua indenização será fixada tendo-se em conta a gravidade de sua culpa em confronto com a do autor do dano (art. 945, CC). Se houver excessiva desproporção entre a gravidade da culpa e o dano, poderá o juiz reduzir, equitativamente, a indenização (art. 944, CC).

Dano emergente Dano que realmente ocorreu e provocou a real diminuição do patrimônio de outrem. Dano indenizável quando decorrente de ato ilícito praticado mediante ação ou omissão voluntária, negligência ou imprudência (arts. 186 e 927, CC).

Dano estético Dano físico permanente que uma pessoa sofre em relação à sua imagem ou aparência, em decorrência da prática de ato ilícito de outrem. Em muitos casos representa uma alteração de caráter pejorativo nas feições do indivíduo, reduzindo sua capacidade de atração em relação aos demais. Os atos lesivos estéticos são geralmente causados por acidentes de trânsito e erros médicos, como os resultantes de cirurgias plásticas malsucedidas. A indenização por lesão estética é uma forma de compensar os danos que o defeito ou aleijão causará na autoestima da vítima e em sua aceitação perante a sociedade. O dano estético pode ocorrer conjunta ou isoladamente ao dano moral, ou seja, do mesmo fato lesivo podem concorrer danos morais e estéticos, ou apenas um ou outro. O STJ firmou posição no sentido de que é permitida a acumulação dos danos material, estético e moral, ainda que decorrentes de um mesmo acidente, quando for possível distinguir com precisão as condições que justifiquem cada um deles. Também não há empecilho em deferir o dano estético dentro da parcela do dano moral, desde que expressamente considerada aquela lesão na fixação do valor da indenização quando for o caso.

Dano material Dano que atinge diretamente o patrimônio das pessoas físicas ou jurídicas. Pode ser representado por qualquer despesa gerada em razão de uma ação ou omissão indevida de terceiros ou, ainda, pelo que se deixou de auferir em razão de tal conduta, caracterizando a necessidade de reparação material dos chamados lucros cessantes. Dano indenizável quando decorrente de ato ilícito praticado mediante ação ou omissão voluntária, negligência ou imprudência (arts. 186 e 927, CC).

Dano moral Ofensa a direito personalíssimo, ou seja, a direito extrapatrimonial. O dano moral é aquele que afeta a personalidade e, de alguma forma, ofende a moral e a dignidade da pessoa. Doutrinadores têm defendido a tese de que o prejuízo moral que alguém diz ter sofrido é provado *in re ipsa* (pela força dos próprios fatos). Pela dimensão do fato, é impossível deixar de imaginar, em determinados casos, que houve prejuízo – por exemplo, quando se perde um filho em um acidente de trânsito. Outras situações passíveis de ensejar indenização por dano moral são o atraso em voo, causado por companhia aérea, a inserção indevida de nome em cadastro de inadimplentes (SPC, Serasa) e a negativa de plano de saúde em realizar exames médicos ou cirurgia ao beneficiário que tem direito (arts. 186 e 927, CC). A respeito da avaliação dos danos morais; em regra, os tribunais adotam a teoria compensatória, bem como do desestímulo, no qual o montante da indenização deve ser razoavelmente expressivo, não meramente simbólico, pesando no patrimônio do ofensor como forma de não incentivar a reincidência do ato lesivo.

Dano moral no divórcio Indenização por dano moral decorrente de comportamento injurioso de um dos cônjuges reconhecido pelos tribunais.

Dar provimento Ato pelo qual as câmaras ou turmas dos tribunais deferem ou acatam o pedido do recorrente formulado em recurso.

Data venia Expressão latina, que significa *com a devida permissão*, empregada pelo advogado no meio forense, por deferência, em situações de contraposição à opinião de um magistrado ou de seu ex-adverso, dando a entender que ele respeita a opinião, porém dela discorda. O mesmo que *permissa venia* ou *concessa venia*.

Debate oral Arguição verbal dos advogados das partes, feita em juízo, como objetivo de demonstrar seus direitos (art. 364, CPC).

Decadência Perda de um direito pelo fato de seu titular não exercê-lo no prazo legal. Perecimento do direito em razão do decurso do prazo prefixado para seu exercício. A decadência extingue o próprio direito em sua substância, nada mais restando dele. Resulta na extinção de um direito assegurado em lei, em face da existência de impedimento para exercê-lo. Pode ser alegada pela parte ou pelo juiz *ex officio*. Exemplo: o art. 26 do CDC, que prevê os prazos em que decai o direito de reclamar pelos vícios aparentes ou de fácil constatação (art. 207, CC).

Decisão interlocutória Todo pronunciamento judicial de natureza decisória que não se enquadre no art. 203, § 1º, CPC (art. 203, § 2º, CPC). Despacho proferido pelo juiz entre o início e o fim do processo antes de proferir a sentença definitiva. Contra decisão interlocutória, cabe recurso de agravo de instrumento no prazo de quinze dias (art. 1.015, CPC).

Decisão monocrática Juízo monocrático. Decisão final proferida isoladamente por um juiz singular, pelo desembargador relator ou pelo ministro relator em um processo antes que seja incluído na pauta de julgamento. Trata-se de medida judicial adotada nos tribunais que tem por objetivo impedir ou negar o seguimento de recurso manifestamente inadmissível, improcedente, prejudicado ou em confronto com súmula ou com jurisprudência dominante do respectivo tribunal ou Tribunal Superior (art. 932, CPC).

Declaração Afirmação escrita ou verbal da existência de um fato; existência ou não de um direito. Segundo as circunstâncias e a finalidade, a declaração pode receber diversas denominações, como declaração de direito, de vontade, de ausência, de crédito, de guerra, de falência, de interdição, de nascimento, de óbito, de morte presumida, de renda, de princípios etc. A validade da declaração de vontade não dependerá de forma especial, senão quando a lei expressamente a exigir (art. 107, CC).

Declaração da vontade Meio, expresso ou tácito, pelo qual alguém manifesta sua vontade com objetivo de produzir efeitos jurídicos (art. 112, CC).

Declaração de nascido vivo Declaração emitida por profissional de saúde responsável pelo acompanhamento da gestação, do parto ou do recém-nascido, inscrito no Cadastro Nacional de Estabelecimentos de Saúde (CNES) ou no respectivo conselho profissional, para todos os nascimentos com vida ocorridos no país. Ela é destinada à elaboração de políticas públicas e à lavratura do assento de nascimento (Lei n. 12.662/2012).

Decreto Ato da competência exclusiva do chefe do Poder Executivo destinado a prover de legislação situações gerais ou individuais abstratamente previstas, de modo expresso, explícito ou implícito. Os decretos executivos são considerados atos meramente administrativos utilizados pelo chefe do Poder Executivo para fazer nomeações e regulamentações de leis, entre outras providências. Os decretos executivos têm por objeto: a) pôr em execução uma disposição legal; b) estabelecer medidas gerais para cumprimento da lei; c) providenciar sobre matéria de ordem funcional; d) resolver sobre interesse da administração; e) decidir sobre algum interesse de ordem privada que se prenda ao da administração; f) criar, modificar, limitar ou ampliar uma situação jurídica; e g) organizar, reformar ou extinguir serviços públicos.

Decretos individuais e coletivos São os que dispõem sobre situações funcionais, podendo abranger um (decreto individual) ou mais (decreto coletivo) servidores. Esses decretos não costumam ser numerados.

Decretos regulamentares São os que visam a detalhar uma lei para facilitar sua execução. Neles são dispostos normas e procedimentos com o objetivo único de explicar a lei e orientar seu correto cumprimento. Têm previsão no art. 84, IV, da CF: "Compete privativamente ao Presidente da República: [...] IV – sancionar, promulgar e fazer publicar as leis, bem como expedir decretos e regulamentos para sua fiel execução".

De fato O oposto ao que é de direito, porque não se refere à lei e sim a uma simples circunstância factual ou material. Exemplos: a separação de fato do casal que ainda não requereu o divórcio; e os jurados escolhidos para compor o conselho de sentença nos julgamentos do Tribunal do Júri, que são considerados juízes de fato ou não togados.

Defensor Aquele que defende ou protege. Advogado constituído pela parte ou nomeado pelo juiz com atribuição de defender o réu em processo de qualquer natureza. Nenhum acusado, ainda que ausente ou foragido, será processado ou julgado sem defensor. Se o acusado não o tiver, ser-lhe-á nomeado defensor pelo juiz, ressalvado seu direito de, a todo tempo, nomear outro de sua confiança ou a si mesmo defender-se, caso tenha habilitação (arts. 261 e 263, CPP).

Defensor dativo Advogado nomeado pelo juiz ao réu para defendê-lo por este não possuir condições econômicas para contratar um defensor (art. 263, CPP).

Defensoria Pública Órgão estatal a que estão vinculados os defensores públicos e para o qual prestam serviços. À Defensoria Pública incumbe, em regra, prestar assistência jurídica integral e gratuita às pessoas carentes ou hipossuficientes, que não têm condições de contratar os serviços de um advogado (art. 134, CF). A Defensoria Pública exercerá a orientação jurídica, a promoção dos direitos humanos e a defesa dos direitos individuais e coletivos dos necessitados, em todos os graus, de forma integral e gratuita (art. 185, CPC). Ela atua no âmbito da União e dos estados e tem, em cada situação, atribuições específicas. Também atua na defesa dos acusados que não constituíram advogado para a apresentação de defesa e nos casos da curatela especial, conhecida como curadoria à lide, quando, por um dos motivos descritos nos arts. 72 e 245 do CPC, se presume prejudicado o direito de ação do autor (art. 72, I, CPC) ou do requerido (arts. 72, II, e 245,

CPC), em que pese o fato de esta ser considerada função atípica, pois independe da condição econômica do interessado.

Defensor público Advogado que exerce a função pública, em âmbito federal ou estadual, de prestar assistência jurídica integral às pessoas carentes que, por essa razão, não têm condições de pagar pelos serviços de um advogado (art. 134, CF). O defensor público é aprovado em concurso e conta com pelo menos dois anos de experiência jurídica. Ele é independente para atuar na defesa dos interesses do cidadão, podendo, inclusive, agir contra o Estado, com total isenção. Também representa o cidadão contra as autarquias da União, suas fundações e órgãos públicos federais, como o INSS e o Exército.

Deferir Aceitar. Decidir favoravelmente a um pedido ou requerimento. Exemplos: "Defiro o pedido da parte para determinar que..."; "Defiro o pedido de assistência judiciária gratuita formulado pelo autor". "Ante o exposto, defiro o pedido liminar para determinar".

Defesa prévia Alegações apresentadas pelo réu no prazo de dez dias após o oferecimento da denúncia pelo juiz. Na defesa prévia, podem-se arrolar testemunhas (art. 396, CPP).

Defeso (1) Expressão que indica aquilo que é proibido ou vedado por lei ou decisão judicial. Impedimento para realizar algum ato ou alguma coisa. O mesmo que vedado (art. 78, CPC).

Defeso (2) Período estabelecido pelo IBAMA que corresponde à época em que crustáceos e peixes se reproduzem na natureza, no qual as atividades de caça, coleta e pesca esportivas e comerciais são suspensas ou controladas. Visa, acima de tudo, a preservação das espécies e fruição sustentável dos recursos naturais. Os pescadores artesanais recebem do governo proventos em dinheiro durante a época em que não podem obter renda da pesca por impedimento legal.

Delação premiada Mesmo que colaboração premiada. Denúncia voluntária feita ao juiz pelo indiciado em crime praticado em concurso com a finalidade de colaborar com a investigação e o processo criminal. Ocorre quando o indiciado imputa a autoria do crime a um terceiro, coautor ou partícipe; ou fornece às autoridades informações a respeito das práticas delituosas promovidas pelo grupo criminoso, auxiliando a localização de uma vítima ou a recuperação do produto do crime (arts. 159, CP; e 13, Lei n. 9.807/99). A delação premiada guarda semelhança com a colaboração premiada, instituída com os mesmos propósitos pela Lei n. 12.850/2013, e o acordo de leniência constante da Lei n. 12.846/2013, que dispõe sobre a responsabilização objetiva administrativa e civil de pessoas jurídicas pela prática de atos contra a administração pública, nacional ou estrangeira (*v. Colaboração premiada* e *Acordo de leniência*).

Deliberação Resolução ou ato emanado de órgão colegiado de autarquias ou de grupos representativos; expedem-na, entre outros, os conselhos administrativos ou deliberativos, os institutos de previdência e assistência social, e as assembleias legislativas.

Demanda Ato de demandar ou ajuizar uma ação. Lide, avença, disputa ou litígio judicial.

Demanda repetitiva (*v. Incidente de resolução de demandas repetitivas*).

Denegar Ato de negar alguma coisa. Também tem por significado recusar ou indeferir um pedido. Pode ser representado da seguinte maneira: "O juiz denegou o pedido de liminar".

Densidade da norma Conteúdo pleno de um dispositivo. Refere-se a normas dotadas de maior concreção, maior densidade semântica, maior precisão conceitual e detalhamento; ou àquelas dotadas de suficiente normatividade que se encontram aptas a, diretamente e sem a intervenção do legislador ordinário, gerar seus efeitos essenciais. "Densificar uma norma significa preencher, complementar e precisar o espaço normativo de um preceito, especialmente carecido de concretização, a fim de tornar possível a solução, por esse preceito, dos problemas concretos" (CANOTILHO, J. J. Gomes. *Direito constitucional*. 6.ed. Coimbra, Almedina, 1993, p. 202-3).

Denúncia Ato pelo qual alguém comunica a uma autoridade pública, órgão policial ou judiciário a prática de um delito de que tenha conhecimento. A Controladoria-Geral da União (CGU) recebe denúncias relativas à defesa do patrimônio público, ao controle sobre a aplicação dos recursos públicos federais, à correição, à prevenção e ao combate da corrupção, às atividades de ouvidoria e ao incremento da transparência da gestão no âmbito da administração pública federal. No direito civil, corresponde ao ato em que se dá ciência a alguém, através de notificação, de que não há mais interesse em continuar a relação contratual, concedendo prazo determinado em lei para o término da relação. Em direito penal, é o ato pelo qual o representante do Ministério Público (promotor público ou procurador) apresenta sua acusação perante a autoridade judicial competente para julgar o crime ou a contravenção descrita na peça acusatória. A denúncia é a peça inicial dos processos criminais que envolvam crimes de ação pública, ou seja, aqueles em que a iniciativa do processo judicial é do Ministério Público (art. 41, CPP).

Denunciação da lide Ato pelo qual o autor da ação chama um terceiro para intervir na demanda a fim de defendê-lo e garantir o direito à evicção (arts. 125 a 129, CPC).

Denúncia cheia Notificação obrigatoriamente motivada do locatário, pelo locador, para retomada do imóvel. Se a locação do móvel foi prorrogada automaticamente, findo o prazo estabelecido, ele só pode ser retomado se for pedido para uso próprio, uso residencial de ascendente ou descendente que não disponha, assim como cônjuge ou companheiro, de imóvel residencial próprio, e outras hipóteses que a lei determina (art. 47, Lei n. 8.245/91).

Denúncia da locação Ato pelo qual o locatário, na locação por prazo indeterminado, comunica (notifica) por escrito ao locador, com antecedência mínima de trinta dias, que não tem mais interesse na continuidade da locação. Notificação premonitória (art. 6º, Lei n. 8.245/91).

Denúncia do comodato Ato pelo qual o comodante, no comodato por prazo indeterminado, comunica (notifica) por escrito ao comodatário que não tem mais interesse na continuidade do empréstimo do imóvel, concedendo prazo para sua desocupação (art. 581, CC).

Denúncia vazia O mesmo que denúncia imotivada, ou seja, o ato do locador promover a devolução do imóvel sem que seja necessário indicar qualquer motivo justo para tanto. Nas locações de prazo determinado, ajustadas por escrito por prazo igual ou superior a trinta meses, que passarem a vigorar por prazo indeterminado após o transcurso do primeiro prazo, poderá o locador, a qualquer tempo, depois de denunciado o contrato, concedendo o prazo de trinta dias para a desocupação, promover o despejo (art. 46, Lei n. 8.245/91). As outras hipóteses de denúncia da locação são: a) a ocupação, por cinco anos ininterruptos, do imóvel pelo locatário (art. 47, V); b) a prevista no art. 7º e que diz respeito aos casos de extinção de usufruto ou de fideicomisso, podendo ser exercitado no prazo de até noventa dias de qualquer desses eventos; c) a denúncia pelo adquirente do imóvel, no prazo de noventa dias a contar do registro da venda, se a aquisição se verificar durante o prazo da locação, salvo se esta for feita por prazo determinado e o contrato que contiver cláusula de vigência em caso de alienação estiver averbado no Registro de Imóveis (art. 8º).

De ofício Realização de um ato processual pela iniciativa do juiz sem requerimento das partes. O mesmo que *ex officio* (*v. Ex officio*).

Deontologia Deontologia, derivado do grego *deon, deontos/logos,* significa estudo dos deveres. O surgimento da palavra deu-se em 1834, quando Benthan atribuiu à sua *Science of Morality* o título *Deontology*. Com o tempo, passou-se a utilizar o termo como oposição a *ontologia,* ou seja, como antítese entre o *ser* e o *dever-ser.* No caso específico dos profissionais da advocacia, indica o conjunto de regras ético-jurídicas nas quais o advogado deve pautar seu comportamento profissional. Para os advogados brasileiros, as regras deontológicas, às quais devem submeter-se, encontram-se elencadas no Código de Ética e Disciplina da OAB.

De pleno direito Em virtude de lei. Diz-se nulo de pleno direito o ato jurídico ou contrato que não cumprir os requisitos legais. O ato nulo de pleno direito pode ter a nulidade pronunciada de ofício.

Depoente Pessoa que vem a juízo para depor ou ser interrogada como testemunha. A própria parte quando intimada a prestar depoimento pessoal ou a vítima em processo criminal (art. 385, CPC).

Depoimento Declaração ou manifestação de quem é convocado a comparecer em juízo para prestar informações a respeito de fatos relacionados ao processo. Depoimento testemunhal. Depoimento pessoal.

Depoimento pessoal Meio de prova que consiste no depoimento prestado pelo autor ou réu, quando expressamente requerido pela parte. Compete a cada parte requerer o depoimento pessoal da outra, a fim de que seja interrogada na audiência de instrução e julgamento (art. 385, CPC).

Deportação de pessoa perigosa A Portaria n. 770/2019 do Ministério da Justiça e Segurança Pública dispõe sobre o impedimento de ingresso, a repatriação e a deportação de pessoa perigosa ou que tenha praticado ato contrário aos princípios e objetivos dispostos na Constituição Federal. A norma considera pessoa perigosa ou que tenha praticado ato contrário aos referidos princípios aquela sobre a qual recaem razões sérias que indiquem envolvimento em terrorismo, grupo criminoso organizado, tráfico de drogas, pessoas ou armas de fogo, pornografia ou exploração sexual infantojuvenil. A portaria estabelece as regras de aplicação dessas providências, determinando que a repatriação ou deportação não serão promovidas se colocarem em risco a vida ou a integridade pessoal do estrangeiro. As regras não se aplicam aos residentes no País regularmente registrados nem à pessoa reconhecida como refugiada pelo Estado brasileiro.

Depositário Pessoa a quem se entrega ou a quem se confia alguma coisa em depósito em virtude de contrato. Pelo contrato de depósito, recebe o depositário um objeto móvel para guardar até que o depositante o reclame (art. 627, CC; e art. 159, CPC).

Depositário infiel Aquele que se recusa a devolver a coisa que lhe foi confiada em depósito ou está impossibilitado de fazê-lo. Os hospedeiros responderão como depositários, assim como por furtos e roubos que perpetrarem as pessoas empregadas ou admitidas em seus estabelecimentos (art. 649, parágrafo único, CC). Com a edição da Súmula vinculante n. 25 do STF, o depositário infiel não está mais sujeito à prisão civil: "É ilícita a prisão civil de depositário infiel, qualquer que seja a modalidade do depósito".

Depositário judicial Pessoa designada pelo juiz que fica encarregada da custódia de valores ou coisas consignadas ou depositadas em juízo. A guarda e a conservação de bens penhorados, arrestados, sequestrados ou arrecadados serão confiadas a depositário ou administrador, não dispondo a lei de outro modo (art. 159, CPC).

Depósito Contrato pelo qual o depositário recebe um objeto móvel para guardar até que o depositante o reclame (art. 627, CC).

Depósito necessário É aquele que se faz em desempenho de obrigação legal ou que se efetua por ocasião de alguma calamidade, como incêndio, inundação, naufrágio ou saque (art. 647, CC).

Depósito voluntário Contrato pelo qual o depositário recebe um objeto móvel para guardar até que o depositante o reclame (art. 627, CC). O contrato de depósito é gratuito, exceto se houver convenção em contrário, se for resultante de atividade negocial ou se o depositário o praticar por profissão (art. 628, CC). O depósito voluntário provar-se-á por escrito (art. 646, CC).

Deprecado Juiz ou juízo para o qual foi endereçada carta precatória e onde deve ser ela cumprida.

Deprecante Autoridade judiciária que expede a carta precatória ao juiz deprecado.

Derrogação Revogação parcial de uma lei (art. 2º, LINDB). Revogação de um artigo de lei ou de jurisdição: "a regra geral, que obriga a observância da arbitragem quando pactuada pelas partes, promove a derrogação da jurisdição estatal" (STJ, REsp n. 1.169.841/RJ, 3ª T., rel. Min. Nancy Andrighi, j. 06.11.2012, v.u.).

Desagravo Retratação de ofensa ou dano moral causados injustamente a advogado. Cabe ao conselho ou à seccional da OAB promover o desagravo público do ofendido sem prejuízo da responsabilidade criminal em que incorrer o infrator (art. 7º, § 5º, EAOAB).

Desaposentação Renúncia de aposentadoria anterior para efeito de obter nova aposentação contando o tempo de trabalho posteriormente prestado. Instituto que se mostra de interesse daqueles que se aposentaram proporcionalmente, mas continuaram a trabalhar e a contribuir. Ao completar o tempo integral, desfazem a aposentadoria proporcional e se reaposentam com o valor integral.

Desapropriação Transferência compulsória de um bem particular para o domínio do Estado, por necessidade, utilidade pública ou interesse social, mediante prévia e justa indenização (art. 184, CF; e Lei n. 8.629/93) (*v. Ação de desapropriação*).

Desapropriação indireta Apossamento de imóvel de particular pelo poder público sem a devida observância dos requisitos de declaração e indenização prévia. Procedimento pelo qual o órgão do poder executivo, embora propriamente não desaproprie o bem, restringe o proprietário de seu direito de propriedade. Nesse caso, a ocupação do imóvel pela administração pública dá-se sem existência do ato declaratório de utilidade pública e, principalmente, sem o pagamento da justa e prévia indenização, sendo este o fator diferencial entre a desapropriação direta e a indireta. Embora não esteja regulada por lei, a desapropriação indireta está amparada por inúmeras decisões das diversas instâncias, inclusive do STF.

Descaminho Delito penal que consiste em ilidir, no todo ou em parte, o pagamento de direito ou imposto devido por entrada, saída ou consumo da mercadoria (art. 334, CP). A 6ª Turma do STJ, revertendo decisões de instâncias inferiores e afastando a aplicação do princípio da insignificância, para reconhecer a ocorrência do crime de descaminho quando o imposto sonegado passa de R$ 10 mil – valor mínimo das execuções previsto na Lei n. 10.552/2002 e que era adotado antes da Portaria n. 75/2012 da Receita Federal –, concluiu que o valor de R$ 20 mil, estabelecido pela referida Portaria como limite mínimo para a execução de débitos contra a União, não pode ser considerado para efeitos penais. (REsp n. 1.334.500/PR, 6ª T., rel. Min. Maria Thereza de Assis Moura, j. 26.11.2013, *DJe* 01.07.2014)

Descendente Aquele que descende de pessoa à qual é ligado por vínculo consanguíneo (filho, neto ou bisneto).

Descobrimento Achado de coisa alheia perdida pelo dono ou possuidor, obrigando o descobridor a restituí-la (art. 1.233, CC).

Desconsideração da personalidade jurídica Teoria jurídica surgida na Inglaterra, com a denominação *disregard doctrine* ou *disregard of legalentity*, pela qual uma pessoa jurídica, quando descumpre sua finalidade, deve ser considerada ente abstrato, meramente racional, possibilitando a imputação de responsabilidade pessoal aos sócios. Essa doutrina foi recepcionada por nosso ordenamento jurídico no CDC, no CC e nas leis de Infrações à Ordem Econômica (Leis ns. 8.884/94 e 12.529/2011) e do Meio Ambiente (Lei n. 9.605/98) (*v. Incidente de desconsideração da personalidade jurídica*).

Desconstituição da paternidade Ato jurídico que permite ao filho, quando reconhecido na menoridade, impugnar o reconhecimento até quatro anos após atingir a maioridade ou emancipação (art. 1.614, CC). Trata-se de regra somente aplicável ao filho natural que pretenda afastar a paternidade por mero ato de vontade, com o único objetivo de desconstituir o reconhecimento da filiação, sem buscar constituir nova relação de paternidade.

Desentranhamento Ato que consiste em retirar ou subtrair algum documento do corpo dos autos findos, mediante petição específica endereçada ao juiz da causa por determinação do próprio juiz.

Deserção Falta de preparo ou pagamento de despesas e custas judiciais necessários à interposição de um recurso (art. 1.007, CPC). Entretanto, excetua a lei quanto à exigência de preparo, dispensando de tal formalidade os recursos interpostos pelo Ministério Público, pela União, pelos estados e municípios e respectivas autarquias, e pelos que gozam de isenção legal (art. 1.007, § 1º, CPC). Refere-se também ao abandono de qualquer uma das partes da causa ou ao não comparecimento do advogado à audiência de instrução e julgamento.

D

Deserdação Exclusão da sucessão de algum herdeiro necessário nos casos previstos em lei (arts. 1.814 e 1.962, CC).

Deserdação de ascendente Exclusão da sucessão de ascendente, declarada por sentença, em virtude de ato de indignidade praticado contra o autor da herança (art. 1.814, CC – *v.* art. 1.961, CC). Também autoriza a deserdação dos ascendentes pelos descendentes o que consta no art. 1.963, CC.

Deserdação de descendente Exclusão da sucessão de descendente, declarada por sentença, em virtude de ato de indignidade praticado contra o autor da herança (arts. 1.814 e 1.962, CC – *v.* art. 1.961, CC).

Desídia Desleixo com que o empregado realiza seus serviços. Constitui justa causa para demissão do empregado pelo empregador (art. 482, *e*, CLT).

Desoneração Liberação ou desobrigação de ônus ou obrigação.

Despacho administrativo Decisão proferida pela autoridade administrativa no curso ou ao final de um processo administrativo a respeito do caso submetido a sua apreciação, que pode ser favorável (deferimento) ou desfavorável (indeferimento) à pretensão solicitada pelo administrado, funcionário ou não. Os despachos podem constituir-se das seguintes expressões: *De acordo*, *Aprovo*, *Autorizo*, *Indefiro*, *Defiro* etc.

Despacho judicial Pronunciamento do juiz praticado no processo, de ofício ou a requerimento da parte. Pronunciamento do juiz destinado a impulsionar ou dar andamento ao processo, como o que determina a citação do réu e a intimação de testemunhas, e o de deferimento ou indeferimento da petição inicial (art. 203, § 3º, CPC).

Despejo de imóvel Retirada compulsória de inquilino ocupante do prédio locado quando se recusa a restituí-lo ao proprietário (arts. 9º, 47 e 59, Lei n. 8.245/91).

Despesas judiciais Despesas destinadas a promover o andamento de um processo, cujo pagamento incumbe às partes. Salvo as disposições concernentes à justiça gratuita, cabe às partes prover as despesas dos atos que realizam ou requerem no processo, antecipando-lhes o pagamento desde o início até a sentença final; e, bem ainda, na execução, até a plena satisfação do direito declarado pela sentença. Abrangem, além de custas processuais, o pagamento de peritos, comissões, taxas, conduções e remuneração do assistente técnico (art. 82, CPC).

Destituição do poder familiar Medida judicial pela qual o juiz determina a perda do poder familiar exercido sobre os filhos do pai ou da mãe que: castigar imoderadamente o filho; deixar o filho em abandono; praticar atos contrários à moral e aos bons costumes; incidir, reiteradamente, nas faltas (art. 1.638, CC).

Desvio de função Situação em que o empregado passa a exercer, com habitualidade, atividades diferentes daquelas para as quais foi contratado pela empresa. No serviço público, o desvio de função ocorre quando o servidor exerce funções diferentes das previstas para o cargo para o qual ele foi aprovado em concurso.

Devido processo legal Princípio constitucional, também conhecido por *due process of law*, que consiste na garantia outorgada ao cidadão de que ninguém será privado da liberdade ou de seus bens sem assegurar aos litigantes, em processo judicial ou administrativo, nem aos acusados em geral o contraditório e a ampla defesa, com os meios a ela inerentes (art. 5º, LIV e LV, CF).

Devolutivo Efeito do recurso, principalmente da apelação, que devolve à instância superior o exame da matéria decidida pelo juízo recorrido (art. 1.013, § 1º, CPC).

Diálogo competitivo Modalidade de licitação para contratação de obras, serviços e compras em que a Administração Pública realiza diálogos com licitantes previamente selecionados mediante critérios objetivos, com o intuito de desenvolver uma ou mais alternativas capazes de atender às suas necessidades, devendo os licitantes apresentar proposta final após o encerramento dos diálogos (art. 6º, XLII, Lei n. 14.133/2021).

Difamação Crime consistente em imputar a alguém fato ofensivo a sua reputação (art. 139, CP).

Diferir Ato de postergar ou adiar a prática de um ato para outra data ou outro momento. Procrastinar. *Efeito diferido* significa, assim, o fato pelo qual uma decisão, para ser proferida, depende de recurso posterior a ser interposto contra outra decisão (*v. Efeito diferido*).

Dilação Efeito de conceder ou aumentar prazo para a prática de um ato. A expressão *dilação probatória* tem relação com a possibilidade de produzir diversas provas no andamento do processo; portanto, é incabível no mandado de segurança, pois este exige prova pré-constituída como condição essencial à verificação do direito líquido e certo.

Direito absoluto Direito *erga omnes*, isto é, aquele que se opõe a todos. São direitos absolutos os personalíssimos, os reais e os de família.

Direito adjetivo Conjunto de leis que determinam a forma pela qual se devem exercitar os direitos; conjunto de leis reguladoras dos atos judiciários; direito processual, direito judiciário e direito formal.

Direito adquirido Direito validamente constituído e consolidado ao amparo de determinada legislação. Consideram-se adquiridos assim os direitos que seu titular, ou alguém por ele, possa exercer, como aqueles cujo começo do exercício tenha termo prefixo, ou condição preestabelecida inalterável, a arbítrio de outrem. Trata-se de direito fundamental, previsto constitucionalmente, ao lado do ato jurídico perfeito e da coisa julgada (art. 5º, XXXVI, CF).

Direito aeronáutico Ramo do Direito que trata das atividades aeronáuticas relacionadas ou não ao transporte de passageiros. O direito aeronáutico é regulado por tratados, convenções e atos internacionais de que o Brasil seja parte, pelo Código Aeronáutico e pela legislação complementar (art. 1º, Lei n. 7.565/86, CBA).

Direito alternativo Doutrina progressista referente à interpretação do Direito fundada em uma visão global e antidogmática, pela qual alguns juristas propõem que os juízes, ao se depararem com uma lei omissa, lacunosa ou contraditória, ao aplicá-las, façam-no de maneira a favorecer os mais fracos e oprimidos, tendo em vista a adoção de um conceito mais amplo de fins sociais e bem comum.

Direito bancário Ramo do Direito privado constituído por um conjunto de princípios e normas jurídicas que regula a atividade bancária, a constituição e o funcionamento das instituições financeiras. Trata da responsabilidade civil dos bancos, abordando questões relacionadas à falência, ao sigilo bancário e à aplicabilidade do Código de Defesa do Consumidor às relações bancárias.

Direito de ação Aquele pelo qual o titular de um direito pode recorrer ao Poder Judiciário para assegurá-lo, defendê-lo contra terceiros e pedir sua declaração ou seu restabelecimento quando violado (art. 5º, XXXV, CF).

Direito de defesa Direito que o réu (ou demandado) possui, por meio de defesa criminal, contestação ou reconvenção, de produzir provas, fazer alegações em seu favor e utilizar todos os recursos e meios para defender-se dos fatos a ele imputados (art. 336, CPC). O mesmo que direito ao contraditório e à ampla defesa no devido processo legal (art. 5º, LIV e LV, CF). Nas palavras de Eduardo Couture, "a diferença fundamental que existe entre ação e exceção, entre ataque e defesa, é que o autor cria o processo porque o deseja, enquanto que o demandado enfrenta o litígio, mesmo que não o queira. O autor tem a iniciativa do litígio, o réu não a tem, mas deve suportar os resultados da iniciativa do demandante. O direito de defesa em juízo aparece-nos, então, como um direito paralelo à ação judicial, ou se se quiser, como a ação do réu. O autor pede justiça reclamando algo contra o réu e este pede justiça solicitando a rejeição da demanda" (COUTURE, Eduardo. *Introdução ao estudo do processo civil*. 3.ed. Trad. Mozart Victor Russomano. Rio de Janeiro, José Konfino, 1951, p. 42) (*v. Contestação*).

Direito de energia elétrica Ramo do Direito privado constituído por um conjunto de normas que regula os regimes de produção e o funcionamento do setor elétrico brasileiro, bem como as atividades de geração, transmissão, distribuição e comercialização de energia elétrica, obtidas a partir das mais diversas matrizes energéticas.

Direito de preempção Direito conferido ao poder público municipal de preferência para a aquisição de imóvel urbano objeto de alienação onerosa entre particulares que será exercido sempre que o poder público necessitar de áreas para: regularização fundiária; execução dc programas e projetos habitacionais de interesse social; constituição de reserva fundiária; ordenamento e direcionamento da expansão urbana; implantação de equipamentos urbanos e comunitários; criação de espaços públicos de lazer e áreas verdes; criação de unidades de conservação ou proteção de outras áreas de interesse ambiental; proteção de áreas de interesse histórico, cultural ou paisagístico (art. 26, Lei n. 10.257/2001, Estatuto da Cidade).

Direito de preferência Direito previsto em cláusula de compra e venda de ser preferido na aquisição da coisa. O mesmo que direito de preempção. A preempção, ou preferência, impõe ao comprador a obrigação de oferecer ao vendedor a coisa que aquele vai vender, ou dar em pagamento, para que este use de seu direito de prelação na compra, tanto por tanto. O prazo para exercer o direito de preferência não poderá exceder 180 dias, se a coisa for móvel, ou dois anos, se imóvel (art. 513, CC) (*v. Preferência* e *Preempção*).

Direito de representação Direito que se configura quando a lei chama certos parentes do falecido a sucedê-lo em todos os direitos em que ele sucederia se vivo estivesse. O direito de representação dá-se na linha reta descendente, nunca na ascendente (arts. 1.851 e 1.852, CC).

Direito de superfície Direito que o proprietário de terreno urbano possui de conceder a outrem (superficiário), por tempo determinado ou indeterminado, a utilização do solo, do subsolo ou do espaço aéreo relativo ao terreno, mediante escritura pública registrada no cartório de registro de imóveis. A concessão do direito de superfície poderá ser gratuita ou onerosa (art. 21, Lei n. 10.257/2001, Estatuto da Cidade).

Direito de vizinhança Conjunto de regras impostas pela lei aos proprietários de imóveis que têm o objetivo de regular as relações decorrentes da utilização de prédios vizinhos. O proprietário ou o possuidor de um prédio tem o direito de fazer cessar as interferências prejudiciais à segurança, ao sossego e à saúde dos que o habitam provocadas pela utilização de propriedade vizinha (art. 1.277, CC).

Direito disponível Espécie de direito subjetivo que pode ser abdicado pelo respectivo titular e contrapõe-se ao direito indisponível, que é insuscetível de disposição por parte de seu titular. Direito patrimonial disponível é aquele que pode ser livremente exercido pelo seu titular. Assim, são disponíveis os bens que podem ser livremente alienados ou negociados, desde que livres e desembaraçados. As pessoas capazes de contratar poderão valer-se da arbitragem para dirimir litígios relativos a direitos patrimoniais disponíveis (art. 1º, Lei n. 9.307/96).

Direito indisponível Direito que o respectivo titular não pode dispor por ato de vontade ou em razão de disposição de lei. São indisponíveis os direitos familiares pessoais, os direitos de personalidade e o direito de alimentos. "Porque pertence de modo indissolúvel a essência mesma do homem, sem que possa dele separar-se, não podem ser transferidos a outrem, a qualquer título, diferentemente do que acontece com os direitos que podem ser objeto de transação jurídica, são inalienáveis" (OLIVEIRA, Almir. *Curso de direitos humanos*. Rio de Janeiro, Forense, 2000, p. 11-4).

Direito infortunístico Conjunto de normas de Direito público e Direito privado referentes aos acidentes em geral e às doenças profissionais, suas consequências e modo de reparação.

Direito líquido e certo Direito evidente, claro; aquele contra o qual não se podem opor controvérsias. O direito líquido e certo independe de prova, sua existência se verifica de plano (art. 5º, LXIX, CF). O direito líquido e certo é tutelado pelo mandado sempre que, ilegalmente ou com abuso de poder, qualquer pessoa física ou jurídica tiver seu direito violado ou houver justo receio de tê-lo por parte de autoridade, seja de que categoria for e sejam quais forem as funções que exerça (art. 1º, *d*, Lei n. 12.016/2009).

Direito natural Jusnaturalismo. Conjunto de normas de convivência criadas pela própria natureza, precedendo, portanto, a lei escrita ou o Direito positivo. O Direito natural situa-se acima da lei positiva. Traduz-se na existência de um Direito fundado na natureza das coisas e, em último tempo, na vontade divina, no Direito justo, denominando-se concepção jusnaturalista (do jusnaturalismo). Tem origem no pensamento grego, entendido como um Direito ideal, suprapositivo, integrado por princípios ou regras que cuidam essencialmente do justo, permitindo aferir a legitimidade do próprio Direito positivo.

Direito objetivo Conjunto de normas jurídicas, de cumprimento obrigatório, em vigor em determinado momento e em determinado ordenamento jurídico. São normas de Direito objetivo a CF, o CC, os contratos e os atos administrativos.

Direito personalíssimo Direito individual, inato, que não pode ser transferido nem alienado, por exemplo, a personalidade, a honra, a boa fama, a saúde, a imagem, a liberdade individual e o direito de investigar a paternidade. Com exceção dos casos previstos em lei, os direitos da personalidade são intransmissíveis e irrenunciáveis, não podendo seu exercício sofrer limitação voluntária (art. 11, CC) (*v. Direitos da personalidade*).

Direito positivo Conjunto de regras de Direito escrito representado por códigos, decretos, regulamentos e leis em geral. Direito de caráter obrigatório, podendo o Estado, para seu cumprimento, inclusive, utilizar-se de coerção. Opõe-se ao Direito natural.

Direito processual Conjunto de normas que trata dos procedimentos, da forma e da sequência que os atos processuais devem ser praticados em juízo para impulsionar o processo até a concretização da prestação jurisdicional.

Direito real Direito que uma pessoa exerce sobre coisa determinada. Classifica-se em propriedade, superfície, servidão, usufruto, uso, habitação, direito do promitente comprador de imóvel, penhor, hipoteca e concessão de uso especial para fins de moradia, anticrese, concessão de direito real de uso (arts. 1.225 a 1.227, CC).

Direito real de laje modalidade de propriedade, na qual o titular adquirente torna-se proprietário de unidade imobiliária autônoma consistente de espaço aéreo ou subsolo de terrenos públicos ou privados, tomados em projeção vertical, não contemplando as demais áreas edificadas ou não pertencentes ao proprietário da construção-base (art. 1.510-A do CC).

Direito regressivo Direito que tem o pagador de cobrar dos demais coobrigados parte da importância que pagou ao credor; direito das pessoas jurídicas de direito público interno de reaver do agente causador do dano a terceiro a importância que despendeu no ressarcimento do prejuízo (arts. 43, 934 e 935, CC; art. 125, CPC).

Direitos da personalidade Direitos inerentes à personalidade da pessoa, representados por um conjunto de atributos pessoais os quais não se podem transmitir ou serem renunciados (art. 11, CC). Direitos individuais, ou direitos personalíssimos, como a honra, a boa fama, a imagem e a liberdade individual (*v. Direito personalíssimo*).

Direitos fundamentais Diz-se dos direitos do ser humano que são reconhecidos e positivados na esfera do direito constitucional de um determinado Estado. Diferem dos *direitos humanos,* na medida em que estes aspiram à validade universal, ou seja, são inerentes a todo ser humano como tal e a todos os povos em todos os tempos, sendo reconhecidos pelo direito internacional por meio de tratados e tendo, portanto, validade independentemente de sua positivação em uma determinada ordem constitucional (caráter supranacional) (SARLET, Ingo Wolfgang. *A eficácia dos direitos fundamentais*. 6.ed. Porto Alegre, Livraria do Advogado, 2006, p. 35-6). Os direitos fundamentais se encontram elencados no art. 5º da CF, que cita, entre outros, a inviolabilidade do direito à vida, à liberdade, à igualdade, à segurança e à propriedade.

D

Direitos humanos Direitos inerentes a todo ser humano em todas as nações e positivados nas constituições, nas leis e nos tratados internacionais. A principal fonte dos direitos humanos é a Declaração Universal dos Direitos Humanos, proclamada pela ONU em 10 de dezembro de 1948. A referida declaração tem "como ideal comum atingir por todos os povos e todas as nações, a fim de que todos os indivíduos e todos os órgãos da sociedade, tendo-a constantemente no espírito, se esforcem, pelo ensino e pela educação, por desenvolver o respeito desses direitos e liberdades e por promover, por medidas progressivas de ordem nacional e internacional, o seu reconhecimento e a sua aplicação universais e efetivos tanto entre as populações dos próprios Estados-membros como entre as dos territórios colocados sob a sua jurisdição".

Direito subjetivo Faculdade conferida pelo Estado ao cidadão para, consubstanciado na lei e provando legítimo interesse, exercer sua pretensão em juízo. Permissão dada pela norma jurídica para o exercício de uma pretensão; direito de ação assegurado pela ordem pública. Capacidade que o homem tem de agir em defesa de seus interesses, invocando o cumprimento de normas jurídicas existentes sempre que, de alguma forma, essas regras jurídicas estiverem em conformidade com sua pretensão.

Direito substantivo O próprio Direito material ou complexo de normas que regem as relações jurídicas, definindo sua matéria. Por exemplo, direito civil, direito penal, direito comercial etc. Contrapõe-se ao Direito adjetivo ou formal, que representa o direito processual.

Dissídio Conflito de interesses entre empregado e empregador (dissídio individual) ou entre uma categoria de empregados e uma categoria de empresas (dissídio coletivo), submetido à apreciação da Justiça do Trabalho. Em sentido amplo, significa dissensão ou oposição de ideias ou pensamentos a respeito de uma determinada questão, como ocorre no dissídio jurisprudencial, representado por posições diferentes adotadas por duas ou mais turmas ou câmaras de um tribunal sobre a mesma questão jurídica posta em julgamento.

Dissídio coletivo Ação proposta perante a Justiça do Trabalho por pessoas jurídicas (sindicatos, federações ou confederações de trabalhadores ou empregadores) para decidir sobre questões que não puderam ser solucionadas pela negociação direta entre trabalhadores e empregadores por meio de acordo coletivo. "Processo através do qual se discutem interesses abstratos e gerais, de pessoas indeterminadas (categoria profissional ou econômica), com o fim de criar ou modificar condições gerais de trabalho, de acordo com o princípio da discricionariedade, atendendo-se aos ditames da conveniência e da oportunidade e respeitando-se os limites máximos previstos em lei" (MELO, Raimundo Simão de. *Dissídio coletivo de trabalho*. São Paulo, LTr, 2002). O processo é instaurado junto ao TRT, órgão que vai analisar e julgar as cláusulas celebradas na convenção coletiva depois do esgotamento da negociação coletiva.

Dissolução Desfazimento de contrato, acordo ou relação em virtude de lei ou de cláusula contratual. Pode ocorrer dissolução de sociedade conjugal, de parceria, de sociedade mercantil ou civil, de contrato de locação, de contrato de compra e venda etc.

Distrato Acordo feito entre as partes contratantes com a finalidade de extinguir o vínculo estabelecido pelo contrato. Desfazimento de um contrato pela vontade das partes. O distrato é feito pela mesma forma exigida para o contrato (art. 472, CC).

Divergência Contrariedade; discordância; desacordo. Diferença de opinião ou de pensamento. Ausência de unanimidade. Opiniões divergentes: "Os ministros do STJ divergiram quanto ao...". Discrepância de voto em julgamento. Cabe recurso de embargos de divergência quando o acórdão de turma em recurso extraordinário ou em recurso especial divergir do julgamento de qualquer outro órgão do mesmo tribunal, sendo os acórdãos, embargado e paradigma, de mérito (art. 1.043, CPC) (*v. Recurso de embargos de divergência*).

Divisa Todo marco que estabelece os limites de uma propriedade imóvel ou de um dado território, como ocorre com a área territorial de um determinado município.

Divórcio Modo de extinção da sociedade conjugal que libera os cônjuges para contrair novas núpcias. É decretado ou homologado por sentença judicial ou por escritura pública (art. 226, § 6º, CF) (*v. Ação de divórcio*).

Divórcio extrajudicial (por escritura pública) Procedimento extrajudicial que permite o divórcio consensual por escritura pública, desde que preenchidos os seguintes requisitos: a) inexistência de filhos menores ou incapazes; b) consenso das partes; c) assistência por advogado (art. 733, CPC).

Doação Contrato pelo qual, por liberalidade, uma pessoa transfere a outra parte de seu patrimônio (art. 538, CC) (*v. Contrato de doação*).

Doação com cláusula de reversão Doação na qual o doador estipula que, caso sobreviva ao donatário, os bens doados revertam a seu patrimônio É considerada doação sob propriedade resolúvel, porquanto, em que pese o donatário adquirir a propriedade do bem doado, fica esta subordinada à condição resolutiva de o donatário falecer antes do doador (art. 547, CC).

Doação com reserva de usufruto Doação mediante a qual o doador transfere ao donatário a propriedade da coisa, reservando para si o direito de usufruir da coisa ou dela perceber os frutos. Exemplo: doação de uma casa ou um apartamento, mediante cláusula que permita ao doador continuar residindo ou usufruindo do imóvel (reserva para si o usufruto) até que ocorra seu falecimento. Nessa modalidade de doação, o proprietário do imóvel, que passa a denominar-se *usufrutuário*, a partir da concretização da doação não mais detém o direito pleno de propriedade assegurado pelo art. 1.228 do CC, mas tão somente os direitos decorrentes do uso, da posse, da administração e da percepção dos frutos (art. 1.394, CC), poderes estes que podem ser traduzidos pela prerrogativa de explorar pessoalmente o imóvel (exploração agrícola, pecuária, comercial etc.) ou de obter rendas decorrentes de locação ou arrendamento do imóvel a terceiro. Quanto ao donatário, que passa a denominar-se *nu-proprietário*, com a doação adquire apenas a nua propriedade, que se constitui no direito de alienar ou dispor do imóvel. A instituição do usufruto deve ser feita por instrumento público devidamente registrado no Registro de Imóveis competente. O cancelamento do registro do usufruto deve ser feito no Cartório de Registro e Imóveis: pela renúncia ou morte do usufrutuário; pelo termo de sua duração; pela extinção da pessoa jurídica, em favor de quem o usufruto foi constituído, ou, se ela perdurar, pelo decurso de trinta anos da data em que se começou a exercer; pela cessação do motivo de que se origina; pela destruição da coisa, guardadas as disposições dos arts. 1.407, 1.408, 2ª parte, e 1.409, CC; pela consolidação; por culpa do usufrutuário, quando aliena, deteriora, ou deixa arruinar os bens, não lhes acudindo com os reparos de conservação, ou quando, no usufruto de títulos de crédito, não dá às importâncias recebidas a aplicação prevista no parágrafo único do art. 1.395; pelo não uso, ou não fruição, da coisa em que o usufruto recai (arts. 1.390, 1.399 e 1.410, CC).

Doação de bens móveis ou serviços à União Procedimento legal segundo o qual pessoa física ou jurídica doa bens ou serviços à União, tendo por finalidade o interesse público. Órgãos e entidades que integram a estrutura da administração pública federal direta, autárquica e fundacional poderão receber, sem ônus ou encargos, bens móveis ou serviços relacionados com estudos, consultorias e tecnologias, desde que atendidos os critérios estabelecidos pelo Decreto n. 9.764/2019.

Doação de imóveis da União Doação, mediante ato do Poder Executivo, de bens imóveis de domínio da União, quando não houver interesse público, econômico ou social em manter o imóvel, nem inconveniência quanto à preservação ambiental e à defesa nacional no desaparecimento do vínculo de propriedade. A alienação de bens imóveis da União dependerá de autorização, mediante ato do Presidente da República, e será sempre precedida de parecer da SPU quanto à sua oportunidade e conveniência (Lei n. 9.636/98).

Doação entre cônjuges A doação de um cônjuge a outro importa, a princípio, em adiantamento de legítima (art. 544, CC). Isso porque a norma somente se aplica "no que disser respeito aos bens particulares de cada cônjuge, pois, no que tange aos bens comuns, os cônjuges não são herdeiros reciprocamente, mas, sim, meeiros. Destarte, as doações entre cônjuges, embora permitidas pelo CC/2002, devem respeitar o regime de bens do casamento. Sendo, então, o casamento sob o regime de comunhão universal, não pode haver doação entre os cônjuges porque todo o patrimônio é comum, com exceção dos bens mencionados no art. 1.668 da codificação. Porém, estando sob o regime da separação convencional, a doação torna-se possível, afinal todos os bens são particulares" (ROSENVALD, Nelson. *Código Civil comentado*. 13.ed. Barueri, Manole, 2019, p. 576). De qualquer modo, o Superior Tribunal de Justiça considera válidas as doações promovidas, na constância do casamento, por cônjuges que contraíram matrimônio pelo regime da separação legal de bens (REsp n. 471.958/RS).

Doação inoficiosa Aquela que excede a legítima e mais a metade disponível. Estão sujeitas à redução as doações em que se apurar excesso quanto ao que o doador poderia dispor no momento da liberalidade (art. 2.007, CC).

Documento Em sentido lato, é todo registro escrito que representa uma declaração de vontade. Em sentido *stricto*, quaisquer escritos, instrumentos ou papéis públicos ou particulares (art. 232, CPP).

Documento eletrônico Todo registro que tem como meio físico um suporte eletrônico. Documento obtido mediante digitalização em meio eletrônico de forma a manter integridade, autenticidade e, se necessário, confidencialidade do documento digital, com o emprego de certificado digital emitido no âmbito da Infraestrutura de Chaves Públicas Brasileira (ICP) (art. 3º, Lei n. 12.682/2012).

Documento particular Documento produzido por iniciativa particular sem a intervenção de oficial público (art. 212, II, CC).

Documento público Documento redigido por tabelião, notário ou escrivão de cartório judicial dotado de fé pública (art. 215, CC) ou representado por escritura pública (*v. Escritura pública*).

Dogma Proposição que se aceita como firme e certa e como princípio inegável de uma ciência.

Dogmático Relativo a dogma ou a quem defende o dogmatismo. Refere-se ao método expositivo pelo qual autores se atêm a princípios doutrinários e não a ordem e estruturas dos códigos.

Dogmatismo Conjunto de preposições que se tem como princípios inegáveis em uma determinada ciência.

Dolo civil Ato voluntário ou intencional, astucioso, praticado para enganar alguém ou induzi-lo a uma ação prejudicial a ele e que, no entanto, mostra-se benéfica ao autor do dolo (arts. 145 a 150, CC). Todo e qualquer meio utilizado intencionalmente para induzir alguém a erro na prática de um ato jurídico. É acidental o dolo quando, a seu despeito, o negócio seria realizado, embora por outro modo.

Nesse caso, o dolo só obriga à satisfação de perdas e danos (art. 146, CC). Como todos os demais vícios de consentimento, o dolo produz como efeito a nulidade relativa do contrato (art. 145, CC).

Dolo direto Aquele que o agente do crime quis o resultado intencionalmente (art. 18, I, CP). O dolo direto, no grau mais alto da culpabilidade, surge no momento em que autor alia sua vontade ao resultado ilícito. Em outras palavras, ocorre quando o sujeito realmente tem a intenção de ferir ou matar alguém. O dolo direto, em acidente de trânsito, é muito difícil de ser provado em juízo, salvo quando se possa comprovar a existência de anterior animosidade entre a vítima e o autor do acidente.

Dolo eventual Aquele que o agente, não querendo o resultado, assume o risco de produzi-lo. Dolo caracterizado pela indiferença do autor da ação em relação ao resultado que pode advir de seu ato, o qual assume com inteira responsabilidade. Aquele em que o agente, mesmo não querendo o resultado, assume o risco de produzi-lo. O dolo eventual é característica preponderante dos crimes de trânsito.

Dolo penal Manifesta intenção que alguém tem de, por ação ou omissão, praticar um delito. Revela-se quando o agente quer o resultado ou assumiu o risco de produzi-lo (art. 18, I, CP).

Dolo processual O dolo processual se caracteriza pelas ações praticadas pelas partes que contrariem a boa-fé, ou seja, afirmando coisas falsas, provocando incidentes manifestamente infundados, portando-se de modo temerário, com o objetivo de protelar o julgamento do feito. Responde por perdas e danos aquele que litigar de má-fé como autor, réu ou interveniente (art. 79, CPC). Considera-se litigante de má-fé aquele que: deduzir pretensão ou defesa contra texto expresso de lei ou fato incontroverso; alterar a verdade dos fatos; usar do processo para conseguir objetivo ilegal; opuser resistência injustificada ao andamento do processo; proceder de modo temerário em qualquer incidente ou ato do processo; provocar incidentes manifestamente infundados; interpuser recurso com intuito manifestamente protelatório (art. 80, CPC).

Domicílio Local onde a pessoa fixa sua residência com ânimo definitivo (art. 70, CC).

Domicílio da pessoa jurídica O domicílio da pessoa jurídica varia conforme o ente seja de direito público ou privado. Em relação à primeira, o domicílio é: da União, o Distrito Federal; dos Estados e Territórios, as respectivas capitais; do Município, o lugar onde funcione a administração municipal. Em relação à segunda, o domicílio é o lugar onde funcionarem as respectivas diretorias e administrações, ou onde elegerem domicílio especial em seu estatuto ou atos constitutivos (art. 75, CC).

Domicílio da pessoa natural Local onde a pessoa fixa sua residência com ânimo definitivo (art. 70, CC). Havendo diversas residências, onde viva de forma alternada, qualquer delas poderá ser considerada seu domicílio. Nas relações concernentes à profissão, é também domicílio o lugar onde a profissão é exercida (arts. 70 a 72, CC). Nos contratos escritos, poderão os contratantes especificar o domicílio onde se exercitem e cumpram os direitos e obrigações deles resultantes (art. 78, CC).

Domicílio eleitoral Local onde o cidadão deve votar nas eleições. É o lugar de residência ou moradia do requerente na inscrição eleitoral. Quando se verifica ter o alistando mais de uma, considerar-se-á domicílio qualquer uma delas. O conceito de domicílio eleitoral não se confunde, necessariamente, com o de domicílio civil, identificando-se com o lugar onde o interessado possui vínculos políticos, familiares, sociais, patrimoniais, afetivos ou comunitários (Acórdãos do TSE ns. 16.397/2000 e 18.124/2000).

Domicílio necessário Têm domicílio necessário o incapaz, o servidor público, o militar, o marítimo e o preso. O domicílio do incapaz é o de seu representante ou assistente; o do servidor público, o lugar em que exercer permanentemente suas funções; o do militar, onde servir, e, sendo da Marinha ou da Aeronáutica, a sede do comando a que se encontrar imediatamente subordinado; o do marítimo, onde o navio estiver matriculado; e o do preso, o lugar em que cumprir a sentença (art. 76, CC).

Domínio Poder que alguém tem de usar e dispor do que é seu. É a relação direta que o indivíduo exerce sobre a coisa. Integram o domínio o *jus utendi*, *fruendi* e *disponendi*, independentemente da propriedade. No caso do proprietário que apenas detém a titularidade do bem, falta-lhe o domínio, ou seja, o direito de gozar, dispor, usar e reaver o bem, porquanto não mantém relação com a *coisa* por não exercer mais o poder que lhe é inerente. A prova do domínio é feita com o título registrado, do qual decorre, quer entre as partes contratantes, quer perante terceiros de boa ou má-fé, uma presunção relativa de domínio, que prevalecerá até prova em contrário. A possibilidade de arguir a exceção de domínio como defesa ou como fundamento para manter-se ou reintegrar-se na posse é vedada por lei: "Na pendência de ação possessória é vedado, tanto ao autor quanto ao réu, propor ação de reconhecimento do domínio, exceto se a pretensão for deduzida em face de terceira pessoa" (art. 557, CPC). No mesmo sentido está o CC: "Não obsta à manutenção ou reintegração na posse a alegação de propriedade, ou de outro direito sobre a coisa" (art. 1.210, § 2º).

Domínio pleno Aquele que reúne a totalidade das faculdades que as leis reconhecem ao proprietário de uma coisa, ou seja, uso, gozo e disposição (art. 1.228, CC). Diz respeito ao direito de dispor de um imóvel. O domínio pleno do imóvel de terrenos de marinha é da União. Sobre o domínio pleno do imóvel, o beneficiário contrai a obrigação de pagar o foro, que é um valor anual em dinheiro, à União.

O foro é o que o foreiro ou enfiteuta paga à União pelo domínio útil, pois o domínio pleno é da União.

Domínio público (1) Expressão utilizada para designar obras literárias, artísticas e científicas que deixam de ser propriedade exclusiva de um único titular, podendo ser editadas ou utilizadas livremente. As obras entram em domínio público após o término do período de proteção legal que lhes é concedido, ou seja, após setenta anos, contados a partir de janeiro do ano subsequente ao falecimento do autor (art. 41, Lei n. 9.610/98). Além das obras em relação às quais decorreu o prazo de proteção aos direitos patrimoniais, pertencem ao domínio público: as de autores falecidos que não tenham deixado sucessores; as de autor desconhecido, ressalvada a proteção legal aos conhecimentos étnicos e tradicionais (art. 45, Lei n. 9.610/98).

Domínio público (2) Direito de propriedade exercido pelo Estado sobre bens que integram seu patrimônio e são dispostos ao uso público. "Poder de dominação ou de regulamentação que o Estado exerce sobre os bens do seu patrimônio (bens públicos), ou sobre os bens do patrimônio privado – bens particulares de interesse público – ou sobre as coisas inapropriáveis individualmente, mas de fruição geral da coletividade – *res nullius*. Neste sentido amplo e genérico o domínio público abrange não só os bens das pessoas jurídicas de Direito Público interno como as demais coisas que, por sua utilidade coletiva, merecem a proteção do Poder Público, tais como as águas, as jazidas, as florestas, a fauna, o espaço aéreo e as que interessam ao patrimônio histórico e artístico nacional" (MEIRELLES, Hely Lopes. *Direito administrativo brasileiro*. 33.ed. São Paulo, Malheiros, 2007, p. 517).

Domínio público (3) O que é de conhecimento ou posto à disposição da sociedade ou do público em geral. A informação, o conhecimento ou a notícia de domínio público guarda semelhança com o fato notório.

Domínio útil Direito que alguém tem de utilizar ou usufruir diretamente um imóvel. Pelo regime de aforamento, o enfiteuta recebe o domínio útil do imóvel, podendo utilizá-lo mediante o pagamento de um foro anual, correspondente a 0,6% do valor do imóvel; sendo certo também que, no caso de retomada do imóvel pela União, o enfiteuta fará jus à indenização das benfeitorias por ele erigidas (casa, apartamento, plantações), bem como à parcela de solo sob seu domínio útil. Laudêmio é o valor que se paga à União pela transferência onerosa do domínio útil em terrenos aforados ou ocupados. O imposto sobre a propriedade territorial rural (ITR) tem como fato gerador a propriedade, o domínio útil ou a posse de imóvel por natureza, como definido na Lei Civil, localizado fora da zona urbana do município; o imposto sobre a propriedade predial e territorial urbana (IPTU), de competência dos municípios, tem como fato gerador a propriedade, o domínio útil ou a posse de bem imóvel por natureza ou por acessão física, como definido na Lei Civil, localizado na zona urbana do município (arts. 29 e 32, CTN). O contribuinte dos referidos impostos é o proprietário do imóvel, o titular de seu domínio útil, ou o seu possuidor a qualquer título (arts. 31 e 34, CTN).

Dosimetria da pena Fixação da pena pelo juiz atendendo à culpabilidade, aos antecedentes, à conduta social, à personalidade do agente, aos motivos, às circunstâncias e consequências do crime, bem como ao comportamento da vítima. Nessa função, estabelecerá, conforme seja necessário e suficiente para a reprovação e a prevenção do crime: as penas aplicáveis entre as cominadas; a quantidade de pena aplicável dentro dos limites previstos; o regime inicial de cumprimento da pena privativa de liberdade; a substituição da pena privativa da liberdade aplicada por outra espécie de pena se cabível. No aspecto quantitativo, relativo à dosimetria da pena, há que serem observadas três fases: fixação da pena-base; análise das circunstâncias atenuantes e agravantes; análise das causas de diminuição e aumento. Na fixação da pena-base, cumpre observar e valorar as circunstâncias judiciais constantes no art. 59 do CP (art. 68, CP): culpabilidade (valoração de culpa ou dolo do agente); antecedentes criminais (análise da vida pregressa do indivíduo); conduta social (relacionamento do indivíduo com família, trabalho e sociedade); personalidade do agente; motivos; circunstâncias do crime; consequências do crime; e comportamento da vítima se for o caso. Na segunda fase, fixa-se a pena provisória, analisando-se as circunstâncias agravantes (arts. 61 e 62, CP) e atenuantes (arts. 65 e 66, CP). A terceira fase consiste na análise das causas especiais de diminuição ou aumento de pena, aplicadas sobre o resultado a que se chegou na segunda fase, fixando-se a pena final.

DPVAT Seguro de Danos Pessoais Causados por Veículos Automotores de Vias Terrestres, conhecido como "Seguro Obrigatório", pago anualmente pelos proprietários de veículos. Foi extinto pela Medida Provisória n. 904/2019, convergindo com os objetivos da Lei n. 13.874/2019 (Lei de Liberdade Econômica), que estabelece normas de proteção à livre-iniciativa e ao livre exercício de atividades econômicas (*v. Liberdade econômica*). A Ação Direta de Inconstitucionalidade n. 6.262 suspendeu essa medida provisória.

Due process of law Devido processo legal. Derivado direto do *law of the land* do ordenamento inglês, e a ele comparável, o *due process of law* foi definido, em 1855, pela Suprema Corte dos Estados Unidos. Segundo referido Tribunal, trata-se de assegurar o respeito aos direitos fundamentais garantidos na constituição americana e prover todas as outras garantias repassadas ao Direito americano pela adoção do *common law*. No Brasil, o *due process of law* é uma garantia constitucional outorgada ao cidadão segundo a qual ninguém será privado da liberdade ou de seus bens sem o devido processo legal (art. 5º, LIV, CF).

Dumping Expressão inglesa utilizada nos meios comerciais, sobretudo no comércio internacional, para designar a prática de colocar no mercado produtos abaixo do custo com o intuito de eliminar a concorrência e aumentar as quotas de mercado. É frequentemente praticado em operações de empresas que, para conquistar novos mercados internacionais, inicialmente vendem seus produtos no mercado externo a um preço extremamente baixo, muitas vezes inferior ao custo de produção. Trata-se de expediente temporário, pois, depois de conquistado o mercado, a empresa passa a praticar preços mais altos, o que permite compensar a perda inicial. O *dumping* é considerado uma prática desleal e proibida por lei. Entre as regras *antidumping* aplicadas com o objetivo de evitar que os produtores nacionais sejam prejudicados, inclui-se a aplicação de uma alíquota específica para importação.

***Dumping* social** Prática atribuída a certas empresas, pela qual estas procuram obter aumentos dos lucros mediante a sua transferência de um local para outro onde os salários são mais reduzidos ou os direitos dos trabalhadores são mais precários. Com essa forma de agir, ou seja, com mão de obra mais barata, as empresas conseguem colocar seus produtos no mercado internacional com preços mais competitivos. A inobservância de direitos mínimos dos trabalhadores é, muitas vezes, o principal motivo da redução nos salários. O *dumping* social se contrapõe ao preconizado pela doutrina do *fair trade*, também conhecida como "comércio justo", segundo a qual o mercado internacional não deve consumir produtos de países que descumprem a legislação trabalhista e exploram os seus trabalhadores.

Duplicata Título formal fundado na emissão de uma fatura e circulante por endosso como efeito comercial. Constitui um saque fundado em crédito proveniente do contrato de compra e venda mercantil. Título causal porque sempre decorre de obrigação anterior sintetizada na fatura, como nota de compra e venda mercantil ou contrato de prestação de serviços (art. 2º, Lei n. 5.474/68).

Duplo grau de jurisdição Princípio processual entendido como a possibilidade de reexame ou de reapreciação de uma sentença proferida por um órgão jurisdicional inferior por outro órgão de jurisdição de hierarquia superior. Não existe a obrigatoriedade de os litigantes usufruírem o direito ao duplo grau de jurisdição, ou seja, de apelarem de uma sentença proferida no juízo de primeiro grau. Está sujeita, no entanto, ao duplo grau de jurisdição, não produzindo efeito senão depois de confirmada pelo tribunal, a sentença (art. 496, CPC). Nesses casos, o juiz ordenará a remessa dos autos ao tribunal, haja ou não apelação; não o fazendo, deverá o presidente do tribunal avocá-los.

Dura lex, sed lex "A lei é dura, mas é a lei." Princípio usado para indicar a obrigatoriedade da lei, pressupondo que ela deva ser aplicada ainda que, em certas situações, pareça imoral ou injusta.

Dúvida Procedimento de iniciativa do oficial de registro, a pedido do apresentante de um título, promovido perante o juízo competente para que este se manifeste sobre a legalidade de determinada exigência feita em relação ao registro pretendido, à prática de um ato ou à concessão de documento (art. 198, Lei n. 6.015/73).

Dúvida inversa Procedimento pelo qual o apresentante ou interessado, não se conformando com as exigências que negam o registro que pretende, requer diretamente ao juiz diretor do foro ou da vara de registros públicos que se manifeste a respeito. Nesse caso, o juiz competente encaminhará o expediente ao oficial de registro de imóveis para que protocole o título e, no prazo de quinze dias, apresente as razões para o indeferimento do registro (art. 198, Lei n. 6.015/73).

Dúvida objetiva Um dos requisitos para a admissibilidade do princípio da fungibilidade, que consiste na ocorrência de dúvida sobre qual o recurso a ser interposto. Existirá dúvida objetiva quando a doutrina ou a jurisprudência divergirem no tocante ao recurso cabível contra determinada espécie de ato judicial.

Dúvida *pro reo* Na dúvida, absolve-se o réu. Princípio *in dubio pro reo*. Princípio segundo o qual, no processo criminal, quando houver dúvida a respeito da autoria ou materialidade da infração penal, o juiz deverá absolver o réu. Trata-se, como se vê, de matéria própria do direito processual penal. Não se aplica em direito penal; todavia, quando a interpretação da norma jurídica comportar dois entendimentos razoáveis, deve, na aplicação, ser preferida a menos severa ao agente.

Edital Ato escrito oficial contendo aviso, determinação, notificação, citação ou intimação que se manda publicar por autoridade competente, no órgão oficial ou em outros órgãos de imprensa, ou ainda que é afixado em lugares públicos, onde seja de fácil acesso e leitura. Podem ser objeto de edital concorrências públicas, leilões judiciais, hasta pública, abertura de concursos públicos, intimações, notificações, convocações e demais avisos que, por sua natureza, devem ter ampla divulgação.

Edital de proclamas Edital emitido pelo Cartório de Registro Civil pelo qual se dá ciência a todos de que determinadas pessoas pretendem se casar, oportunizando a denúncia de eventuais impedimentos ao casamento. Estando em ordem a documentação referente ao pedido de habilitação para o casamento, o oficial extrairá o edital, que será afixado durante quinze dias nas circunscrições do Registro Civil de ambos os nubentes e, obrigatoriamente, será publicado na imprensa local, se houver (art. 1.257, CC).

Edital de hasta pública Edital destinado a tornar pública a alienação de bens pertencentes ao devedor, no processo de execução, por meio de praça ou de leilão. O primeiro termo refere-se à alienação de bens imóveis; o segundo, de bens móveis. No processo de execução, não requerida a adjudicação e não realizada a alienação particular do bem penhorado, será expedido o edital de hasta pública (arts. 881 e 886, CPC).

Editalício Referente a edital. "Citação editalícia". "Instrumento editalício".

Efeito da sentença criminal no juízo cível Efeito pelo qual a sentença criminal, quando favorável ao réu, impede que o mesmo seja responsabilizado civilmente pela prática do mesmo ato. Assim, vindo a Justiça criminal a reconhecer que não existiu o fato imputado ao réu e que este não é o autor, incidirá a parte final do art. 935, CC, ficando prejudicada a ação de indenização por ato ilícito. Fora dessa hipótese, ainda que absolvido o réu, o juízo cível pode examinar a culpa para efeito de ressarcimento do dano, porque a responsabilidade civil independe da criminal.

Efeito devolutivo Efeito pelo qual o recurso devolve (encaminha) à instância superior o conhecimento integral das questões levantadas e discutidas no processo. Transferência do julgamento ao órgão *ad quem,* assim considerado o órgão hierarquicamente superior. Os recursos, em geral, possuem efeito devolutivo, o que não ocorre com o efeito suspensivo. A apelação devolverá ao tribunal o conhecimento da matéria impugnada (arts. 1.012 e 1.013, CPC).

Efeito diferido Efeito, em matéria recursal, que incide sempre que o conhecimento de um recurso depende da admissibilidade de outro. Ocorre, na prática, nas hipóteses do recurso adesivo, que depende do conhecimento do recurso principal, e do recurso de agravo retido, que sempre dependerá do recurso de apelação (art. 997, CPC).

Efeito *erga omnes* Efeito ou eficácia conferidos a um documento ou decisão oponíveis contra todos. Diferencia-se do efeito *inter partes*, ou seja, daquele que produz efeito somente entre as partes. A escritura pública devidamente registrada, em face de sua publicidade, produz efeitos não só entre as partes contratantes, mas também perante terceiros. Possuem eficácia *erga omnes*, igualmente, as decisões proferidas pelo STF em sede de controle de constitucionalidade e as sentenças proferidas em sede de ação popular (art. 18, Lei n. 4.717/65) e de ação cível pública (art. 16, Lei n. 7.347/85).

Efeito *ex nunc* Efeito produzido a partir de agora. Efeito da lei ou da sentença que somente se produz em relação a fatos futuros, não retroagindo a fatos ou atos passados.

Efeito expansivo Efeito que se verifica em situações nas quais o julgamento do recurso dá ensejo a "decisão mais abrangente do que o reexame da matéria impugnada, que é o mérito do recurso" (NERY JÚNIOR, Nelson. *Princípios fundamentais*: teoria geral dos recursos, p. 230-4).

Efeito *ex tunc* Efeito a partir de então. Efeito da lei ou da sentença que se produz retroativamente, ou seja, alcançando fatos ou atos praticados no passado.

Efeito imediato da lei Aquele que permite que a lei seja aplicada a fatos ainda não consumados.

Efeito *inter partes* Efeito que um documento ou uma sentença produzem entre as partes. Contrapõe-se ao efeito *erga omnes*, o qual produz efeito contra todos. O contrato particular de compra e venda produz efeito somente entre as partes contratantes.

Efeito obstativo Efeito inerente a todo recurso que adia ou impede a formação da coisa julgada. Assim, entende-se que, como mera decorrência do efeito devolutivo, enquanto não houver julgamento do recurso, não haveria como incidir o efeito da coisa julgada.

Efeito repristinatório da lei É o efeito que permite a restauração de um dispositivo legal anteriormente revogado, quando a norma que o revogou for declarada inconstitucional.

Efeito suspensivo Efeito que suspende a execução da sentença apelada até que haja um pronunciamento da instância superior (art. 1.012, CPC). O que adia a produção de efeitos da decisão ou impede que os efeitos da sentença impugnada se produzam desde logo. Dessa forma, a sentença somente poderá ser executada depois de transitar em julgado a decisão da instância superior que confirmar a primeira. Caso a sentença seja reformada, a decisão que a reformou vai substituí-la para todos os efeitos. Não possuem efeito suspensivo o recurso extraordinário nem, em regra, o agravo de instrumento. Nos embargos do devedor, o juiz poderá, a requerimento do embargante, atribuir efeito suspensivo quando verificados os requisitos para a concessão da tutela antecipada e desde que a execução já esteja garantida por penhora, depósito ou caução suficientes.

Efeito translativo Efeito resultante da apreciação *ex officio*, pelo tribunal, de questões consideradas de ordem pública, não suscitadas no recurso pelo recorrente. O efeito translativo independe da manifestação da parte, por ser a matéria tratada de ordem pública.

Egrégio(a) Expressão de tratamento usada para designar os tribunais superiores, como instituição, incluindo suas câmaras e turmas.

Elisão fiscal Ato legítimo praticado pelo contribuinte com o fim de reduzir o pagamento ou evitar a incidência de imposto. Também denominada planejamento tributário. Diferentemente da sonegação fiscal, na elisão fiscal o contribuinte recorre a artifícios legais ou falhas legislativas para configurar seus negócios, de tal forma que se harmonizem com a redução das despesas tributárias.

Emancipação Instituto destinado a antecipar a capacidade para a prática de todos os atos da vida civil de filhos, tutelados ou curatelados, por meio de ato voluntário dos pais ou responsáveis, após os 16 anos de idade e nos demais casos especificados em lei (art. 5º, CC). Observe-se que, a teor da lei, pela emancipação o menor não atinge a maioridade, o que somente ocorre ao completar 18 anos (*v.* art. 5º, *caput*).

Embargos à arrematação Providência judicial facultada ao executado e ao arrematante do bem executado, fundada em nulidade da execução ou em causa extintiva da obrigação, desde que superveniente à penhora (art. 903, CPC).

Embargos à execução Defesa facultada ao executado, no processo de execução, a fim de elidir a pretensão do exequente. O mesmo que embargos do devedor. O executado, independentemente de penhora, depósito ou caução, poderá opor-se à execução por meio de embargos com fundamento nos seguintes fatos: inexequibilidade do título ou inexigibilidade da obrigação; penhora incorreta ou avaliação errônea; excesso de execução ou cumulação indevida de execuções; retenção por benfeitorias necessárias ou úteis, nos casos de execução para entrega de coisa certa; incompetência absoluta ou relativa do juízo da execução; qualquer matéria que lhe seria lícito deduzir como defesa em processo de conhecimento (arts. 914 e 915, CPC). Os embargos serão oferecidos no prazo de quinze dias, contados da data da juntada aos autos do mandado de citação (art. 915, CPC).

Embargos de declaração Recurso processual endereçado ao juiz ou relator do processo quando houver, na sentença ou no acórdão, obscuridade ou contradição ou quando for omitido ponto sobre o qual devia pronunciar-se o juiz ou o tribunal (art. 1.022, CPC). Os embargos serão opostos, no prazo de cinco dias, em petição dirigida ao juiz, com a indicação do erro, obscuridade, contradição ou omissão, e não se sujeitam a preparo (art. 1.023, CPC).

Embargos de divergência Recurso cabível em segunda instância quando o acórdão de turma em recurso extraordinário ou em recurso especial divergir do julgamento de qualquer outro órgão do mesmo tribunal, sendo os acórdãos, embargado e paradigma, de mérito (art. 1.043, CPC) (*v. Recurso de embargos de divergência*).

Embargos de terceiro Medida processual facultada a quem, não sendo parte no processo, sofrer turbação ou esbulho na posse de seus bens por ato de apreensão judicial, em casos como penhora, depósito, arresto, sequestro, alienação judicial, arrecadação, arrolamento, inventário, partilha, para efeito de que lhe sejam manutenidos ou restituídos (art. 674, CPC).

Embargos do devedor Defesa facultada ao executado no processo de execução. O mesmo que embargos à execução (*v. Embargos à execução*).

Embargos do executado Defesa facultada ao devedor, na execução fiscal, no prazo de trinta dias a contar: do depósito; da juntada da prova da fiança bancária; da intimação da penhora (art. 16, Lei n. 6.830/80) (*v. Embargos à execução*).

Emenda constitucional Procedimento legislativo promulgado pelo Congresso Nacional destinado a promover alterações na CF mediante proposta, conforme o art. 60, CF.

Emenda da mora Faculdade conferida ao locatário para, no âmbito da ação de despejo por falta de pagamento, evitar o despejo mediante pagamento do débito atualizado, independentemente de cálculo e mediante depósito judicial (art. 62, II, Lei n. 8.245/91). A expressão substitui a "purga da mora", prevista na lei anterior, porém repetida pelo CC/2002 com o mesmo título, "purga da mora" (art. 401, CC).

Ementa Breve referência que se faz a respeito do conteúdo de uma lei inserida imediatamente após o número e a data em que foi sancionada. Diz-se, também, do resumo do conteúdo de um acórdão proferido pelos tribunais.

Empreitada Contrato de locação de serviços firmado entre o dono da obra e o empreiteiro pelo qual este, mediante retribuição, se compromete a contribuir para a obra só com seu trabalho ou com ele e os materiais (art. 610, CC).

Empresa pública Entidade dotada de personalidade jurídica de direito privado, com patrimônio próprio e, se federal, capital exclusivo da União, que é criada para a exploração de atividade econômica que o governo seja levado a exercer por força de contingência ou conveniência administrativa (art. 5º, II, DL n. 200/67). Desde que a maioria do capital votante permaneça sob propriedade da União, será admitida, no capital da empresa pública, a participação de outras pessoas jurídicas de direito público interno, bem como de entidades da administração indireta da União, dos estados, do Distrito Federal e dos municípios (art. 5º, DL n. 900/69).

E

Encargo Cláusula acessória na doação ou no testamento mediante a qual o doador ou testador impõe ao beneficiário determinado ônus ou obrigação como condição de pleno exercício do seu direito (art. 533, CC) (*v. Doação*).

Endosso Assinatura que o endossante apõe no verso em branco de um título de crédito que tem por fim transferir a propriedade deste, remanescendo o endossante como um coobrigado solidário no cumprimento da obrigação (art. 910, CC).

Enfiteuse Contrato pelo qual o proprietário cede a outrem o domínio útil de seu imóvel mediante pagamento de uma pensão ou foro anual. Em que pese o fato de ter sido extinta pelo CC/2002, a enfiteuse permanece em uso para os terrenos da União, conforme dispõe a Lei n. 9.636, de 15.05.1998. Por meio do regime de aforamento, o enfiteuta recebe o domínio útil do imóvel, podendo utilizá-lo mediante o pagamento de um foro anual, correspondente a 0,6% do valor do imóvel, sendo certo também que no caso de retomada do imóvel pela União o enfiteuta fará jus à indenização das benfeitorias por ele erigidas (casa, apartamento, plantações), bem como à parcela de solo sob o seu domínio útil.

Engavetamento Expressão utilizada para designar o acidente de trânsito do qual participam diversos veículos que colidem em sequência, um na traseira do outro, em regra devido à parada brusca do veículo que transita à frente dos demais. Também podem ser causas de engavetamento a neblina intensa, a velocidade inadequada e a não observância da distância de segurança de um veículo em relação ao outro.

Enriquecimento sem causa Proveito ou vantagem patrimonial obtido por aquele que, sem justa causa, enriquecer à custa de outrem. Mesmo que enriquecimento ilícito ou locupletamento ilícito. Aquele que incidir no ilícito será obrigado a restituir o indevidamente auferido, feita a atualização dos valores monetários (art. 884, CC).

Entidade Aberta de Previdência Complementar (EAPC) Operadora de planos de benefícios de caráter previdenciário, constituída unicamente sob a forma de sociedade anônima que tem por objetivo instituir e operar planos de benefícios de caráter previdenciário concedidos em forma de renda continuada ou pagamento único, acessíveis a qualquer pessoa física (art. 36, LC n. 109/2001) (*v. Previdência complementar*).

Entidade Fechada de Previdência Complementar (EFPC) Operadora de planos de benefício de caráter previdenciário constituída na forma de sociedade civil ou fundação, sem fins lucrativos, e estruturada na forma do art. 31, LC n. 109/2001. A criação de uma EFPC depende de ato de vontade do patrocinador ou instituidor em oferecer aos seus empregados ou associados planos de benefício de natureza previdenciária, razão pela qual são acessíveis, exclusivamente aos servidores ou aos empregados dos patrocinadores e aos associados ou membros dos instituidores. As EFPCs podem ser qualificadas da seguinte forma: I) De acordo com os planos de benefícios que administram: a) de plano comum, quando administram plano ou conjunto de planos acessíveis ao universo de participantes; e b) de multiplano, quando administram plano ou conjunto de planos para diversos grupos de participantes, com independência patrimonial. II) De acordo com seus patrocinadores ou instituidores: a) singulares, quando estiverem vinculadas a apenas um patrocinador ou instituidor; e b) multipatrocinadas, quando congregarem mais de um patrocinador ou instituidor (*v. Previdência complementar*).

Entrância Designação da posição ou ordem na jurisdição que ocupa um juiz no exercício de suas funções. Para esse efeito, um juiz em início de carreira é considerado juiz de primeira entrância ou entrância inicial, exercendo suas atividades em uma comarca de menor demanda judicial. Depois de certo tempo de atividade, passará a galgar outras entrâncias, até ser guindado à entrância final ou ser nomeado desembargador.

Entrega de bens de uso pessoal Medida cautelar facultada a qualquer dos cônjuges destinada a obter a entrega de pertences de uso pessoal que ainda se encontrem na residência do casal, quando houver separação de fato ou afastamento do lar mediante pedido de separação de corpos ou de afastamento temporário. São excluídos da comunhão os bens de uso pessoal, os livros e os instrumentos de profissão (arts. 1.569, V, e 1.568, V, CC). São esses, portanto, os *bens de uso pessoal* do cônjuge e, por extensão, também os dos filhos, que podem ser requeridos: a) pelo cônjuge em benefício de ambos, se os filhos forem incapazes; b) pelo cônjuge em benefício próprio; c) pelos filhos maiores e capazes, em benefício próprio.

Entre vivos (*inter vivos*) Diz-se do ato jurídico que se processa entre pessoas vivas. O testamento, por exemplo, é ato de disposição de última vontade de pessoa viva que, não obstante, somente tem validade após a morte do testador.

Enunciado Designação do texto, resumido ou síntese, contido em súmulas dos tribunais, principalmente as editadas pelo TST.

Equidade Aplicação ideal da norma ao caso concreto; a justiça aplicada ao caso particular. É o justo, superior ao erro decorrente do caráter absoluto da disposição legal. "O equitativo é o justo, superior a uma espécie de justiça – não à Justiça absoluta, senão ao erro proveniente do caráter absoluto da disposição legal. E é esta a natureza do equitativo, uma correção da lei quando esta se mostra deficiente em razão da sua universalidade" (ARISTÓTELES. *Ética a nicômano*. In: *Os pensadores*. São Paulo, 1983, p. 34-335).

Erga omnes (*v. Efeito* erga omnes).

Erro Falsa concepção a respeito de um fato, coisa ou pessoa. O erro é considerado um dos vícios do consentimento dos negócios jurídicos, podendo causar a sua anulação. Subdivide-se em erro substancial ou essencial e erro acidental. O erro substancial invalida o ato jurídico. O erro acidental é aquele que pode ser resolvido facilmente, não invalidando o ato jurídico (arts. 138 a 144, CC).

Erro na execução Ou *aberratio ictus*. Erro que se verifica quando o agente pretende atingir determinada pessoa a qual visualiza, erra o golpe ou o disparo, vindo ofender outra. Nesse caso o agente não se engana quanto à vítima, mas, por erro, atinge outra pessoa (art. 73, CP).

Error in judicando Erro no julgar. Expressão que designa o erro ou equívoco cometido pelo juiz no julgamento do processo. Um exemplo desse erro consiste no equívoco na valoração da prova. O *error in judicando* pode ser atacado por recurso, que objetiva a reforma da decisão e a prolação de nova decisão sobre a mesma questão decidida pelo provimento impugnado, devendo esse novo pronunciamento substituir o provimento recorrido.

Error in persona Erro sobre a pessoa. Crime no qual o agente, de forma dolosa, atinge pessoa diferente daquela que pretendia atingir (art. 20, § 3º, CP).

Error in procedendo Erro no proceder praticado pelo juiz. Erro cometido pelo juiz no exercício da atividade jurisdicional, seja no curso procedimental, seja na prolação da sentença, violando norma processual expressa. Exemplos: rejeição pelo juiz de todas as provas obtidas com a fiscalização do contraditório elegendo outra prova sumária e unilateral, violando o princípio da fundamentação; decisão em recurso de apelação, sem a análise do recurso adesivo pelo tribunal.

Erro substancial Aquele que pode ser percebido por pessoa de diligência normal, em face das circunstâncias do negócio, sendo passível de anulação (art. 138, CC). O erro é substancial ou essencial quando: interessa à natureza do negócio, ao objeto principal da declaração ou a alguma das qualidades a ele essenciais; concerne à identidade ou à qualidade essencial da pessoa a quem se refira a declaração de vontade, desde que tenha influído nesta de modo relevante; sendo de direito e não implicando recusa à aplicação da lei, for o motivo único ou principal do negócio jurídico (art. 139, CC).

Esbulho possessório Retirada violenta de uma coisa ou bem que se encontra sob a posse do seu legítimo possuidor. O possuidor tem direito a ser mantido na posse em caso de turbação e restituído no caso de esbulho (art. 1.210, CC; art. 560, CPC).

Escola dos glosadores Escola integrada por juristas que, a partir dos textos de Justiniano, desenvolveram um método de interpretação e explicação desses textos por meio de notas explicativas e anotações marginais no texto principal, denominadas glosas.

Escritura pública Documento escrito, lavrado por tabelião, que formaliza a celebração de um contrato por instrumento público. A escritura pública é um documento dotado de fé pública e faz prova plena. Não dispondo a lei em contrário, a escritura pública é essencial à validade dos negócios jurídicos que visem à constituição, transferência, modificação ou renúncia de direitos reais sobre imóveis de valor superior a trinta vezes o maior salário mínimo vigente no país. Exigem escritura, entre outros, os seguintes atos: criar uma fundação; doação; constituição de renda; transação; pacto antenupcial; cessão de direitos hereditários; instituir bem de família; inventário, se todos os herdeiros forem capazes; separação consensual e divórcio consensual, não havendo filhos menores ou incapazes. Salvo cláusula em contrário, ficarão as despesas de escritura e registro a cargo do comprador, e a cargo do vendedor as da tradição (arts. 108, 215 e 490, CC; art. 784, II a IV, CPC).

Estabilidade da gestante Garantia de permanecer no emprego concedida à empregada gestante a partir da confirmação da gravidez até cinco meses após o parto (art. 10, II, *b*, ADCT). A Lei n. 11.770/2008, que instituiu o Programa Empresa Cidadã, estabelece que esse prazo poderá ser prorrogado por mais sessenta dias quando a empregada assim o requerer ou ainda quando a própria empresa aderir voluntariamente ao programa.

Estabilidade de membro da Cipa Garantia de permanência no emprego conferida ao empregado integrante da comissão interna de prevenção de acidentes (Cipa), desde o registro da candidatura até um ano após o final de seu mandato (art. 10, II, *a*, ADCT).

Estabilidade do funcionário público Garantia constitucional de permanência no serviço público outorgada ao servidor que, nomeado por concurso público em caráter efetivo, tenha transposto o estágio probatório de três anos (art. 41, CF/88;

EC n. 19/98). A Terceira Seção do STJ definiu que a partir da EC n. 19/98, o prazo do estágio probatório dos servidores públicos é de três anos, ao entender que a mudança no texto do artigo 41 da Constituição Federal instituiu o prazo de três anos para o alcance da estabilidade, fato que não pode ser dissociado do período de estágio probatório.

Estabilidade no emprego Direito de permanecer no emprego e de somente ser demitido por motivo de falta grave ou circunstância de força maior, devidamente comprovadas, assegurado ao empregado que contar com mais de dez anos de serviço na mesma empresa (art. 492, CLT).

Estágio probatório Avaliação em relação a condutas como assiduidade, pontualidade, responsabilidade e iniciativa para exercer as atribuições do cargo a que o servidor público de cargo efetivo se submete, após três anos de atividade, para o poder público verificar se ele possui méritos para se estabilizar no serviço público.

Estatuto Texto por meio do qual se estabelecem as regras que disciplinam as relações entre pessoas participantes de uma mesma entidade, pública ou privada. Pacto coletivo entre pessoas que buscam alcançar um objetivo comum. São exemplos os estatutos sociais de um clube e os de uma entidade de classe, como a OAB. No direito administrativo, refere-se às regras que regulam as atividades dos funcionários públicos civis ou militares.

Estatuto da Cidade (*v.* Lei n. 10.257, de 10.07.2001).

Estatuto da Criança e do Adolescente (*v.* Lei n. 8.069, de 13.07.1990).

Estatuto da Igualdade Racial (*v.* Lei n. 12.288, de 20.07.2010).

Estatuto da Juventude Estatuto instituído pela Lei n. 12.852, de 05.08.2013, que dispõe sobre os direitos dos jovens, os princípios e diretrizes das políticas públicas de juventude e o Sistema Nacional de Juventude (SINAJUVE). Para os efeitos dessa Lei, são consideradas jovens as pessoas com idade entre 15 e 29 anos.

Estatuto da Magistratura Lei Orgânica da Magistratura Nacional (*v.* LC n. 35, de 14.03.1979).

Estatuto da OAB Estatuto da Advocacia e a Ordem dos Advogados do Brasil (EAOAB) (*v.* Lei n. 8.906, de 04.07.1994).

Estatuto da Terra Denominação conferida às normas que integram o direito agrário destinadas a regular o regime jurídico de uso e exploração da propriedade agrária, com vista à execução da Reforma Agrária e à promoção da Política Agrícola (Lei n. 4.504/64).

Estatuto de Defesa do Torcedor (*v.* Lei n. 10.671, de 15.05.2003).

Estatuto do Desarmamento (*v.* Lei n. 10.826, de 22.12.2003).

Estatuto do Idoso (*v.* Lei n. 10.741, de 01.10.2003).

Estatuto do Índio (*v.* Lei n. 6.001, de 19.12.1973).

Estatuto do Ministério Público (*v.* LC n. 75, de 20.05.1993).

Estatuto dos Militares (*v.* Lei n. 6.880, de 09.12.1980).

Estatuto dos Museus (*v.* Lei n. 11.904, de 14.01.2009).

Estatuto dos Refugiados (*v.* Lei n. 9.474, de 22.07.1997).

Estatuto dos Servidores Públicos (*v.* Lei n. 8.112, de 11.12.1990).

Estatuto legislativo Conjunto de princípios e normas de direito público emanado do Estado destinado a tutelar os interesses de determinado grupo social ou regular as atividades de uma categoria profissional. Pertencem a essa categoria o Estatuto do Idoso, o Estatuto da Criança e do Adolescente, o Estatuto da Cidade e o Estatuto dos Servidores Públicos, entre outros.

Estatuto Nacional da Microempresa e da Empresa de Pequeno Porte (*v.* LC n. 123, de 14.12.2006).

Estelionatário Aquele ou quem pratica crime de estelionato.

Estelionato Crime praticado por alguém que visa obter, para si ou para outrem, vantagem ilícita em prejuízo alheio, induzindo alguém a erro, ou mantendo-o assim, mediante artifício, ardil ou qualquer outro meio fraudulento (art. 171, CP).

Estelionato previdenciário Crime de estelionato praticado contra o INSS, hipótese cuja pena será aumentada de um terço por se tratar de delito praticado em detrimento de entidade de direito público (art. 171, § 3º, CP). A Terceira Seção do STJ decidiu em 27.06.2012, no REsp n. 1.206.105/RJ, por maioria, que o prazo prescricional do crime de estelionato, cometido contra o INSS pelo beneficiário das parcelas, somente passa a correr a partir da cessação do recebimento das prestações indevidas.

Estupro Crime que consiste em constranger alguém, mediante violência ou grave ameaça, a ter conjunção carnal ou a praticar ou permitir que com ele se pratique outro ato libidinoso (art. 213, CP).

Estupro coletivo estupro mediante concurso de 2 (dois) ou mais agentes (art. 226, IV, *a*, do CP).

Estupro corretivo estupro para controlar o comportamento social ou sexual da vítima (art. 226, IV, *b*, do CP).

Estupro de vulnerável Crime cometido por quem pratica conjunção carnal ou outro ato libidinoso com menor de 14 anos ou com alguém que, por enfermidade ou deficiência mental, não tenha o necessário discernimento para a prática do ato, ou que, por qualquer outra causa, não pode oferecer resistência (art. 217-A, CP).

Ética Parte da filosofia dedicada ao estudo dos valores morais e princípios ideais do comportamento humano. Definido por alguns como a "ciência da conduta", a ética, em sentido mais abrangente, é hoje entendida como valor ou norma de conduta a ser observada por todos nas relações pessoais, negociais ou profissionais. Os códigos de ética profissional são, assim, a soma de valores ou deveres que devem pautar o profissional nas relações com os clientes, com seus pares e, no caso do advogado, com o juiz, o Ministério Público e os serventuários da Justiça. O Código de Ética e Disciplina da OAB é o que rege a conduta profissional dos advogados no Brasil. Entre outras regras, o referido Código, no parágrafo único do art. 2º, prescreve que são *deveres* do advogado: preservar, em sua conduta, a honra, a nobreza e a dignidade da profissão, zelando pelo seu caráter de essencialidade e indispensabilidade; atuar com destemor, independência, honestidade, decoro, veracidade, lealdade, dignidade e boa-fé; velar por sua reputação pessoal e profissional; empenhar-se, permanentemente, em seu aperfeiçoamento pessoal e profissional; contribuir para o aprimoramento das instituições, do Direito e das leis; estimular a conciliação entre os litigantes, prevenindo, sempre que possível, a instauração de litígios; aconselhar o cliente e não ingressar em aventura judicial; abster-se de: a) utilizar de influência indevida, em seu benefício ou do cliente; b) patrocinar interesses ligados a outras atividades estranhas à advocacia, em que também atue; c) vincular o seu nome a empreendimentos de cunho manifestamente duvidoso; d) emprestar concurso aos que atentem contra a ética, a moral, a honestidade e a dignidade da pessoa humana; e) entender-se diretamente com a parte adversa que tenha patrono constituído, sem o assentimento deste; pugnar pela solução dos problemas da cidadania e pela efetivação dos seus direitos individuais, coletivos e difusos, no âmbito da comunidade.

Eutanásia Etimologicamente, a expressão origina-se do grego *eu*, que significa "bom", e *thanatos*, que significa "morte". Seria, assim, uma boa morte, morte aprazível, sem sofrimento. Ato de provocar a morte de alguém com o objetivo de eliminar seu sofrimento, por não haver chance de sobrevivência. No Brasil, a eutanásia é considerada crime de homicídio.

Eutanásia em animais Indução da morte de animal por meio de método tecnicamente aceitável e cientificamente comprovado, observando os princípios éticos definidos na Resolução n. 1.000/2012 e em outros atos do Conselho Federal de Medicina Veterinária (art. 2º, Res. n. 1.000/2012, CFMV).

Evicção Perda total ou parcial da coisa pelo adquirente em consequência de reivindicação judicial promovida pelo verdadeiro dono ou possuidor (art. 447, CC; art. 125, I, CPC).

E

Ex adverso Diz-se do advogado da parte contrária.

Exame de Ordem Exame exigido e aplicado pela Ordem dos Advogados do Brasil aos bacharéis em Direito que pretendam exercer a profissão de advogado (art. 8º, EAOAB, Lei n. 8.906/94). O Provimento n. 144/2011, editado pelo Conselho Federal da OAB, contém as normas que disciplinam a realização do Exame de Ordem.

Exarar Ato de consignar ou registrar por escrito. Ato de o juiz proferir uma sentença. O mesmo que prolatar.

Exceção da verdade Possibilidade que o autor da calúnia tem de provar que aquilo que foi afirmado por ele é realmente verdade. A exceção da verdade somente se admite se o ofendido é funcionário público e a ofensa é relativa ao exercício de suas funções (art. 139, parágrafo único, CP).

Exceção de domínio Arguição do domínio ou da condição de proprietário do imóvel objeto da ação possessória como defesa ou como fundamento para manter-se ou reintegrar-se na posse. Referida arguição é vedada pelo ordenamento jurídico, ou seja, na pendência de ação possessória é vedado, tanto ao autor quanto ao réu, propor ação de reconhecimento do domínio, exceto se a pretensão for deduzida em face de terceira pessoa (art. 557, CPC). Não obsta à manutenção ou reintegração na posse a alegação de propriedade, ou de outro direito sobre a coisa (art. 1.210, § 2º, CC).

Exceção do contrato não cumprido *Exceptio non adimpleti contractus*. Exceção fundada na premissa de que, nos contratos bilaterais, nenhum dos contratantes, antes de cumprida a sua obrigação, pode exigir o implemento da do outro (art. 476, CC).

Excesso de execução Circunstância configurada pela pretensão do exequente em pleitear do executado importância que extrapola o valor correto da dívida. Mediante o ajuizamento de embargos à execução, o executado poderá alegar que: o exequente pleiteia quantia superior à do título; que a execução recai sobre coisa diversa daquela declarada no título; a execução se processa de modo diferente do que foi determinado no título; o exequente, sem cumprir a prestação que lhe corresponde, exige o adimplemento da prestação do executado; o exequente não provou que a condição se realizou (art. 917, CPC).

Excussão Ato de excutir, que significa executar judicialmente os bens do devedor principal. O mesmo que benefício de ordem. Execução da obrigação em que há garantia real, ou seja, em que há entrega da coisa, dada especialmente para a segurança do crédito, principalmente nos contratos de penhor e de hipoteca (art. 1.422, CC). O benefício de excussão é previsto na fiança, na qual o fiador demandado pelo pagamento da dívida, até a contestação da lide, pode exigir que sejam primeiro excutidos os bens do devedor. O fiador que alegar o benefício de ordem poderá nomear bens do devedor, livres e desembargados, quantos bastem para solver o débito (art. 839, CC).

Excutir Ato de executar os bens do devedor principal. Alienação forçada do bem sobre o qual recaiu a penhora.

Execução Processo judicial, embasado em título extrajudicial, destinado a compelir o executado a solver a obrigação. O processo de execução é restrito aos títulos executivos extrajudiciais, uma vez que para os títulos executivos judiciais (sentenças condenatórias) utiliza-se o processo de cumprimento de sentença. Há diversas modalidades de execução: execução fiscal; execução de alimentos; execução de contrato (*v. Ação de execução*).

Execução de alimentos (*v. Ação de execução de alimentos*).

Execução do contrato Cumprimento pelas partes das obrigações assumidas por meio de cláusulas contratuais às quais aderiram. Satisfação da prestação objeto da obrigação. Nos contratos bilaterais, nenhum dos contratantes, antes de cumprida a sua obrigação, pode exigir o implemento da do outro (art. 476, CC) (*v. Exceção do contrato não cumprido*).

Execução fiscal Procedimento de execução judicial especial pelo qual a Fazenda Pública requer de contribuintes inadimplentes o crédito que lhe é devido e não foi cumprido voluntariamente (Lei n. 6.830/80). Funda-se na existência de um título executivo extrajudicial, denominado de certidão de dívida ativa (CDA), que servirá de fundamento para a cobrança da dívida que nela está representada, pois tal título goza de presunção de certeza e liquidez. Em regra, após noventa dias do prazo de cobrança, se o débito for superior a R$ 10.000,00 (dez mil reais), é gerada uma petição inicial pela Procuradoria da Fazenda Nacional, a qual é encaminhada para o judiciário. O juiz determinará a citação do devedor, o qual terá um prazo de cinco dias para pagar o débito ou nomear bens para garanti-lo, sob pena de penhora. Passada essa fase, os bens serão avaliados, em regra por um Oficial de Justiça, e conferidos a um depositário, que terá o dever legal de guardar os bens. Não indicados bens, podem ocorrer penhoras de créditos *on-line*, penhora de faturamento da empresa, penhora de ações, de imóveis, de veículos etc. Caso pretenda contestar o débito, o contribuinte pode oferecer embargos do executado, desde que antes tenha havido penhora suficiente para garantir o valor do crédito que está sendo cobrado e discutido (art. 16, Lei n. 6.830/80).

Execução penal Execução que tem por objetivo efetivar as disposições de sentença ou decisão criminal e proporcionar condições para a harmônica integração social do condenado e do internado (art. 1º, Lei n. 7.210/84).

Execução por quantia certa Execução judicial, fundada em título extrajudicial, movida contra devedor solvente que tem por objeto expropriar bens do devedor, a fim de satisfazer o direito do credor. Entre os títulos extrajudiciais que mais se prestam à execução por quantia certa se situam a letra de câmbio, a nota promissória, a duplicata e o cheque. A expropriação consiste em: adjudicação; alienação; apropriação de frutos e rendimentos de empresa ou estabelecimentos e de outros bens (arts. 789, 824 e 825, CPC).

Exegese Análise e interpretação de um texto, de uma lei ou de um artigo de lei que fazem o intérprete ou exegeta. "Prática da hermenêutica religiosa concentrada na leitura interpretativa dos textos do Antigo e do Novo Testamento, a partir do conhecimento autêntico das línguas originais (hebraico, aramaico e grego) e da comparação entre os textos literários mais antigos. Atualmente, a exegese pode ser entendida como qualquer forma de interpretação textual, sobretudo de textos canônicos e jurídicos. Na Roma antiga, os exegetas eram os indivíduos especialistas na interpretação de sonhos, oráculos e outras leis divinas. O objetivo da exegese é o de esclarecer os passos de maior dificuldade de interpretação e proporcionar uma explicação canônica para os textos considerados sagrados numa determinada tradição e que devem ser interpretados de uma só maneira e com um único sentido" (CEIA, Carlos. *E-dicionário de termos literários*, disponível em: www.edtl.com.pt/index.php?option=com_mtree&task=viewlink&link_id=1051&Itemid=2; acessado em 06.04.2015).

Exegeta Intérprete. Pessoa que se dedica à exegese ou interpretação de textos de qualquer natureza.

Exequatur Execute-se; cumpra-se. Expressão que indica a autorização concedida pelo STJ para que se cumpra a carta rogatória. A competência para se conceder o *exequatur* às cartas rogatórias é do STJ, de acordo com o art. 105, I, *i*, CF. O art. 109, X, CF determina que compete ao juiz federal a execução de carta rogatória, após o *exequatur*.

Exercício arbitrário das próprias razões Delito praticado por quem, visando satisfazer pretensão pessoal e sem amparo legal, faz justiça pelas próprias mãos. Também comete o delito quem tira, suprime, destrói ou danifica coisa própria que se acha em poder de terceiro por determinação judicial ou convenção (arts. 345 e 346, CP).

Exibição de documento ou coisa Incidente processual ordenado pelo juiz, a pedido da parte, para que a outra parte exiba documento ou coisa que se ache em seu poder (art. 396, CPC). O pedido formulado pela parte deverá conter: a individuação, tão completa quanto possível, do documento ou da coisa; a finalidade da prova, indicando os fatos que se relacionam com o documento ou a coisa; as circunstâncias em que se funda o requerente para afirmar que o documento ou a coisa existe e se acha em poder da parte contrária.

Ex nunc V. *Efeito* ex nunc.

Ex officio De ofício. Por lei; oficialmente; em virtude do cargo ocupado; por iniciativa própria. Expressão usada no Direito e na administração pública para indicar que o ato de um administrador público ou de um juiz é executado em razão das prerrogativas do cargo ocupado, sem a intervenção ou iniciativa de terceiro. Manifestação de uma autoridade sem a provocação ou iniciativa do interessado. "O juiz declarou a prescrição *ex officio*". "Transferência *ex officio*". A transferência *ex officio* alcança servidores federais civis, militares e estudantes, bem como seus dependentes estudantes, conforme legislação vigente (Lei n. 9.536/97). A transferência ou remoção de ofício, a interesse da administração pública, acarreta a mudança de domicílio para o município onde se situe a instituição receptora ou para a localidade mais próxima dessa instituição de ensino superior.

Exoneração Afastamento definitivo de funcionário da função pública, por iniciativa do órgão público (*ex officio*) ou a pedido. A exoneração *ex officio* poderá ocorrer nas seguintes hipóteses: quando se tratar de cargo em comissão, salvo se a pedido; quando não satisfeitas as condições para a aprovação no estágio probatório; quando houver ilicitude de acumulação de cargos.

Exoneração de alimentos Medida judicial facultada àquele que está obrigado a prestar alimentos para desobrigar-se do encargo, quando restar provado que o alimentando não mais deles necessita em razão de maioridade, conclusão do curso superior ou, no caso de ex-cônjuge ou ex-companheira, de contrair novo casamento ou união estável (art. 1.699, CC).

Exoneração de fiança Faculdade conferida ao fiador, por meio de ação específica, quando pretenda se desobrigar do encargo. O fiador poderá exonerar-se da fiança que tiver assinado sem limitação de tempo, sempre que lhe convier, ficando obrigado por todos os efeitos da fiança, durante sessenta dias após a notificação do credor (art. 835, CC). Em se tratando de contrato de locação, o fiador poderá exonerar-se da fiança nos seguintes casos: a) separação de fato, separação judicial, divórcio ou dissolução de união estável, quando um dos cônjuges ou companheiros permanecer no imóvel; b) prorrogação da locação por prazo indeterminado, uma vez notificado o locador pelo fiador de sua intenção de desoneração (arts. 12 e 40, X, Lei n. 8.245/91).

Expectativa de direito Situação fática na qual um direito subjetivo ainda não se perfez pela não concretização de um requisito essencial, como ocorre com o direito à herança.

Exposição de motivos Denominação que se dá ao preâmbulo ou aos considerandos que antecedem os textos de um projeto de lei, de uma portaria ou de um provimento, com o objetivo de justificar sua aprovação.

E

Expropriação Ação ou efeito de expropriar ou retirar bens da propriedade de um particular nos casos especificados em lei. Um dos casos de expropriação previsto em lei é o das glebas de terra onde forem localizadas culturas ilegais de plantas psicotrópicas, as quais serão imediatamente expropriadas e especificamente destinadas ao assentamento de colonos, para o cultivo de produtos alimentícios e medicamentosos, sem nenhuma indenização ao proprietário e sem prejuízo de outras sanções previstas em lei, conforme o art. 243, CF (art. 1º, Lei n. 8.257/91). Também configura a expropriação o ato praticado pelo juiz com a finalidade de transferir bens do devedor a outra pessoa, a fim de satisfazer o direito do credor. Esses atos expropriatórios consistem em: adjudicação; alienação; apropriação de frutos e rendimentos de empresa ou estabelecimentos e de outros bens (art. 825, CPC).

Extensiva Método de interpretação que consiste em aplicar determinada regra a outras hipóteses, embora não seja taxativamente prevista na lei. Extensão de uma norma a casos não previstos por ela. Não se aplica a dispositivo que deve ser interpretado restritivamente, em razão de ser considerado *numerus clausus*.

Extensivo O que se pode estender, extensível. O que é aplicável a mais de um caso. Exemplo: "O regime desta lei será extensivo àqueles que, sob forma autônoma, trabalhem agrupados, por intermédio de sindicato, caixa portuária ou entidade congênere" (art. 3º, Lei n. 605/49).

Extinção da incapacidade Cessação da incapacidade decorrente da idade em razão de emancipação pelos pais ou responsáveis para o casamento, exercício de emprego público, colação de grau em curso superior ou estabelecimento civil ou comercial (art. 5º, CC).

Extinção da menoridade Cessação da menoridade que ocorre após se atingir 18 anos, habilitando o menor à prática de todos os atos da vida civil (art. 5º, CC). Observe-se que, a teor da lei, pela emancipação, o menor não atinge a maioridade, pois ela apenas faz cessar a incapacidade (*v.* art. 5º, parágrafo único, I).

Extinção da punibilidade Forma de exclusão da aplicação ou da continuidade da pena imposta ao autor de um delito, nos casos previstos em lei. Extingue-se a punibilidade: pela morte do agente; por anistia, graça ou indulto; pela retroatividade de lei que não mais considera o fato como criminoso; pela prescrição, decadência ou perempção; pela renúncia do direito de queixa ou pelo perdão aceito, nos crimes de ação privada; pela retratação do agente, nos casos em que a lei a admite; pelo perdão judicial (art. 107, CP). Também extingue a punibilidade dos crimes definidos na Lei n. 8.137/90, e na Lei n. 4.729/65, quando o agente promover o pagamento do tributo ou contribuição social, inclusive acessórios, antes do recebimento da denúncia.

Extinção da tutela Término da relação tutelar existente entre tutor e tutelado. Para o tutelado, a tutela cessa com a maioridade ou a emancipação e com o reconhecimento ou adoção por terceiro (art. 1.763, CC); para o tutor, ao expirar o termo, em que era obrigado a servir, ao sobrevir escusa legítima ou ao ser removido (art. 1.764, CC).

Extinção do direito de superfície Extinção do direito contratualmente constituído sobre determinado imóvel em razão do advento do tempo ou do descumprimento das obrigações contratuais assumidas pelo superficiário (art. 23, Lei n. 10.257/2001, Estatuto da Cidade).

Extinção do usufruto Cessação do usufruto formalmente constituído mediante o cancelamento do registro no Cartório de Registro de Imóveis nos seguintes casos: renúncia ou morte do usufrutuário; advento do termo de sua duração; extinção da pessoa jurídica, em favor da qual o usufruto foi constituído ou, se ela perdurar, pelo decurso de trinta anos da data em que se começou a exercer; cessação do motivo de que se origina; destruição da coisa, guardadas as disposições dos arts. 1.407, 1.408, 2ª parte, e 1.409; consolidação; culpa do usufrutuário, quando aliena, deteriora, ou deixa arruinar os bens, não lhes acudindo com os reparos de conservação, ou quando, no usufruto de títulos de crédito, não dá às importâncias recebidas a aplicação prevista no parágrafo único do art. 1.395; não uso, ou não fruição, da coisa em que o usufruto recai (arts. 1.390, 1.399 e 1.410, CC).

Extradição Ato de cooperação internacional que consiste na entrega de uma pessoa acusada ou condenada por um ou mais crimes em determinado país, a outro país que a reclama para cumprimento da pena. Há a extradição ativa, que ocorre quando o governo brasileiro requer a extradição de um foragido da Justiça brasileira a outro país, e a extradição passiva, que se verifica quando outro país solicita a extradição de um indivíduo foragido que se encontra em território brasileiro. O pedido de extradição não se limita aos países com os quais o Brasil possui Tratado. Ele poderá ser requerido por qualquer país e para qualquer país. Quando não houver Tratado, o pedido será instruído com os documentos previstos na Lei n. 13.445, de 24.05.2017 (Lei de Migração) e deverá ser solicitada com base na promessa de reciprocidade de tratamento para casos análogos. Atualmente, o Brasil possui Tratados de Extradição em vigor celebrados com 21 países, além do Acordo celebrado entre os Estados Parte do Mercosul.

Extrajudicial Atos que se praticam ou são processados fora do juízo, porém, com capacidade de produzir efeitos jurídicos. São atos constituídos por instrumento particular ou por escritura pública formalizada em cartórios extrajudiciais.

Extra petita Extra ou fora do pedido. É vedado o julgamento *extra petita*, isto é, o juiz conceder coisa ou prestação diversa da que foi pedida pelo autor na petição inicial (art. 492, CPC). Por exemplo, não pode o juiz conceder a condenação do réu na indenização de danos morais e danos estéticos se o pedido do autor limitou-se aos danos morais.

Ex tunc *V. Efeito* ex tunc.

Factoring Contrato que consiste na cessão de crédito, a título oneroso, feita pelo faturizado em favor do faturizador, responsabilizando-se aquele pela existência do crédito. É a prestação contínua e cumulativa de assessoria mercadológica e creditícia, de seleção de riscos, de gestão de crédito, de acompanhamento de contas a receber e de outros serviços, conjugada com a aquisição de créditos de empresas resultantes de suas vendas mercantis ou de prestação de serviços, realizadas a prazo (conceito aprovado na Convenção Diplomática de Ottawa, de maio de 1988, da qual o Brasil foi signatário). Consiste na prestação de serviços, os mais variados e abrangentes, de apoio às pequenas e médias empresas, conjugada com a compra de direitos creditórios originados de vendas mercantis realizadas por sua clientela.

Falência Situação de insolvência atribuída à empresa ou ao empresário em que o passivo supera o ativo, ensejando a impossibilidade de pagamento ou adimplemento de suas obrigações. A decretação judicial da falência ou do estado de insolvência jurídica exige pelo menos uma das seguintes hipóteses: impontualidade injustificada no cumprimento de obrigação, tríplice omissão ou ocorrência de atos de falência (art. 94, Lei n. 11.101/2005). Podem requerer a falência do devedor: o próprio devedor, na forma do disposto nos arts. 105 a 107 desta Lei; o cônjuge sobrevivente, qualquer herdeiro do devedor ou o inventariante; o cotista ou o acionista do devedor na forma da lei ou do ato constitutivo da sociedade; qualquer credor (art. 97).

Falsidade ideológica Delito que consiste em omitir, em documento público ou particular, declaração que dele devia constar, ou nele inserir ou fazer inserir declaração falsa ou diversa da que devia ser escrita, com o fim de prejudicar direito, criar obrigação ou alterar a verdade sobre fato juridicamente relevante (art. 299, CP).

Falso testemunho Delito penal em que incide quem faz afirmação falsa, nega ou cala a verdade como testemunha, perito, contador, tradutor ou intérprete em processo judicial ou administrativo, inquérito policial ou em juízo arbitral (art. 342, CP).

Fato da administração Ação ou omissão do órgão administrativo contratante que, ao incidir diretamente sobre o contrato administrativo, retarda ou inviabiliza a sua execução pelo contratado, tornando-o excessivamente oneroso. Trata-se de infração contratual, cometida pela autoridade contratante, em prejuízo do contratado, por exemplo, a não liberação, por parte da administração, de área, local ou objeto para execução de obra, serviço ou fornecimento, nos prazos contratuais, bem como das fontes de materiais naturais especificadas no projeto (art. 78, XVI, Lei n. 8.666/93 e art. 137, § 2º, V, Lei n. 14.133/2021).

Fato do príncipe *Factum principis*. Medida de ordem geral e unilateral, emanada da autoridade administrativa que, embora não tenha relação direta com o contrato em vigor, nele repercute, provocando desequilíbrio econômico-financeiro em desfavor do contratado. Exemplo: medida adotada pelo Governo Federal, por ato do Presidente da República ou outra autoridade por ele delegada, que impede ou dificulta a importação de matéria-prima indispensável à execução de uma determinada tarefa ou prestação de um determinado serviço. Sua incidência também pode se dar no âmbito trabalhista, quando o ato administrativo ou legislativo impossibilita a continuidade da atividade da empresa, em caráter temporário ou definitivo. Ocorrendo essa situação, o empregado terá direito a receber indenização pelo fim do contrato, a qual será de responsabilidade da autoridade responsável pela prática do ato (art. 486, CLT).

Fato notório Fato que é de conhecimento geral, certo e inegável, e que independe de prova (art. 374, I, CPC).

Fatura Documento expedido pelo vendedor que relaciona as compras a prazo efetuadas em determinado espaço de tempo e que servirá de base à extração de duplicata. É utilizada nas transações comerciais de venda de produtos, mercadorias e na prestação de serviços. O prazo de vencimento da operação, que não deve ser inferior a trinta dias, deve estar destacado, incluindo a praça de pagamento. Por ser uma nota fiscal-fatura, o título-fatura é o título utilizado para a cobrança, com todas as características legais de aceite por parte do cliente (Lei n. 5.474/68).

Fax (fac-símile) Modalidade de comunicação ou transmissão de mensagens ou documentos urgentes, mediante a utilização de aparelho específico interligado a um aparelho telefônico. A lei faculta às partes a utilização do sistema de transmissão de dados e imagens via fac-símile, ou outro similar, para a prática de atos processuais que dependam de petição escrita, sem prejuízo do cumprimento dos prazos, devendo os originais serem entregues em juízo, necessariamente, até cinco dias da data de seu término (arts. 1º e 2º, Lei n. 9.800/99).

Fecundação artificial Método de reprodução ou inseminação artificial, processado mediante fertilização *in vitro*, destinado a gerar o nascimento de uma criança quando homem ou mulher manifestarem dificuldades de fertilização. A fecundação artificial pode ser homóloga ou heteróloga. É *homóloga* quando a mulher utiliza material genético do próprio marido; é *heteróloga*, quando promovida mediante o emprego de material genético de terceiro. Nesta última modalidade, inexistindo prévia autorização do marido, é facultado a este negar o reconhecimento, uma vez que não se configura a presunção de paternidade. Já havendo autorização, relativamente ao pai (ou à mãe) que não contribuiu com seu material fecundante, configura-se modalidade de parentesco civil enquadrada na expressão "outra origem" constante do art. 1.593, CC (art. 1.597, III e V, CC). Inclui-se ainda no conceito de fecundação homóloga a hipótese de fecundação *in vitro*, do óvulo da mulher com esperma do marido, mas em que a gestação vai se operar implantando o óvulo fecundado no útero de outra mulher, que apenas providencia o componente "gestação", originando as expressões "mãe hospedeira", "mãe substituta" e, em determinados casos, "barriga de aluguel". Presumem-se concebidos na constância do casamento os filhos: havidos por fecundação artificial homóloga, mesmo que falecido o marido; havidos, a qualquer tempo, quando se tratar de embriões excedentários, decorrentes de concepção artificial homóloga; havidos por inseminação artificial heteróloga, desde que tenha prévia autorização do marido (art. 1.597, CC) (*v. Fertilização* in vitro).

F

Federação Forma de organização do Estado composta de diversas entidades territoriais autônomas dotadas de governo próprio, também denominadas estados federados independentes. O Brasil é uma república federativa formada pela união indissolúvel dos estados e municípios e do Distrito Federal; constitui-se em Estado Democrático de Direito e tem como fundamentos: a soberania; a cidadania; a dignidade da pessoa humana; os valores sociais do trabalho e da livre-iniciativa; o pluralismo político (art. 1º, CF). Também se denomina federação o órgão que congrega, no âmbito nacional ou estadual, entidades representativas de uma mesma categoria profissional, como a Federação das Indústrias, a Federação de Sindicatos, a Federação dos Metalúrgicos, a Federação dos Municípios, a Federação Paulista de Futebol, entre outras.

Feito O mesmo que processo, causa, demanda, lide, avença.

Feminicídio homicídio cometido contra a mulher por razões da condição de sexo feminino (art. 121, § 2º, VI, do CP).

Fé pública Credibilidade ou legalidade conferida pela expressão *dou fé*, aposta aos documentos públicos redigidos ou reconhecidos por serventuários públicos dos cartórios judiciais e extrajudiciais.

Férias Período de descanso concedido pelo empregador ao empregado após cada período de 12 meses de vigência do contrato de trabalho. O benefício deve ser concedido na seguinte proporção: 30 dias corridos, quando não houver faltado ao serviço mais de 5 vezes; 24 dias corridos, quando houver tido de 6 a 14 faltas;

18 dias corridos, quando houver tido de 15 a 23; 12 dias corridos, quando houver tido de 24 a 32 faltas (arts. 129 e 130, CLT).

Férias forenses Período no qual as atividades do foro são suspensas, sem prejuízo do período de férias dos magistrados, com as exceções que a lei permite. A figura das férias forenses foi extinta por força da reforma do Judiciário (EC n. 45/2004) (*v. Recesso*).

Fertilização *in vitro* Técnica de reprodução assistida. Método de fecundação do óvulo pelo espermatozoide que ocorre fora do corpo, em laboratório, ou seja, em um tubo de ensaio. A fertilização *in vitro*, também chamada de FIV ou de "bebê de proveta", é uma das grandes conquistas no tratamento da infertilidade. A primeira criança gerada por esse processo foi Louise, filha de Lesley John Brown, no ano de 1978, em Londres, por obra do Dr. Patrick Steptoe e do Dr. Robert Edwards. Tem por objetivo solucionar o problema de infertilidade da mulher, que tanto pode resultar da incapacidade de ovular, natural ou decorrente dos efeitos da radio ou quimioterapia, como da ruptura ou extirpação do útero, com a ressalva de que mesmo na última hipótese a mulher pode continuar a produzir óvulos aptos à fecundação. Informações científicas demonstram que a mulher, com o passar dos anos, vai reduzindo a sua capacidade ovulatória, tanto que o recomendável é a gravidez até, no máximo, os 32 anos (o ideal é aos 28 anos). Após essa idade, mais precisamente após os 35 anos, as dificuldades para engravidar passam a ser maiores. Já no caso da infertilidade masculina, as grandes causas da impotência reprodutora são a *aspermia* (o indivíduo não produz espermatozoides) e a *oligospermia* (a produção de esperma é insuficiente). Na fecundação *in vitro* denominada *homóloga*, utiliza-se o óvulo e o esperma provenientes do próprio casal de quem o embrião vai ser filho; na do tipo *heteróloga*, pelo menos um dos gametas utilizados na criação do embrião provém de um doador externo ao casal. Presumem-se concebidos na constância do casamento os filhos: havidos por fecundação artificial homóloga, mesmo que falecido o marido; havidos, a qualquer tempo, quando se tratar de embriões excedentários, decorrentes de concepção artificial homóloga; havidos por inseminação artificial heteróloga, desde que tenha prévia autorização do marido (art. 1.597, CC) (*v. Fecundação artificial* e *Reprodução assistida*).

Fiador Pessoa que, em contrato de fiança, garante satisfazer ao credor uma obrigação assumida pelo devedor, caso este não a cumpra (art. 818, CC). O fiador poderá exonerar-se da fiança que tiver assinado sem limitação de tempo, sempre que lhe convier, ficando obrigado por todos os efeitos da fiança, durante sessenta dias após a notificação do credor (art. 835, CC). Sendo hipótese de contrato de locação, a exoneração pode se efetivar nos seguintes casos: a) separação de fato, separação judicial, divórcio ou dissolução de união estável, quando um dos cônjuges ou companheiros permanecer no imóvel; b) prorrogação da locação por prazo indeterminado, uma vez notificado o locador pelo fiador de sua intenção de desoneração (arts. 12 e 40, X, Lei n. 8.245/91).

Fiança Contrato acessório pelo qual uma pessoa – o fiador – garante satisfazer ao credor uma obrigação assumida pelo devedor, caso este não a cumpra (arts. 818 a 839, CC). Modalidade de garantia fidejussória. Ainda que a fiança tenha maior aplicação aos contratos de locação (art. 37, Lei n. 8.245/91), ela pode servir de garantia a qualquer outra modalidade contratual, como o de mútuo, o de compra e venda, o de arrendamento e o de alienação fiduciária. Salvo suprimento judicial, nenhum dos cônjuges pode, sem autorização do outro, exceto no regime da separação absoluta, prestar fiança (art. 1.647, CC).

Fiança civil Contrato acessório pelo qual uma pessoa – o fiador – garante satisfazer ao credor uma obrigação assumida pelo devedor, caso este não a cumpra (arts. 818 a 839, CC, e 37, Lei n. 8.245/91).

Fiança penal Importância arbitrada pelo juiz e paga pelo indiciado que estiver preso, ou por terceiro em seu favor, para que lhe seja concedido alvará de soltura e possa responder ao processo em liberdade, nos casos especificados em lei (art. 319 e segs., CPP).

Fideicomissário Diz-se do segundo beneficiário pelo recebimento de herança ou legado do fiduciário por meio da instituição de fideicomisso pelo testador.

Fideicomisso Instituto do direito sucessório pelo qual o testador ou fideicomitente transmite ao herdeiro ou legatário temporário, o fiduciário ou gravado, certos bens, impondo a obrigação de, por sua morte, após certo tempo ou sob condição, transmiti-los ao segundo beneficiário, seu substituto, o fideicomissário (art. 1.951, CC).

Fideicomitente O testador ou aquele que transmite ao herdeiro ou legatário temporário, o fiduciário ou gravado, certos bens, impondo a obrigação de, por sua morte, após certo tempo ou sob condição, transmiti-los ao segundo beneficiário, seu substituto, o fideicomissário (art. 1.951, CC).

Fiduciário Legatário ou herdeiro instituído em primeiro grau, que fica com a propriedade restrita e resolúvel do bem recebido em fideicomisso para transmiti-lo ao fideicomissário após certo tempo ou em certa condição (art. 1.953, CC). Diz-se, também, do credor e do devedor fiduciários, participantes do contrato de alienação fiduciária. Propriedade fiduciária.

Filho adotivo Filho instituído por meio de processo de adoção, originando o parentesco civil entre adotado e adotante e entre todos os parentes do adotante, que se equipara ao filho legítimo ou natural para todos os efeitos (arts. 41, ECA, e 1.596, CC) (*v. Adoção*).

Filho afetivo Pessoa que, embora não seja adotada ou não guarde vínculo biológico, é criada como se fosse filho, configurando a posse de estado de filho (*v. Filho de criação* e *Adoção à brasileira*), ou aquela que provém de inseminação artificial heteróloga.

Filho biológico Também chamado de filho natural, é o que se origina de ato de procriação, ou seja, do *jus sanguinis* existente entre pais e filhos. Resulta de relação sexual ou inseminação artificial entre homem e mulher, diferentemente da filiação decorrente de outra origem, como adoção e filiação socioafetiva.

Filho de criação Pessoa que é acolhida por uma família em uma espécie de adoção de fato ou adoção informal, na qual a certidão de nascimento não é alterada, mantendo-se no registro o nome dos pais biológicos. Sua situação pode ensejar a configuração de filho socioafetivo.

Filiação Relação de parentesco que se origina do processo de procriação natural, de fecundação artificial, de adoção ou de outra origem. Os filhos, havidos ou não da relação de casamento, ou por adoção, terão os mesmos direitos e qualificações, proibidas quaisquer designações discriminatórias relativas à filiação (art. 1.596, CC).

Filiação adotiva Filiação que decorre do processo de adoção, ou seja, do ato no qual alguém aceita um estranho como filho e com este passa a manter parentesco civil. A filiação adotiva confere ao adotado os mesmos direitos assegurados aos filhos biológicos (arts. 41 e segs., ECA; art. 1.596, CC) (*v. Adoção*).

Filiação natural Conhecida também como filiação biológica, é a que decorre de ato de procriação, ou seja, do *jus sanguinis* existente entre pais e filhos. Resulta de relação sexual ou inseminação artificial entre homem e mulher, diferentemente da filiação decorrente de outra origem, como adoção e filiação socioafetiva.

Filiação socioafetiva O mesmo que filiação sociológica, que é a que decorre da posse de estado de filho ou de inseminação artificial heteróloga. Para efeito de configurar a modalidade de filiação socioafetiva, entende-se que se faz necessário exteriorizar os seguintes elementos: a) utilização pelo suposto filho do nome do presumido pai (*nomen*); b) o tratamento de filho pelo presumido pai (*tratactus*); c) a reputação ou notoriedade da filiação perante a sociedade (*fama*). Porém, para alguns autores, mostra-se perfeitamente dispensável o requisito de o suposto filho ostentar o nome do presumido pai, como ocorre na hipótese de filho de criação (*v. Filho de criação* e *Adoção à brasileira*).

Firma No sentido técnico, significa um nome comercial, pessoa jurídica, que não se confunde com sociedade nem casa de comércio ou empresa. Também indica a assinatura da pessoa; assinatura completa ou abreviada. O ato de *reconhecer a firma* significa declarar que a assinatura aposta a um documento pertence realmente à pessoa que afirma tê-lo assinado.

Força maior Fato ou acontecimento imprevisto, decorrente de uma conduta humana ou fenômeno da natureza, que se torna impeditivo para a realização de um ato capaz de gerar efeitos jurídicos. Embora o CC não estabeleça diferença entre o caso fortuito e o de força maior, na visão de Sergio Cavalieri Filho "o caso fortuito pode ser caracterizado quando se tratar de evento imprevisível e, por isso, inevitável. Se tratar-se de evento inevitável, ainda que previsível, por se tratar de fato superior às forças do agente, como normalmente são os fatos da natureza – como as tempestades, enchentes etc. – configurar-se-á a força maior (ou *act of God*, como definem os ingleses); em relação a tal evento nada pode fazer o agente para evitá-lo, ainda que o possa prever" (CAVALIERI FILHO, Sergio. *Programa de responsabilidade civil*. 4.ed. rev. ampl. e atual. São Paulo, Malheiros, 2003, p. 85). A força maior relaciona-se com a inevitabilidade, ao passo que o caso fortuito guarda relação com a imprevisibilidade. No direito do trabalho, entende-se como força maior todo acontecimento inevitável, em relação à vontade do empregador, e para a realização do qual este não concorreu, direta ou indiretamente (art. 501, CLT). O devedor não responde pelos prejuízos resultantes de caso fortuito ou de força maior, se expressamente não se houver por eles responsabilizado (art. 393, CC).

Forense Relativo ao foro judicial e às atividades nele desenvolvidas, seja por juízes e serventuários da Justiça, seja pelo Ministério Público e por advogados.

Foro Delimitação da atividade jurisdicional do juiz em razão da matéria e do território (arts. 46, 47, 53, 62 e 63, CPC). Local onde se ajuízam, se processam e se julgam os processos judiciais.

Franquia empresarial Sistema pelo qual um franqueador autoriza por meio de contrato um franqueado a usar marcas e outros objetos de propriedade intelectual, sempre associados ao direito de produção ou distribuição exclusiva ou não exclusiva de produtos ou serviços e também ao direito de uso de métodos e sistemas de implantação e administração de negócio ou sistema operacional desenvolvido ou detido pelo franqueador, mediante remuneração direta ou indireta, sem caracterizar relação de consumo ou vínculo empregatício em relação ao franqueado ou a seus empregados, ainda que durante o período de treinamento (art. 1º, *caput*, Lei n. 13.966/2019).

Fraude Má-fé, artifício malicioso usado por alguém para prejudicar dolosamente direito ou interesses de terceiro (art. 158, CC).

Fraude à execução A fraude que se configura quando o executado, após a citação, se desfaz de seus bens, impossibilitando a penhora e a satisfação do crédito do exequente. Considera-se em fraude de execução a alienação ou oneração de bens: quando sobre eles pender ação fundada em direito real; quando, ao tempo da alienação ou oneração, corria contra o devedor demanda capaz de reduzi-lo à insolvência; nos demais casos expressos em lei (art. 792, CPC).

Fraude contra credores Alienação antecipada de bens com o objetivo de fraudar o credor. Transferência gratuita ou onerosa de bens que poderiam ser usados para saldar dívidas, com o intuito de fraudar ou prejudicar credores, feita por proprietário devedor a terceiros, caracterizando a fraude (art. 158, CC). Geralmente ocorre quando o devedor transfere bens de forma gratuita para o nome de parentes ou promove venda fictícia a pessoa de seu círculo de amizades. Cabe ao credor ação pauliana, revogatória ou revocatória, para obter a anulação de atos caracterizadores de fraude contra credores.

Fundação Pessoa jurídica de direito privado constituída por escritura pública ou testamento e dotação especial de bens livres, para fins religiosos, morais, culturais ou de assistência (arts. 44 e 62, CC).

Fundamento jurídico do pedido Fatos narrados na petição inicial que são tidos como causa de pedir, aos quais o autor atribui efeitos jurídicos à sua pretensão. São as razões que justificam a existência da ação, fundadas na lei ou nos princípios de ordem jurídica (art. 319, III, CPC).

Fundo de investimento Comunhão de recursos, constituído sob a forma de condomínio de natureza especial, destinado à aplicação em ativos financeiros, bens e direitos de qualquer natureza (art. 1.368-C a 1.368-F, CC). A Lei n. 13.874/2019 (Lei de Liberdade Econômica) transferiu a gestão desse fundo para a Comissão de Valores Mobiliários, estabelecendo novas regras para questões relativas à insolvência e à responsabilidade de participantes em fundos de investimento.

Fundos de pensão Denominação conferida às entidades fechadas de previdência complementar, organizadas por empresas ou grupos de empresas, com o objetivo de realizar investimentos destinados a garantir a complementação da aposentadoria aos empregados que aderirem ao plano de previdência coletivo. São permitidos exclusivamente aos empregados de uma empresa e aos servidores da União, dos estados, do Distrito Federal e dos municípios, entes denominados patrocinadores, e aos associados ou membros de pessoas jurídicas de caráter profissional, classista ou setorial, denominados instituidores (LC n. 109/2001) (*v. Aposentadoria complementar*).

Fungibilidade Característica do que é fungível, dos bens que podem substituir-se por outros da mesma espécie, qualidade e quantidade, como ocorre com o mútuo (art. 85, CC). Princípio que admite um recurso ser recebido por outro, mediante certas condições, como ausência de má-fé, não existência de erro grosseiro e observância do prazo (*v. Princípio da fungibilidade*).

Fungível Bens móveis que podem substituir-se por outros da mesma espécie, qualidade e quantidade (art. 85, CC). São bens que podem ser substituídos por outros equivalentes. São bens fungíveis, entre outros, um botijão de gás, um galão de gasolina, uma saca de cimento de determinada marca, uma saca de trigo, um garrafão de vinho de uma determinada categoria e marca. A fungibilidade também diz respeito ao mútuo, o qual, de acordo com o art. 586, CC, é o empréstimo de coisas fungíveis. Pelo contrato de mútuo, o mutuário é obrigado a restituir ao mutuante o que dele recebeu em coisa do mesmo gênero, qualidade e quantidade (*v. Bens fungíveis*).

Furto Crime contra o patrimônio que consiste em subtrair, para si ou para outrem, coisa alheia móvel (art. 155, CP).

Garantia Segurança prestada pelo devedor ao credor mediante a indicação de um bem ou de terceiro que garanta o pagamento da dívida ou o cumprimento da obrigação na hipótese de o primeiro não cumpri-la, como nos casos de hipoteca, penhor, caução, aval e fiança. Pelo contrato de fiança, uma pessoa garante satisfazer ao credor uma obrigação assumida pelo devedor, caso este não a cumpra (art. 818, CC) (*v. Hipoteca*; *Penhor*; *Caução*; *Ação*; *Aval*; *Fiança*).

Genocídio Extermínio em massa de pessoas por motivo étnico, racial ou religioso. O termo foi criado em 1944 por Raphael Lemkin, advogado judeu polonês, que combinou a palavra grega *geno*, que significa "raça" ou "tribo", com a palavra latina *cídio*, que significa "matar". Lemkin definiu o genocídio como "um plano coordenado, com ações de vários tipos, que objetiva a destruição dos alicerces fundamentais da vida de grupos nacionais com o intuito de aniquilá-los".

Gestão de negócios Ato de alguém gerir negócio de terceiro, espontaneamente, sem que para isso tenha recebido autorização expressa. Aquele que, sem a autorização do interessado, intervir na gestão de negócio alheio, dirigi-lo-á segundo o interesse e a vontade presumíveis de seu dono, respondendo a este e às pessoas com que tratar (art. 861, CC).

Governança interfederativa compartilhamento de responsabilidades e ações entre entes da Federação em termos de organização, planejamento e execução de funções públicas de interesse comum (art. 2º, IV, Lei n. 13.089/2015).

Gratuidade da justiça Benefício legal conferido a todo aquele cuja situação econômica não lhe permita pagar as custas do processo e os honorários de advogado sem prejuízo do sustento próprio ou de sua família (Lei n. 1.060/50) (*v. Assistência judiciária*).

Grau de jurisdição Hierarquia da prestação jurisdicional estabelecida entre juízes e tribunais. A jurisdição se divide em Justiça de primeiro grau, representada pelos juízes monocráticos, Justiça de segundo grau, exercida pelos tribunais estaduais e tribunais regionais federais, e Justiça dos tribunais superiores (STF, STJ, TST).

Grau de parentesco Relação existente entre as pessoas unidas por parentesco natural ou civil. É a distância que se mede entre uma geração e outra, tendo como ponto de partida um tronco em comum. Os graus de parentesco natural ou sanguíneo são estabelecidos em *linha reta* e em *linha colateral*. Contam-se, na linha reta, os graus de parentesco pelo número de gerações e, na linha colateral, também pelo número delas, subindo de um dos parentes até o ascendente comum, e descendo até encontrar o outro parente (art. 1.594, CC). Assim são parentes em primeiro grau pais e filhos; em segundo grau, os irmãos; em terceiro grau, sobrinhos e tios.

Gravame Tributo, ônus. Encargo que recai sobre uma coisa, como penhor, penhora, hipoteca, anticrese, alienação fiduciária, *leasing*, cláusula de inalienabilidade. Direito real sobre coisa alheia. Trata-se de uma restrição que impede a transferência da propriedade da coisa. Um veículo adquirido mediante contrato de *leasing* ou alienação fiduciária, por exemplo, enquanto não quitado o contrato, não poderá obter baixa no gravame junto ao Detran, o que impede o comprador de vender o veículo ou realizar qualquer outra forma de alienação.

Guarda Obrigação imposta por lei a certas pessoas de manterem sob sua vigilância, seus cuidados ou sua conservação pessoa ou coisa. No caso de filhos, a guarda será unilateral ou compartilhada (art. 1.583, CC). Se o juiz verificar que eles não devem permanecer sob a guarda do pai ou da mãe, deferirá a guarda à pessoa que revele compatibilidade com a natureza da medida, considerados, de preferência, o grau de parentesco e as relações de afinidade e afetividade (art. 1.584, § 5º, CC).

Guarda alternada Guarda na qual os filhos dividem a residência dos pais, permanecendo com um e com outro por igual período, por exemplo, uma semana na casa da mãe e outra semana na casa do pai. Esse modelo de guarda tem se mostrado pouco receptivo pelos tribunais, uma vez que a duplicidade de residências pode provocar instabilidade emocional e psíquica no menor.

Guarda compartilhada Aquela pela qual se determinam a responsabilização conjunta e o exercício de direitos e deveres do pai e da mãe que não vivam sob o mesmo teto concernentes ao poder familiar dos filhos comuns (arts. 1.583 e segs., CC). Quando não houver acordo entre a mãe e o pai quanto à guarda do filho, encontrando-se ambos os genitores aptos a exercer o poder familiar, será aplicada a guarda compartilhada (art. 1.584, § 2º, CC) (*v. Guarda*; *Guarda alternada*).

Guarda unilateral Guarda dos filhos atribuída a um só dos genitores ou a alguém que os substitua (arts. 1.583, § 1º, e 1.584, CC). A guarda unilateral será atribuída ao genitor que revele melhores condições para exercê-la e, objetivamente, mais aptidão para propiciar aos filhos os seguintes fatores: afeto nas relações com o genitor e com o grupo familiar; saúde e segurança; educação (*v. Guarda*; *Guarda compartilhada*).

Habeas corpus Medida judicial assegurada a todo aquele que sofrer ou se achar ameaçado de sofrer violência ou coação em sua liberdade de locomoção, por ilegalidade ou abuso de poder (art. 5º, LXVIII, CF). Pode ser preventivo, quando o paciente se encontra na iminência de sofrer a coação, ou liberativo, quando o paciente já sofreu a coação.

Habeas data Garantia constitucional destinada a assegurar o conhecimento de informações relativas à pessoa do impetrante constantes de registros ou banco de dados de entidades governamentais ou de caráter público, ou para a retificação de dados, quando não se prefira fazê-lo por processo sigiloso, judicial ou administrativo (art. 5º, LXXII, CF).

Habilitação de credores Comparecimento ou participação de credor no processo para, mediante prova do seu crédito, concorrer com os demais credores para o devido recebimento. A habilitação tem lugar no processo de falência (Lei n. 11.101/2005) e no inventário. Concordando as partes com o pedido, o juiz, ao julgar habilitado o crédito, mandará que se faça separação de bens para o futuro pagamento (art. 644, CPC).

Habilitação de herdeiro Comparecimento ou participação do herdeiro no inventário para ver reconhecido o seu direito sucessório e obter a quota que lhe cabe na herança.

Habilitação no processo Medida tomada no curso do processo que capacita uma pessoa a substituir uma das partes em caso de falecimento, podendo ser requerida: pela parte, em relação aos sucessores do falecido; pelos sucessores do falecido, em relação à parte (arts. 687 e 688, CPC).

Habilitação para o casamento Formalidades exigidas por lei aos nubentes que devem ser apresentadas ao oficial do Registro Civil do domicílio dos noivos, com o fim de comprovar a inexistência de impedimento e demonstrar plenas condições dos nubentes para contraírem núpcias (art. 1.525, CC).

Hasta pública Venda judicial pela qual são alienados bens do devedor para que, com o valor apurado, possam ser pagos o credor, as custas e as despesas do processo de execução. Leilão judicial.

Herança Conjunto de bens deixados pelo *de cujus*, incluindo o patrimônio ativo e o passivo, para ser partilhado entre os herdeiros. A herança defere-se como um todo unitário, ainda que vários sejam os herdeiros (art. 1.791, CC).

Herança jacente *Jacente* é a herança cujos beneficiários ainda não são conhecidos. Configura-se quando o falecido não deixa testamento nem herdeiro legítimo notoriamente conhecido (art. 1.819, CC). Aplica-se também à hipótese em que houver testamento, mas a pessoa contemplada não mais existir. A existência da herança jacente se dá a conhecer quando: a abertura do inventário for requerida pelo credor ou pela Fazenda Pública; o juiz for comunicado pelo oficial do Registro Civil de que a pessoa faleceu deixando bens, porém, não possui herdeiros nem testamento; todos os que forem chamados a suceder renunciarem à herança (art. 1.823, CC). A herança jacente tem caráter provisório, uma vez que ela pode ou não vir a se tornar herança vacante (*v. Herança vacante*).

H

Herança vacante Herança instituída por declaração do juiz no caso de, sendo devidamente intimados, não aparecerem herdeiros interessados na herança jacente. Não aparecendo ou não se habilitando herdeiro, cônjuge ou credor da herança no período de até um ano após a primeira publicação do edital que intimar eventuais herdeiros para se habilitarem no prazo de seis meses, será a herança declarada *vacante* (arts. 1.820, CC). Nesse período, será lícito aos credores do falecido se habilitarem para o fim de recebimento de valores relativos a dívidas reconhecidas, nos limites da herança (art. 1.821, CC). Depois de transitada em julgado a sentença que declarou a vacância, os interessados na sucessão somente poderão reclamar seu direito por meio de ação direta. Decorridos cinco anos da abertura da sucessão sem ter havido habilitação de quem quer que seja, os bens arrecadados passarão ao domínio do município ou do Distrito Federal, se localizados nas respectivas sedes, ou ao domínio da União, quando situados em território federal (art. 1.822, CC) (*v. Herança jacente*).

Herdeiro Pessoa ligada por laços de sangue ao *de cujus*, ou beneficiária de testamento, com direito a recebimento da herança. O herdeiro pode ser legítimo ou testamentário (*v. Grau de parentesco; Herdeiro concorrente*).

Herdeiro concorrente Concorrente ou facultativo é o herdeiro chamado à sucessão na falta ou inexistência de herdeiros necessários, como os colaterais, o município, o Distrito Federal e a União (art. 1.844, CC). Para excluir da sucessão os herdeiros colaterais, basta que o testador disponha de seu patrimônio sem os contemplar (art. 1.850, CC).

Herdeiro legítimo É o herdeiro instituído por lei ou integrante do rol da ordem da vocação hereditária (art. 1.829, CC). Os herdeiros legítimos compreendem duas classes: os *necessários* e os *concorrentes* ou *facultativos*.

Herdeiro necessário É o descendente, ascendente ou cônjuge do autor da herança. Pertence aos herdeiros necessários, de pleno direito, a metade dos bens da herança, constituindo a legítima (arts. 1.845 e 1.846, CC).

Herdeiro testamentário É o herdeiro, necessário ou não, instituído por disposição de última vontade ou testamento (art. 1.799, CC). O herdeiro necessário, a quem o testador deixar a sua parte disponível, ou algum legado, não perderá o direito à legítima (art. 1.849, CC).

Hereditário Aquilo que é transmitido pelos ascendentes aos descendentes. Sucessão hereditária; direito hereditário.

Hermeneuta Aquele que é versado em hermenêutica ou a ela se dedica. Intérprete da lei, jurista.

Hermenêutica jurídica Ciência da interpretação de textos da lei. Tem por objetivo o estudo e a sistematização dos processos ou métodos a serem aplicados para fixar o real sentido e o alcance das normas jurídicas, de modo que mais se aproximem do pensamento e da mensagem do legislador.

Hipossuficiente Pessoa necessitada, de baixo poder aquisitivo ou econômico, beneficiada pelo Estado com a concessão da assistência judiciária gratuita ou de benefício previdenciário de natureza assistencial (Lei n. 1.060/50).

Hipoteca Direito real de garantia sobre imóvel que permanece na posse de seu proprietário (art. 1.473, CC).

Hipoteca judiciária Efeito secundário ou anexo da sentença ou do acórdão que condenam a parte ao pagamento de uma prestação em dinheiro ou em coisa. A sentença que condenar o réu ao pagamento de uma prestação, em dinheiro ou em coisa, valerá como título constitutivo de hipoteca judiciária, cuja inscrição será ordenada pelo juiz na forma prescrita na Lei de Registros Públicos (art. 495, CPC). Nesse caso, considera-se a decisão título suficiente para que o vencedor da demanda venha a ter contra o vencido, e sobre seus bens imóveis e móveis, direito real de garantia, desde que realizada a inscrição da hipoteca judiciária no cartório de registro de imóveis, decorrente de expedição de mandado judicial, em atenção a requerimento de especialização dos bens feito pela parte interessada.

Homestead Instituto originado em lei de iniciativa do presidente americano Abraham Lincoln no ano de 1862 cuja finalidade era atrair imigrantes para povoar e colonizar as terras do oeste. Concedia-se a posse de uma propriedade com 160 hectares a quem a cultivasse por cinco anos. Essa porção de terra recebia o nome de *homestead* federal e, durante os cinco anos de exploração, era inalienável e impenhorável. O bem de família constante do nosso ordenamento jurídico tem origem no *homestead* (*v. Bem de família*).

Homicida Aquele que praticou homicídio. O que matou alguém independentemente de culpa ou dolo (*v. Homicídio*).

Homicídio Ato de matar alguém. Ação delituosa pela qual uma pessoa destrói, ilicitamente, a vida de outra (art. 121, CP).

Homicídio culposo É aquele causado sem dolo, ou sem a intenção da matar, decorrente de ato de imperícia, negligência ou imprudência (art. 18, CP).

Homicídio doloso O que é decorrente de ato do agente que quis o resultado ou assumiu o risco de produzi-lo (art. 18, CP).

Homicídio qualificado Homicídio doloso cometido: mediante paga ou promessa de recompensa, ou por outro motivo torpe; por motivo fútil; com emprego de veneno, fogo, explosivo, asfixia, tortura ou outro meio insidioso ou cruel, ou que possa resultar perigo comum; à traição, por emboscada, ou mediante dissimulação ou outro recurso que dificulte ou torne impossível a defesa do ofendido; para assegurar a execução, a ocultação, a impunidade ou vantagem de outro crime; contra a mulher por razões da condição de sexo feminino; contra autoridade ou agente descrito nos arts. 142 (Forças Armadas) e 144 (polícia federal, polícia rodoviária federal, polícia ferroviária federal, polícias civis, polícias militares e corpos de bombeiros militares) da Constituição Federal, integrantes do sistema prisional e da Força Nacional de Segurança Pública, no exercício da função ou em decorrência dela, ou contra seu cônjuge, companheiro ou parente consanguíneo até terceiro grau, em razão dessa condição (art. 121, § 2º, do CP).

Homicídio simples Aquele que é praticado sem que ocorra nenhum dos agravantes que o classifique como crime qualificado ou privilegiado. É o praticado por motivo de relevante valor social ou moral, ou sob o domínio de violenta emoção, logo em seguida a injusta provocação da vítima, com possibilidade de redução da pena de um sexto a um terço (art. 121, § 1º).

Homologação Ato pelo qual o juiz aprova, confirma ou ratifica uma medida processual, conferindo-lhe validade jurídica. Homologação de divórcio; homologação de sentença estrangeira; homologação de penhor legal; homologação de acordo; homologação de partilha.

Homologação de penhor legal Medida judicial concedida a requerimento do credor pignoratício depois da efetivação de penhor nas hipóteses previstas em lei, como forma de caracterizar a dívida do devedor (art. 1.467, CC; art. 703, CPC).

Honorários Remuneração paga ou devida aos profissionais liberais pela prestação de serviços.

Honorários de advogado Remuneração a que faz jus o advogado, devida pela parte por ele representada extra ou judicialmente. A prestação de serviço profissional assegura aos inscritos na OAB o direito aos honorários convencionados, aos fixados por arbitramento judicial e aos de sucumbência. Salvo estipulação em contrário, um terço dos honorários é devido no início do serviço, outro terço até a decisão de primeira instância e o restante no final. Na falta de estipulação ou de acordo, os honorários são fixados por arbitramento judicial, em remuneração compatível com o trabalho e com o valor econômico da questão, não podendo ser inferiores aos estabelecidos na tabela organizada pelo conselho seccional da OAB. Quando indicado para patrocinar causa de pessoa juridicamente necessitada, no caso de impossibilidade da Defensoria Pública no local da prestação de serviço, o advogado tem direito aos honorários fixados pelo juiz, segundo tabela organizada pelo conselho seccional da OAB, e pagos pelo Estado (art. 22, EAOAB). Os honorários são de, no mínimo, 10% e, no máximo, 20% sobre o valor em que for condenado o vencido (art. 85, CPC).

Honorários de sucumbência Remuneração devida ao advogado pela parte vencida na ação. A sentença condenará o vencido a pagar ao vencedor as despesas que antecipou e os honorários advocatícios. Essa verba honorária será devida, também, nos casos em que o advogado funcionar em causa própria.

Honoris causa "Por causa de honra". Por motivo honorífico, para render homenagem. Título honorífico geralmente concedido por uma universidade a uma personalidade nacional ou estrangeira em razão de seus méritos. Doutor *honoris causa* é o título atribuído à personalidade que se tenha distinguido pelo saber ou pela atuação em prol das artes, das ciências, da filosofia, das letras ou do melhor entendimento entre os povos.

Idade núbil A idade legal mínima para contrair núpcias. No Brasil, a idade núbil é de dezesseis anos, tanto para homens como para mulheres. "Não será permitido, em qualquer caso, o casamento de quem não atingiu a idade núbil, observado o disposto no art. 1.517 do Código Civil" (art. 1.520, CC, com redação dada pela Lei n. 13.811/2019). A redação anterior do art. 1.520 permitia o casamento de menores de dezesseis anos para evitar imposição ou cumprimento de pena criminal ou em caso de gravidez. Quanto à imposição ou cumprimento de pena criminal, no entanto, a Lei n. 11.106/2005 já havia revogado os incisos do art. 107 do Código Penal que determinavam a extinção da punibilidade na hipótese de a vítima dos então denominados "crimes contra os costumes" vir a se casar com o agente ou terceiro.

Identidade de gênero Dimensão da identidade de uma pessoa que diz respeito à forma como se relaciona com as representações de masculinidade e feminilidade e como isso se traduz em sua prática social, sem guardar relação necessária com o sexo atribuído no nascimento (art. 1º, parágrafo único, II, Dec. n. 8.727/2016).

Idoso Pessoa com idade igual ou superior a 60 anos, cujos direitos são assegurados pela Lei n. 10.741/2003, o Estatuto do Idoso. O idoso goza de todos os direitos fundamentais inerentes à pessoa humana, sem prejuízo da proteção integral de que trata essa Lei, que lhe assegura todas as oportunidades e facilidades para a preservação de sua saúde física e mental e seu aperfeiçoamento moral, intelectual, espiritual e social em condições de liberdade.

Ignorância Ausência completa de conhecimento. Não deve ser confundida com o erro, considerado conhecimento falso ou inexato. De qualquer modo, tanto um como o outro, quando provados na declaração de vontade, conduzem à anulação do negócio jurídico (art. 138, CC).

Ilegitimidade Característica do que é ilegítimo. Ausência de legitimidade, qualidades ou condições para a prática de determinado ato ou para exercer determinado direito.

Ilegitimidade para a causa Ilegitimidade *ad causam*. Diz-se da ilegitimidade para ser autor (ilegitimidade ativa) ou réu (ilegitimidade passiva), para ser demandante ou demandado, em uma ação judicial. Para propor ou contestar ação, é necessário ter interesse e legitimidade (art. 17, CPC).

Ilegítimo Aquilo que está em desconformidade com a lei ou com as condições exigidas por lei para a prática de um ato ou para reivindicar um direito.

Ilícito O que é proibido por lei, o que contraria o Direito e é passível de penalidade civil ou criminal. Comete ato ilícito aquele que, por ação ou omissão voluntária, negligência ou imprudência, violar direito e causar dano a outrem, ainda que exclusivamente moral (art. 186, CC).

Imissão de posse Direito que cabe ao proprietário adquirente de pleitear a posse direta sobre imóvel que ainda se encontra na posse de outrem. O direito é assegurado àquele que, amparado em documento hábil, tem a pretensão material da posse (*v. Ação de imissão na posse*).

Imóvel Considera-se bem imóvel o solo e tudo quanto se lhe incorporar natural ou artificialmente (art. 79, CC). Para esse efeito, são imóveis terrenos e casas ou prédios que sobre ele venham a ser construídos. Dependendo de sua localização ou destinação, o imóvel está sujeito à incidência do Imposto Sobre a Propriedade Territorial Urbana (IPTU) ou do Imposto Territorial Rural (ITR).

Imóvel comercial Imóvel situado em zona urbana ou rural explorado por pessoa jurídica, com finalidade comercial, ocupado por seus titulares, diretores, sócios, gerentes, executivos ou empregados (art. 55, Lei n. 8.245/91).

Imóvel residencial Imóvel localizado em zona urbana ou rural destinado a moradia ou residência. O imóvel residencial próprio do casal, ou da entidade familiar, é impenhorável e não responderá por qualquer tipo de dívida civil, comercial, fiscal, previdenciária ou de outra natureza, contraída pelos cônjuges ou por pais ou filhos que sejam seus proprietários e nele residam. Para os efeitos de impenhorabilidade, considera-se residência um único imóvel utilizado pelo casal ou pela entidade familiar para moradia permanente (Lei n. 8.009/90).

Imóvel rural Prédio rústico de área contínua, qualquer que seja sua localização, que se destine ou possa se destinar à exploração agrícola, pecuária, extrativa vegetal, florestal ou agroindustrial (art. 4º, Lei n. 8.629/93).

Imóvel urbano Imóvel localizado em zona urbana, assim definida em lei municipal, observando o requisito mínimo da existência de melhoramentos indicados em pelo menos dois dos requisitos seguintes, construídos ou mantidos pelo Poder Público: meio-fio ou calçamento, com canalização de águas pluviais; abastecimento de água; sistema de esgotos sanitários; rede de iluminação pública, com ou sem posteamento para distribuição domiciliar; escola primária ou posto de saúde a uma distância máxima de três quilômetros do imóvel considerado. A lei municipal pode considerar urbanas as áreas urbanizáveis, ou de expansão urbana, constantes de loteamentos aprovados pelos órgãos competentes, destinados a habitação, indústria ou comércio (art. 32, § 1º, CTN).

Impedimento Obstáculo legal que impede alguém de praticar um ato ou de exercer um cargo ou função (art. 144, CPC). Advogados, magistrados, representantes do Ministério Público e servidores públicos possuem impedimentos legais para o exercício de determinadas funções ou profissões.

Impedimento para o exercício da advocacia Proibição total para o exercício da advocacia decorrente da situação funcional de determinadas pessoas. São impedidos de exercer a advocacia: servidores da administração direta, indireta e fundacional, contra a Fazenda Pública que os remunere ou contra a qual seja vinculada a entidade empregadora; e membros do Poder Legislativo, em seus diferentes níveis, contra ou a favor das pessoas jurídicas de direito público, empresas públicas, sociedades de economia mista, fundações públicas, entidades paraestatais ou empresas concessionárias ou permissionárias de serviço público (art. 30, EAOAB).

Impedimento processual Circunstância de ordem pessoal ou decorrente de parentesco com o advogado ou qualquer das partes que veda a participação do juiz no processo. Assim, entre outras hipóteses, há impedimento do juiz, sendo-lhe vedado exercer suas funções no processo: em que interveio como mandatário da parte, oficiou como perito, funcionou como membro do Ministério Público ou prestou depoimento como testemunha; ou de que conheceu em primeiro grau de jurisdição, tendo-lhe proferido sentença ou decisão (art. 144, CPC).

Impedimentos matrimoniais Circunstâncias de ordem legal que impossibilitam a celebração do matrimônio entre determinadas pessoas. Os impedimentos decorrem de fatos ou situações jurídicas preexistentes que afetam a um ou ambos os contraentes, coibindo-os de contrair casamento, como o fato de um dos nubentes já ser casado ou existir parentesco por afinidade em linha reta (art. 1.521, CC).

Impenhorabilidade Garantia especial concedida a determinados bens que não podem ser objeto de penhora por credores em virtude de disposição legal ou convenção, como ocorre com o bem de família (art. 1.711, CC; Lei n. 8.009/90).

Imperícia Falta de habilidade ou perícia. Ausência de preparo ou técnica adequada para realização de uma atividade. A imperícia, tal como a negligência e a imprudência, pode caracterizar a prática de ato ilícito (art. 186, CC).

Impetrante Aquele que interpõe ou impetra medida jurídica para salvaguardar direitos, como no mandado de segurança. Autor ou requerente do mandado de segurança.

Impetrar Pedir algo com veemência; implorar. Em que pese juridicamente o fato de o termo possuir significado que se aproxima de interpor; na prática, emprega-se *impetrar* para o mandado de segurança e *interpor* para recursos.

Importunação sexual Praticar contra alguém e sem a sua anuência ato libidinoso com o objetivo de satisfazer a própria lascívia ou a de terceiro (art. 215-A do CP).

Impossibilidade jurídica do pedido Relativo a não receptividade da pretensão em juízo em virtude da inexistência de norma ou ação que a assegure. Considera-se, nesse caso, que, por não haver ação que possa acolher sua pretensão, o autor será considerado carecedor de ação. O entendimento da expressão *impossibilidade jurídica* foi extremamente mitigado pelos tribunais nos últimos anos, e o STJ passou a admitir que, embora não conste expressamente da lei, o pedido de união estável entre pessoas de mesmo sexo é juridicamente possível, uma vez que "a possibilidade jurídica do pedido, uma das condições da ação, está vinculada à inexistência de vedação explícita pelo ordenamento jurídico do pleito contido da demanda. Não havendo vedação expressa no ordenamento jurídico quanto ao pedido de declaração de união estável de pessoas do mesmo sexo, embora a união homoafetiva não configure união estável nos termos da lei de regência, devem ser aplicadas as regras deste instituto atendendo-se aos preceitos contidos nos arts. 4º da LICC [atual LINDB] e 126 do CPC" (*v.* REsp ns. 805.475 e 820.475). Ou seja, o STJ, ao assim decidir, passou a admitir, de forma expressa, a máxima "tudo o que não é proibido é permitido".

Imposto Modalidade de tributo instituída pelo Estado e cobrada coercitivamente do cidadão e das empresas sobre bens, rendas ou serviços destinada a custear gastos e investimentos públicos.

Imposto de transmissão Imposto de competência estadual devido por toda pessoa física ou jurídica em caso de transmissão de bens ou direitos como herança, diferença de partilha ou doação. É também denominado imposto de transmissão *causa mortis* e doação, conhecido no Estado de São Paulo pela sigla ITCMD; no Rio de Janeiro, denomina-se imposto sobre a transmissão *causa mortis* e por doação de quaisquer bens e direitos (ITD).

Impostos estaduais Impostos instituídos e cobrados em âmbito estadual e no Distrito Federal. Compete aos estados e ao Distrito Federal instituir impostos sobre: transmissão *causa mortis* e doação, de quaisquer bens ou direitos; operações relativas à circulação de mercadorias e sobre prestações de serviços de transporte interestadual e intermunicipal e de comunicação, ainda que as operações e as prestações se iniciem no exterior; propriedade de veículos automotores (art. 155, CF).

Impostos federais Impostos instituídos e cobrados em âmbito nacional pela União.

Impostos municipais Impostos instituídos e cobrados pelas prefeituras municipais em âmbito municipal.

Imprescritibilidade Qualidade daquilo que não sofre os efeitos da prescrição. Caráter do direito ou da ação que não estão sujeitos à prescrição, sendo, portanto, imprescritíveis. São imprescritíveis, por exemplo, o direito do marido contestar a paternidade dos filhos nascidos de sua mulher (art. 1.601, CC) e as ações de ressarcimento do erário por danos decorrentes de atos de improbidade administrativa (REsp n. 1.069.779, STJ). Na área criminal, são imprescritíveis os crimes de racismo, bem como a ação de grupos armados, civis ou militares, contra a ordem constitucional e o Estado Democrático de Direito (art. 5º, XLII e XLIV, CF).

Imprevisão (*v. Teoria da imprevisão*).

Improbidade Aquilo que não é probo ou se refere à conduta que se revela inadequada sob o ponto de vista de índole, idoneidade ou honestidade. Nas relações de trabalho, a improbidade é fundamento para a despedida por justa causa (art. 482, I, CLT). Age com improbidade o empregado que, por exemplo, comete furto ou roubo de materiais da empresa, falsifica documentos para a obtenção de horas extras não prestadas, apropria-se indevidamente de importância da empresa ou justifica suas faltas com atestados falsos etc.

Improbidade administrativa Ato de improbidade praticado por qualquer agente público, servidor ou não, contra a administração direta, indireta ou fundacional de qualquer dos Poderes da União, dos estados, do Distrito Federal, dos municípios, de território, de empresa incorporada ao patrimônio público ou de entidade para cuja criação ou custeio o erário haja concorrido ou concorra com mais de 50% do patrimônio ou da receita anual (Lei n. 8.429/92). As ações de ressarcimento do erário por danos decorrentes de atos de improbidade administrativa são imprescritíveis, conforme conclusão da 2ª Turma do STJ tomada durante o julgamento de recurso especial, seguindo, por unanimidade, o entendimento do Ministro Herman Benjamin, relator do recurso (REsp n. 1.069.779).

Improcedência da ação Declaração do juiz, na sentença, de que não procedem ou não restaram demonstradas as alegações ou pretensões do autor formuladas na petição inicial. A improcedência pode ser parcial, quando atende em parte o pedido do autor, ou total, quando indefere integralmente o pedido do autor.

Impugnação Oposição, contestação, repulsa. Ato pelo qual autor ou réu rejeita ou declara infundados alegações, documentos ou testemunhas apresentados por um ou outro no transcorrer do processo. O réu poderá impugnar o valor atribuído à causa pelo autor (art. 293, CPC); autor e réu poderão impugnar o pedido de assistência judiciária gratuita (art. 4º, § 2º, Lei n. 1.060/50).

Imputabilidade Qualidade do que é imputável, passível de imputação. Circunstância derivada do ato de imputar ou atribuir a alguém o ônus ou a responsabilidade por um ato ou uma obrigação para que os assuma ou responda por eles. Contrário de inimputabilidade.

Imputação de pagamento Forma pela qual o devedor que estiver obrigado por dois ou mais débitos da mesma natureza a um só credor indica a qual deles oferece pagamento se todos forem líquidos e vencidos (art. 352, CC).

Imputação objetiva Teoria desenvolvida e aperfeiçoada na década de 1970 por Claus Roxin, que considera a atribuição de um resultado a uma pessoa que praticou determinado ato não ser estabelecida pela relação de causalidade, mas sim pela realização de um risco proibido pela norma. Assim, não se mostra suficiente o fato de o resultado ter sido praticado pelo agente para que se possa afirmar sua relação de causalidade. Faz-se necessário também que ele lhe possa ser imputado juridicamente.

Imunidade fiscal Proibição constitucional da imposição de tributos sobre certas coisas, negócios, entidades ou pessoas. O mesmo que imunidade tributária.

Imunidade parlamentar Prerrogativa assegurada aos membros do Poder Legislativo de exercerem livremente suas funções e de não serem indiciados em processos por atos praticados no exercício do mandato. Classifica-se em duas espécies: *imunidade material*, que assegura que os parlamentares são invioláveis, civil e penalmente, por quaisquer de suas opiniões, palavras e votos; *imunidade formal*, referente ao fato de os membros do Congresso Nacional não poderem ser presos, salvo em flagrante de crime inafiançável, a partir da expedição do diploma.

Inadimplemento Atraso no pagamento de prestação vencida ou de cumprimento de cláusula contratual. Descumprimento de obrigação assumida. Não cumprida a obrigação, responde o devedor por perdas e danos, mais juros e atualização monetária segundo índices oficiais regularmente estabelecidos e honorários de advogado (art. 389, CC). O inadimplente somente não responde pelos prejuízos quando resultantes de caso fortuito ou força maior, que se verifica no fato necessário, cujos efeitos não poderiam ser evitados ou impedidos (art. 393, CC).

Inadimplente Aquele que se encontra em estado de inadimplência ou de inadimplemento de obrigação.

Inalienabilidade Qualidade ou condição daquilo que não pode ser alienado em virtude de lei ou ato de liberalidade. A cláusula de inalienabilidade, temporária ou vitalícia, quando imposta aos bens por ato de liberalidade, implica impenhorabilidade e incomunicabilidade (art. 1.911, CC).

Inamovibilidade Garantia assegurada aos magistrados de permanecerem na comarca em que atuam e de somente poderem ser removidos a pedido, por promoção ou por interesse público, na forma do art. 93, VIII, da CF (art. 95, II, CF).

Incapacidade jurídica Ausência de capacidade para participar de ato jurídico ou reivindicar pessoalmente algum direito. A incapacidade jurídica confunde-se com a incapacidade de exercer pessoalmente os atos da vida civil. Para esse efeito, são absolutamente incapazes os menores de 16 anos. São relativamente incapazes: os maiores de 16 e menores de 18 anos; os ébrios habituais e os viciados em tóxicos; aqueles que, por causa transitória ou permanente, não puderem exprimir sua vontade; e os pródigos (arts. 3º e 4º, CC).

Incapacidade processual Falta de capacidade para ingressar ou defender-se em juízo decorrente da incapacidade absoluta ou relativa para a prática de atos da vida civil. Nesse caso, os absolutamente incapazes serão representados e os relativamente incapazes serão assistidos pelos pais ou responsáveis (art. 1.634, V, CC; art. 76, CPC).

Incapaz Pessoa considerada absoluta ou relativamente incapacitada para exercer pessoalmente os atos da vida civil. Para esse efeito, são absolutamente incapazes os menores de 16 anos. São relativamente incapazes: os maiores de 16 e menores de 18 anos; os ébrios habituais e os viciados em tóxicos; aqueles que, por causa transitória ou permanente, não puderem exprimir sua vontade; e os pródigos (arts. 3º e 4º, CC). Nesse caso, os absolutamente incapazes serão representados e os relativamente incapazes serão assistidos pelos pais ou responsáveis (art. 1.634, V, CC).

Incesto Relações sexuais entre pessoas ligadas por parentesco por consanguinidade em grau vedado ao casamento. Embora possa repugnar à sociedade, o incesto, sob o ponto de vista jurídico, não constitui crime em nosso país caso os envolvidos sejam maiores de idade ou capazes.

Incidente de arguição de inconstitucionalidade Incidente processual destinado a questionar, em controle difuso, a constitucionalidade de lei ou de ato normativo do poder público submetido a julgamento no tribunal. No tribunal, o relator, após ouvir o Ministério Público e as partes, submeterá a questão à turma ou à câmara à qual competir o conhecimento do processo (art. 948, CPC).

Incidente de assunção de competência Incidente processual admitido quando o julgamento de recurso de remessa necessária ou de processo de competência originária envolver relevante questão de direito, com grande repercussão social, sem repetição em múltiplos processos (art. 947, CPC).

Incidente de desconsideração da personalidade jurídica Incidente processual destinado a desconsiderar a natureza jurídica da pessoa jurídica de direito privado de modo a equipará-la à pessoa física para efeito de imputação de responsabilidade a seus sócios. O incidente, quando não requerido na petição inicial, pode ser instaurado em qualquer fase do processo a pedido da parte ou do Ministério Público, quando lhe couber intervir no processo. É cabível em todas as fases do processo de conhecimento, no cumprimento de sentença e na execução fundada em título executivo extrajudicial (arts. 133 e 134, CPC).

Incidente de resolução de demandas repetitivas Incidente processual cabível quando, estando presente o risco de ofensa à isonomia e à segurança jurídica, houver efetiva ou potencial repetição de processos que contenham controvérsia sobre a mesma questão de direito material ou processual. O incidente pode ser suscitado perante Tribunal de Justiça ou TRF somente na pendência de causa de competência do tribunal.

Inciso Designação dada ao desdobramento de artigos ou parágrafos de uma lei ou ato normativo representado por algarismo romano.

Incompatibilidade Condição do que se demonstra incompatível ou em desacordo com alguma outra coisa ou pensamento.

Incompatibilidade para o exercício da advocacia Vedação legal para o exercício da profissão de advogado que atinge certas pessoas em razão do desempenho de determinados cargos ou funções. A advocacia é incompatível, mesmo em causa própria, com as seguintes atividades: chefe do Poder Executivo e membros da Mesa do Poder Legislativo e seus substitutos legais; membros de órgãos do Poder Judiciário, do Ministério Público, dos tribunais e conselhos de contas, dos juizados especiais, da justiça de paz, juízes classistas, bem como de todos os que exerçam função de julgamento em órgãos de deliberação coletiva da administração pública direta e indireta; ocupantes de cargos ou funções de direção em órgãos da administração pública direta ou indireta, em suas fundações e em suas empresas controladas ou concessionárias de serviço público; ocupantes de cargos ou funções vinculados direta ou indiretamente a qualquer órgão do Poder Judiciário e os que exerçam serviços notariais e de registro; ocupantes de cargos ou funções vinculados direta ou indiretamente a atividade policial de qualquer natureza; militares de qualquer natureza, na ativa; ocupantes de cargos ou funções que tenham competência de lançamento, arrecadação ou fiscalização de tributos e contribuições parafiscais; ocupantes de funções de direção e gerência em instituições financeiras, inclusive privadas (art. 28, EAOAB).

Incompatível Aquilo que não se harmoniza ou se mostra em desacordo com alguma outra coisa, mecanismo, pensamento ou regra geral. Pedidos incompatíveis acarretam a inépcia de petição inicial (art. 330, CPC).

Incompetência Ausência de competência, habilidade ou autorização legal para praticar determinado ato ou exercer determinada função. Juridicamente, significa a falta de poder de um juiz ou tribunal para processar e julgar uma lide. A incompetência do juiz pode resultar do local onde exerce as funções, da matéria objeto da controvérsia ou do valor atribuído à causa (*v. Competência*).

Incompetência absoluta Impossibilidade jurídica do juiz para atuar em determinado processo decorrente da contrariedade dos critérios relativos à matéria e à hierarquia (arts. 62 e 63, CPC). A competência absoluta é inderrogável por convenção das partes. Assim, mesmo de comum acordo, não podem as partes alterar ou modificar a competência que tiver sido determinada pela matéria do litígio ou pela hierarquia dos juízes. Essa alteração somente poderá ocorrer em se tratando da competência relativa. A incompetência absoluta poderá ser alegada pelo réu como *preliminar* da contestação (arts. 62, 63 e 64, CPC) (*v. Competência absoluta*).

Incompetência em razão da hierarquia A incompetência em razão da hierarquia ou da função dos juízes e tribunais decorre da violação dos graus de jurisdição em que atuam os magistrados. A hierarquia dos juízes diz respeito à divisão de sua competência funcional em órgãos judiciais de primeira instância, segunda instância ou terceira instância (o último grau de jurisdição ou recurso). São órgãos de primeira instância ou primeiro grau de jurisdição aqueles que abrigam os juízes singulares; de segunda instância ou segundo grau de jurisdição os tribunais de justiça e os regionais federais; de último grau de jurisdição o STJ e o STF. Assim, ocorre incompetência em razão da hierarquia ou em razão do grau de juízo sempre que uma ação que deveria ser proposta no juízo de primeira instância for proposta diretamente no TRF.

Incompetência em razão da matéria Diz-se também incompetência *ratione materiae*. Falta de competência ou atribuição legal do juiz ou do tribunal para processar e julgar causas cuja matéria ou objeto não estão legalmente previstos para seu julgamento (arts. 62 e 63, CPC) (*v. Competência em razão da matéria*).

Incompetência em razão do valor O valor da causa também pode servir de elemento para determinar a incompetência do juiz ou juízo, como ocorre com os Juizados Especiais Cíveis da Justiça Comum (limitados a causas cujo valor é de até quarenta salários mínimos) e da Justiça Federal (de até sessenta salários mínimos). Também os juízes togados com investidura limitada no tempo, como os pretores no Estado do Rio Grande do Sul, têm competência para julgamento de causas de pequeno valor. Nos casos de competência em razão do valor e do território, as partes podem eleger o foro (foro de eleição) onde serão propostas as ações oriundas de direitos e obrigações (arts. 62 e 63, CPC).

Incompetência originária Falta de competência ou atribuição legal do órgão judiciário de instância superior para julgar, de forma originária ou inicial, determinadas ações previstas em lei (*v. Competência originária*).

Incompetência relativa Falta de competência ou atribuição legal do juiz para processar e julgar causas que não correspondam à competência que lhe é atribuída em razão do território (*ratione loci*) ou do valor da causa (*ratione valore*). A incompetência relativa deverá ser alegada como questão preliminar de contestação (art.

64, CPC), não podendo ser declarada de ofício, consoante diretriz da Súmula n. 33, STJ (*v. Competência relativa*).

Incompetência territorial Diz-se também incompetência *ratione loci*. Falta de competência ou atribuição legal do juiz para processar e julgar causas que não correspondam à área territorial, denominada foro ou comarca, à qual se encontra designado para exercer as funções. Ocorre incompetência em razão do território quando o foro ou a comarca em que a ação foi proposta não forem considerados competentes para processá-la e julgá-la. O foro de competência pode ser determinado pelo domicílio do réu em razão da situação da coisa, em razão da pessoa ou em razão dos fatos (arts. 46 e segs., CPC) (*v. Competência em razão do território*).

Incomunicabilidade Relativo ao bem que não pode ser comunicado ou coparticipado com outra pessoa. Pela cláusula de incomunicabilidade, o doador e o testador impedem que os bens doados, herdados ou legados com essa cláusula se comuniquem em razão de casamento, impedindo, assim, que integrem a meação dos cônjuges na eventualidade de separação ou divórcio. Nesse caso, o cônjuge favorecido permanece com a propriedade exclusiva da coisa, mesmo que o casamento se realize mediante a adoção do regime de comunhão universal de bens. Justifica-se a medida quando o doador tiver fundadas suspeitas de um casamento por interesses ou de que o beneficiário pretende se casar com pessoa inidônea. Na cláusula de incomunicabilidade, está implícita a cláusula que determina a inalienabilidade de bens (art. 1.911, CC). Nos regimes matrimoniais de bens, há regras específicas a respeito dos bens comunicáveis e incomunicáveis; ou seja, no regime de comunhão parcial, são incomunicáveis os bens descritos no art. 1.659 do CC; no regime de comunhão universal, os bens arrolados no art. 1.668.

Inconstitucionalidade Qualidade de ato ou lei infraconstitucional que contraria a Constituição Federal. A constitucionalidade de uma lei ou decreto poderá ser questionada perante o Supremo Tribunal Federal por meio da ação direta de inconstitucionalidade (ADIn) e da ação direta de inconstitucionalidade por omissão. A inconstitucionalidade de uma lei pode ser material ou formal. Diz-se que é material quando o conteúdo da legislação afronta a constituição. Será, todavia, formal quando o processo legislativo contém algum vício; por exemplo, vício de iniciativa, na competência ou no *quorum* de aprovação.

Incontinência Imoderação, abuso, excesso, falta de continência.

Incontinência de conduta Ato do empregado que constitui justa causa para a resolução do contrato de trabalho pelo empregador que se revela pelos excessos ou imoderações, entendendo-se por isso a inconveniência de hábitos e costumes e a imoderação de linguagem ou gestos. Configura-se quando o empregado comete ofensa ao pudor, pornografia ou obscenidade, ou desrespeito aos colegas de trabalho e à empresa (art. 482, CLT).

Incorporação imobiliária Atividade imobiliária exercida com o objetivo de promover e realizar a construção, para alienação total ou parcial, de edificações ou conjunto de edificações compostas de unidades autônomas (art. 28, Lei n. 4.591/64).

Incorporador Pessoa física ou jurídica, comerciante ou não, que embora não efetuando a construção, compromisse ou efetive a venda de frações ideais de terreno objetivando a vinculação de tais frações a unidades autônomas em edificações a ser construídas ou em construção sob regime condominial, ou que meramente aceite propostas para a efetivação de tais transações, coordenando e levando a termo a incorporação e responsabilizando-se, conforme o caso, pela entrega, a certos prazo, preço e condições, das obras concluídas (art. 29, Lei n. 4.591/64).

Incurso Aquele que incorreu ou incidiu em infração ou ato ilícito previsto em lei; o que se tornou passível de sanção punitiva.

Indiciado Designação daquele de quem se apura, mediante indícios, a prática de uma infração penal e que responde a inquérito policial.

Indício Toda circunstância conhecida e provada que, tendo relação com o fato, autorize, por indução, concluir a existência de outra circunstância.

Indução Induzimento, instigação. Ato de persuadir ou influenciar alguém a incorrer em erro e, em razão deste, praticar ato ilegal ou indevido. Também é usado no sentido de consequência (a invalidade do instrumento não induz a do negócio jurídico sempre que este puder ser provado por outro meio) ou raciocínio pelo qual se infere uma coisa de outra.

Indulto Ato do Poder Executivo concedido de forma coletiva que extingue a punibilidade de detentos que cumprirem os requisitos previstos no decreto concessivo (art. 84, XII, CF). Embora o indulto extinga a punibilidade (art. 107, II, CP), seu beneficiário não retorna à condição de primário.

Ineficácia Carência de efeitos de um negócio jurídico, no todo ou em parte, em razão da não observância de um elemento essencial, de não cumprir um requisito legal, de padecer de um vício na manifestação de vontade, na forma ou no conteúdo do negócio, de provocar danos etc.

Inépcia da petição inicial Ausência de aptidão que motiva ser a petição inicial considerada inepta e passível de indeferimento pelo juiz (art. 330, I, CPC).

Inepta Diz-se da petição considerada não apta, inábil ou imprópria. A expressão tem origem na palavra latina *inaptus*, composta do prefixo *in* (não) e da palavra *aptus* (apto). Considera-se inepta a petição inicial quando: faltar-lhe pedido ou causa de pedir; da narração dos fatos não decorrer logicamente a conclusão; o pedido for juridicamente impossível; contiver pedidos incompatíveis entre si (art. 330, § 1º, CPC).

Inexistente Qualidade de algo cuja existência não se pode conceber por lhe faltar um requisito essencial. Relativamente ao ato jurídico, Caio Mário da Silva Pereira acentua que "é possível diferenciar, positivamente, sua nulidade e sua inexistência. Se o ato é nulo, a ineficácia deve ser apurada; quanto ao ato inexistente, ele não pode produzir nenhum efeito, independentemente de um pronunciamento de inexistência. Um contrato de compra e venda de um imóvel cuja taxa seja superior à taxa legal é nulo, se não se revestir da forma pública, mas o juiz deverá proferir um decreto de nulidade. Faltando, porém, a própria realização do contrato, o juiz poderá, pura e simplesmente, isentar o pseudocomprador de uma prestação" (Pereira, Caio Mário da Silva, *Instituições de direito civil*, v. 1, 5.ed. Rio de Janeiro: Forense, 1980, p. 560). Ademais, a doutrina majoritária considera hipóteses de casamento inexistente: o casamento realizado sem o consentimento de um ou ambos os nubentes; o casamento celebrado por autoridade incompetente em razão da matéria. Até pouco tempo, o casamento realizado entre duas pessoas de mesmo sexo também era considerado ato inexistente. São considerados inexistentes o recurso interposto por advogado sem procuração nos autos (Súmula n. 115, STJ) e o recurso sem assinatura do advogado.

Infanticídio Crime contra a vida que consiste em matar, sob influência do estado puerperal, o próprio filho durante ou logo após o parto (art. 123, CP).

Infortunística Parte da medicina forense que trata da incidência de acidentes de trabalho, moléstias profissionais, suas causas e efeitos e dos meios adotados para preveni-las ou remediá-las (*v. Direito infortunístico*).

Infração Toda e qualquer violação à norma, seja ela penal, civil, administrativa, de trânsito ou uma cláusula contratual. Delito, contravenção, transgressão.

Infração administrativa Ato voluntário violador de norma de conduta de interesse da sociedade que enseja sanções administrativas restritivas de direitos, tais como advertência, multa, demolição, apreensão e interdição de estabelecimento. Entre outras, constituem infrações administrativas: causar dano ambiental, dirigir sem habilitação, infringir normas de proteção ao idoso, às crianças e aos adolescentes, e construir obra sem a devida licença da autoridade competente. O auto de infração é o instrumento utilizado pela autoridade administrativa para caracterizar a infração.

Infração ambiental Toda conduta ou atividade considerada lesiva ao meio ambiente praticada por pessoa física ou jurídica. Estará sujeita a sanções penais e administrativas independentemente da obrigação de reparar os danos causados.

Infração contratual Descumprimento ou não observância de cláusula contratual por qualquer uma das partes contratantes. Exemplo: o contrato de locação poderá ser desfeito em decorrência da prática de infração legal ou contratual (art. 9º, Lei n. 8.245/91).

Infração de trânsito Inobservância pelo condutor de veículo automotor de qualquer preceito do CTB, da legislação complementar ou das resoluções do Contran, o que é passível de penalidades e medidas administrativas. A infração deve ser comprovada por declaração da autoridade ou do agente de trânsito, por aparelho eletrônico ou por equipamento audiovisual, pelas reações químicas ou por qualquer outro meio tecnologicamente disponível previamente regulamentado pelo Contran. Constituem infrações de trânsito, entre outras, dirigir sem carteira de habilitação, entregar a direção do veículo a pessoa não habilitada, dirigir sob a influência de álcool ou de qualquer outra substância psicoativa que determine dependência (art. 162 e segs., CTB). O auto de infração é o instrumento utilizado pela autoridade de trânsito para caracterizar a infração.

Infração fiscal Descumprimento ou não observância pelo contribuinte de norma de direito tributário instituída por lei federal, estadual ou municipal, como não pagamento do IPTU ou IPVA, a falta de recolhimento do ICMS, transporte de mercadorias sem a nota fiscal, sonegação de impostos em geral e fraude na declaração de rendimentos do imposto de renda. O auto de infração é o instrumento utilizado pelo Fisco para caracterizar a infração à legislação tributária.

Infração penal Prática de conduta descrita em lei que seja ofensiva a um bem jurídico pessoal ou patrimonial de outra pessoa. Constituem infração penal determinados comportamentos humanos proibidos por lei, cujos agentes se sujeitam à penalização prevista no ordenamento jurídico. Crime ou contravenção penal (art. 1º, DL n. 3.914/41).

Inicial Petição inicial. Diz-se do requerimento endereçado a um juiz ou ao tribunal no qual a parte, denominada autor ou demandante, expondo os fundamentos de fato e de direito, requer o reconhecimento de sua pretensão, o que dá início a um processo. Exordial; peça preambular (*v. Petição inicial*).

Inimputabilidade O que caracteriza a pessoa inimputável, não sujeita a responsabilidade criminal. Caráter ou qualidade de inimputável.

Inimputável Qualidade daquele a quem não se permite imputar ou responsabilizar criminalmente. É isento de pena o agente que, por doença mental ou desenvolvimento mental incompleto ou retardado era, ao tempo da ação ou omissão, inteiramente incapaz de entender o caráter ilícito do fato ou determinar-se de acordo com esse entendimento (art. 26, CP). Também são inimputáveis os menores de 18 anos, sujeitos às normas estabelecidas na legislação especial, e o agente que, por embriaguez completa, proveniente de caso fortuito ou força maior, era, ao tempo da ação ou omissão, inteiramente incapaz de entender o caráter ilícito do fato ou determinar-se de acordo com esse entendimento (art. 27, CP).

Injúria Crime contra a honra que consiste em injuriar alguém, ofendendo-lhe a dignidade ou o decoro (art. 140, CP).

Inoficioso Não oficioso, indevido ou que se dá em prejuízo de alguém. O que excede ou extrapola o exercício de um direito. Na doação inoficiosa, por exemplo, o doador, no momento da liberalidade, abre mão de bens ou valores que excedem a metade disponível, ou seja, valores superiores aos que legalmente poderia doar. A lei veda esse tipo de liberalidade para assegurar que seja respeitada a legítima dos herdeiros (art. 549, CC).

In pari causa Locução latina que exprime *em caso semelhante* ou *sob idênticas condições*. Também exprime *em causas iguais*, regra que indica que, quando duas pessoas têm direitos iguais em relação a uma coisa particular, aquele que a detém em seu poder é considerado como tendo melhor direito.

Inquérito administrativo Procedimento instaurado por autoridade administrativa destinado a apurar irregularidades praticadas por servidor no exercício de suas funções. O inquérito administrativo obedecerá ao princípio do contraditório, sendo assegurada ao acusado ampla defesa com a utilização dos meios e recursos admitidos em Direito (art. 153, Lei n. 8.112/90).

Inquérito policial Conjunto de diligências preparado pela polícia judiciária que se destina a coletar e analisar provas com vista à elucidação da autoria de uma infração penal e suas circunstâncias (art. 4º, CPP).

Inquérito trabalhista Procedimento instaurado pelo empregador por meio de reclamação por escrito à vara do trabalho ou juízo de direito para a apuração de falta grave contra empregado garantido com estabilidade. A reclamação deverá ser apresentada dentro de trinta dias contados da data da suspensão do empregado (art. 853, CLT).

Inquilinato Termo que se refere a inquilino ou locatário. A Lei n. 8.245/91, que regula as relações entre locador e locatário, é denominada Lei do Inquilinato.

Inquilino Pessoa que reside em imóvel cedido pelo proprietário mediante contrato de locação; locatário.

Inquirição Questionamento ou indagação feitos às testemunhas integrantes de um processo judicial ou inquérito policial pela autoridade policial ou judiciária sobre fatos relacionados a causa ou delito de que tenham conhecimento (art. 456, CPC).

Insanável Defeito do ato jurídico que não pode ser sanado, confirmado ou convalidado. O negócio jurídico nulo não é suscetível de confirmação, nem convalesce pelo decurso do tempo (art. 169, CC). Já o negócio anulável pode ser confirmado pelas partes, salvo direito de terceiro (art. 172, CC).

Insanidade mental Loucura, demência, falta de integridade mental. No direito penal, a insanidade mental constitui causa de inimputabilidade do agente.

Insolvabilidade Situação ou condição de quem se mostra insolvente, isto é, daquele que não apresenta condições de solver ou adimplir as dívidas contraídas.

Insolvência Estado do devedor cujas dívidas excedem a importância dos bens ou do patrimônio que possui. Dá-se a insolvência toda vez que as dívidas excederem o valor dos bens do devedor.

Insolvente Devedor ou pessoa que não se mostra em condições de solver ou adimplir as dívidas contraídas em razão de estas excederem o valor de seu patrimônio.

Inspeção judicial Observação ou exame direto e pessoal de pessoas ou coisas que sejam objeto da lide, feitos pelo juiz, de ofício ou a requerimento da parte, em qualquer fase do processo, a fim de esclarecer fato que interesse à decisão da causa. A inspeção judicial é considerada um dos meios de prova admitidos pelo CPC (art. 481, CPC).

Instância Grau de jurisdição decorrente da hierarquia entre juízes existente no Poder Judiciário. A hierarquia dos juízes diz respeito à divisão de sua competência funcional em órgãos judiciais de primeira, segunda ou terceira instância (o último grau de jurisdição ou recurso). São órgãos de primeira instância ou primeiro grau de jurisdição aqueles que abrigam os juízes singulares; de segunda instância ou segundo grau de jurisdição os tribunais de justiça e os regionais federais; de último grau de jurisdição o STJ e o STF.

Instaurar Dar início ou tomar a iniciativa de requerer ou promover determinada providência ou medida judicial ou extrajudicial. Instauram-se um inquérito, um procedimento administrativo, um dissídio coletivo, uma CPI, uma auditoria etc.

Instrução Expressão que indica a soma de atos e diligências que podem ou devem ser praticados no processo, de modo que se esclareçam fatos ou questões objeto da demanda ou do litígio. Representa, assim, a reunião de provas que determinam a procedência ou não dos fatos alegados. Portanto, instrução equivale a elucidação, esclarecimento. A instrução costuma ser realizada antes da audiência de instrução e julgamento mediante saneamento e organização do processo (art. 358, CPC).

Instrução normativa Ato administrativo expresso emanado de uma autoridade administrativa e endereçado aos subordinados que dispõe sobre critérios e procedimentos a serem adotados para funcionamento do serviço público ou para interpretação ou aplicação de determinada norma, lei ou regulamento.

Instruções Ordem emanada de uma autoridade ou pessoa de maior nível hierárquico pela qual se fixam regras de procedimento para a execução de outros atos ou se disciplina a execução de serviços. As instruções podem surgir como avisos, circulares, ementas, portarias ou provisões. Também se denominam instruções explicações ou esclarecimentos dados para uso especial, como instalação de um aparelho, inscrição em um concurso, preenchimento de um formulário ou cartão de respostas de uma prova de concurso.

Intempestividade Efeito ou situação do que é intempestivo, ou seja, daquilo que se encontra ou foi realizado fora do tempo ou prazo. Mostra-se intempestivo, por exemplo, o recurso de apelação interposto após o prazo de quinze dias previsto em lei. A intempestividade é causa de preclusão.

Interdição Medida judicial destinada a declarar que uma pessoa, sujeita à curatela, não possui condições de gerir seus bens nem sua própria pessoa. Estão sujeitos à curatela e, por consequência, a interdição e nomeação de curador aqueles que, por causa transitória ou permanente, não puderem exprimir sua vontade; os ébrios habituais e os viciados em tóxicos; os pródigos (art. 1.767, CC). A interdição do pródigo só o privará de, sem curador, dar quitação, alienar, hipotecar, demandar ou ser demandado e praticar, em geral, atos que não sejam de mera administração (art. 1.782, CC). A interdição pode ser promovida pelo cônjuge ou companheiro, pelos parentes ou tutores, pelo representante da entidade em que se encontra abrigado o interditando e pelo Ministério Público (art. 747, CPC).

Interdito possessório Medida judicial destinada a garantir proteção e defesa da posse contra atos de turbação e esbulho. O possuidor tem direito a ser mantido na posse em caso de turbação, restituído em caso de esbulho e segurado de violência iminente se tiver justo receio de ser molestado (art. 1.210, CC). Os interditos possessórios disponíveis na legislação são a ação de manutenção de posse, ação de reintegração de posse e interdito proibitório.

Interdito proibitório Medida possessória preventiva que tem por objetivo impedir que uma ameaça à posse do possuidor venha a concretizar-se, seja por turbação, seja por esbulho (art. 567, CPC). São requisitos do interdito proibitório a prova da posse do autor (escritura, contrato etc.) e a de ameaça à posse do autor (testemunhas).

Interesse de agir Também chamado interesse processual, diz respeito à necessidade-utilidade de obter, por meio do processo, a proteção ao direito do autor. O interesse de agir depende da necessidade de obter a tutela jurisdicional contra a violação do direito do autor, seja ele moral ou econômico. Na ação reivindicatória, por exemplo, o interesse de agir manifesta-se na necessidade de a parte recorrer ao Judiciário para fazer valer seu direito de propriedade, tutelado pelo art.

1.228 do CC, diante da resistência dos possuidores, sem justo título, em entregar o imóvel reivindicado.

Interesse homogêneo Na visão do Supremo Tribunal Federal, os interesses homogêneos são espécie de interesses coletivos. "Direitos ou interesses homogêneos são os que têm a mesma origem comum (art. 81, III, Lei n. 8.078/90), constituindo-se em subespécie de direitos coletivos. [...] Quer se afirme interesses coletivos ou particularmente interesses homogêneos, *stricto sensu*, ambos estão cingidos a uma mesma base jurídica, sendo coletivos, explicitamente dizendo, porque são relativos a grupos, categorias ou classes de pessoas, que, conquanto digam respeito às pessoas isoladamente, não se classificam como direitos individuais para o fim de ser vedada a sua defesa em ação civil pública, porque sua concepção finalística destina-se à proteção desses grupos, categorias ou classe de pessoas" (STF, REsp n. 163.231/SP, Pleno, rel. Min. Maurício Corrêa, *DJ* 29.06.2001).

Interesse processual Também chamado interesse de agir, diz respeito à necessidade-utilidade de obter, por meio do processo, a proteção ao direito do autor. O interesse de agir depende da necessidade de obter a tutela jurisdicional contra a violação do direito do autor, seja ele moral ou econômico.

Interlocutória Pronunciamento pelo qual o juiz, no curso do processo, resolve questão incidente (art. 203, § 2º, CPC). Diz-se das decisões não definitivas ou não terminativas proferidas pelo juiz no processo.

Interna corporis Diz-se dos atos praticados com fundamento nas regras constantes do regimento interno de uma instituição, de aplicação restrita ao âmbito de sua competência, não sujeitas a apreciação judicial, salvo em hipóteses restritas, como ilegalidade e abuso de poder (*v. Regimento interno*).

Interpelação Medida judicial ou extrajudicial requerida por quem tem interesse em prevenir responsabilidade e ressalvar direitos de modo formal. A interpelação é, em regra, utilizada constituir o devedor em mora quando não haja termo expresso de vencimento da obrigação (art. 397, parágrafo único, CC). Um dos casos em que a lei exige expressamente a prévia interpelação judicial ou extrajudicial é o do art. 1º do DL n. 745/69, para efeito de constituir em mora o compromissário comprador do imóvel.

Interpelação judicial Medida cautelar consistente na manifestação formal de comunicação de vontade, tendo por fim prevenir responsabilidades e eliminar a possibilidade de alegação futura de ignorância (art. 727, CPC).

Interpor Ato da parte que integra a lide que consiste em ingressar ou ajuizar um recurso ou ação rescisória. O recurso pode ser interposto perante o próprio juiz que proferiu a decisão, como no caso de agravo em decisão interlocutória, ou perante um tribunal, como no caso da apelação. O recurso pode ser interposto pela parte vencida, pelo terceiro prejudicado e pelo Ministério Público, como parte ou como fiscal da ordem jurídica (art. 996, CPC).

Interposta pessoa Diz-se da utilização por alguém de intermediário ou terceiro para realização de um negócio jurídico. É o que ocorre, por exemplo, na representação por mandato ou procuração. Também se considera a presença de interposta pessoa na terceirização de serviços, na qual o tomador de serviços contrata empresa ou pessoa física para intermediar a prestação laboral, estando os trabalhadores a ela vinculados. Todavia, pode a interposição também se efetivar de forma fraudulenta ou dissimulada de modo a ocultar a pessoa do verdadeiro interessado, como se verifica na venda de ascendente a descendente, mediante a participação de um terceiro adquirente que, após a compra, transfere o bem ao descendente como forma de burlar a exigência de consentimento dos demais descendentes (art. 496, CC).

Interpretação Ato de interpretar ou determinar o sentido verdadeiro de expressão, frase, sentença, contrato ou norma, declarando tudo o que nela contém. Individualização e concretização de uma norma geral e abstrata. Com o mesmo sentido de interpretação, costuma-se também utilizar a expressão *exegese*. Interpretar implica a aplicação, na prática, dos preceitos da hermenêutica (*v. Exegese*).

Interpretação ab-rogante Método de interpretação pelo qual o intérprete, em que pese presumir que o legislador consagrou a solução mais acertada e se manifestou corretamente, conclui que a norma não tem qualquer efeito útil por ser incompatível e irreconciliável com norma jurídica existente.

Interpretação autêntica Interpretação promovida pelo próprio órgão que criou a norma e que deve assumir a mesma forma de ato que a utilizada na produção da norma interpretada.

Interpretação doutrinal Interpretação feita por juristas, magistrados e tribunais fazendo uso da doutrina e da ciência jurídicas.

Interpretação enunciativa Interpretação pela qual, por meio de um processo dedutivo, retira-se da norma todas suas consequências.

Interpretação extensiva Modo de interpretação que amplia o sentido da norma para além do contido em sua letra. Extensão de uma norma a casos não previstos por ela. É o método por meio do qual se faz uma interpretação de modo a corrigir a não conformidade da letra da norma com o pensamento do legislador, no entendimento de que este expressou na lei menos do que queria, não abarcando todas as situações que caberiam razoavelmente em seu pensamento. Assim, o intérprete alarga o alcance da norma de modo a abranger essas situações, adequando-se, dessa forma, a letra da norma ao pensamento do legislador (PRAIA, Bartolomeu Varela, *Manual de introdução ao direito*, 2.ed. 2011, p. 71. Disponível em: http://unicv.academia.edu/BartolomeuVarela).

Interpretação histórica Método de interpretação em que se busca alcançar o sentido que a norma possuía no momento de sua aprovação e entrada em vigor.

Interpretação progressiva Método de interpretação da lei que procura adaptar o conteúdo da norma às transformações sociais, científicas e morais ocorrentes na sociedade.

Interpretação restritiva Método por meio do qual se faz uma interpretação de modo a corrigir a desconformidade existente entre a letra da norma e o pensamento do legislador, no pressuposto de que este expressou na lei mais do que pretendia, que foi além da realidade que pretendia abarcar. Aquela que procura restringir o texto da lei que foge aos limites desejados pelo legislador. Nesse caso, o intérprete restringe ou reduz o alcance da norma de modo a abranger somente as situações que razoavelmente estariam inseridas no pensamento do legislador.

I

Interpretação sistemática Método de interpretação que consiste em comparar o dispositivo sujeito à interpretação com outros do mesmo ordenamento ou de leis diversas que tenham relação com o mesmo objeto. Nessa técnica, leva-se em consideração que os dispositivos legais se interdependem e se inter-relacionam, devendo ser analisados em conexão e não isoladamente.

Interpretação teleológica É a interpretação pela qual o intérprete busca adaptar o sentido e o alcance da norma às normas sociais do momento. Por meio deste método, o intérprete deve levar em consideração valores de interesse da sociedade, como a exigência do bem comum e o ideal de justiça.

Intervenção de terceiros Interferência de um terceiro, como parte, em causa pendente entre outras partes. A intervenção de terceiro se dá pelos seguintes instrumentos processuais: assistência, denunciação da lide, chamamento ao processo e *amicus curiae* (arts. 119 a 138, CPC).

Intestato Que não fez testamento, que faleceu sem deixar testamento. O mesmo que *ab intestato*.

Intimação Ação pela qual se dá ciência a alguém de atos e termos do processo para que faça ou deixe de fazer alguma coisa (art. 234, CC). Forma de comunicação dos atos processuais feita a partes, advogados, Ministério Público e perito. Não dispondo a lei de outro modo, as intimações serão feitas às partes, a seus representantes legais e advogados pelo correio ou, se presentes em cartório, diretamente pelo escrivão ou chefe de secretaria (art. 269 e segs., CPC).

Intransmissível Diz-se da coisa que, por lei ou vontade das partes, não pode ser transmitida ou alienada. São considerados legalmente intransmissíveis os direitos de personalidade (art. 11, CC). A cláusula de inalienabilidade, imposta aos bens por ato de liberalidade, implica impenhorabilidade e incomunicabilidade (art. 1.911, CC).

Intuitu personae Em consideração à pessoa. Motivo que determina vontade ou consentimento de certa pessoa para com outra, a quem quer favorecer ou com quem contrata, pelo apreço que ela merece em razão de suas características particulares, como habilidade, idoneidade e conhecimento técnico. É considerado *intuitu personae*, entre outros casos, o contrato de sociedade.

Invalidade O que se refere à invalidez, ou seja, à qualidade de um negócio jurídico no qual faltam ou são irregulares elementos internos essenciais, tornando o negócio insuscetível de produzir os efeitos jurídicos que se pretendia. Quando presente alguma das causas de ineficácia ou invalidez, o negócio jurídico pode ser inexistente, nulo, anulável ou rescindível.

Inventário Procedimento judicial especial de natureza civil destinado a relacionar, avaliar e partilhar os bens do *de cujus* entre seus herdeiros ou legatários (art. 1.796, CC; art. 610, CPC).

Investidor-anjo Investidor que não é considerado sócio nem tem qualquer direito a gerência ou a voto na administração da empresa, não responde por qualquer obrigação da empresa e é remunerado por seus aportes (art. 2º, I, LC n. 182/2021).

Irrenunciabilidade Refere-se ao que é irrenunciável. De acordo com a lei, são irrenunciáveis os direitos de personalidade, os direitos morais do autor, o direito à meação e o direito a alimentos (arts. 11, 1.682 e 1.707, CC).

Irretroatividade da lei Princípio que determina que a lei só deve dispor para o futuro, não podendo, em matéria penal, retroagir, salvo para beneficiar o réu (art. 5º, XL, CF; art. 2º, parágrafo único, CP). Ou seja, uma lei nova não poderá agravar a situação de um indiciado em face de um ilícito já cometido. Pode, contudo, ser aplicada para beneficiá-lo.

Isolamento No contexto da COVID-19, separação de pessoas doentes ou contaminadas, ou de bagagens, meios de transporte, mercadorias ou encomendas postais afetadas, de outros, de maneira a evitar a contaminação ou a propagação do Coronavírus (art. 2º, I, Lei n. 13.979/2020).

Isonomia jurídica Princípio constitucional que determina a igualdade de todos perante a lei (art. 5º, CF).

Iura novit curia O juiz conhece o direito. Expressão que indica o dever que o juiz tem de conhecer a norma jurídica e aplicá-la por sua própria autoridade, independentemente de a parte citar o dispositivo legal. Assim, a jurisprudência majoritária dos tribunais é no sentido de que a inexistência ou mesmo a indicação errônea do dispositivo legal não tornam inepta a inicial, inclusive por ser dispensável essa referência. Esse brocardo é complementado por outro: *da mihi factum, dabo tibi ius* (exponha o fato, direi o direito).

A B C D E F G H I **J** K L M N O P Q R S T U V W X Y Z

Jacente Diz-se da herança cujos herdeiros não são conhecidos ou a ela renunciaram. Nesse caso, os bens da herança, depois de arrecadados, ficarão sob guarda e administração de um curador até sua entrega ao sucessor devidamente habilitado ou até declaração de sua vacância (art. 1.819, CC) (*v. Herança vacante*).

Juizados especiais Órgãos da Justiça ordinária e federal destinados a processar e julgar causas cíveis de menor complexidade e de reduzido valor econômico, não excedentes a quarenta ou sessenta salários mínimos, respectivamente, e infrações penais de menor potencial ofensivo, respeitadas as regras de conexão e continência, e que não excedam sessenta salários mínimos (Leis ns. 9.099/95 e 10.259/2001).

Juizados especiais da Fazenda Pública Juizados especiais da Fazenda Pública no âmbito dos estados, do Distrito Federal, dos territórios e dos municípios com competência para processar, conciliar e julgar causas cíveis de interesse dos estados, do Distrito Federal, dos territórios e dos municípios, até o valor de 60 salários mínimos.

Juiz de Direito Magistrado que tem por função administrar a Justiça; o que exerce atividade jurisdicional como membro do Poder Judiciário. O exercício do cargo de juiz depende de colação de grau no curso de Direito e de posterior aprovação em concurso público de provas e títulos (art. 93, I, CF). A função do juiz é exercida de entrância em entrância, por meio de promoção, de forma alternada, por antiguidade e merecimento.

Juiz de paz Juiz leigo, eleito pelo voto direto, universal e secreto, com mandato de quatro anos e competência para, na forma da lei, celebrar casamentos, verificar, de ofício ou em face de impugnação apresentada, o processo de habilitação para as núpcias e exercer atribuições conciliatórias, sem caráter jurisdicional, além de outras funções previstas na legislação.

Juiz leigo Profissional, considerado auxiliar da Justiça, recrutado entre advogados com mais de cinco anos de experiência, que tem por função a condução da audiência de conciliação e de mediação ou a audiência de instrução sob a supervisão do juiz togado. Caso dirija a instrução o juiz leigo, poderá proferir sua decisão e imediatamente a submeter ao juiz togado, que poderá homologá-la, proferir outra em substituição ou, antes de se manifestar, determinar a realização de atos probatórios indispensáveis (art. 40, Lei n. 9.099/95).

Juiz natural (*v. Princípio do juiz natural*).

Juízo Expressão que tanto pode indicar foro, vara, câmara e turma nos quais atuam juiz, desembargador ou ministro quanto o próprio tribunal. Exemplo: "Juízo da 3ª Vara Cível".

Juízo arbitral Órgão julgador extrajudicial, de livre instituição, ao qual as partes interessadas, mediante convenção de arbitragem, assim entendidos a cláusula compromissória e o compromisso arbitral, podem submeter a solução de seus litígios (arts. 3º e 9º, Lei n. 9.307/96).

Juízo de exceção Juízo criado contingencial e excepcionalmente que representa grave risco para as liberdades individuais.

Juiz togado Diz-se do juiz ou magistrado, formado em Direito e admitido no Poder Judiciário mediante concurso de provas e títulos. Juiz de carreira. A expressão "togado" refere-se à "toga", vestimenta que costumeiramente usa durante as audiências e para diferenciá-lo do juiz leigo.

Julgado Decisão judicial ou acórdão proferido por câmara ou turma de um tribunal. Diz-se que "transitou em julgado" uma decisão da qual não mais cabe recorrer.

Julgamento Fase final de um processo judicial na qual juiz, turma, câmara ou jurados, após instrução do processo e análise das provas, proferem a decisão final encerrando um processo.

Julgamento antecipado do mérito Decisão ou sentença antecipada proferida pelo juiz da causa quando não houver necessidade de produção de outras provas ou se verificar a revelia (art. 355, CPC). O julgamento imediato da lide é também conhecido como teoria da causa madura (*v. Causa madura* e *Teoria da causa madura*).

Julgamento antecipado parcial do mérito Decisão ou sentença antecipada proferida pelo juiz da causa quando um ou mais dos pedidos formulados ou parcela deles mostrarem-se incontroversos e estiverem em condições de imediato julgamento.

Julgamento *citra petita* Sentença na qual o juiz, declarando procedente a ação, concede ao autor menos do que foi requerido na petição inicial.

Julgamento conforme o estado do processo Decisão ou sentença antecipada proferida pelo juiz da causa nos casos de extinção do processo sem resolução do mérito e quando houver resolução do mérito nos casos especificados em lei.

Julgamento *extra petita* Sentença na qual o juiz, declarando procedente a ação, decide de forma diferente da que foi pedida pelo autor na petição inicial.

Julgamento sem resolução do mérito Decisão ou sentença antecipada facultada ao juiz proferir quando: indeferir a petição inicial; o processo ficar parado durante mais de um ano por negligência das partes; por não promover os atos e as diligências que lhe incumbir, o autor abandonar a causa por mais de trinta dias; verificar ausência de pressupostos de constituição e desenvolvimento válido e regular do processo; reconhecer existência de perempção, litispendência ou coisa julgada; verificar ausência de legitimidade ou interesse processual; acolher alegação de existência de convenção de arbitragem; o autor desistir da ação; em caso de morte da parte, a ação for considerada intransmissível por disposição legal; nos demais casos prescritos no CPC.

Julgamento *ultra petita* Sentença pela qual o juiz, declarando procedente a ação, concede ao autor mais do que por ele foi pedido na petição inicial.

Juntada Ato de juntar ou anexar petição, arrazoado ou qualquer outro documento aos autos ou processo praticado pelo escrivão no cartório judicial. É lícito às partes, em qualquer tempo, juntar aos autos documentos novos quando destinados a fazer prova de fatos ocorridos depois dos articulados ou para contrapô-los aos que foram produzidos nos autos.

Jurado Cidadão comum, de bons antecedentes, escolhido na comunidade pelo juiz para compor o Tribunal do Júri nos julgamentos dolosos contra a vida. Nas cidades com até 100 mil habitantes, a lista de jurados disponíveis deve ter entre 80 e 400 indivíduos; em cidades com mais de 100 mil habitantes, de 300 a 700 jurados. A lista geral é publicada até o dia 10 de outubro de cada ano na imprensa local ou em editais afixados nos fóruns. A lista definitiva é publicada no dia 10 de novembro, valendo para os julgamentos do ano seguinte. Para cada julgamento, o juiz sorteia 25 pessoas da lista e as convoca. O juiz presidente requisitará a autoridades locais, associações de classe e de bairro, entidades associativas e culturais, instituições de ensino em geral, universidades, sindicatos, repartições públicas e outros núcleos comunitários a indicação de pessoas que reúnam as condições para exercer a função de jurado (art. 425, § 2º, CPP).

Júri Corpo de jurados. Denominação conferida ao tribunal formado pelos jurados, cidadãos escolhidos pelo juiz presidente para que, sob juramento, decidam, de fato, sobre a condenação ou não do acusado que está sendo julgado.

Jurisdição Poder/dever exercido pelos magistrados de aplicar o Direito resolvendo as pendências que lhes são encaminhadas. Hierarquicamente, a classificação é feita em jurisdição de primeiro grau, representada pelos juízes singulares; de segundo grau, representada pelos tribunais de justiça e tribunais regionais federais e do trabalho; e de terceiro grau, representada pelos tribunais superiores. A expressão indica também a área territorial de atuação da Justiça e de outros órgãos públicos: jurisdição territorial da Justiça do Trabalho; jurisdição territorial da Justiça Federal; jurisdição fiscal das Unidades Descentralizadas da Secretaria da Receita Federal do Brasil. Diz-se que há conflito de jurisdição quando mais de uma autoridade se considerar competente ou quando nenhuma delas se considerar competente.

Jurisdição contenciosa Jurisdição litigiosa. Aquela que se caracteriza pela existência de lide, partes e contraditório, produzindo coisa julgada. Difere da jurisdição voluntária, na qual não há lide ou litígio.

Jurisdição voluntária Jurisdição ou procedimento caracterizado pela ausência de litígio, também chamada de jurisdição graciosa. Para muitos autores, é considerada uma atividade de índole meramente administrativa, invocada tão somente para reconhecimento ou homologação de pretensões que resultam da vontade e do consenso dos interessados. Destina-se esse procedimento a processar e julgar, entre outros, os pedidos de: emancipação; sub-rogação; expedição de alvará judicial; homologação de autocomposição extrajudicial, de qualquer natureza ou valor.

Jurisdicionado Aquele que é sujeito da jurisdição. Pessoa a quem o Judiciário presta a jurisdição. Todas as pessoas que se situam em determinado território jurisdicional, como em uma comarca.

Jurisprudência Conjunto de decisões constantes e uniformes proferidas pelos tribunais sobre determinada questão que passa a constituir fonte secundária do Direito.

Juros Remuneração do capital. Remuneração paga pelo tomador de um empréstimo ao detentor do capital emprestado – banco, instituição financeira ou particular.

Juros compensatórios Juros concedidos na desapropriação de imóvel que correspondem à compensação dos frutos de que o proprietário fica privado pelo desapossamento antecipado do imóvel (art. 15-A, DL n. 3.365/41). Na lição de Álvaro Villaça Azevedo, "Os juros compensatórios são previstos no contrato. As partes os fixam, estabelecendo os limites de seu proveito, enquanto durar essa convenção. Se os não fixarem, sua taxa será a que consta da lei, se convencionados. Assim, temos certo que os juros compensatórios resultam de uma utilização consentida do capital alheio. As partes, aqui, combinam os juros pelo prazo do contrato. Podem, por outro lado, os juros moratórios ser convencionados pelas partes, que preveem, na avença, sua taxa, em caso de inadimplemento obrigacional, situação em que se denominam moratórios convencionais, por nascerem do contrato da convenção. Se, ainda, moratórios forem, e devidos, sem que suas taxas tenham sido fixadas pelos interessados, está será referida na lei, pelo que serão chamados de juros moratórios legais. Nas duas hipóteses, os juros moratórios resultam de uma utilização não consentida do capital alheio" (AZEVEDO, Álvaro Villaça. *Curso de direito civil*: Teoria Geral das Obrigações, Responsabilidade Civil, 10.ed. Rio de Janeiro, Atlas, 2004, p. 235). Incidem juros compensatórios nas desapropriações por interesse social, para efeito de reforma agrária, mesmo quando o imóvel for improdutivo. Esse entendimento foi pacificado pela 1ª Seção do STJ no julgamento de um recurso especial impetrado pelo Instituto Nacional de Colonização e Reforma Agrária. O processo foi apreciado em sede de recurso repetitivo (REsp n. 1.116.364).

Juros legais Legais ou remuneratórios são os juros não convencionados. Quando os juros não forem convencionados, ou o forem sem taxa estipulada, ou provierem de determinação da lei, serão fixados segundo a taxa que estiver em vigor para a mora do pagamento de impostos devidos à Fazenda (art. 406, CC). Depois de muita polêmica sobre o tema, foi consolidado, tanto pela doutrina como pela jurisprudência, que a taxa de juros de mora prevista no art. 406 do CC, é de 1% ao mês, tendo por referência o art. 161, § 1º, do CTN.

Juros moratórios Juros devidos quando caracterizada a mora do devedor. Podem ser convencionais ou legais. Representam uma pena imposta ao devedor pelo atraso no cumprimento da obrigação ou pelo retardamento na devolução do capital alheio. Funciona como uma espécie de indenização pela demora no adimplemento de débito ou obrigação. Nas ações que tiverem por objeto o pagamento de valores, principalmente nas de execução de quantia certa, não só é lícito como também indispensável o pedido de pagamento do principal acrescido de juros e correção monetária, cuja data de incidência varia de acordo com as seguintes hipóteses: a) dívidas líquidas e certas: a partir do vencimento; b) dívidas sem força executiva: a partir do ajuizamento da demanda; c) quando não for convencionado: a partir da citação.

Juros sobre juros O mesmo que capitalização de juros. A prática, conhecida como *anatocismo,* é vedada por nosso Direito, mesmo que expressamente convencionada. A vedação advém do Decreto n. 22.626/33, que estabelece: "É proibido contar juros dos juros; esta proibição não compreende a acumulação de juros vencidos aos saldos líquidos em conta corrente de ano a ano". Idêntica vedação se extrai do art. 4º da Lei n. 1.521/51, que trata dos crimes contra a economia popular. A exceção fica por conta da parte final do art. 591 do CC, que trata do mútuo destinado a fins econômicos.

Jus postulandi Direito de postular ou pleitear em juízo. Para exercício do *jus postulandi*, exige-se que o advogado esteja devidamente autorizado pelo instrumento de procuração. Pode também o advogado, sempre que lhe convier, litigar em causa própria, exercer o *jus postulandi*. Diz-se, nesse caso, que o autor da ação, por ser advogado (e não simples bacharel em Direito), fica dispensado de ser representado ou outorgar procuração para outro advogado. A postulação em causa própria é permitida pelo art. 103 do CPC. Na Justiça do Trabalho, o exercício do *jus postulandi* possui previsão no art. 791 da CLT, possibilitando ao trabalhador que for parte em processo perante a Justiça do Trabalho atuar em causa própria. No entanto, referido direito limita-se às Varas do Trabalho e aos TRTs, não alcançando ação rescisória, ação cautelar, mandado de segurança e recursos de competência do TST (Súmula n. 425, TST).

Justa indenização Exigência constitucional destinada a determinar o valor a ser pago pelo ente desapropriante ao proprietário expropriado, que reflita o preço atual de mercado do imóvel em sua totalidade, aí incluídas terras e acessões naturais, matas e florestas e benfeitorias indenizáveis (art. 12, Lei n. 8.629/93). "Indenização que seja igual ao valor que tenha o bem expropriado no mercado, pois este é o único critério real para a apreciação do valor de um bem" (FERREIRA FILHO, Manoel Gonçalves. *Comentários à Constituição brasileira*. São Paulo, Saraiva, 2000, p. 469).

Justiça comum Modalidade de Justiça que tem por competência, fixada pelo critério de exclusão, processar e julgar as ações que a Constituição Federal não determina que sejam julgadas pelas Justiças especiais, ou seja, a Justiça Militar, a Justiça Eleitoral e a Justiça do Trabalho. A Justiça Comum, ou Ordinária, pode ser Federal ou Estadual.

Justiça desportiva Modalidade de Justiça, composta pelo Superior Tribunal de Justiça Desportiva, funcionando junto às entidades nacionais de administração do desporto, pelos Tribunais de Justiça Desportiva, funcionando junto às entidades regionais da administração do desporto, e pelas Comissões Disciplinares, com competência para processar e julgar as questões previstas nos Códigos de Justiça Desportiva.

Justiça do Trabalho Ramo da Justiça especializada com competência para processar e julgar as demandas decorrentes das relações de emprego e trabalho. Anteriormente restrita às lides decorrentes da relação de emprego, a competência da Justiça do Trabalho foi ampliada pela EC n. 45/2004 para também incluir as lides decorrentes da relação de trabalho mediante a alteração da redação do art. 114 da CF. Inclui, portanto, autarquias e fundações públicas dos referidos entes da federação. Em primeira instância, as varas do trabalho julgam apenas dissídios individuais, que são controvérsias surgidas nas relações de trabalho entre o empregador (pessoa física ou jurídica) e o empregado (este sempre como indivíduo, pessoa física). Esse conflito chega à vara do trabalho na forma de reclamação trabalhista. A jurisdição é local, abrangendo geralmente um ou alguns municípios. Sua competência é determinada pela localidade onde o empregado, reclamante ou reclamado, presta serviços ao empregador, ainda que tenha sido contratado em outro local ou no estrangeiro. A vara compõe-se de um juiz do trabalho titular e um juiz do trabalho substituto. Em comarcas onde não existe vara do trabalho, a lei pode atribuir a jurisdição trabalhista ao juiz de Direito.

Justiça Eleitoral Ramo da Justiça especializada que tem por objetivo disciplinar os atos referentes aos direitos políticos e ao processo eleitoral em todas as fases: alistamento do eleitor, filiação partidária, registro de candidaturas, propaganda eleitoral, recepção e apuração dos votos, expedição do resultado final do pleito, reconhecimento e diplomação dos candidatos eleitos. A jurisdição de cada uma das zonas eleitorais cabe a um juiz de direito em efetivo exercício e, na falta deste, a seu substituto legal que goze das prerrogativas da magistratura. A Justiça Eleitoral não possui quadro próprio de juízes, por esse motivo, os magistrados da Justiça Comum exercem, cumulativamente, as funções de Juiz Eleitoral. Compete ao juiz eleitoral, entre outros atos: a) cumprir e fazer cumprir as decisões e determinações do Tribunal Superior e do Regional; b) processar e julgar os crimes eleitorais e os comuns que lhe forem conexos, ressalvada a competência originária do Tribunal Superior e dos Tribunais Regionais; c) decidir *habeas corpus* e mandado de segurança em matéria eleitoral, desde que essa competência não esteja atribuída privativamente à instância superior; d) fazer as diligências que julgar necessárias a ordem e presteza do serviço eleitoral; e) tomar conhecimento das reclamações que lhe forem feitas verbalmente ou por escrito, reduzindo-as a termo, e determinando as providências que cada caso exigir; f) dirigir os processos eleitorais e determinar a inscrição e a exclusão de eleitores; g) expedir títulos eleitorais e conceder transferência de eleitor; h) dividir a zona em seções eleitorais; i) ordenar registro e cassação do registro dos candidatos aos cargos eletivos municipais e comunicá-los ao tribunal regional; j) designar, até sessenta dias antes das eleições, os locais das seções.

J

Justiça estadual É a modalidade de Justiça Comum criada e organizada em cada estado da federação por meio do Código de Organização Judiciária (COJE). Justiça estadual possui competência residual, o que implica que toda e qualquer matéria que não for de competência da Justiça Federal especializada ou Justiça Federal Comum será de competência da Justiça Comum estadual. Está dividida em territórios delimitados, denominados *comarca* ou *foro*, e estes, em varas especializadas, nas quais se promove a Justiça de 1ª instância. As comarcas são também divididas em *entrâncias* (1ª, 2ª, 3ª e 4ª entrâncias ou entrância inicial, entrância intermediária e entrância final), de acordo com extensão territorial, população, número de eleitores, receita tributária e demanda dos serviços forenses. Os juízes de carreira, após serem submetidos e aprovados em concurso público de provas e títulos, iniciam suas atividades em uma comarca de 1ª entrância (a de menor expressão) para depois galgarem as demais entrâncias, até serem transferidos, por antiguidade ou merecimento, à comarca de 4ª entrância, que se constitui na capital do estado (ou entrância inicial, intermediária, final e especial, em alguns estados).

Justiça Federal Modalidade da Justiça comum integrada pelos juízes federais de 1ª instância, que atuam nas capitais dos estados e em algumas cidades do interior, e pelos TRFs, que funcionam como órgãos de 2ª instância, instalados em algumas capitais de estados (São Paulo, Rio de Janeiro, Brasília, Recife e Porto Alegre), alguns deles com jurisdição sobre diversos estados. O TRF da 4ª Região, por exemplo, possui jurisdição sobre a SJRS (Rio Grande do Sul), SJSC (Santa Catarina) e SJPR (Paraná). Os Tribunais Regionais são divididos em turmas; as seções judiciárias, em varas, algumas especializadas. Compete aos juízes federais de 1ª instância o julgamento das seguintes causas (art. 109, CF): causas em que União, entidade autárquica ou empresa pública federal forem interessadas na condição de autoras, rés, assistentes ou oponentes, exceto as de falência, as de acidentes de trabalho e as sujeitas à Justiça Eleitoral e à Justiça do Trabalho; causas entre Estado estrangeiro ou organismo internacional e município ou pessoa domiciliada ou residente no país; causas fundadas em tratado ou contrato da União com Estado estrangeiro ou organismo internacional; crimes políticos e infrações penais praticadas em detrimento de bens, serviços ou interesse da União ou de suas entidades autárquicas ou empresas públicas, excluídas as contravenções e ressalvada a competência da Justiça Militar e da Justiça Eleitoral; crimes previstos em tratado ou convenção internacional, quando, iniciada a execução no país, o resultado tenha ou devesse ter ocorrido no estrangeiro, ou reciprocamente; causas relativas a direitos humanos a que se refere o § 5º deste artigo; crimes contra a organização do trabalho e, nos casos determinados por lei, contra o sistema financeiro e a ordem econômico-financeira; *habeas corpus*, em matéria criminal de sua competência ou quando o constrangimento provier de autoridade cujos atos não estejam diretamente sujeitos a outra jurisdição; mandados de segurança e *habeas data* contra ato de autoridade federal, excetuados os casos de competência dos tribunais federais; crimes cometidos a bordo de navios ou aeronaves, ressalvada a competência da Justiça Militar; crimes de ingresso ou permanência irregular de estrangeiro, execução de carta rogatória, após o *exequatur*, e de sentença estrangeira, após a homologação, causas referentes à nacionalidade, inclusive a respectiva opção, e à naturalização; disputa sobre direitos indígenas.

Justiça Militar Órgão do Poder Judiciário constituído pelo STM e pelos tribunais e juízes militares instituídos por lei, com competência para processar e julgar, singularmente, os crimes militares cometidos contra civis e as ações judiciais contra atos disciplinares militares, cabendo ao Conselho de Justiça, sob a presidência de juiz de direito, processar e julgar os demais crimes militares. A Justiça Militar estadual é constituída, em primeiro grau, pelos juízes de direito e pelos conselhos de Justiça e, em segundo grau, pelo próprio Tribunal de Justiça ou por Tribunal de Justiça Militar nos estados em que o efetivo militar seja superior a 20 mil integrantes. Compete à Justiça Militar estadual processar e julgar os militares dos estados, nos crimes militares definidos em lei, e as ações judiciais contra atos disciplinares militares, ressalvada a competência do júri quando a vítima for civil, cabendo ao tribunal competente decidir sobre a perda do posto e da patente dos oficiais e da graduação das praças. Aos juízes de direito do juízo militar compete processar e julgar, singularmente, crimes militares cometidos contra civis e ações judiciais contra atos disciplinares militares, cabendo ao conselho de justiça, sob a presidência de juiz de direito, processar e julgar os demais crimes militares (art. 125, CF).

Justificação administrativa Procedimento administrativo perante o INSS cuja finalidade é suprir falta ou insuficiência de documento ou produzir prova de fato ou circunstância de interesse dos beneficiários perante a Previdência Social (art. 142, Decreto n. 3.048/99). A justificação administrativa ou judicial, para fins de comprovação de tempo de contribuição, dependência econômica, identidade e relação de parentesco, somente produzirá efeito quando baseada em início de prova material contemporânea dos fatos e não serão admitidas as provas exclusivamente testemunhais (art. 143, Decreto n. 3.048/99).

Justificação judicial Medida judicial destinada a comprovar a existência de fato ou relação jurídica para simples documento e sem caráter contencioso (art. 381, § 5º, CPC). Presta-se a justificação para, entre outros casos, comprovar tempo de serviço urbano ou rural perante o INSS. Compete à Justiça Federal processar justificações judiciais destinadas a instruir pedidos perante entidades que nela têm exclusividade de foro, como, por exemplo, o INSS. Inexistindo vara federal no foro do domicílio do segurado, a ação poderá ser ajuizada na Justiça comum (art. 15, II, Lei n. 5.010/66). Com a mesma finalidade da justificação, a justiça também tem acolhido a ação declaratória: "A ação declaratória, segundo o comando expresso no art. 4º do CPC é instrumento processual adequado para resolver incerteza sobre a existência de uma relação jurídica, sendo patente o interesse de agir do segurado da Previdência Social que postula, por essa via processual, o reconhecimento de tempo de serviço para efeito de percepção de benefício" (STJ, REsp n. 186.114).

Justificação prévia Providência judicial determinada pelo juiz ao requerente de pedido liminar para que este comprove a aparência do bom direito ou o perigo da demora, a fim de que o juiz se convença da urgência em conceder o provimento judicial. Produzidas as provas em justificação prévia, o juiz, convencendo-se de que o interesse do requerente corre sério risco, deferirá a medida liminar (art. 562, CPC).

Justo título Um dos elementos de prova exigidos por lei para a comprovação da posse para efeito de reconhecimento do domínio por usucapião ordinário. "Instrumento que conduz um possuidor a iludir-se, por acreditar que lhe outorga a condição de proprietário. Trata-se de um título que, em tese, apresenta-se como instrumento formalmente idôneo a transferir a propriedade, malgrado apresente algum defeito que impeça a sua aquisição. Em outras palavras, é o ato translativo inapto a transferir a propriedade" (FARIAS, Cristiano Chaves de; ROSENVALD, Nelson. *Direito civil*: direitos reais. 4.ed. Rio de Janeiro, Lumen Juris, 2007, p. 277). Consideram-se justo título: formal de partilha; escritura não registrada por conter alguma irregularidade; compromisso de compra e venda não registrado; cessão de direitos hereditários por instrumento particular; recibo de venda; procuração em causa própria (art. 1.242, CC).

Lacunas da lei Falta de norma ou disposição legal aplicável ao caso concreto. Ausência de disposição que regule especialmente certa matéria ou caso, inexistência de disposição para um caso-fim ou omissão completa a respeito da disciplina jurídica e de um instituto. A constatação da existência de lacunas no Direito decorre do pressuposto amplamente conhecido de que a lei, pelo menos de modo direto, não é capaz de prevenir nem disciplinar todas as hipóteses, e não responde a todas as questões possíveis.

Latrocínio Crime hediondo que consiste em roubo com o emprego de violência, resultando em morte ou lesão corporal grave (art. 157, § 3º, CP).

Laudo Exposição feita por escrito pelo perito das conclusões obtidas em relação ao objeto da perícia para a qual tenha sido nomeado. Embora a perícia constitua importante meio de prova, o juiz apreciará a prova pericial, indicando na sentença os motivos que o levaram a considerar ou a deixar de considerar as conclusões do laudo, levando em conta o método utilizado pelo perito (art. 479, CPC). Dependendo do conhecimento técnico ou científico do perito, podem ser expedidos laudos como o de necrópsia; cadavérico; de um acidente; de incapacidade para o trabalho; de um incêndio; de avaliação etc.

Lay-off Regime que consiste na diminuição temporária dos períodos normais de trabalho ou mesmo na suspensão dos contratos por iniciativa da empresa, durante um período, seguindo o disposto no art. 476-A da CLT. Um exemplo ilustrativo da adoção dessa medida é o cenário da pandemia provocada pela COVID-19, que afetou as atividades normais das empresas.

Leading case Caso guia; caso líder; caso paradigmático. Refere-se a uma questão jurídica complexa e inédita, a qual, depois de julgada, passa a servir de precedente ou como paradigma para o julgamento de questões futuras semelhantes.

Leasing Arrendamento mercantil. Negócio jurídico realizado entre pessoa jurídica, na qualidade de arrendadora, e pessoa física ou jurídica, na qualidade de arrendatária, que tenha por objeto o arrendamento de bens adquiridos pela arrendadora, segundo especificações da arrendatária e para uso próprio desta. Podem ser objeto de arrendamento mercantil bens imóveis e móveis, de produção nacional ou estrangeira, tais como veículos, máquinas, computadores e equipamentos, entre outros (Lei n. 6.099/74).

Legado Bens ou parte da herança deixada por ato de última vontade e a título gratuito pelo testador a uma pessoa, o legatário, seja ela herdeira ou não (art. 1.912, CC). O herdeiro necessário a quem o testador deixar sua parte disponível, ou algum legado, não perderá o direito à legítima (art. 1.849, CC).

Legítima Parte da herança do testador reservada por lei aos herdeiros em linha reta, também denominados herdeiros necessários, que não pode ser objeto de doação ou legado (arts. 549 e 1.846, CC). O herdeiro necessário a quem o testador deixar sua parte disponível, ou algum legado, não perderá o direito à legítima (art. 1.849, CC).

Legitimidade para o processo Autorização legal para demandar sobre o objeto da ação. Diz-se da *legitimatio ad causam* (legitimação para a causa ou para ser parte no processo) que a parte deve possuir para ingressar em juízo (parte ativa ou legitimidade ativa), ou que deve ter para que se ingresse em juízo contra ela (parte passiva ou legitimidade passiva). Entende-se como legitimidade o fato de que somente o titular do direito pode pleiteá-lo em juízo. Ainda que esse titular seja menor ou incapaz, ele poderá ingressar em juízo, desde que representado ou assistido por seu responsável.

Lei Em sentido amplo, é a norma escrita, elaborada pelo Poder Legislativo e de cumprimento obrigatório por todos os cidadãos, destinada a regular atos e fatos que interessem à ordem social.

Lei do Cadastro Positivo Lei n. 12.414/2011, que disciplina a formação e consulta a bancos de dados com informações de adimplemento, de pessoas naturais ou de pessoas jurídicas, para formação de histórico de crédito, sem prejuízo do disposto no Código de Defesa do Consumidor (Lei n. 8.078/90). As informações disponibilizadas nos bancos de dados somente poderão ser utilizadas para realização de análise de risco de crédito do cadastrado ou subsidiar a concessão ou extensão de crédito e a realização de venda a prazo ou outras transações comerciais e empresariais que impliquem risco financeiro ao consulente.

Lei do Superendividamento Lei n. 14.181/2021, que alterou o CDC, criando mecanismos de proteção de consumidores muito endividados para que não sofram pressão indevida de instituições financeiras com as quais estejam em negociação. Tem por objetivo principal resguardar condições mínimas de subsistência dos consumidores que se encontram em situação de superendividamento (*v. Superendividamento*).

Lei Geral de Proteção de Dados Pessoais (LGPD) Lei que dispõe sobre o tratamento de dados pessoais, inclusive nos meios digitais, por pessoa natural ou por pessoa jurídica de direito público ou privado, com o objetivo de proteger os direitos fun-

L

damentais de liberdade e de privacidade e o livre desenvolvimento da personalidade da pessoa natural (art. 1º, *caput*, Lei n. 13.709/2018).

Leilão Modalidade de licitação para alienação de bens imóveis ou de bens móveis inservíveis ou legalmente apreendidos a quem oferecer o maior lance (art. 6º, XL, Lei n. 14.133/2021).

Leis cogentes Aquelas que impõem ação ou omissão, diferentemente das leis dispositivas, que são optativas.

Leis de ordem pública São as leis que derrogam convenções entre particulares, sobrepondo o interesse social à vontade de contratar.

Lesão corporal Crime contra a pessoa que consiste em ofender a integridade física ou a saúde de outrem (art. 129, CP).

Letra de câmbio Título de crédito que contém uma ordem de pagamento à vista, em dia certo, em tempo certo da data ou no tempo certo da vista. Para sua validade, deve conter os seguintes requisitos: a denominação *letra de câmbio* ou a denominação equivalente na língua em que for emitida; a soma de dinheiro a pagar e a espécie de moeda; o nome da pessoa que deve pagá-la; o nome da pessoa a quem deve ser paga; a assinatura do próprio punho do sacador ou do mandatário especial (Decreto n. 2.044/1908).

Letra de crédito imobiliário Título de crédito imobiliário de renda fixa lastreada por créditos imobiliários garantidos por hipoteca ou alienação fiduciária de coisa imóvel, conferindo a seus tomadores direito de crédito pelo valor nominal, juros e, se for o caso, atualização monetária nela estipulados. Estão autorizados a emitir letras de crédito imobiliários os bancos comerciais, bancos múltiplos com carteira de crédito imobiliário, Caixa Econômica Federal, sociedades de crédito imobiliário, associações de poupança e empréstimo, companhias hipotecárias e demais espécies de instituições que, para as operações a que se refere este artigo, venham a ser expressamente autorizadas pelo Banco Central do Brasil (art. 12, Lei n. 10.931/2004).

Libelo Manifestação escrita e articulada do fato criminoso e de suas circunstâncias, elementares e agravantes, por meio da qual o Ministério Público conclui pela declaração da pena a que na forma da lei deve o réu ser condenado. Diz-se também libelo acusatório.

Liberdade econômica A Declaração de Direitos de Liberdade Econômica foi instituída pela Lei n. 13.874/2019, que estabelece normas de proteção à livre-iniciativa e ao livre exercício de atividade econômica, além de disposições sobre a atuação do Estado como agente normativo e regulador, norteando a aplicação e a interpretação do direito civil, empresarial, econômico, urbanístico e do trabalho nas relações jurídicas que se encontrem no seu âmbito de aplicação e na ordenação pública, inclusive sobre o exercício das profissões, comércio, juntas comerciais, registros públicos, trânsito, transporte e proteção ao meio ambiente. O objetivo da Declaração é garantir a segurança jurídica na prática de negócios, diminuir a burocracia nas atividades econômicas e promover a geração de empregos.

Liberdade provisória Liberdade concedida pelo juiz ao indivíduo para que este possa defender-se solto, com ou sem pagamento de fiança (art. 321, CPP).

Licença-maternidade Benefício de caráter previdenciário, também conhecido por licença-gestante, que consiste em conceder, à mulher que deu à luz, licença remunerada de 120 dias. O mesmo benefício é concedido à empregada que adotar ou obtiver guarda judicial para fins de adoção (art. 392-A, CLT). O benefício pode ser ampliado para 180 dias caso a empresa ou órgão público adote a licença-maternidade prorrogada prevista na Lei n. 11.770/2008), extensível à empregada que adotar ou obtiver guarda judicial para fins de adoção de criança. No âmbito das Forças Armadas, a licença será concedida para as militares, inclusive as temporárias, que ficarem grávidas durante a prestação do serviço militar (Lei n. 13.109/2015).

L

Licença-paternidade Benefício de caráter previdenciário concedido pelo prazo de cinco dias ao pai cuja mulher deu à luz um filho seu.

Licitação Procedimento, de iniciativa da administração pública, destinado a convocar, selecionar e contratar terceiros interessados em realizar obras e prestar serviços, inclusive de publicidade, compras, alienações e locações no âmbito dos Poderes da União, dos estados, do Distrito Federal e dos municípios (Lei n. 14.133/2021). Além dos órgãos da administração direta, subordinam-se ao regime desta Lei os fundos especiais, as autarquias, as fundações públicas, as empresas públicas, as sociedades de economia mista e demais entidades controladas direta ou indiretamente pela União, estados, Distrito Federal e municípios. São modalidades de licitação: pregão, concorrência, concurso, leilão e diálogo competitivo.

Lide Demanda; litígio; feito; pleito judicial. Conflito de interesse ou de jurisdição contenciosa suscitado em juízo.

Lide temerária Lide incabível, absurda, destinada apenas a causar incômodo ou prejuízo a terceiro, sujeitando seu autor à penalidade por litigância de má-fé (art. 80, V, CPC). Em caso de lide temerária, o advogado será solidariamente responsável com seu cliente, desde que coligado com este para lesar a parte contrária, o que será apurado em ação própria (art. 32, EAOAB).

Liminar Medida judicial de urgência, concedida antes da apreciação do feito pelo juiz, em caso de comprovado risco de dano grave ou difícil reparação, diante do receio de ineficácia do provimento final. Pode ser concedida nos casos de pedido de antecipação da tutela, medidas cautelares e ações possessórias.

Litigante Aquele que litiga, que é parte, ativa ou passiva, de um processo no juízo contencioso.

Litigante de má-fé Aquele que, na condição de autor, réu ou interveniente, age com o intuito de lesar interesse alheio. No âmbito do Judiciário, o litigante de má-fé responde por perdas e danos (arts. 80 e 81, CPC).

Litígio Pendência, demanda ou lide posta em juízo para ser processada e julgada. Ato contencioso. O litígio ou a litigiosidade propriamente dita tem início quando a parte adversa for validamente citada (art. 312, CPC).

Litisconsórcio Participação em um mesmo processo de vários autores ou vários réus que guardam relação com o mesmo objeto da ação (arts. 113 a 118, CPC). O litisconsórcio pode ser facultativo ou necessário, ocorrendo este último quando, por disposição de lei ou pela natureza da relação jurídica, o juiz tiver de decidir a lide de modo uniforme para todas as partes.

Litispendência Repetição de ação que está em curso. Ocorre quando é proposta ação semelhante a outra que está pendente, isto é, que ainda não foi julgada. Identidade de causas (art. 337, §§ 3º e 4º, CPC).

Livramento condicional Concessão de liberdade ao condenado à pena privativa de liberdade igual ou superior a dois anos que já cumpriu determinado período de pena e preencheu os requisitos legais (art. 83, CP). É considerado o último degrau do sistema progressivo brasileiro de cumprimento de pena privativa de liberdade. Iniciado o cumprimento das penas de reclusão e detenção no regime fechado, semiaberto ou aberto, o condenado poderá, depois de certo tempo e satisfazendo alguns requisitos de natureza subjetiva, obter o livramento condicional, por meio do qual será beneficiado com a liberdade.

Locação Contrato pelo qual uma das partes se obriga a ceder à outra, por tempo determinado ou não, o uso e gozo de coisa não fungível mediante certa retribuição (art. 565, CC).

Locador Proprietário, ou quem detém poderes para firmar contrato de locação, que cede à pessoa, por tempo determinado ou não, o uso e gozo de coisa não fungível mediante certa retribuição. O locador é obrigado a entregar ao locatário a coisa alugada, com suas pertenças, em estado de servir ao uso a que se destina, e a mantê-la nesse estado, pelo tempo do contrato, salvo cláusula expressa em contrário; e a garantir-lhe, durante o tempo do contrato, o uso pacífico da coisa (art. 566, CC).

Locatário Ocupante de imóvel ou de coisa cedida pelo locador mediante contrato de locação. O mesmo que inquilino. O locatário é obrigado: a servir-se da coisa alugada para os usos convencionados ou presumidos, conforme a natureza dela e as circunstâncias, bem como tratá-la com o mesmo cuidado como se sua fosse; a pagar pontualmente o aluguel nos prazos ajustados, e, em falta de ajuste, segundo o costume do lugar; a levar ao conhecimento do locador as turbações de terceiros que se pretendam fundadas em direito; a restituir a coisa, finda a locação, no estado em que a recebeu, salvas as deteriorações naturais ao uso regular (art. 569, CC). O locatário tem preferência para adquirir o imóvel locado, em igualdade de condições com terceiros, no caso de venda, promessa de venda, cessão ou promessa de cessão de direitos ou dação em pagamento, devendo o locador dar-lhe conhecimento do negócio mediante notificação judicial, extrajudicial ou outro meio de ciência inequívoca (art. 27, Lei n. 8.245/91).

Locupletamento Enriquecimento ou aumento de patrimônio. É considerado ilícito o locupletamento indevido e injustificado mediante usurpação do patrimônio alheio ou proveito pessoal decorrente de situação de cargo ou confiança (art. 884, CC).

Locupletamento ilícito Locupletamento ou enriquecimento indevido decorrente de atos fraudulentos ou de improbidade praticados em proveito pessoal e em prejuízo de pessoas ou entidades públicas. O mesmo que enriquecimento ilícito ou enriquecimento sem causa (art. 884, CC).

L

Longa manu Expressão que designa o prolongamento ou a extensão do poder concedido por alguém, por uma entidade ou por uma autoridade para que outro pratique determinado ato em seu nome. Espécie *sui generis* de representação. É uma forma abrangente de exercício de atribuição do designante, o que, juridicamente, equivale à atuação do primeiro, sendo irrelevante se direta ou indiretamente. A atuação do oficial de justiça, por exemplo, é concebida como a exteriorização do cumprimento das ordens emanadas pelo Poder Judiciário. O leiloeiro atua como *longa manu* do Poder Judiciário; a Caixa Econômica Federal, ante a legitimação que lhe é atribuída para a execução das contribuições devidas ao FGTS, atua como *longa manu* da Fazenda Pública. Também se denomina *traditio longa manu* a tradição simbólica de uma coisa, sem contato direto com ela, quando não ocorre sua entrega imediata ao adquirente, por exemplo, na entrega das chaves de um imóvel.

Lucro cessante Ganho ou rendimento que alguém deixou de obter sobre seu trabalho ou sobre coisa a que tinha direito por culpa ou inexecução de obrigação de outrem. Privação de ganho previsto decorrente da impossibilidade do uso da coisa ou do exercício da profissão em razão da prática de ato ilícito (arts. 403 e 949, CC).

Lustro Cada período de cinco anos.

Mãe social Para efeito da lei, trata-se da pessoa que, dedicando-se à assistência ao menor abandonado, exerce o encargo em nível social dentro do sistema de casas-lares. Entende-se por casa-lar a unidade residencial sob responsabilidade de mãe social que abrigue até dez menores. A figura jurídica da mãe social é disciplinada pela Lei n. 7.644/87 e tem por objetivo o atendimento de crianças da comunidade por meio de um contrato de trabalho especial. A empregada assume uma casa-lar, na qual deverá residir, e cuida de um número máximo de dez crianças.

Má-fé Atitude consciente de obter vantagem indevida ou de lesar interesse alheio. A má-fé está associada à ideia de fraude ou intenção dolosa e é revelada pela certeza do mal, do engano ou do vício contido na coisa que se pretende demonstrar como perfeita. Entre outros casos previstos no CC, a má-fé pode se manifestar na fraude contra credores (art. 161), na contratação de seguro (art. 769), na posse de imóvel (art. 1.216) e nos efeitos da anulação do casamento (art. 1.561, § 2º). No âmbito do Judiciário, responde por perdas e danos aquele que pleitear de má-fé como autor, réu ou interveniente (arts. 79 e 80, CPC).

Magistrado No sentido estrito, é o juiz de direito, aquele que tem poderes para julgar. Aquele que exerce a jurisdição e é responsável pela prestação jurisdicional. Membro do Poder Judiciário; juiz togado ou de carreira (*v. Juiz de direito*).

Magistratura Classe dos juízes ou magistrados, representativa do Poder Judiciário, encarregada de exercer a jurisdição e a prestação jurisdicional. Carreira ou função de magistrado.

Maioridade Condição jurídica alcançada por aqueles que completarem 18 anos ou forem emancipados pelos pais em razão do casamento, do exercício de emprego público efetivo, da colação de grau em curso de ensino superior, do estabelecimento civil ou comercial ou da existência de relação de emprego, desde que, em função deles, o menor com 16 anos completos tenha economia própria (art. 5º, CC). A maioridade habilita a pessoa à prática de todos os atos da vida civil, desde que não seja portadora de alguma outra incapacidade, e é causa de extinção do poder familiar (art. 1.635, CC) e da tutela (art. 1.763, CC).

Majoração da pena Aumento pelo tribunal da pena imposta no juízo do 1º grau. O ordenamento jurídico, quer na área cível, quer na área penal, não admite a *reformatio in pejus,* isto é, o agravamento da situação do réu, seja do ponto de vista quantitativo (pena maior), seja do qualitativo (regime prisional). Em outras palavras, é vedado ao tribunal *ad quem* proferir decisão mais desfavorável do que a proferida pelo órgão *a quo*. A única exceção a essa regra é no tocante ao recurso do Ministério Público, para efeito de aumento da pena do réu, quando dissentir da pena imposta pelo juízo de primeiro grau.

Mandado Documento emitido por autoridade pública competente, judicial ou administrativa, que determina a prática de ato ou diligência. São exemplos os mandados de segurança, injunção, prisão, citação, busca e apreensão e averbação, entre outros.

Mandado de injunção Processo em que se requer a regulamentação de uma norma da Constituição, quando os poderes competentes não o fizeram, para garantir o direito de quem estiver sendo prejudicado pela omissão (arts. 5º, LXXI, e 102, I, *q*, CF). Garantia constitucional concedida sempre que a falta de norma regulamentadora tornar inviável o exercício dos direitos e liberdades constitucionais e das prerrogativas inerentes à nacionalidade, à soberania e à cidadania.

Mandado de segurança Garantia constitucional para a proteção de um direito líquido e certo não amparado por *habeas corpus* ou *habeas data*, quando o responsável pela ilegalidade ou pelo abuso de poder for autoridade, seja de que categoria for, e sejam quais forem as funções que exerça (art. 5º, LXIX e LXX, CF; art. 1º, Lei n. 12.016/2009).

M

Mandante Aquele que, mediante contrato de mandato, confere poderes ao mandatário para que este pratique atos em seu nome. O mandante é obrigado a satisfazer todas as obrigações contraídas com o mandatário, na conformidade do mandato conferido, e adiantar a importância das despesas necessárias à execução dele quando o mandatário lho pedir (art. 675, CC).

Mandatário Aquele que, mediante contrato de mandato, recebe poderes do mandante para, em seu nome, praticar atos expressamente convencionados. Procurador. O mandatário é obrigado a aplicar toda sua diligência habitual na execução do mandato e a indenizar qualquer prejuízo causado por culpa sua ou daquele a quem substabelecer, sem autorização, poderes que deveria exercer pessoalmente (art. 667, CC).

Mandato Contrato ou instrumento mediante o qual o mandante autoriza o mandatário a praticar atos expressamente convencionados em seu nome. O mesmo que procuração (art. 653, CC). Também se denomina mandato o período em que alguém exerce cargo eletivo público ou privado, tais como os cargos de presidente de uma associação, Presidente da República, governador, deputado e prefeito.

Mandato judicial Instrumento mediante o qual alguém autoriza e concede poderes a advogado legalmente habilitado para que este o represente em juízo. Mandato ou procuração *ad juditia* (art. 692, CC; arts. 103 e 104, CPC). A procuração geral para o foro, outorgada por instrumento público ou particular assinado pela parte, habilita o advogado a praticar todos os atos do processo exceto receber citação, confessar, reconhecer a procedência do pedido, transigir, desistir, renunciar ao direito sobre o qual se funda a ação, receber, dar quitação, firmar compromisso e assinar declaração de hipossuficiência econômica, que devem constar de cláusula específica (art. 105, CPC).

Mandato parlamentar Poder de representação ou exercício de mandato político conferido a detentor de cargo público eleito pelo voto popular. Mandato político. Mandato legislativo.

Manutenção de posse Providência judicial que visa a assegurar ao possuidor, proprietário ou não, o direito de ser mantido na posse no caso de turbação (art. 1.210, CC). Nesse caso, incumbe ao autor provar: a sua posse; a turbação praticada pelo réu; a data da turbação; a continuação da posse (art. 560, CPC).

Marca Sinal característico de um produto ou serviço utilizado para distingui-lo de outros e como meio de divulgação e propaganda. Para a utilização de uma marca com exclusividade, há necessidade de registro perante o Instituto Nacional de Propriedade Industrial – INPI (*v. Registro de marca*).

Marco Civil da Internet Denominação atribuída ao conjunto de normas que regulam o uso da internet no Brasil, por meio da previsão de princípios, garantias, direitos e deveres para quem usa a rede, bem como da determinação de diretrizes para a atuação do Estado (Lei n. 12.965/2014).

Marco Legal das *Startups* Instituído pela Lei Complementar n. 182, de 01.06.2021, apresenta medidas de fomento ao ambiente de negócios e ao aumento da oferta de capital para investimento em empreendedorismo inovador e disciplina a licitação e a contratação de soluções inovadoras pela administração pública (art. 1º, LC n. 182/2021).

Matricida Aquele que mata a própria mãe; o que comete matricídio.

Matricídio Crime que consiste em alguém matar a própria mãe (arts. 61 e 121, CP).

Meação Direito que uma pessoa tem, em relação a outra, à metade dos bens em comunhão. Metade do patrimônio do casal a que cada cônjuge casado pelo regime da comunhão universal de bens tem direito no caso de dissolução do casamento. O mesmo se aplica à união estável na hipótese de não haver convenção sobre separação total ou comunhão parcial de bens. "O direito à meação não é renunciável, cessível ou penhorável na vigência do regime matrimonial" (art. 1.682, CC).

Mediação Ato pelo qual as partes interessadas submetem a solução de seus litígios a um juízo arbitral mediante convenção de arbitragem, assim entendidos a cláusula compromissória e o compromisso arbitral (art. 3º, Lei n. 9.307/96). A mediação também é prevista no contrato de corretagem e no CPC.

Medida cautelar (*v. Tutela cautelar*).

Medida cautelar em ação direta de constitucionalidade No âmbito da ação direta de constitucionalidade, a medida poderá ser concedida por decisão da maioria absoluta dos membros do STF e consiste na determinação de que os juízes e os tribunais suspendam o julgamento dos processos que envolvam a aplicação da lei ou do ato normativo objeto da ação até seu julgamento definitivo (art. 21, Lei n. 9.868/99).

Medida cautelar em ação direta de inconstitucionalidade No âmbito da ação direta de inconstitucionalidade, poderá ser concedida por decisão da maioria absoluta dos membros do STF após a audiência dos órgãos ou autoridades dos quais emanou a lei ou o ato normativo impugnado, que deverão pronunciar-se no prazo de cinco dias (art. 10, Lei n. 9.868/99).

Medida cautelar em ação direta de inconstitucionalidade por omissão No âmbito da ação direta de inconstitucionalidade por omissão, a cautelar poderá ser concedida pelo STF, por decisão da maioria absoluta de seus membros, após audiência dos órgãos ou autoridades responsáveis pela omissão inconstitucional, que deverão pronunciar-se no prazo de cinco dias, em caso de excepcional urgência e relevância da matéria. A medida cautelar poderá consistir na suspensão da aplicação da lei ou do ato normativo questionado, no caso de omissão parcial, bem como na suspensão de processos judiciais ou de procedimentos administrativos, ou, ainda, em outra providência a ser fixada pelo tribunal (art. 12-F, Lei n. 9.868/99).

Medida de segurança (penal) Medida judicial aplicada pelo juiz da condenação àqueles que praticam crimes e que, por serem portadores de doenças mentais, não são considerados responsáveis por seus atos. A medida de segurança não é considerada pena, e sim uma forma de tratamento a que deve ser submetido o autor de crime com o fim de curá-lo ou, no caso de tratar-se de portador de doença mental incurável, torná-lo apto a conviver em sociedade. As medidas de segurança consistem em internação em hospital de custódia e tratamento psiquiátrico ou, à falta, em outro estabelecimento adequado; e sujeição a tratamento ambulatorial. Se o agente for inimputável, o juiz determinará sua internação (art. 26). Se, todavia, o fato previsto como crime for punível com detenção, poderá o juiz submetê-lo a tratamento ambulatorial (arts. 96 e 97, CP).

Medidas administrativas Medidas ou penas aplicadas pela administração pública ou por órgão estatal fiscalizador em desfavor de pessoas que praticarem atos considerados infrações administrativas. Medidas administrativas costumam ser aplicadas em infrações como dano ambiental, violação das leis de trânsito, desrespeito às normas de proteção a idoso, crianças e adolescentes, e construção de obra sem a devida licença da autoridade competente. O auto de infração é o instrumento utilizado pela autoridade administrativa para caracterizar a infração.

Medidas cautelares penais Medidas judiciais de caráter cautelar ou preventivo, decretadas pelo juiz ao indiciado, com fundamento na necessidade da aplicação da lei penal, da investigação ou da instrução criminal ou para evitar a prática de infrações penais ou adequar a medida à gravidade do crime, circunstâncias do fato e condições pessoais do indiciado ou acusado (art. 282, CPP). Algumas medidas cautelares são diversas da pena de prisão, como as arrolada no art. 319 do CPP.

Meeiro Aquele que possui ou tem direito à metade de uma coisa ou patrimônio (meação), como ocorre com cada cônjuge em relação ao patrimônio comum do casal sob regime de comunhão universal de bens (*v. Meação*).

Memorando Modalidade de comunicação interna entre unidades administrativas de um mesmo órgão, que podem estar hierarquicamente no mesmo nível ou em níveis diferentes. Pode ter caráter meramente administrativo ou ser empregado para a exposição de projetos, ideias e diretrizes a serem adotados por determinado setor do serviço público.

Memoriais Peças escritas nas quais as partes, após a instrução do processo, oferecem suas razões, em substituição aos debates orais, quando a causa apresentar questões complexas de fato ou de direito. O mesmo que razões finais (art. 364, § 2º, CPC) (*v. Razões finais*).

Menor Pessoa que ainda não atingiu a maioridade civil, seja pela idade (18 anos), seja pela emancipação e, em virtude disso, ainda não alcançou a capacidade jurídica plena. Para a prática dos atos da vida civil, os menores de 16 anos deverão ser representados pelos pais ou responsáveis; os maiores de 16 anos deverão ser assistidos.

Menoridade Período de vida em que a pessoa, em razão da idade, não tem capacidade jurídica plena. A incapacidade do menor é absoluta quando tem menos de 16 anos e relativa se maior de 16 e menor de 18 anos. A incapacidade decorrente da idade pode cessar pela emancipação (art. 5º, CC).

Mensagem Instrumento de comunicação oficial entre os chefes dos poderes enviado pelo chefe do Poder Executivo ao do Poder Legislativo para informar sobre atos da administração pública. Por meio desse instrumento, o Poder Executivo propõe medidas sobre a administração, expõe os planos de governo na abertura da sessão legislativa, submete à Câmara matérias que dependem da deliberação de suas Casas, apresenta vetos, faz e agradece as comunicações de tudo quanto seja de interesse dos poderes públicos. A CF, a Constituição dos estados e a Lei Orgânica dos municípios preveem diversos casos em que caberá ao chefe do Poder Executivo dirigir-se ao Poder Legislativo através de mensagem. A mensagem e a minuta da lei devem ser encaminhadas pelo órgão responsável à assessoria técnica legislativa, a quem caberá a redação final.

Meritíssimo De grande mérito. Expressão de tratamento dispensada aos juízes de Direito de primeira instância por meio da forma abreviada MM. Já nos arrazoados aos tribunais, costumam ser usadas as expressões *egrégia câmara*, *egrégia turma* ou *colendo tribunal*.

Metrópole espaço urbano com continuidade territorial que, em razão de sua população e relevância política e socioeconômica, tem influência nacional ou sobre uma região que configure, no mínimo, a área de influência de uma capital regional, conforme os critérios adotados pela Fundação Instituto Brasileiro de Geografia e Estatística – IBGE (art. 2º, V, Lei n. 13.089/2015).

Ministério Público Instituição permanente, essencial à função jurisdicional do Estado, à qual incumbe a defesa da ordem jurídica, do regime democrático e dos interesses sociais e individuais indisponíveis (art. 127, CF). O ingresso na carreira do Ministério Público far-se-á mediante concurso público de provas e títulos, sendo assegurada a participação da OAB em sua realização, e exigindo-se do bacharel em Direito, no mínimo, três anos de atividade jurídica, além de ser observada, nas nomeações, a ordem de classificação (art. 129, § 3º, CF). O Ministério Público abrange o Ministério Público da União – que compreende o Ministério Público Federal, o Ministério Público do Trabalho, o Ministério Público Militar, e o Ministério Público do Distrito Federal e Territórios e os Ministérios Públicos dos estados (art. 128, CF).

Mobilidade urbana condição em que se realizam os deslocamentos de pessoas e cargas no espaço urbano (art. 4º, II, Lei n. 12.587/2012).

Moção Proposta de apoio ou repulsa em relação a uma ideia ou questão decidida ou em debate, de iniciativa de uma assembleia, entidade ou grupo de pessoas. A moção pode ser de aplauso, pesar, simpatia, desagrado, apelo, repúdio.

Mora Impontualidade no cumprimento de uma dívida ou obrigação por parte do devedor ou do credor. Consideram-se em mora o devedor que não efetuar o pagamento e o credor que não quiser recebê-lo no tempo, no lugar e na forma que a lei ou a convenção estabelecer (art. 394, CC). Ao primeiro caso, dá-se o nome de mora *debendi*; ao segundo, de mora *accipiendi* ou *credendi*. Nas obrigações provenientes de ato ilícito, considera-se o devedor em mora desde o momento em que o praticou (art. 398, CC). O CC admite a purga ou o afastamento da mora: por parte do devedor, quando este oferece a prestação mais a importância dos prejuízos decorrentes do dia da oferta; por parte do credor, oferecendo-se este a receber o pagamento e sujeitando-se aos efeitos da mora até a mesma data (art. 401). Ao locatário em mora, também é permitido, nas ações de despejo, purgar a mora, ou seja, evitar a rescisão da locação, mediante o pagamento do débito atualizado, independentemente de cálculo e por meio de depósito judicial, incluídos: a) aluguéis e acessórios da locação que vencerem até sua efetivação; b) multas ou penalidades contratuais quando exigíveis; c) juros de mora; d) custas e honorários do advogado do locador, fixados em 10% do montante devido, se do contrato não constar disposição diversa (art. 62, Lei n. 8.245/91).

Mora accipiendi* ou *credendi Diz-se da mora do credor que não quiser receber seu crédito no tempo, no lugar e na forma que a lei ou a convenção estabelecer.

Mora *debendi* Refere-se à mora do devedor que não efetuar o pagamento no tempo, no lugar e na forma que a lei ou a convenção estabelecer.

Morte Acontecimento natural e inevitável que extingue a vida. Término da existência da pessoa natural (art. 6º, CC). A morte é natural ou presumida; presume-se esta, quanto aos ausentes, nos casos em que a lei autoriza a abertura de sucessão definitiva. Entre outros efeitos, a morte da pessoa natural acarreta a extinção da sociedade conjugal, a abertura da sucessão hereditária ou testamentária, a quitação da dívida de financiamento habitacional, a cessação do mandato, o pagamento do seguro de vida e a extinção do usufruto.

Motorista profissional Categoria de profissionais integrada por motoristas de veículos automotores cuja condução exija formação profissional e que exerçam a profissão nas atividades de transporte rodoviário de passageiros e de transporte rodoviário de cargas (art. 1º, Lei n. 13.103/2015).

Mulher casada Estado civil da mulher que contraiu núpcias de acordo com as leis civis ou normas religiosas. Cônjuge ou esposa. A lei civil não exige que, a par do casamento civil, realize-se o religioso, que é submetido às normas específicas de cada religião. O casamento estabelece comunhão plena de vida com base na igualdade de direitos e deveres dos cônjuges (art. 1.511, CC).

Multa Penalidade civil decorrente de convenção ou infração penal, fiscal ou de trânsito aplicável no caso de inadimplemento de uma das partes ou de infração a determinada norma.

Multa *astreinte* (*v. Multa periódica*).

Multa compensatória Aquela que é prevista em contrato e tem por escopo a fixação de eventuais perdas e danos para o caso de descumprimento do que foi estipulado. A multa compensatória não é considerada título executivo extrajudicial. A jurisprudência do STJ firmou-se no sentido de que a cumulação da multa moratória com a multa compensatória pressupõe a existência de fatos geradores diversos.

Multa nas infrações de trânsito Pena pecuniária aplicada pelo órgão de trânsito ao motorista que infringe suas regras. Estão sujeitas a multa, entre outras, as seguintes infrações: dirigir sem carteira de habilitação ou com ela vencida; dirigir embriagado; estacionar em local proibido; retornar em local proibido; participar de rachas.

Multa no cumprimento da sentença Multa de 10% do valor da condenação aplicada, a requerimento do credor, ao devedor condenado ao pagamento de quantia certa fixada em sentença condenatória, caso não o efetue no prazo de quinze dias (art. 523, CPC).

Multa penal Pena pecuniária aplicada ao condenado por sentença que consiste no pagamento ao fundo penitenciário da quantia fixada na sentença e calculada em dias-multa (art. 49, CP).

Multa periódica Medida compulsória resultante de decisão judicial que compele alguém ao pagamento de prestação periódica e, às vezes, progressiva, durante o período em que não cumprir a obrigação a que está sujeito. O mesmo que multa *astreinte* ou cominatória. A finalidade da medida é constranger o devedor a cumprir sentença que reconheça a exigibilidade de obrigação de fazer ou de não fazer.

M

Múltipla colisão Também denominada colisão em cadeia ou engavetamento. Ocorre quando diversos veículos se encontram parados na mesma mão de direção, aguardando o sinal verde do semáforo, por exemplo, e outro veículo, em desabalada carreira, abalroa a traseira do último que se encontra parado de forma a impulsioná-lo sobre o veículo que o precede e assim sucessivamente.

Multipropriedade regime de condomínio em que cada um dos proprietários de um mesmo imóvel é titular de uma fração de tempo, à qual corresponde a faculdade de uso e gozo, com exclusividade, da totalidade do imóvel, a ser exercida pelos proprietários de forma alternada (art. 1.358-C do CC).

Mutuante Aquele que, no contrato de mútuo, empresta coisa fungível ao mutuário.

Mutuário Pessoa participante de contrato de mútuo que recebe do mutuante coisa fungível por empréstimo, obrigando-se a restituir outra de mesmo gênero, qualidade e quantidade. Pessoa que contrai empréstimo de dinheiro a juros; prestamista de casa própria financiada pela Caixa Econômica Federal (art. 586, CC).

Mútuo Empréstimo de coisas fungíveis pelo qual o mutuário se obriga a restituir ao mutuante o que dele recebeu em coisa de mesmo gênero, qualidade e quantidade (art. 586, CC). Exemplos: dinheiro, combustível, produtos agrícolas.

Mútuo feneratício Empréstimo de dinheiro mediante o pagamento de juros legais. Mútuo oneroso (art. 591, CC).

Nascituro Denominação dada ao ser humano já concebido que se encontra em estado fetal dentro do ventre materno. O direito à vida do nascituro é tutelado pela lei penal que pune o aborto. Os direitos do nascituro são resguardados por lei desde sua concepção (art. 2º, CC). Dar-se-á curador ao nascituro se o pai falecer estando grávida a mulher e não tendo o poder familiar (art. 1.779, CC).

Necrópsia Exame pericial feito no cadáver para se descobrir a *causa mortis*. Exame cadavérico. O mesmo que autópsia. Embora etimologicamente *necrópsia* signifique "exame de uma pessoa morta" e *autópsia* tenha o significado de "exame de si mesmo", os dois termos costumam ser usados como sinônimos, indistintamente. O exame costuma ser feito por um perito, um médico especializado denominado *legista*.

Negligência Descuido ou falta de cuidado empregado por alguém na realização de um ato. Um dos componentes da culpa aquiliana, caracterizador do ato ilícito, indenizável por lei (art. 186, CC; art. 485, CPC) e de crime culposo (art. 18, CP).

Negócio jurídico Ato de vontade, manifestado por pessoa capaz e de acordo com as formalidades legais, que tem por objetivo produzir efeitos jurídicos. A validade do negócio jurídico requer: agente capaz; objeto lícito, possível, determinado ou determinável; forma prescrita ou não defesa em lei (art. 104, CC).

Nepotismo Expressão utilizada para designar o favorecimento de parentes, em detrimento de pessoas mais qualificadas ou concursadas, no que diz respeito à nomeação ou concessão de cargos públicos. Denomina-se nepotismo cruzado o ajuste pelo qual dois agentes públicos empregam familiares um do outro como troca de favor. O Decreto n. 7.203/2010 dispõe sobre a vedação do nepotismo no âmbito da administração pública federal.

Nexo causal Ou relação de causalidade. É o vínculo, a ligação ou relação de causa e efeito entre conduta e resultado. Relação entre causa e consequência de uma conduta criminosa tipificada pela norma jurídica.

Nome social Designação pela qual a pessoa travesti ou transexual se identifica e é socialmente reconhecida (art. 1º, parágrafo único, I, Dec. n. 8.727/2016).

Non aedificandi Expressão que indica a impossibilidade de se construir em determinada área ou terreno. Área não sujeita à edificação por determinação legal. A regra, geralmente contemplada nos planos diretores dos municípios e em legislações ambientais, visa à proibição de construção em áreas de preservação permanente, de risco, contaminadas, de mananciais e encostas de rios, entre outras. Nas rodovias federais, a figura da faixa *non aedificandi* tem por finalidade proibir a construção de qualquer natureza em zonas urbanas, suburbanas, de expansão urbana ou rural, em faixa de reserva de quinze metros, adjacente a cada lado da faixa de domínio da rodovia.

Non liquet Do latim *non liquet*: não está claro. Expressão aplicada aos casos em que o juiz não encontra no ordenamento jurídico uma norma específica para proceder ao julgamento da causa e, por essa razão, considera-se desobrigado de julgar. O *non liquet* é vedado em nosso Direito, porquanto o juiz não se exime de sentenciar ou despachar alegando lacuna ou obscuridade da lei. No julgamento da lide, caber-lhe-á aplicar as normas legais; não as havendo, recorrerá à analogia, aos costumes e aos princípios gerais de Direito (art. 140, CPC).

Norma Em sentido amplo, é a regra estabelecida em lei ou regulamento disciplinando procedimentos ou modo de agir de um determinado setor ou uma coletividade. Norma reguladora; norma regulamentadora; norma de conduta.

Norma jurídica Preceito ou regra de Direito, de aplicação obrigatória, passível de ser exigida por meio de força física ou coerção.

Norma penal em branco A que necessita de outra norma para completá-la. Nesse caso, há necessidade de complementação para que se possa compreender o âmbito da aplicação de seu preceito primário.

Nota Declaração escrita e oficial do governo ou de qualquer instituição pública ou privada distribuída à imprensa. Destina-se a prestar esclarecimentos ao público, firmando a posição da instituição acerca de determinado fato. A expressão pode designar: a) comunicação oficial de ministros de Estado de um país para o outro (nota diplomática); b) comunicação de caráter oficial feita por altas autoridades ou provinda de entidades de classe ou agremiações (nota oficial); c) registro ou serviço de notariado.

Nota promissória Título de crédito consistente na promessa de pagamento, feita pelo emitente ao credor, de certa importância em dinheiro, na data avençada. Requer, para validade, os seguintes requisitos: a denominação *nota promissória* ou termo correspondente, na língua em que for emitida; a soma de dinheiro a pagar; o nome da pessoa a quem deve ser paga; a assinatura do próprio punho do emitente ou mandatário especial (art. 54, Decreto n. 2.044/1908).

Notificação Medida judicial ou extrajudicial requerida por quem tem interesse em ressalvar direitos e manifestar qualquer intenção de modo formal. "Pela notificação, ao contrário do protesto, transmite-se ao notificado não tanto a afirmação de algum direito do notificante quanto a comunicação de algo que se leva ao conhecimento do destinatário; já a *interpelação*, ao contrário das duas primeiras medidas, é uma exteriorização de vontade que não tem consequências jurídicas em si mesmas, ficando sua eficácia dependente de ato ou omissão do interpelado" (BRUM, Jander Maurício. Protestos, notificações e interpelações. Teoria, prática e jurisprudência. Rio de Janeiro, AIDE, 2000, p. 25). A notificação extrajudicial, via Cartório de Registro de Títulos e Documentos, é permitida quando a lei não exija expressamente a judicial. Entre outras hipóteses cabe a notificação: a) para denunciar contrato de comodato de prazo indeterminado (art. 397, parágrafo único, CC); b) para conceder ao vendedor a preferência na reaquisição do imóvel vendido (preferência convencional, art. 516, CC); c) para conceder ao arrendatário a preferência na aquisição do imóvel arrendado (preferência legal, art. 45, Decreto n. 59.566/66); d) para conceder ao condômino a preferência na aquisição de fração do imóvel indivisível (preferência legal, art. 1.322, CC); e) para conceder ao locatário a preferência na aquisição do imóvel locado (preferência legal, art. 27, Lei n. 8.245/91).

Notitia criminis Comunicação feita a uma autoridade da prática de um crime de maneira informal.

Novação Substituição de uma dívida por outra, tornando extinta a primeira. É modo de extinção de obrigação pela criação de uma obrigação nova com a manifesta intenção de extinguir a antiga.

Nulidade Defeito de ato jurídico quando praticado sem a observância dos requisitos legais, impedindo-o de produzir efeito. A nulidade pode ser relativa ou absoluta. É relativa quando o ato é anulável e pode ser convalidado; é absoluta quando o ato é considerado nulo por lei e não pode ser ratificado pela vontade das partes.

Nulidade absoluta Penalidade que, diante da gravidade do atentado à ordem jurídica, priva de eficácia jurídica ato ou negócio jurídico praticado desde sua origem. É inerente ou resulta do ato nulo de pleno direito nos casos expressamente indicados na lei. O ato praticado, nesse caso, é considerado como se nunca tivesse existido desde sua formação, pois a declaração de sua invalidade produz efeito retroativo ou *ex tunc*. O negócio jurídico nulo não é suscetível de confirmação ou convalidação, nem convalesce pelo decurso do tempo (art. 169, CC). Entre outros casos, a lei considera nulo o negócio jurídico celebrado por pessoa absolutamente incapaz e quando for ilícito seu objeto (art. 166, CC).

Nulidade da sentença Condição de invalidade da sentença que não observar os seguintes requisitos: o relatório, que conterá os nomes das partes, a suma do pedido e da resposta do réu, bem como o registro das principais ocorrências havidas no andamento do processo; os fundamentos, em que o juiz analisará as questões de fato e de direito; o dispositivo, em que o juiz resolverá as questões que as partes lhe submeterem (art. 489, CPC). Também se considera nula a sentença quando o juiz cometer *error in procedendo* e quando não fundamenta o indeferimento de pedidos da inicial e deixa de manifestar-se acerca de perícia incontroversa presente nos autos.

Nulidade da sentença arbitral É nula a sentença arbitral proferida no processo arbitral se: for nulo o compromisso; emanar de quem não podia ser árbitro; não contiver os requisitos do art. 26 da Lei n. 9.307/96; for proferida fora dos limites da convenção de arbitragem; não decidir todo o litígio submetido à arbitragem; for comprovado que foi proferida por prevaricação, concussão ou corrupção passiva; for proferida fora do prazo; forem desrespeitados os princípios de que trata o art. 21, § 2º, da Lei n. 9.307/96.

Nulidade relativa A nulidade relativa ou anulabilidade refere-se a negócios que se acham inquinados de vício capaz de lhes determinar a ineficácia, mas que poderá ser eliminado, restabelecendo-se sua normalidade, de modo que o negócio produz efeitos até a declaração de invalidade. Refere-se aos atos anuláveis, os quais se permitem serem sanados ou convalidados pela vontade das partes. A declaração de invalidade do ato anulável produz efeito *ex nunc*, ou seja, somente produz efeitos a partir da decisão que o invalidou. A anulabilidade não tem efeito antes de julgada por sentença, nem se pronuncia de ofício; só os interessados a podem alegar, e aproveita exclusivamente aos que a alegarem, salvo o caso de solidariedade ou indivisibilidade (art. 177, CC). São anuláveis, por exemplo, o casamento de quem não completou a idade mínima para casar (art. 1.550, CC) e a venda de ascendente a descendente, salvo se os outros descendentes e o cônjuge do alienante expressamente houverem consentido (art. 496, CC).

Nu-proprietário Diz-se daquele que, no usufruto, tem o domínio direto da coisa de que outrem tem o domínio útil. No usufruto, a propriedade se desmembra entre o nu-proprietário e o usufrutuário. Para o primeiro, a propriedade é considerada nua, visto que conserva apenas o *jus disponendi* e a expectativa de reaver o bem, momento em que a propriedade se consolida. O segundo detém o domínio útil da coisa, exercendo os direitos de uso e gozo, não podendo, porém, dela dispor (art. 1.390, CC).

Obrigação Relação jurídica pela qual alguém se compromete a dar, fazer ou não fazer alguma coisa de valor economicamente apurável. As obrigações provêm dos contratos, das declarações unilaterais de vontade e dos atos ilícitos.

Obrigação alternativa Obrigação pela qual se estipula ao devedor o cumprimento de uma entre diversas e diferentes prestações. Nesse caso, cabe ao devedor a escolha da prestação que deverá cumprir se não houver estipulação em contrário (art. 252, CC). Ocorre obrigação alternativa quando, por exemplo, o devedor se obriga a pagar entregando um número determinado de sacas de um produto agrícola ou seu equivalente em dinheiro.

Obrigação de dar coisa certa Obrigação que uma das partes assume de entregar ou transferir uma determinada coisa a outrem. O objeto da obrigação não pode ser substituído por outro.

Obrigação de dar coisa incerta Obrigação que uma das partes assume de entregar ou transferir uma coisa de certo gênero (espécie) e em certa quantidade, ou seja, coisa fungível. Confunde-se com o mútuo em razão da fungibilidade do objeto. Caso não haja cláusula em contrário, a escolha da coisa pertence ao devedor (art. 244, CC).

Obrigação de fazer Obrigação que uma das partes assume de fazer ou executar pessoalmente um determinado trabalho ou serviço (art. 247, CC). Trata-se de contrato *intuitu personae* porque somente ao devedor da obrigação cumpre executá-lo, por exemplo, no caso de um pintor que é contratado para pintar uma tela específica.

Obrigação de não fazer Obrigação imposta a alguém para que se abstenha de fazer ou executar alguma coisa. Caracteriza-se por uma prestação negativa ou omissiva de parte do devedor. Confunde-se com o interdito proibitório, medida possessória preventiva que tem por objetivo impedir que uma ameaça à posse do possuidor venha a concretizar-se, seja por turbação, seja por esbulho (art. 567, CPC) e com a ação cominatória, pela qual o titular de um direito requer ao juiz que alguém cumpra uma obrigação, preste ou se abstenha de praticar algum ato que lhe traga prejuízo, sob pena de sanção ou pagamento de multa (*v. Astreinte*).

Obrigação divisível Aquela em que a prestação pode ser cumprida em partes ou parcelas pelo devedor. Havendo mais de um devedor ou mais de um credor em obrigação divisível, esta presume-se dividida em tantas obrigações, iguais e distintas, quantos forem os credores ou devedores (art. 257, CC).

Obrigação indivisível A obrigação é indivisível quando a prestação tem por objeto uma coisa ou um fato não suscetíveis de divisão, por sua natureza, por motivo de ordem econômica, ou dada a razão determinante do negócio jurídico (art. 258, CC).

Obrigação natural Diz-se da obrigação resultante exclusivamente da vontade de uma das partes. Não resulta de lei ou contrato, sendo considerado, acima de tudo, mero dever moral ou assistencial que, ao arbítrio do devedor, pode cessar a qualquer tempo. Por exemplo, ninguém está obrigado por lei a pagar dívida de jogo, porém, se o devedor decidir pagar, estará prestando uma obrigação natural.

Obrigação *propter rem* Obrigação que recai sobre uma pessoa em razão da sua qualidade de proprietário ou de titular de um direito real sobre um bem. De acordo com Arnoldo Wald, as obrigações *propter rem* "derivam da vinculação de alguém a certos bens, sobre os quais incidem deveres decorrentes da necessidade de manter-se a coisa" (WALD, Arnoldo. *Curso de direito civil brasileiro*: obrigações e contratos. 12.ed. Revista dos Tribunais, São Paulo, 1998). A obrigação *propter rem* segue o bem (a coisa), passando do antigo proprietário ao novo, que adquire junto com o bem o dever de satisfazer a obrigação. É transmitida juntamente com a propriedade, e seu cumprimento é da responsabilidade do titular, independentemente de ter origem anterior à transmissão do domínio. Nessa modalidade de obrigação, o titular responde com todos os seus bens, inclusive com o bem de que decorreu a obrigação. O

Obrigação solidária É a que se verifica quando, na mesma obrigação, concorre mais de um credor, ou mais de um devedor, cada um com direito, ou obrigado, à dívida toda. A solidariedade não se presume; resulta da lei ou da vontade das partes (arts. 264 e 265, CC).

Ofendículos Instrumentos instalados junto a prédios ou residências com o objetivo de reforçar a segurança e garantir a inviolabilidade de domicílio. Constituem ofendículos a instalação de arame farpado, cercas elétricas, cacos de garrafas em muro e cercas de ferro pontiagudas. "São aparelhos predispostos para a defesa da propriedade (arame farpado, cacos de vidro em muros, etc.) visíveis e a que estão equiparados os 'meios mecânicos' ocultos (eletrificação de fios, de maçanetas de portas, a instalação de armas prontas para disparar à entrada de intrusos, etc." (MIRABETE, Júlio Fabbrini. *Manual de direito penal*: Parte Geral, 8.ed. Rio de Janeiro, Forense, 1999, p. 190).

Ofício Meio de comunicação dos órgãos da administração pública, tratando de assuntos de sua competência, expedido para outros órgãos públicos ou qualquer cidadão.

Onerosidade excessiva (*v. Teoria da imprevisão*).

Oneroso Característica do instrumento jurídico pelo qual se estabelece prestações recíprocas entre o que adquire e o que transmite o direito.

ONG Organização não governamental representada por um grupo social organizado, sem fins lucrativos, constituído formal e autonomamente, que atua no terceiro setor da sociedade civil desenvolvendo atividades em diversas áreas, tais como meio ambiente, combate à pobreza, assistência social, saúde, educação, reciclagem, desenvolvimento sustentável, entre outras. É caracterizada por ações de solidariedade no campo das políticas públicas e pelo legítimo exercício de pressões políticas em proveito de populações excluídas das condições de cidadania. As organizações são mantidas com recursos através de financiamento dos governos, empresas privadas, venda de produtos e doações da população em geral. A maior parte da mão de obra que atua nas ONGs é formada por voluntários.

Opoente Aquele que se opõe a uma pretensão que autor e réu controvertem em juízo (art. 682, CPC).

Oposição Modalidade de intervenção que pode ser utilizada por terceiro (opoente) para intervir no processo, quando se julgar com direito, no todo ou em parte, ao objeto da causa. Quem pretender, no todo ou em parte, a coisa ou o direito sobre os quais controvertem autor e réu, poderá, até ser proferida a sentença, oferecer oposição contra ambos (art. 682, CPC). O opoente deverá deduzir o pedido observando os mesmos requisitos exigidos para a propositura de qualquer outra ação (arts. 319 e 320, CPC). A oposição será distribuída por dependência ao processo principal, após o que serão os opostos (autor e réu) citados na pessoa de seus respectivos advogados para contestar o pedido no prazo comum de quinze dias.

Ordem de serviço Ato pelo qual se estabelecem normas administrativas no âmbito de setores subordinados. Instrução dada a um servidor ou órgão administrativo autorizando a realização de tarefa ou serviço. Contém orientações a serem seguidas por quem detém cargo de chefia para execução de serviços ou desempenho de encargos.

Ordem dos Advogados do Brasil (OAB) Instituição que congrega e representa a advocacia e os advogados brasileiros. É representada, em nível nacional, pelo Conselho Federal da Ordem dos Advogados do Brasil. A OAB, criada pelo art. 17 do Decreto n. 19.408/30, tem natureza jurídica especial e única, *sui generis*, sendo considerada pessoa jurídica de direito público interno, que executa serviço público federal, porém não equiparável à autarquia nem à entidade paraestatal. A Lei

n. 8.906, de 04.07.1994, instituiu o atual EAOAB, sendo regulamentada pelo Regulamento Geral do EAOAB, elaborado pelo Conselho Federal da OAB. Posteriormente, foi instituído o Código de Ética e Disciplina, aprovado em 13.02.1995. Esse Código foi revogado pelo Novo Código de Ética e Disciplina da OAB, aprovado em 2015 pelo Conselho Federal, para dar espaço a mudanças na advocacia. A OAB compreende 27 Seções, sendo uma no Distrito Federal e uma em cada estado da Federação.

Organização básica da Presidência da República e Ministérios Estrutura estabelecida pela Lei n. 13.844/2019 que relaciona os órgãos que integram a Presidência da República e os Ministérios, determinando a composição de cada um deles e as respectivas competências.

Organização criminosa Associação de quatro ou mais pessoas estruturalmente ordenada e caracterizada pela divisão de tarefas, ainda que informalmente, com objetivo de obter, direta ou indiretamente, vantagem de qualquer natureza mediante a prática de infrações penais cujas penas máximas sejam superiores a quatro anos ou que sejam de caráter transnacional (art. 1º, § 1º, Lei n. 12.850/2013).

Organização judiciária Conjunto de normas editado pelos tribunais que determinam a composição e a competência de tribunais, juízes e auxiliares da Justiça. Estruturação dos órgãos principais e auxiliares do Poder Judiciário, no tocante a sua constituição, composição e atribuições. A Constituição Federal também contém normas referentes à competência para legislar sobre organização judiciária, permitindo que cada estado possa organizar sua Justiça por meio de códigos de organização judiciária e de regimentos internos dos tribunais de justiça estaduais próprios.

Órgãos fracionários São frações de um tribunal ou formas de o tribunal atuar mais eficientemente através da divisão do trabalho entre seus membros que atuam colegiadamente. Constituem subdivisões dos tribunais (turmas, câmaras, seções) que funcionam como frações deles objetivando maior celeridade no julgamento.

Outorga conjugal Autorização a que está obrigado cada um dos cônjuges em relação ao outro para a prática de determinados atos previstos em lei. Diz-se *outorga uxória* em relação à autorização prestada pela mulher e *outorga marital* em relação à prestada pelo marido. Ressalvado o suprimento da outorga pelo juiz (art. 1.648, CC), nenhum dos cônjuges pode, sem autorização do outro, exceto no regime da separação absoluta de bens: alienar ou gravar de ônus real os bens imóveis; pleitear, como autor ou réu, acerca desses bens ou direitos; prestar fiança ou aval; fazer doação, não sendo remuneratória, de bens comuns ou dos que possam integrar futura meação (art. 1.647, CC). A falta de autorização, não suprida pelo juiz, tornará anulável o ato praticado, podendo o outro cônjuge pleitear-lhe a anulação até dois anos depois de terminada a sociedade conjugal (art. 1.649, CC). A anulação dos atos só poderá ser demandada pelo cônjuge a quem cabia concedê-la ou por seus herdeiros (art. 1.650, CC). No processo civil, o cônjuge somente necessitará do consentimento do outro para propor ações que versem sobre direitos reais imobiliários, salvo quando casados sob o regime da separação absoluta de bens (art. 73, CPC).

Outorga uxória (*v. Outorga conjugal*).

Pacto adjeto Contrato acessório (fiança) ou cláusula acessória de contrato (preferência, retrovenda, penhor, hipoteca).

Pacto antenupcial Acordo feito por escritura pública antes das núpcias pelos contraentes que dispõe sobre o regime de bens que vigorará durante o casamento. Não havendo convenção, ou sendo ela nula ou ineficaz, vigorará, em relação aos bens entre os cônjuges, o regime da comunhão parcial (art. 1.640, CC). É nulo o pacto antenupcial que não for feito por escritura pública, e será ineficaz se a ele não seguir o casamento (art. 1.653, CC).

Pacto comissório Cláusula inserida nos contratos de alienação imobiliária sob pagamento em prestações em que se estabelecia que, caso deixasse de honrar alguma das parcelas, o devedor perderia automaticamente o bem adquirido em favor do alienante sem direito a devolução do que foi pago. O pacto comissório é vedado pelo atual ordenamento jurídico em face do art. 1.428 do CC.

Pacto de reserva de domínio (*v. Reserva de domínio*).

Paradigma Alguma coisa, doutrina ou pessoa que serve de modelo ou parâmetro para outra. Em direito do trabalho, é a designação que se dá à situação funcional e ao salário de empregado utilizados como referência para equiparar a situação e o salário de outro empregado que exerce a mesma função na empresa. Sendo idêntica a função, todo trabalho de igual valor, prestado ao mesmo empregador, na mesma localidade, corresponderá a igual salário, sem distinção de sexo, nacionalidade ou idade (art. 461, CLT).

Parágrafo (§) Constitui, na técnica legislativa, a imediata divisão de um artigo. É representado pelo sinal gráfico "§". No parágrafo, consagrou-se a prática da numeração ordinal até o nono (§ 9º) e cardinal a partir do parágrafo dez (§ 10). Quando houver apenas um parágrafo, adota-se a grafia *parágrafo único* (e não "§ único"). Os textos dos parágrafos serão iniciados com letra maiúscula e encerrados com ponto-final.

Parecer Opinião fundamentada a respeito de lei, artigo de lei ou questão de Direito ou fato emitida por jurista, Ministério Público, assistente jurídico ou operador do Direito quando aqueles lhes forem submetidos. O parecer jurídico elaborado por jurista ou advogado de notória especialização não encontra previsão legal em nosso ordenamento jurídico, mas pode ser admitido como mais uma prova documental. Assim, no âmbito do Judiciário, os juízes não estão obrigados a aceitar, como forma de decidir, os pareceres emitidos por juristas ou pelos membros do Ministério Público sobre os processos submetidos à sua apreciação (*v. Parecerista*). Já no Direito português, no art. 525 do Código de Processo Civil, há previsão expressa do parecer jurídico. Consta do referido artigo que "os pareceres de advogados, professores ou técnicos podem ser juntos, nos tribunais de primeira instância, em qualquer fase do processo".

Parecer administrativo Aquele elaborado por assistente jurídico com base em dispositivos legais, jurisprudência e informações e pelo qual, justificadamente, o assistente se manifesta favorável ou contrariamente sobre a questão a ele submetida. O parecer indica e fundamenta a solução que deve ser aplicada ao caso proposto. O parecer administrativo possui caráter meramente opinativo, não se vinculando à administração ou aos particulares, salvo se aprovado por ato subsequente. Trata-se de opinião emitida pelo operador do Direito, opinião técnico-jurídica, que orientará o administrador na tomada de decisão ou na prática do ato administrativo que constitui a execução *ex officio* da lei.

Parecerista Operador jurídico que emite parecer ou opinião fundamentada a respeito de questão de fato ou de Direito que é submetida à sua apreciação. São considerados pareceristas os assistentes jurídicos que, vinculados à administração pública, se manifestam justificadamente sobre ato jurídico a ser praticado pelo poder público, bem como juristas e advogados de notória especialização que, mediante pagamento pela(s) parte(s), emitem pareceres para ser anexados a processos judiciais, os quais estão sujeitos à livre apreciação pelo juiz.

Parentes (*v. Parentesco*).

Parentesco Vínculo jurídico e pessoal decorrente da relação de consanguinidade, adoção, afinidade, reprodução assistida heteróloga ou socioafetividade (art. 1.593, CC).

Parentesco civil Aquele decorrente de outra origem que não seja a consanguinidade (art. 1.593, CC), como adoção, vínculo parental proveniente das técnicas de reprodução assistida heteróloga relativamente ao pai (ou à mãe) que não contribuiu com seu material fecundante, e paternidade socioafetiva, fundada na posse do estado de filho.

Parentesco natural Também chamado parentesco consanguíneo ou biológico (art. 1.593, CC), é o que se origina entre pessoas que descendem de um tronco comum (art. 1.593, CC). O parentesco natural se efetiva tanto pelo lado masculino (parentesco por *agnação*) quanto pelo lado feminino (parentesco por *cognação*). Os graus de parentesco sanguíneo são estabelecidos em *linha reta* e em *linha colateral*.

Parentesco natural na linha colateral São parentes na linha colateral, ou transversal, até o 4º grau, as pessoas que, conquanto provenham de um tronco comum, não descendem umas das outras (art. 1.592, CC). Na linha colateral, a contagem do número de gerações (graus) é feita partindo-se de um dos parentes, subindo até o tronco comum (ascendente comum) e descendo até chegar ao parente pretendido (art. 1.594, CC): irmãos e avós (em segundo grau); tios, sobrinhos e bisavós (em terceiro grau); primos e trisavós (em quarto grau).

Parentesco natural na linha reta Este parentesco se verifica entre pessoas que estão umas para com as outras na relação de ascendentes e descendentes (art. 1.591, CC). Por outras palavras, é o parentesco existente entre pessoas que, além de descenderem de um tronco comum, descendem umas das outras, como filho e pai, e filho e mãe (em primeiro grau).

Parentesco por afinidade Vínculo que se estabelece entre um cônjuge e os parentes do outro cônjuge (art. 1.595, CC). Como ocorre com o parentesco natural, também no parentesco por afinidade se contam os graus na linha reta e na linha colateral. Linha reta: genro/nora e sogro/sogra (1º grau), enteado/enteada e padrasto/madrasta (primeiro grau); linha colateral: genro/nora e cunhado/cunhada (segundo grau). A afinidade, na linha reta, não se extingue com a dissolução do casamento que a originou (art. 1.595, § 2º, CC).

Parquet Membro ou representante do Ministério Público. A designação tem origem na França antiga, onde os procuradores do rei ocupavam um espaço de pé sobre o assoalho (*parquet*) da sala de audiências, e não sobre o estrado ao lado do juiz como acontece nos dias atuais.

Parte disponível Parte ou fração do patrimônio do doador ou do testamenteiro passível de transferência por doação ou testamento. Quota disponível. A limitação da liberalidade à metade do valor dos bens deve-se à necessidade da preservação da legítima dos herdeiros necessários (art. 1.846, CC). São sujeitas à redução as doações em que se apurar excesso quanto ao que o doador poderia dispor no momento da liberalidade (art. 2.007, CC).

Partilha de bens Forma de divisão de bens em porções ou quinhões entre pessoas que a eles fazem jus em razão de casamento, união estável, sociedade ou direitos hereditários.

Partilha de bens na união estável Divisão de bens entre os companheiros na dissolução da união estável que pode ocorrer em duas situações: ausência de convenção sobre o regime de bens, presumindo-se a comunhão parcial; convenção que estipula o regime de comunhão universal de bens (art. 1.725, CC). No primeiro caso, excluem-se da partilha os bens que qualquer um dos conviventes houver adquirido antes da união, os que houverem adquirido após a união com o produto da alienação desses bens e os que houverem recebido a título de herança ou doação, estes por ser considerados adquiridos por título gratuito ou não oneroso.

Partilha de bens no divórcio Divisão de bens entre os cônjuges na dissolução do casamento pelo divórcio, desde que casados pelo regime da comunhão universal ou parcial de bens. O divórcio pode ser concedido sem que haja prévia partilha de bens (art. 1.581, CC). Nesse caso, faculta-se que a partilha seja feita posteriormente, perante o juízo sucessivo, na forma estabelecida nos arts. 731 e 910 do CPC. Não obstante, decidindo-se pela partilha dos bens, no divórcio consensual será observado o que os cônjuges convencionarem, inclusive não havendo obrigatoriedade da divisão dos bens por igual quando haja direito à meação nos regimes de comunhão universal e de comunhão parcial de bens. Já no divórcio litigioso, o juiz observará o direito de meação no que couber.

Partilha de bens no inventário Fase do processo de inventário na qual o acervo hereditário do *de cujus*, denominado *espólio*, é dividido em porções ou quinhões entre o cônjuge ou companheiro sobrevivente e os herdeiros. Se os herdeiros forem capazes, poderão fazer partilha amigável, por escritura pública, termo nos autos do inventário, ou escrito particular homologado pelo juiz. Será sempre judicial a partilha se os herdeiros divergirem, assim como se algum deles for incapaz (arts. 2.015 e 2.016, CC).

Partilha em vida Divisão de bens feita por ascendente aos descendentes por ato entre vivos ou de última vontade (testamento). O mesmo que adiantamento da legítima. É válida a partilha contanto que não prejudique a legítima dos herdeiros necessários (art. 2.018, CC).

Parto anônimo Uma das formas de coibir a prática da exposição ou abandono de recém-nascido. Adotada em alguns países da Europa, prevê a possibilidade de a genitora, logo após dar à luz uma criança, entregar o bebê aos cuidados de um hospital, maternidade ou posto de saúde, que encontrarão meios de disponibilizar o recém-nascido para adoção. A medida é vista *como uma solução ao abandono trágico de recém-nascidos, afastando a clandestinidade desse ato. O parto anônimo é permitido nos seguintes países:* Áustria, França, Itália, Luxemburgo, Bélgica e Estados Unidos (em 28 dos 50 estados).

Pas de nullité sans grief Não há nulidade sem prejuízo. Aplica-se o provérbio quando se quer dar a entender que não se declarará nulo nenhum ato processual quando este não causar prejuízo, nem houver influído na decisão da causa ou na apuração da verdade real (arts. 563 e 566, CPP). "Em matéria de nulidade, e para simplificar o rigorismo formal, foi adotado o princípio do *pas de nullité sans grief*. Não há nulidade sem prejuízo. Para que o ato seja declarado nulo, é preciso que haja, entre a sua imperfeição ou atipicidade e o prejuízo às partes, um nexo efetivo e concreto. Se, a despeito de imperfeito, o ato atingiu o seu fim, sem acarretar-lhes prejuízo, não há cuidar-se de nulidade" (TOURINHO FILHO, Fernando da Costa. *Processo penal*. 17.ed. São Paulo, Saraiva, v. 3, p. 115).

Patente Título de propriedade industrial temporária sobre invenção ou modelo de utilidade conferido pelo Estado, mediante registro, aos inventores ou autores detentores de direitos sobre a criação. A patente poderá ser requerida em nome próprio, pelos herdeiros ou sucessores do autor, pelo cessionário ou por aquele a quem a lei ou o contrato de trabalho ou de prestação de serviços determinar que pertença a titularidade. O órgão responsável pelo registro de propriedade industrial é o Instituto Nacional de Propriedade Industrial (INPI). A propriedade industrial em geral é disciplinada pela Lei n. 9.279/96.

Paternidade Laço de parentesco que vincula o pai ao filho concebido biologicamente, ao filho adotado ou ao filho socioafetivo.

Paternidade biológica Qualidade de pai que ostenta aquele que contribui com material genético para que uma mulher gere uma criança de forma natural ou por meio de fecundação artificial.

Paternidade socioafetiva Paternidade resultante de origem diversa da paternidade biológica, como adoção, posse de estado de filho (filho de criação e adoção à brasileira) e paternidade resultante da inseminação artificial heteróloga. De acordo com a jurisprudência do STJ, a paternidade socioafetiva prevalece sobre a biológica quando analisada no contexto de ação negatória de paternidade ajuizada pelo pai registral.

Patrimônio Complexo de bens, materiais ou não, direitos, ações e outros bens de valor econômico apreciável dos quais uma pessoa é detentora.

Patrimônio de afetação Massa patrimonial diferenciada do restante do patrimônio do titular por permanecer imune às instabilidades que o patrimônio não afetado possa vir a sofrer. Pelo regime da afetação, terreno e acessões objeto de incorporação imobiliária, bem como demais bens e direitos a ela vinculados, manter-se-ão apartados do patrimônio do incorporador e constituirão patrimônio de afetação destinado à consecução da incorporação correspondente e à entrega das unidades imobiliárias aos respectivos adquirentes. Considera-se constituído o patrimônio de afetação mediante averbação, a qualquer tempo, no Registro de Imóveis, de termo firmado pelo incorporador e, quando for o caso, também pelos titulares de direitos reais de aquisição sobre o terreno (arts. 31-A e 31-B, Lei n. 10.931/2004).

Peculato Crime contra a administração pública cometido pelo servidor público que consiste na apropriação indevida de dinheiro, valor ou qualquer bem imóvel, público ou particular, dos quais tenha a posse em razão de cargo, ou em seu desvio em proveito próprio ou alheio (art. 312, CP).

Pedido Solicitação ou requerimento que o demandante na lide formula ao juiz, na petição inicial, referente ao que pretende obter do demandado mediante a prestação jurisdicional. Postulação. O pedido deve ser determinado, lícito, porém, formular pedido genérico nos casos especificados em lei (art. 324, CPC).

Pedido alternativo Solicitação ou requerimento que o demandante formula ao juiz para efeito de obter do demandado uma coisa ou, não sendo essa possível, outra. O pedido será alternativo quando, pela natureza da obrigação, o devedor puder cumprir a prestação de mais de um modo (art. 325, CPC). "Segundo o art. 325 do CPC, o pedido será alternativo, quando, pela natureza da obrigação, o devedor puder cumprir a prestação de mais de um modo. No pedido alternativo, pede-se mais de uma coisa, para que se conceda uma ou outra em amparo ao direito do autor. O Código Civil em seus arts. 884 e 888 trata das obrigações alternativas. A ação monitória admitirá o pedido alternativo, cabendo à parte, na hipótese de reivindicação da entrega de coisa móvel, pedir como pedido alternativo a devolução da importância paga pelo mesmo e consubstanciada em prova escrita da obrigação, facultando-se, assim, ao réu, pagar ou entregar a coisa reivindicada" (PARIZATTO, João Roberto. *Ação monitória*. 5.ed. 2001, p. 129-30).

Pedido cumulado É o que se verifica quando, em um único processo contra o mesmo réu, vários pedidos são formulados pelo autor ainda que entre eles não haja conexão (art. 327, CPC).

Pedido genérico Pedido formulado quando houver impossibilidade de lhe atribuir certeza e determinação, ou quando não se puder, desde logo, mensurar seu valor. O pedido genérico é permitido: nas ações universais, se não puder o autor individuar na petição os bens demandados; quando não for possível determinar, de modo definitivo, as consequências do ato ou do fato ilícito; quando a determinação do valor da condenação depender de ato que deva ser praticado pelo réu (art. 324, CPC).

Pedido principal É o pedido que serve como fundamento principal da demanda, ao qual podem se vincular outros pedidos de natureza acessória. Por exemplo, na execução de nota promissória, o pedido principal é representado pela exigência de pagamento do valor que ela representa; já os pedidos de correção monetária e juros seriam pedidos acessórios. No âmbito da tutela cautelar ou da tutela antecipada, o pedido de vedação de cadastro restritivo de crédito é acessório para o pedido principal da ação revisional de contrato.

Pena Punição imposta por lei ao causador de uma infração penal, civil, administrativa ou fiscal com o objetivo de reparação de dano ou de reprimir o infrator.

No direito civil, é considerada pena a decretação da prisão civil do devedor de pensão alimentícia. No direito penal, as penas são classificadas em privativas de liberdade (reclusão e detenção), restritivas de direito e multa e restritivas de direito; prestação pecuniária; perda de bens e valores; prestação de serviços à comunidade ou a entidades públicas; interdição temporária de direitos; limitação de fim de semana.

Pena-base Uma das fases que compõem o processo para a determinação da pena do réu. A fixação da pena-base comporta: análise das circunstâncias atenuantes e agravantes, e análise das causas de diminuição e aumento. Cumpre ainda observar e valorar as circunstâncias judiciais constantes no art. 59 do CP (art. 68, CP): culpabilidade (valoração de culpa ou dolo do agente); antecedentes criminais (análise da vida pregressa do indivíduo); conduta social (relacionamento do indivíduo com família, trabalho e sociedade); personalidade do agente; motivos; circunstâncias do crime; consequências do crime; e comportamento da vítima, se for o caso. É vedado que inquéritos policiais e ações penais ainda em andamento sejam usados para aumentar a pena do acusado acima do mínimo legal, conforme a Súmula n. 444 do STJ.

Pena de perdimento Pena administrativa imposta pela Receita Federal em operações de comércio exterior que consiste na perda do produto importado nos casos de irregularidade documental ou procedimental. Sujeitam-se a perdimento, entre outros casos, mercadorias importadas ao desamparo de guia de importação ou documento de efeito equivalente; as importadas e que forem consideradas abandonadas pelo decurso do prazo de permanência em recintos alfandegados; aquelas trazidas do exterior como bagagem, acompanhadas ou desacompanhadas, e que permanecerem nos recintos alfandegados por prazo superior a 45 dias sem que o passageiro inicie a promoção de seu desembaraço (DL n. 37/66 e Lei n. 10.833/2003). Em direito penal, a perda de bens e valores pode ser imposta como pena restritiva de direitos (art. 43, CP).

Pena disciplinar Sanção imposta pelas autoridades públicas aos servidores que praticarem atos de infração às normas de conduta exigidas para o exercício da função pública. São penalidades disciplinares: advertência, suspensão e demissão (art. 127, Lei n. 8.112/90).

Penas alternativas As substitutivas às penas privativas de liberdade (prisão, reclusão), representadas pelas penas restritivas de direito (*v. Penas restritivas de direito*).

Penas restritivas de direito As que substituem as penas privativas de liberdade nos casos especificados em lei (art. 44, CP). Também conhecidas como penas e medidas alternativas, são destinadas a infratores de baixo potencial ofensivo com base no grau de culpabilidade, nos antecedentes, na conduta social e na personalidade. São consideradas medidas punitivas de caráter educativo e social em razão de não afastarem o indivíduo da sociedade e do convívio social e familiar, além de contribuírem para a redução do índice carcerário. As penas restritivas de direitos são: prestação pecuniária; perda de bens e valores; prestação de serviço à comunidade ou a entidades públicas; interdição temporária de direitos; limitação de fim de semana (art. 43, CP). Em relação aos crimes ambientais, as penas restritivas de direito se aplicam quando: tratar-se de crime culposo ou for aplicada a pena privativa de liberdade inferior a quatro anos; culpabilidade, antecedentes, conduta social e personalidade do condenado, bem como motivos e circunstâncias do crime, indicarem que a substituição será suficiente para efeito de reprovação e prevenção do crime. Para essas modalidades de crime, as penas restritivas de direito são: prestação de serviços à comunidade, interdição temporária de direitos, suspensão parcial ou total de atividades, prestação pecuniária, recolhimento domiciliar (arts. 7º e 8º, Lei n. 9.605/98).

Penhor Direito real sobre bens móveis entregues pelo devedor para garantir o cumprimento de uma obrigação de forma privilegiada entre os credores. Constitui-se o penhor pela transferência efetiva da posse que, em garantia do débito ao credor ou a quem o represente, faz o devedor, ou alguém por ele, de uma coisa móvel suscetível de alienação (art. 1.431, CC).

Penhora de aeronaves Penhora de aeronave ou de seus motores com fundamento no Código de Aeronáutica (Lei n. 7.565/86). Em caso de penhora ou apreensão judicial ou administrativa de aeronaves, ou motores, destinados ao serviço público de transporte aéreo regular, a autoridade judicial ou administrativa determinará a medida sem que se interrompa o serviço (art. 155, Lei n. 7.565/86).

Penhora de bens Apreensão e depósito judicial feitos no processo executivo dos bens do devedor para garantir o pagamento da dívida. A penhora deverá incidir em tantos bens quantos bastem para o pagamento do principal atualizado, dos juros, das custas e dos honorários advocatícios. O executado será citado para, no prazo de três dias, efetuar o pagamento da dívida, podendo o credor, na própria petição inicial, indicar bens a ser penhorados, obedecendo à ordem prevista no art. 835, CPC). Se, após a citação, não for efetuado o pagamento, o oficial de justiça procederá de imediato à penhora de tantos bens quantos bastem para o pagamento do principal atualizado, juros, custas e honorários advocatícios e a sua avaliação, lavrando-se o respectivo auto e de tais atos intimando, na mesma oportunidade, o executado (art. 829, CPC). São impenhoráveis os bens mencionados no art. 833 do CPC, bem como o bem de família, conforme disposição expressa do art. 1.711 do CC e na Lei n. 8.009/90. Pode, ainda, o exequente, para se precaver em relação a terceiros, proceder à averbação em registro público do ato de propositura da execução e dos atos de constrição realizados, para conhecimento de todos (art. 815, VI) (*v. Bens impenhoráveis* e *Penhora* on-line).

Penhora eletrônica (*v. Penhora* on-line).

Penhor agrícola Modalidade de penhor que tem como objeto de garantia produtos agrícolas ou vegetais. Podem ser objeto de penhor agrícola: máquinas e instrumentos de agricultura, colheitas pendentes ou em vias de formação, frutos acondicionados ou armazenados, lenha cortada e carvão vegetal, animais do serviço ordinário de estabelecimento agrícola (art. 1.442, CC).

Penhora no rosto dos autos Penhora efetivada dentro dos autos da ação que está sendo promovida por terceiro contra o devedor a fim de garantir o pagamento de dívida contraída perante o credor. Quando o direito estiver sendo pleiteado em juízo, será averbada nos autos, com destaque, a penhora que recair nele e na ação que lhe corresponder, a fim de se efetivar nos bens que forem adjudicados ou vierem a caber ao executado.

Penhora *on-line* Penhora *on-line* ou penhora eletrônica é o sistema Bacen-Jud criado pelo Banco Central, no ano de 2001, cujo objetivo inicial foi reduzir o processamento manual de ofícios enviados ao órgão pela Justiça com a finalidade de localizar ou bloquear depósitos de pessoas ou empresas executadas judicialmente. O sistema possibilita aos juízes previamente habilitados encaminhar determinações judiciais de bloqueio e desbloqueio de contas e ativos financeiros, comunicar decretação e extinção de falências, solicitar informações sobre existência de contas-correntes e aplicações financeiras, determinar transferências e consultar saldos de depósitos em instituições financeiras com agilidade e segurança. Visa, acima de tudo, a substituir a antiga ordem judicial emitida por ofício, considerada pouco prática e pouco eficiente, pois esta levava várias semanas para ser cumprida, tempo suficiente para que o devedor sacasse o saldo depositado. De posse de uma senha previamente cadastrada, o juiz de Direito preenche um formulário na internet solicitando as informações necessárias ao processo. O Bacen-Jud, então, repassa automaticamente as ordens judiciais aos bancos, agilizando a tramitação. Para possibilitar a penhora de dinheiro em depósito ou aplicação financeira, o juiz, a requerimento do exequente, requisitará à autoridade supervisora do sistema bancário, preferencialmente por meio eletrônico, informações sobre a existência de ativos em nome do executado, podendo, no mesmo ato, determinar sua indisponibilidade até o valor indicado na execução. A ordem de bloqueio, contudo, só pode ser usada em último caso, quando o devedor não oferece nenhum bem em pagamento ou oferece bem considerado sem valor.

Penhor de direitos e títulos de crédito Modalidade de penhor que tem por objeto direitos suscetíveis de cessão sobre coisas móveis (art. 1.451, CC). Constitui-se o

P

penhor de direitos mediante instrumento público ou particular registrado no Registro de Títulos e Documentos. O penhor sobre título de crédito constitui-se mediante instrumento público ou particular ou endosso pignoratício, com a tradição do título ao credor (art. 1.458, CC).

Penhor de veículos Modalidade de penhor que tem por objeto veículos empregados em qualquer espécie de transporte ou condução. Constitui-se mediante instrumento público ou particular, registrado no Cartório de Títulos e Documentos do domicílio do devedor e anotado no certificado de propriedade (arts. 1.461 e 1.462, CC).

Penhor industrial Modalidade de penhor que tem por objeto máquinas, aparelhos, materiais e instrumentos instalados e em funcionamento, com os acessórios ou sem eles; animais, utilizados na indústria; sal e bens destinados à exploração das salinas; produtos de suinocultura, animais destinados à industrialização de carnes e derivados; matérias-primas e produtos industrializados (art. 1.447, CC). Constitui-se o penhor industrial, ou o mercantil, mediante instrumento público ou particular registrado no Cartório de Registro de Imóveis da circunscrição onde estiverem situadas as coisas empenhadas (art. 1.448, CC).

Penhor legal Garantia concedida por lei a determinados credores sobre bens móveis pertencentes aos devedores. São credores pignoratícios, independentemente de convenção, hospedeiros, ou fornecedores de pousada ou alimento, sobre bagagens, móveis, joias ou dinheiro que seus consumidores ou fregueses tiverem consigo nas respectivas casas ou estabelecimentos, pelas despesas ou consumo que aí tiverem feito; dono de prédio rústico ou urbano sobre bens móveis que rendeiro ou inquilino tiver guarnecendo o mesmo prédio, pelos aluguéis ou rendas (art. 1.467, CC). A concretização do penhor exige a homologação de penhor legal a requerimento do credor pignoratício depois da efetivação do penhor (art. 1.467, CC; art. 703, CPC).

Penhor mercantil (*v. Penhor industrial*).

Penhor pecuário Modalidade de penhor que tem como objeto de garantia animais que integram as atividades pastoril, agrícola ou de lacticínios (art. 1.444, CC).

Penhor rural Modalidade de penhor que abrange o penhor agrícola e o penhor pecuário. Deve ser constituído mediante instrumento público ou particular registrado no Cartório de Registro de Imóveis da circunscrição em que estiverem situadas as coisas empenhadas (arts. 1.438 e 1.439, CC).

Pensão Pagamento ou contribuição sucessiva e continuada feitos por alguém ou por uma instituição a uma pessoa em razão de lei, obrigação ou encargo.

Pensão alimentícia Pagamento, ou contribuição sucessiva e continuada, de certa quantia em dinheiro que uma pessoa, por decisão judicial, faz a outra em razão de parentesco ou dever de assistência, destinado a prover sua subsistência. Podem parentes, cônjuges ou companheiros pedir uns aos outros os alimentos de que necessitem para viver de modo compatível com sua condição social, inclusive para atender às necessidades de sua educação (art. 1.694, CC).

Pensão previdenciária Benefício de prestação sucessiva e continuada de certa quantia em dinheiro que a entidade previdenciária deve pagar ao conjunto dos dependentes do segurado que falecer, aposentado ou não. O valor mensal da pensão por morte será de 100% do valor da aposentadoria que o segurado recebia ou daquela a que teria direito se estivesse aposentado por invalidez na data de seu falecimento (arts. 74 e 75, Lei n. 8.213/91).

Perda de aeronave Perda da aeronave decorrente da alienação, renúncia, abandono, perecimento, desapropriação e pelas causas de extinção previstas em lei (art. 120, Lei n. 7.565/86 – CBA).

Perda dos direitos políticos Privação dos direitos políticos que ocorre nos casos de cancelamento da naturalização e de perda da nacionalidade brasileira (art. 15, CF).

Perdão judicial Medida facultada ao juiz criminal conceder ao réu, não lhe aplicando a pena, quando do delito lhe resultarem consequências tão graves que torne a pena desnecessária (arts. 120 e 121, § 5º, CP). Ocorre, na prática, quando por culpa (imprudência, negligência ou imperícia) o réu vem a ocasionar acidente no qual perece cônjuge ou descendente. O perdão judicial também pode ser concedido para quem colaborar efetiva e voluntariamente com a investigação e o processo criminal nos termos da Lei n. 12.850/2013.

Perdas e danos Prejuízo patrimonial efetivo, por perda certa ou por aquilo que se deixou de ganhar, por culpa de outra pessoa que não cumpriu a obrigação. Não cumprida a obrigação, responde o devedor por perdas e danos, mais juros e atualização monetária, segundo índices oficiais regularmente estabelecidos, e honorários de advogado (art. 389, CC). Também incide em perdas e danos, pela prática de ilícito processual, o autor, réu ou interveniente que litigar de má-fé (art. 79, CPC).

Perdimento Pena administrativa imposta pela Receita Federal, em operações de comércio exterior, que consiste na perda do produto importado nos casos de irregularidade documental ou procedimental. Também se aplica à perda de bens e valores como pena restritiva de direitos (art. 43, CP) (*v. Pena de perdimento*).

P

Perecimento Deterioração, destruição ou extinção da coisa ou do direito. A expressão também é usada no sentido de morte ou falecimento. Uma das hipóteses de perda de aeronave (art. 120, § 2º, Lei n. 7.565/86 – CBA).

Perempção Extinção de relação processual pela perda de um prazo definido e definitivo. Decorre da inércia da parte em praticar determinado ato no prazo assinalado na lei ou pelo juiz. É o resultado da não manifestação da parte no processo no prazo que lhe é concedido. A arguição pode ser feita pela parte ou pelo juiz.

Perícia Meio de prova que consiste no parecer técnico de pessoa habilitada, denominada perito judicial, devidamente nomeada pelo juiz da causa. A prova pericial consiste em exame, vistoria ou avaliação (art. 464, CPC). O exame se faz pela inspeção de coisas, móveis e semoventes, para a verificação de fatos ou circunstâncias que interessam à causa; a vistoria é realizada em caso de inspeção de imóveis; a avaliação é utilizada para determinar o valor, em moeda, de coisas, direitos ou obrigações, como ocorre em inventários e partilhas e nas execuções (*v. Prova pericial*).

Periculum in mora Perigo na demora. Receio de que a demora da decisão judicial cause um dano grave ou de difícil reparação ao bem tutelado. A demonstração do *periculum in mora*, juntamente com o *fumus boni iuris*, é requisito necessário à concessão de qualquer medida cautelar.

Perito Do latim *peritus*, significa experimentar, saber por experiência. É o profissional dotado de conhecimentos específicos que supre as insuficiências do juiz no referente à verificação ou apreciação de fatos da causa que exijam conhecimentos especiais ou técnicos. O perito é nomeado pelo juiz, cabendo às partes apenas indicar o assistente técnico (art. 465, CPC). Os peritos são considerados auxiliares da Justiça e, além de capacidade jurídica, deverão possuir capacidade técnica, isto é, conhecimentos específicos suficientes para exercer com competência a função que lhe é cometida. Em atenção a esses requisitos, são nomeados entre os profissionais e os órgãos técnicos ou científicos devidamente inscritos em cadastro mantido pelo tribunal ao qual o juiz está vinculado.

Permissão para dirigir Documento provisório, com validade de um ano, concedido pelo Detran para condutores de veículos automotores das categorias A, B, ou A e B. Ao final de doze meses, se não tiver cometido infrações graves ou gravíssimas ou não for reincidente em infrações médias, o condutor poderá solicitar a Carteira Nacional de Habilitação (CNH) definitiva, desde que tenha cumprido o disposto no § 3º do art. 148 do CTB. Caso contrário, a pessoa terá de se submeter a um novo processo de primeira habilitação.

Permuta O mesmo que troca (*v. Troca*).

Permuta de imóveis da União A permuta de imóveis de qualquer natureza de propriedade da União por imóveis edificados ou não, ou por edificações a construir, poderá ser autorizada na forma do art. 23 da Lei n. 9.636/98. Os imóveis permutados não poderão ser utilizados para fins residenciais funcionais, exceto nos casos de residência de caráter obrigatório de que tratam os arts. 80 a 85 do DL n. 9.760/46.

Personalidade civil Qualidade jurídica que se traduz na capacidade de uma pessoa exercer direitos e contrair obrigações. A personalidade civil da pessoa começa com o nascimento com vida, mas a lei põe a salvo, desde a concepção, os direitos do nascituro (art. 2º, CC). Além da aptidão para ser sujeito de direito, Tepedino aponta outro sentido técnico para o conceito de personalidade: "o conjunto de características e atributos da pessoa humana, considerada objeto de proteção privilegiada por parte do ordenamento, bem jurídico representado pela afirmação da dignidade humana, sendo peculiar, portanto, à pessoa natural" (TEPEDINO, Gustavo. *Código Civil interpretado*. Rio de Janeiro, Renovar, 2004, v. 1, p. 4).

Personalidade jurídica Qualidade jurídica que a lei confere às sociedades que tenham seus atos constitutivos devidamente inscritos no registro próprio e na forma da lei (art. 985, CC). Dotada de personalidade jurídica, a sociedade torna-se sujeita de direitos e obrigações. As pessoas jurídicas de direito público têm sua constituição por força de lei ou ato administrativo, não sendo regidas pelo CC. P

Pertenças Bens que, não constituindo partes integrantes, se destinam, de modo duradouro, a uso, serviço ou aformoseamento de outro (art. 93, CC).

Pessoa física Pessoa natural. Ser humano ou indivíduo, singularmente considerado, sujeito de direitos e obrigações.

Pessoa jurídica Entidade jurídica, diferente da pessoa natural, à qual a lei confere personalidade jurídica. É representada por uma pluralidade de pessoas ou complexo de bens, com personalidade jurídica própria e constituída especialmente para a realização de determinados fins. As pessoas jurídicas são de direito público, interno ou externo, e de direito privado (art. 40, CC).

Pessoas jurídicas de direito privado São pessoas jurídicas criadas pela vontade das partes, sujeitas a legislação específica. São pessoas jurídicas de direito privado: associações; sociedades; fundações; organizações religiosas; partidos políticos; e empresas individuais de responsabilidade limitada (art. 44, CC).

Pessoas jurídicas de direito público externo São pessoas jurídicas de direito público externo os Estados estrangeiros e todas as pessoas que forem regidas pelo direito internacional público (art. 42, CC).

Pessoas jurídicas de direito público interno São os entes estatais inerentes à existência do próprio Estado ou por ele criados para o exercício de funções públicas. São pessoas jurídicas de direito público interno a União; os estados, o Distrito Federal e os territórios; os municípios; as autarquias, inclusive as associações públicas; e as demais entidades de caráter público criadas por lei (art. 41, CC).

Petição O mesmo que requerimento, solicitação ou pedido que se faz a uma autoridade administrativa ou órgão do serviço público. Postulação feita em juízo.

Petição inicial Peça escrita endereçada ao juiz da causa na qual o autor, expondo os fundamentos de fato e de direito, formula pedido contra o réu, dando início ao processo. Exordial. Peça preambular. Além de preencher os requisitos exigidos pelo CPC, a petição inicial será instruída com os documentos indispensáveis à propositura da ação.

Peticionamento eletrônico Recurso tecnológico do primeiro momento do processo eletrônico, que possibilita o envio de petições iniciais ou incidentais eletronicamente, por meio do portal do tribunal, sem a intervenção da secretaria judiciária e sem a presença física do advogado. O peticionamento eletrônico é regulamentado pela Lei n. 11.419/2006, que também alterou dispositivos do CPC para adaptá-lo às novas regras. Para que o advogado possa enviar os dados, é necessário possuir assinatura eletrônica mediante o credenciamento prévio no Poder Judiciário, conforme disciplinado pelos órgãos respectivos, e também formatar o documento em PDF. Além disso, alguns tribunais passaram a exigir que a assinatura eletrônica seja feita por meio do certificado digital.

Pignoratício Aquilo que diz respeito ao penhor; credor garantido com penhor.

Plano diretor Instrumento básico da política de desenvolvimento dos municípios, criado por lei municipal e elaborado pela prefeitura com a participação da Câmara Municipal e da sociedade civil, que visa a estabelecer e organizar o crescimento, o funcionamento e o planejamento territorial da cidade, além de orientar as prioridades de investimentos. Segundo o Estatuto da Cidade, é o instrumento básico da política de desenvolvimento e expansão urbana. Sua principal finalidade é orientar a atuação do poder público e da iniciativa privada na construção dos espaços urbano e rural na oferta dos serviços públicos essenciais, visando assegurar melhores condições de vida para a população. Tem como funções: 1. Garantir o atendimento das necessidades da cidade; 2. Garantir uma melhor qualidade de vida na cidade; 3. Preservar e restaurar os sistemas ambientais; 4. Promover a regularização fundiária; 5. Consolidar os princípios da reforma urbana. O plano diretor é obrigatório para cidades: com mais de vinte mil habitantes; integrantes de regiões metropolitanas e aglomerações urbanas; onde o Poder Público municipal pretenda utilizar os instrumentos previstos no § 4º do art. 182 da CF; integrantes de áreas de especial interesse turístico; inseridas na área de influência de empreendimentos ou atividades com significativo impacto ambiental de âmbito regional ou nacional (art. 41, Lei n. 10.257/2001).

Plataforma continental Área marítima que compreende o leito e o subsolo das áreas submarinas que se estendem além de seu mar territorial, em toda a extensão do prolongamento natural de seu território terrestre, até o bordo exterior da margem continental, ou até uma distância de 200 milhas marítimas das linhas de base, a partir das quais se mede a largura do mar territorial, nos casos em que o bordo exterior da margem continental não atinja essa distância. O limite exterior da plataforma continental será fixado de conformidade com os critérios estabelecidos no art. 76 da Convenção das Nações Unidas sobre o Direito do Mar, celebrada em Montego Bay, em 10.12.1982. O Brasil exerce direitos de soberania sobre a plataforma continental para efeitos de exploração dos recursos naturais (arts. 11 e 12, Lei n. 8.617/93).

Pleno direito Em razão ou decorrência da lei. Exemplo: "Ato nulo de pleno direito". *Pleno iuri*.

Pleno iure Pleno direito. Por determinação legal. Efeito *ex vi legis*.

Plenos poderes Cláusula de poderes ilimitados que, em uma procuração, o mandante concede ao mandatário para que aja em seu nome e por sua conta.

Pluralismo jurídico Teoria jurídica que admite a coexistência de práticas jurídicas distintas em um mesmo espaço, ou seja, a coexistência de manifestações jurídicas estatais ou não, de *Direito oficial* e *Direito não oficial*, negando que o Estado seja a fonte única e exclusiva de todo o Direito. Tal concepção minimiza ou nega o monopólio de criação das normas jurídicas por parte do Estado, priorizando a produção de outras formas de regulamentação, geradas por instâncias, corpos intermediários ou organizações sociais providas de certo grau de autonomia e identidade própria. Os pluralistas tendem a relativizar a onipotência do centralismo formalista moderno segundo a qual o único Direito, com grau de obrigatoriedade e com reconhecimento oficial, é aquele emanado do poder do Estado, expresso sob a forma escrita e publicizada da lei (WOLKMER, Antônio Carlos. *Pluralismo jurídico:* fundamentos de uma nova cultura do direito. 2.ed. São Paulo, Alfa-Omega, 1997, p. 637-8).

Poder constituinte Poder, derivado da soberania popular, que tem por objetivo a produção das normas constitucionais, por meio do processo de elaboração e/ou reforma da Constituição. O poder constituinte é exercido pelas Assembleias Constituintes por delegação popular. O titular do Poder Constituinte, segundo o abade Emmanuel Sieyès, um dos precursores dessa doutrina, é a nação, pois a titularidade do Poder liga-se à ideia de soberania do Estado, uma vez que, mediante o exercício do poder constituinte originário, se estabelecerá sua organização fundamental pela Constituição, que é sempre superior aos poderes constituídos, de maneira que toda manifestação dos poderes constituídos somente alcança plena validade se se sujeitar à Carta Magna.

Poder de polícia Poder atribuído ao Estado para adotar as medidas necessárias à manutenção e garantia da ordem social e jurídica. Costuma ser exercido de modo a preservar os interesses do Estado em detrimento da liberdade e dos interesses individuais. Considera-se poder de polícia atividade da administração pública que, limitando ou disciplinando direito, interesse ou liberdade, regula a prática de ato ou abstenção de fato, em razão de interesse público concernente à segurança, higiene, ordem, costumes, disciplina da produção e do mercado, ao exercício de atividades econômicas dependentes de concessão ou autorização do Poder Público, à tranquilidade pública ou ao respeito à propriedade e aos direitos individuais ou coletivos (art. 78, CTN).

Poder discricionário Poder que a lei confere ao agente da administração pública para que, nos limites por ela impostos e examinando a conveniência e a oportunidade, adote, no caso que lhe é submetido, a solução mais adequada com vistas à satisfação do interesse público.

Poder Executivo Um dos três poderes da União, de estados e municípios chefiados, respectivamente, por presidente da República, governador do estado e prefeito municipal. É formado por órgãos de administração direta, como os ministérios e secretarias, e indireta, como as empresas públicas e demais autarquias, encarregados de implementar os programas de governo e da prestação de serviço público.

Poder familiar Direitos e deveres que têm os pais no interesse dos filhos menores, consanguíneos ou adotivos (arts. 1.630 e 1.634, CC). Descumprindo os pais os deveres inerentes ao poder familiar, estarão sujeitos à perda ou destituição do poder familiar, o que ocorrerá nos seguintes casos: castigo imoderado; abandono; e prática de atos contrários à moral e aos bons costumes (art. 1.638, CC). A extinção do poder familiar se dá pela morte dos pais ou do filho; pela emancipação; pela maioridade; pela adoção; ou por decisão judicial (art. 1.635, CC).

Poder Judiciário Um dos poderes da República, previsto e disciplinado pela Constituição Federal, cuja finalidade é a prestação jurisdicional. De acordo com a CF, existem duas espécies de Justiça: a Justiça Federal especializada (Justiça do Trabalho, Justiça Eleitoral e Justiça Penal Militar da União) e a Justiça Comum (Justiça Federal Comum e Justiça Estadual). Na Justiça Federal especializada, as demandas que versarem sobre direitos trabalhistas serão submetidas à Justiça do Trabalho, as que versarem sobre direitos eleitorais, à Justiça Eleitoral, e as penais militares, à Justiça Penal Militar. À Justiça Comum, estadual ou federal, competem todas as causas que não atribuídas de forma específica aos órgãos da Justiça Federal especializada (arts. 92 a 126, CF).

Poder Legislativo Um dos poderes da República, previsto e disciplinado pela Constituição Federal, cuja finalidade é a elaboração e aprovação das leis. É composto da Câmara dos Deputados e do Senado, integrados por deputados e senadores eleitos através de voto popular.

Poder regulamentar Poder atribuído aos detentores de cargos de chefia no Poder Executivo para, por meio de regulamentos, explicar e detalhar uma lei visando à sua correta aplicação, ou para expedir decretos autônomos sobre matéria de sua competência ainda não disciplinada por lei.

Poder vinculado Poder que impõe ao administrador o dever de submeter-se ao enunciado da lei que estabelece previamente um único comportamento possível a ser adotado em situações concretas, não existindo espaço para juízo de conveniência nem oportunidade, como no caso do poder discricionário. Assim, se determinada pessoa atinge a idade legal para aposentar-se, o órgão previdenciário é obrigado a cumprir o que a lei determina, providenciando a referida aposentadoria.

Política Nacional do Idoso Conjunto de regras que tem por objetivo assegurar os direitos sociais do idoso, criando condições para que sejam promovidas sua autonomia, integração e participação efetiva na sociedade (art. 1°, Lei n. 8.842/94).

P

Portaria Ato normativo emanado de autoridade pública que contém instruções acerca da aplicação de leis ou regulamentos, recomendações de caráter geral, normas de execução de serviço, nomeações, demissões, punições e outras orientações de sua competência.

Porte de arma Ato de alguém portar ou trazer consigo uma arma. Salvo para os casos previstos em legislação, é proibido o porte de arma de fogo em todo o território nacional, sob pena de 2 a 4 anos de reclusão. Incorre na mesma penalidade quem detiver, adquirir, fornecer, receber, tiver em depósito, transportar, ceder, ainda que gratuitamente, emprestar, remeter, empregar, mantiver sob guarda ou ocultar arma de fogo, acessório ou munição, de uso permitido, sem autorização e em desacordo com determinação legal ou regulamentar (art. 14, Lei n. 10.826/2003).

Posse (1) Exercício pleno ou não de alguns dos poderes inerentes ao domínio ou à propriedade. Caracteriza-se pelo poder físico e pela intenção de permanecer com a coisa. Considera-se possuidor tanto o proprietário como aquele que, a qualquer título, detém a coisa transferida voluntariamente pelo proprietário. A pessoa que detém a coisa, denominada *detentor*, possui a posse direta, enquanto o proprietário possui apenas a posse indireta.

Posse (2) No direito administrativo, significa o ato pelo qual o servidor público assume o exercício das funções para as quais foi nomeado. A posse dar-se-á pela assinatura do respectivo termo, no qual deverão constar atribuições, deveres, responsabilidades e direitos inerentes ao cargo ocupado, que não poderão ser alterados unilateralmente, por nenhuma das partes, ressalvados os atos de ofício previstos em lei (art. 13, Lei n. 8.112/90).

Posse de estado de filho Circunstância fática que decorre da relação entre pai e filho socioafetivos, fundada no tratamento como filho e na reputação de tal relação perante a sociedade. Dito de outro modo, verifica-se a posse de estado de filho quando este, mesmo não sendo filho biológico, é tratado pelos pais como filho e a própria comunidade o reconhece com essa condição.

Posse em nome do nascituro Aquela que se destina a salvaguardar direitos da pessoa que, embora ainda não nascida, é considerada por lei titular de direitos (art. 2º, CC). Medida na qual se manifesta o interesse da mãe em assegurar direitos de filho ainda não nascido em relação a bens que lhe cabem em decorrência de herança, legado ou doação.

Possibilidade jurídica do pedido Diz respeito ao enquadramento do fato ou do direito pleiteado à norma jurídica. Verifica-se a possibilidade jurídica quando aquele que deseja pleitear um direito em juízo estiver embasado na lei e houver uma ação que o assegure.

Possuidor Aquele que tem de fato o exercício, pleno ou não, de algum dos poderes inerentes à propriedade (art. 1.196, CC). O possuidor tem direito a ser mantido na posse em caso de turbação e reintegrado no caso de esbulho (art. 560, CPC).

Postulação Pedido, petição, reivindicação, requerimento. Exposição do fato e alegação do direito que a parte apresenta a juízo fundamentando uma pretensão ou contestando a de outrem.

Postulante Pessoa que postula, pede ou requer alguma coisa em juízo. Autor, demandante.

Pragmático Adepto do pragmatismo. Aquele que possui e adota o sentido prático como forma de pensar e agir.

Pragmatismo Doutrina filosófica fundamentada na prática ou práxis, adotando o valor prático como critério da verdade. A que adota o valor prático como único critério para interpretar, decidir ou fazer alguma coisa.

Prazo Espaço de tempo concedido por lei ou por contrato para cumprimento de uma obrigação ou para prática de um ato judicial. Prazo de pagamento; prazo do contrato; prazo para a entrega da coisa; prazo para contestar; prazo para recorrer etc. Os atos processuais serão realizados nos prazos prescritos em lei (art. 218, CPC). Há pouco tempo, os tribunais não admitiam o recurso prematuro, isto é, o recurso que fosse protocolizado antes da intimação de sentença ou acórdão. Na prática, mesmo não sendo interposto com atraso, se interposto antes do prazo, o recurso era considerado intempestivo. Entretanto, em 14.08.2012, o STF, tendo como relator o Ministro Luiz Fux, passou a admitir tais recursos. No acórdão, o ministro discorre sobre "a preclusão que não pode prejudicar a parte que contribui para a celeridade do processo". O julgado também trata do "formalismo desmesurado que ignora a boa-fé processual que se exige de todos os sujeitos do processo, inclusive, e com maior razão, do Estado-Juiz, bem como se afasta da visão neoconstitucionalista do Direito" (*HC* n. 101.132). Essa tese foi recepcionada pelo CPC (art. 218, § 4º).

Precatória (*v. Carta precatória*).

Precatório Espécie de requisição de pagamento de determinada quantia, que se faz à Fazenda Pública, em decorrência da condenação da União, do estado ou do município em processo judicial, para valores totais acima de sessenta salários mínimos por beneficiário. O pagamento é efetivado na ordem cronológica de apresentação dos precatórios no tribunal, respeitada a preferência daqueles com natureza alimentar sobre os de natureza comum, e se dá pela abertura de uma conta de depósito judicial em instituição financeira oficial.

P

Precedente Aquilo que antecede ou vem antes de alguma coisa. Juridicamente significa decisão judicial anterior sobre determinada questão, posta em juízo, que poderá ser aplicada a um caso atual semelhante. O desenvolvimento do princípio jurídico concernente à força obrigatória do precedente judiciário, conhecido como *stare decisis*, deve-se ao Direito anglo-saxão, fundado no Direito costumeiro (*common law*). O precedente pode dar origem à súmula de jurisprudência com efeito vinculante, aprovada pelo STF, de ofício ou por provocação, aplicável aos demais órgãos do Poder Judiciário e à administração pública direta e indireta, nas esferas federal, estadual e municipal (*v. Súmula vinculante*).

Preclusão Perda de determinada faculdade processual em face da ausência de exercício no momento apropriado. A preclusão obsta o deferimento de um pedido promovido pela parte porque feito a destempo (art. 507, CPC). Impugnação, discordância ou mesmo nulidade de um ato ou documento devem ser alegadas na primeira oportunidade em que couber à parte falar nos autos, sob pena de preclusão (art. 278, CPC). A preclusão poderá ser arguida pelo juiz ou pela parte.

Preclusão consumativa É a que ocorre quando a faculdade processual já foi exercida validamente, tendo o caráter de fato extintivo. Verifica-se sempre que for realizado ou consumado o ato processual, sendo impedimento para o interessado realizá-lo novamente.

Precluso Resultante do efeito da preclusão. Diz-se de ato ou direito que não foi praticado pela parte no prazo assinalado pelo juiz ou pela lei.

Preempção Cláusula especial do contrato de compra e venda que estipula o direito de preferência do vendedor de um bem em adquiri-lo novamente caso o comprador deseje vendê-lo. O mesmo que preferência. O prazo para exercer o direito de preferência não poderá exceder a 180 dias, se a coisa for móvel, ou a dois anos, se imóvel (art. 513, CC).

Preferência Direito de alguém de ser preferido em igualdade de condições com terceiro na aquisição de uma coisa. O mesmo que preempção. A preferência para adquirir a coisa pode decorrer de lei (art. 504, CC; art. 27, Lei n. 8.245/91; art. 92, § 4º, Lei n. 4.504/64; arts. 22 e 25, Estatuto da Cidade) ou de convenção (art. 513, CC) (*v. Preferência legal*).

Preferência convencional Cláusula inserida em contrato de compra e venda que impõe ao comprador a obrigação de oferecer ao vendedor a coisa que aquele vai vender, ou dar em pagamento, para que este use seu direito de prelação na compra, tanto por tanto. O prazo para exercer o direito de preferência não poderá exceder 180 dias, se a coisa for móvel, ou dois anos, se imóvel (art. 513, CC).

Preferência de crédito Preferência de recebimento de valores que possuem certos credores decorrente de falência, acidente de trabalho e ações trabalhistas. A preferência de crédito também beneficia os representantes comerciais nos termos do art. 44 da Lei n. 4.886/65.

Preferência do crédito tributário Direito de preferência para recebimento de crédito conferido por lei à Fazenda Pública, seja qual for sua natureza ou tempo de sua constituição, ressalvados os créditos decorrentes da legislação do trabalho ou de acidente de trabalho (art. 186, CTN).

Preferência legal Preferência atribuída por lei a condômino, locatário, arrendatário e superficiário na aquisição do imóvel que for posto à venda pelo condomínio, locador, arrendador e proprietário do imóvel, respectivamente (art. 504, CC; art. 27, Lei n. 8.245/91; art. 92, § 3º, Lei n. 4.504/64; art. 22, Estatuto da Cidade).

Preferência de aquisição de imóvel da União Direito de preferência para compra de imóveis da União assegurado aos ocupantes de boa-fé de áreas da União para fins de moradia não abrangidos pelo disposto no art. 18, § 6º, I, da Lei n. 9.636/98, nas mesmas condições oferecidas pelo vencedor da licitação, observadas a legislação urbanística local e outras disposições legais pertinentes.

Preferência processual Prioridade de tramitação, em qualquer juízo ou tribunal, dos procedimentos judiciais em que figure como parte ou interessado pessoa com idade igual ou superior a 60 anos, ou portadora de doença grave (art. 1.048, CPC).

Pregão Anúncio em voz alta feito por leiloeiro ou porteiro dos auditórios de coisa levada a leilão e dos lances que os licitantes fizerem. Comunicação pública; proclamação. Modo de chamada de partes e testemunhas feito pelo escrivão ou escrevente judicial para adentrarem à sala de audiência (art. 358, CPC). As testemunhas somente serão apregoadas quando, frustrada a tentativa de conciliação, chegar o momento de ser ouvida cada uma delas.

Pregão eletrônico Modalidade de licitação do tipo menor preço prevista por lei quando a disputa pelo fornecimento de bens ou serviços comuns for feita a distância em sessão pública, por meio de sistema que promova a comunicação pela internet (Decreto n. 10.024/2019). Nessa modalidade, os participantes não precisam estar presentes, pois o processamento do pregão ocorre mediante a utilização da tecnologia da informação, pela qual os licitantes encaminham suas propostas e participam do processo via internet.

Pregão licitatório Modalidade de licitação obrigatória para aquisição de bens e serviços comuns, cujo critério de julgamento poderá ser o de menor preço ou o de maior desconto (art. 6º, XLI, Lei n. 14.133/2021).

Pregão presencial Modalidade de licitação prevista por lei para a aquisição de bens e serviços comuns em que a disputa pelo fornecimento é feita em sessão pública, por meio de propostas e lances, para classificação e habilitação do licitante com a oferta de menor preço. Bens e serviços comuns são aqueles cujos padrões de desempenho e qualidade possam ser objetivamente definidos no edital por meio de especificações usuais praticadas no mercado (Lei n. 10.520/2002).

Pregoeiro Profissional do quadro de servidores públicos designado pela autoridade competente para a condução de licitações realizadas na modalidade pregão, eletrônico ou presencial. Suas responsabilidades estão previstas na Lei n. 10.520/2002.

Preliminar Aquilo que antecede o principal. Argumentos que visam a apontar vícios processuais ou fatos impeditivos do regular andamento da ação. Faculta-se ao réu oferecê-la no corpo da contestação, antes de adentrar no mérito da causa. As preliminares arroladas pelo CPC são: inexistência ou nulidade da citação; incompetência absoluta e relativa; inépcia da petição inicial; perempção; litispendência; coisa julgada; conexão; incapacidade da parte, defeito de representação ou falta de autorização; convenção de arbitragem; ausência de legitimidade ou de interesse processual; falta de caução ou de outra prestação, que a lei exige como preliminar (art. 337, CPC).

Preparo Ato de recolhimento ou pagamento das custas judiciais por quem é parte no processo. É indispensável para a prática de determinado ato judicial e para prosseguimento do feito. A ausência de preparo implica deserção. Aplica-se no caso de interposição de recurso, ocasião na qual o recorrente é obrigado a depositar em cartório ou na contadoria o valor estabelecido para o preparo, sob pena de seu recurso ser considerado deserto e não ser remetido à instância superior (art. 1.007, CPC). São dispensados da efetivação do preparo os recursos interpostos pelo Ministério Público, pela União, pelos estados e municípios e respectivas autarquias, e pelos que gozam de isenção legal (*v. Deserção*).

Preposto Denominação dada à pessoa que realiza negócio ou operação em nome de outrem, geralmente empregado ou funcionário público; representante do empregador na audiência trabalhista. Quando pessoa jurídica, o reclamado pode se fazer representar pelo gerente ou qualquer outro funcionário denominado *preposto* (art. 843, § 1°, CLT).

Prequestionamento Designação que corresponde ao fato de a questão federal, objeto da lide, já ter sido devidamente questionada ou discutida e, inclusive, que a matéria tenha sido explicitamente decidida no aresto recorrido. Assim, ocorre prequestionamento quando a questão que constitui objeto do recurso extraordinário ou especial já foi devidamente suscitada e defendida nas instâncias ordinárias. É necessário que a questão controvertida perante o juízo de origem tenha sido previamente levantada, mesmo por meio de embargos declaratórios, quando omissa a decisão *a quo*. Constitui requisito indispensável a admissibilidade do recurso extraordinário e do recurso especial. "É inadmissível o recurso extraordinário, quando não ventilada na decisão recorrida a questão federal suscitada" (Súmula n. 282, STF).

Pré-sal Compreende uma área de reservas petrolíferas ainda pouco exploradas, localizada sob uma profunda camada de sal (as profundidades podem variar de 1.000 a 2.000 m). No Brasil, essa faixa estende-se ao longo de 800 quilômetros e engloba o Espírito Santo, Santa Catarina, abaixo do leito do mar, além das bacias sedimentares do Espírito Santo, Campos e Santos. A EC n. 102/2019 assegura à União, Estados e Distrito Federal a participação no resultado da exploração de petróleo ou gás natural, de recursos hídricos para fins de geração de energia elétrica e de outros recursos minerais no respectivo território, plataforma continental, mar territorial ou zona econômica exclusiva, ou compensação financeira por essa exploração.

Prescrição Perda de um direito em razão da inércia de seu titular e do decurso de tempo (art. 189, CC). Perecimento da ação, atribuída a um direito, pela falta de uso dela em determinado prazo. Consiste na perda da possibilidade de agir (*facultas agendi*) para defender o direito. A prescrição elimina a exigibilidade via judicial que ao titular do direito era lícito exercer se a prescrição não houvesse. Prescrição extintiva. "A prescrição pressupõe um direito já adquirido e que se perde com o não exercício; a decadência pressupõe um direito que se pode adquirir, agindo em certo tempo, que, transcorrido inteiramente, impede a aquisição do direito" (VENZI *apud* MIRANDA VALVERDE. *Comentários à Lei de Falências*, v. I, p. 306).

Prescrição aquisitiva Modalidade de aquisição da propriedade móvel ou imóvel pelo decurso de prazo. Funda-se na posse mansa e pacífica, sem oposição, exercida pelo possuidor, por determinado tempo, findo o qual prescreve o direito do proprietário de reivindicar a coisa. A aquisição da propriedade por esse modo se processa e se aperfeiçoa através da ação de usucapião (arts. 1.238 e segs., CC).

Prescrição da pretensão punitiva Modo de extinção da punibilidade pelo decurso do tempo. A prescrição, antes de transitar em julgado a sentença final, salvo o disposto nos §§ 1º e 2º do art. 110 do CP, regula-se pelo máximo da pena privativa de liberdade cominada ao crime. Depois de transitar em julgado a sentença condenatória, a prescrição regula-se pela pena aplicada e verifica-se nos prazos fixados no art. 109 do CP, os quais se aumentam de 1/3 se o condenado é reincidente (arts. 109 e 110, CP).

Prescrição intercorrente Diz-se da prescrição, no âmbito do processo de execução, que se verifica quando, após a suspensão por um ano da execução por ausência de bens penhoráveis, não ocorrer manifestação do exequente a respeito. A prescrição intercorrente opera-se no curso do processo de execução, em face do decurso do prazo prescricional da decisão que ordena o arquivamento dos autos, após o decurso do prazo máximo de um ano de suspensão do processo, podendo o juiz decretá-la de ofício. Essa modalidade de prescrição também alcança a execução fiscal, conforme estatui o art. 40, § 4º, da Lei n. 6.830/80. O prazo da prescrição intercorrente se inicia após um ano da suspensão da execução fiscal quando não localizados bens penhoráveis do devedor (Súmula n. 314, STJ).

Prestação de serviço Toda espécie de serviço ou trabalho lícito, material ou imaterial, que pode ser contratada mediante retribuição (arts. 593 a 599, CC).

Prestação de serviços à comunidade Modalidade de pena restritiva de direitos substitutiva da pena privativa de liberdade a ser prestada à comunidade ou a órgão público (art. 44, CP). Em relação à conduta lesiva ao meio ambiente, consiste na atribuição ao condenado de tarefas gratuitas junto a parques e jardins públicos e unidades de conservação; e, no caso de dano de coisa particular, pública ou tombada, na restauração desta, se possível (art. 9º, Lei n. 9.605/98).

Prestação pecuniária Modalidade de pena restritiva de direitos substitutiva da pena privativa de liberdade a ser prestada à comunidade ou a órgão público (art. 44,

CP). Em relação à conduta lesiva ao meio ambiente, consiste na atribuição ao condenado de tarefas gratuitas junto a parques e jardins públicos e unidades de conservação, e, no caso de dano de coisa particular, pública ou tombada, na restauração desta, se possível (art. 9º, Lei n. 9.605/98).

Presunção Suposição. Termo que deriva de presumir; indica que se supõe uma coisa certa sem que esteja devidamente provada. Juridicamente, as presunções são consideradas legais e judiciais. São legais as previstas em lei, como ocorre com a presunção dos filhos havidos na constância do casamento; são judiciais as concebidas como consequência daquilo que o magistrado retira de um fato conhecido para chegar ao descobrimento de outro desconhecido. A presunção é uma modalidade de prova admitida pelo Direito (art. 212, CC).

Presunção absoluta Presunção que não admite prova em contrário (*v. Presunção* iuris et de iure).

Presunção de dependência Dependência presumida em relação ao segurado da Previdência Social de cônjuge, companheira, companheiro e filho não emancipado, de qualquer condição, menor de 21 anos ou inválido ou que tenha deficiência intelectual ou mental que o torne absoluta ou relativamente incapaz, assim declarado judicialmente (art. 16, Lei n. 8.213/91).

Presunção de inocência Garantia constitucional de que ninguém deve ser considerado culpado ou condenado pela prática de uma infração penal até que a sentença penal condenatória transite em julgado (art. 5º, LVII, CF). A presunção de inocência está prevista no art. 6º, § 2º, da Convenção Europeia de Direitos Humanos. Prevê o dispositivo que todo mundo é presumidamente inocente até que sua culpa seja legalmente provada. No entanto, a Corte Europeia de Direitos Humanos, em julgamento ocorrido em 12.07.2013, mitigou esse princípio ao estabelecer que, se a condenação é anulada e não é feito novo julgamento, o réu não pode ser considerado um inocente erroneamente condenado. Não é vítima de erro judicial. Tecnicamente, ele é um inocente aos olhos da Justiça, mas que já passou anos atrás das grades e não vai receber nenhuma compensação por isso (disponível em: www.osconstitucionalistas.com.br/europa-mitiga-presuncao-de-inocencia; acessado em 11.08.2013).

Presunção de legitimidade Presunção de que os atos administrativos, ante o princípio da legalidade, devem ser praticados de acordo com a lei. Diz-se, nesse caso, que o ato goza de presunção relativa ou de fato (*iuris tantum*), admitindo prova em contrário.

Presunção *iuris et de iure* Aquela contra a qual não se admite prova em contrário. Presunção absoluta.

Presunção *iuris tantum* Presunção estabelecida por lei e que admite prova em contrário. Presunção relativa. A presunção de legalidade e veracidade dos atos administrativos é *iuris tantum*.

Presunção legal Toda presunção decorrente de disposição de lei e que, em geral, exige comprovação de quem por ela é beneficiado ou prejudicado. Presunção *iuris tantum*.

Presunção relativa Presunção legal que admite prova em contrário. São consideradas relativas a presunção de certeza e liquidez da Dívida Ativa e a legalidade e veracidade dos atos administrativos (*v. Presunção* iuris tantum).

Prevaricação Crime cometido pelo servidor público que consiste em retardar ou realizar, indevidamente, ato de ofício, ou praticá-lo contra disposição expressa de lei para satisfazer interesse ou sentimento pessoal (art. 319, CP).

Prevenção Ato de conhecer ou receber o processo em primeiro lugar. Diz-se *prevento* o juiz ou juízo que, diante de uma ação a ele submetida, observa que a citação se processou validamente.

Prévia indenização Indenização antecipada ou feita desde logo, antes de o poder público se imitir na posse do imóvel objeto de desapropriação por necessidade, utilidade pública ou por interesse social (arts. 5º, XXIV, e 184, CF).

Previdência complementar Regime de previdência privada, facultativo, de caráter complementar e organizado de forma autônoma em relação ao regime geral de previdência social, baseado na constituição de reservas que garantam o benefício (LC n. 109/2001). Visa a garantir uma complementação da aposentadoria aos empregados que aderirem ao plano (*v. Aposentadoria complementar*).

P

Princípio Disposição ou regra geral que exprime um valor e serve de fundamento e referência para conferir racionalidade a um sistema normativo. "Princípio é, por definição, mandamento nuclear de um sistema, verdadeiro alicerce dele, disposição fundamental que se irradia sobre diferentes normas, compondo-lhes o espírito e servindo de critério para a sua exata compreensão e inteligência, exatamente por definir a lógica e a racionalidade do sistema normativo, no que lhe confere a tônica e lhe dá sentido harmônico. É o conhecimento dos princípios que preside a intelecção das diferentes partes componentes do todo unitário que há por nome sistema jurídico positivo" (BANDEIRA DE MELLO, Celso Antônio. *Elementos de direito administrativo.* São Paulo, RT, p. 230). "A generalidade dos princípios permite, pois, que, sendo a sociedade plural e criativa, tenha seu sistema de Direito sempre atual, sem se perder ou mascarar modelos contrários aos que na Lei Magna se contêm como opção constituinte da sociedade política" (*apud* ESPÍNDOLA, Ruy Samuel. *Conceito de princípios constitucionais*. São Paulo, RT, 1999, p. 77).

Princípio da adequação social Princípio concebido por Hans Welzel que preconiza não se poder reputar como criminosa uma conduta socialmente aceita, ainda que se enquadre em uma descrição típica. Trata-se, aqui, de condutas que, embora formalmente típicas, porquanto subsumidas em um tipo penal, são materialmente atípicas, porque socialmente adequadas, isto é, estão em consonância com a ordem social. São exemplos a circuncisão e a tatuagem.

Princípio da boa-fé objetiva Um dos princípios fundamentais do direito privado cuja função é estabelecer um padrão ético de conduta para as partes nas relações obrigacionais, exigindo que atuem com honestidade, lealdade e probidade. A partir do CDC, a boa-fé foi consagrada no sistema de direito privado brasileiro como um dos princípios fundamentais das relações de consumo e como cláusula geral para controle das cláusulas abusivas. A boa-fé objetiva tem previsão expressa no art. 422 do CC.

Princípio da congruência É também conhecido como princípio da adstrição. Refere-se à necessidade de o magistrado decidir a lide dentro dos limites objetivados pelas partes, não podendo proferir sentença de forma *extra*, *ultra* ou *infra petita*. Funda-se nos arts. 141 e 492 do CPC, que determinam ao juiz ficar adstrito ao pedido do autor, de forma a decidir a lide nos limites em que foi proposta, não podendo pronunciar-se sobre questões não suscitadas.

Princípio da eficiência É aquele por meio do qual se exige da administração pública que suas atividades sejam exercidas com presteza e perfeição.

Princípio da fungibilidade Aquele que admite que um recurso seja recebido por outro, mediante certas condições, como ausência de má-fé e não existência de erro grosseiro. Assim, desde que a parte não incorra em má-fé ou erro grosseiro, é admitida a conversão de um recurso em outro, por exemplo, o agravo de instrumento em apelação, ou vice-versa, com fundamento no art. 283 do CPC. Outra exigência para aplicar o princípio da fungibilidade é que o recurso interposto, tendo um prazo eventualmente maior do que o que poderia ter sido usado, se efetive no prazo menor.

Princípio da hierarquia Decorre da estruturação dos órgãos administrativos tendo como fundamento a relação de coordenação e subordinação existente entre eles.

Princípio da impessoalidade Princípio pelo qual a administração se obriga a tratar todos os administrados sem discriminação. Visa afastar discriminação de qualquer natureza na realização do ato administrativo, uma vez que se trata de atingir uma finalidade pública e coletiva sem beneficiar alguém em particular. Traduz-se pela necessidade de realização de concursos públicos e de processo licitatório quando o objetivo da administração é preencher os quadros de funcionários e contratar pessoas ou empresas para que lhes prestem serviços.

Princípio da insignificância Chamado também de princípio da bagatela, é o que tem como fundamento a mínima ofensividade da conduta, nenhuma periculosidade social da ação, reduzido grau de reprovabilidade do comportamento e inexpressividade da lesão jurídica provocada. De acordo com esse princípio, a lei penal não deve ser invocada para atuar em hipóteses desprovidas de significação social, razão pela qual os princípios da insignificância e da intervenção mínima surgem para evitar situações dessa natureza, atuando como instrumentos de interpretação restrita do tipo penal. Um exemplo de aplicação do princípio é o da apropriação indébita de objeto de valor insignificante.

Princípio da irretroatividade da lei É aquele que determina que a lei só deve dispor para o futuro, não podendo, em matéria penal, retroagir, salvo para beneficiar o réu (art. 5º, XL, CF; art. 2º, parágrafo único, CP).

Princípio da isonomia É o preceito que determina a igualdade de todos perante a lei (art. 5º, CF). No direito administrativo, a Constituição Federal veda o estabelecimento de condições que impliquem preferência de determinados licitantes em detrimento dos demais (art. 37, XXI).

Princípio da legalidade Diz-se, também, princípio da probidade administrativa, que consiste na obrigação da administração pública atuar segundo padrões éticos de probidade, decoro e boa-fé. Princípio segundo o qual à administração pública só é permitido agir ou praticar atos que estejam em conformidade com a lei. Segundo esse princípio, a administração só pode fazer o que a lei e o Direito permitem, ao contrário do que se dá nas relações entre particulares, nas quais é permitido fazer tudo o que a lei não proíbe (art. 5º, II, CF; Lei n. 9.784/99).

P

Princípio da menor onerosidade Princípio que considera que, havendo mais de uma medida que possa ser imposta ao executado, se determine que a ele seja aplicada a medida menos gravosa ou menos onerosa (art. 805, CPC). A fim de que o princípio da menor onerosidade tenha aplicação, é necessário que o juízo tenha alternativas diante de si, de modo que possa eleger uma medida que seja capaz de resguardar os interesses da parte exequente sem onerar desnecessariamente a parte executada (REsp n. 1.384.883).

Princípio da moralidade Diz-se também princípio da probidade administrativa, que consiste na obrigação da administração pública de atuar segundo padrões éticos de probidade, decoro e boa-fé.

Princípio da persuasão racional Princípio adotado pelo juiz quando decide com base nos elementos existentes nos autos, embora sua apreciação não dependa de critérios legais preestabelecidos. Livre convencimento. A avaliação do juiz ocorre segundo parâmetros críticos e racionais, o que não se confunde com arbitrariedade, pois seu convencimento deve ser motivado (art. 731, CPC; art. 155, CP).

Princípio da presunção de legitimidade Presunção de que os atos administrativos, ante o princípio da legalidade, devem ser praticados de acordo com a lei, Diz-se, então, que o ato goza de presunção relativa ou de fato (*iuris tantum*), admitindo prova em contrário.

Princípio da proporcionalidade Também reconhecido como princípio da razoabilidade, corresponde à necessidade de o julgador sopesar os valores que informam o ordenamento jurídico, com vistas a obter equilíbrio, moderação e harmonia nas suas decisões judiciais. Visa, sobretudo, a exercer o controle da discricionariedade nos âmbitos administrativo e legislativo (*v. Princípio da razoabilidade*).

Princípio da publicidade Regra que torna obrigatória a divulgação oficial dos atos praticados pela administração pública, para conhecimento de todos os interessados, para seu controle e para início de seus efeitos. Aplica-se, particularmente, na abertura de concurso público e nas licitações.

Princípio da razoabilidade Também reconhecido como princípio da proporcionalidade, indica o meio através do qual o operador do Direito pondera os valores que informam o ordenamento jurídico, buscando equilíbrio, moderação e harmonia das decisões judiciais. A expressão tem origem no Direito norte-americano, sendo o instituto também referenciado como "princípio da proporcionalidade" e "princípio da proibição de excesso". O princípio é considerado um mecanismo de controle da discricionariedade administrativa e legislativa, permitindo ao Judiciário, pelo senso da proporção, invalidar ações abusivas de administradores e legisladores. A adoção do princípio visa à perfeita adequação, idoneidade, lógica, prudência e moderação no ato de interpretar as normas, com vista a eliminar distorções decorrentes do arbítrio e do abuso de poder.

Princípio da reserva legal É o preceito que indica que a administração pública está submetida, entre outros princípios, ao da legalidade, que abrange postulados de supremacia da lei. A supremacia da lei expressa a vinculação da administração ao Direito e o conceito de que o ato administrativo que contraria a norma legal é inválido (art. 37, CF; art. 2º, Lei n. 9.784/99).

Princípio da segurança jurídica Conceito fundado na exigência de que, ao serem julgados, os casos iguais devem ser tratados de forma igual e os casos futuros devem ser analisados de forma semelhante. Pressupõe a possibilidade de cada um saber, com antecedência, qual será a decisão do juiz na aplicação do Direito (*v. Segurança jurídica*).

Princípio da singularidade (*v. Princípio da unirrecorribilidade*).

Princípio da supremacia do interesse público Todo ato administrativo deve ser praticado em favor do interesse público, que deve predominar sobre o particular.

Também chamado princípio da finalidade, é de natureza indisponível, sob pena de anulação por desvio de finalidade ou abuso de poder (Lei n. 9.784/99).

Princípio da unirrecorribilidade Princípio ínsito na regra de que contra uma decisão judicial somente se pode interpor um único recurso. Assim, no momento em que a parte faz uso de determinado recurso, tem-se como operada a preclusão consumativa, desaparecendo a possibilidade de outras impugnações contra aquela mesma decisão, ainda que haja a desistência do recurso anteriormente interposto. É também conhecido como princípio da singularidade.

Princípio dispositivo Princípio segundo o qual o juiz deve julgar a causa com base nos fatos alegados e provados pelas partes, sendo-lhe vedada a busca de fatos não alegados, cuja prova não tenha sido postulada pelas partes. Também conhecido como princípio da inércia da jurisdição, preconiza que o juiz não pode conhecer de matéria a respeito da qual a lei exige a iniciativa da parte. As partes determinam e fixam o objeto do processo, não podendo o juiz decidir fora, além ou aquém do que foi pedido (art. 141, CPC).

Princípio do contraditório É aquele que assegura a igualdade das partes perante o Judiciário, permitindo ao acusado o direito ao contraditório e à ampla defesa (art. 5º, LV, CF) (*v. Princípio do devido processo legal*).

Princípio do devido processo legal Princípio constitucional, também conhecido por *due process of law*, que consagra a garantia de que ninguém será condenado sem que lhe seja assegurada a mais ampla defesa. Trata-se de uma garantia constitucional outorgada ao cidadão segundo a qual ninguém será privado da liberdade ou de seus bens sem o devido processo legal (art. 5º, LIV, CF). Pressupõe que sejam assegurados aos litigantes, em processo judicial ou administrativo, e aos acusados em geral, o contraditório e a ampla defesa com os meios a eles inerentes (art. 5º, LV, CF).

Princípio do juiz natural Princípio que assegura ao indivíduo seu julgamento por autoridade judiciária com competência previamente definida no ordenamento jurídico e que veda a instituição de tribunais de exceção. "O juiz natural é somente aquele integrado no Poder Judiciário, com todas as garantias institucionais e pessoais previstas na Constituição Federal." Assim, "somente os juízes, tribunais e órgãos jurisdicionais previstos na Constituição se identificam ao juiz natural, princípio que se estende ao poder de julgar também previsto em outros órgãos, como o Senado, nos casos de impedimento de agentes do Poder Executivo" (MELLO FILHO, José Celso. *A tutela judicial da liberdade. RT* 526/291).

Princípio do livre convencimento Aquele pelo qual o juiz, ao decidir, formará sua convicção com base na livre apreciação da prova, atendendo aos fatos e circunstâncias constantes dos autos. O livre convencimento não o exime, no entanto, de

P

indicar na decisão as razões de seu convencimento. É também conhecido por princípio da persuasão racional (art. 371, CPC; art. 155, CP).

Princípios da administração pública São aqueles que, por disposição legal, norteiam a prática dos atos administrativos em geral. A administração pública obedecerá, entre outros, aos princípios de legalidade, finalidade, motivação, razoabilidade, proporcionalidade, moralidade, ampla defesa, contraditório, segurança jurídica, interesse público e eficiência (art. 37, CF; art. 2º, Lei n. 9.784/99).

Princípios gerais do Direito Preceitos gerais e abstratos de Direito que decorrem do próprio fundamento da legislação positiva e constituem os pressupostos lógicos necessários das normas legislativas. O juiz não pode se escusar de sentenciar ou despachar sob a alegação de lacuna ou obscuridade na lei. Assim, ao julgar a lide, não havendo normas legais específicas, recorrerá à analogia, aos costumes e aos princípios gerais de Direito (art. 4º, LINDB).

Prioridade Diz-se de um ato ou algo que deve ser feito ou praticado antes de outro em consideração a seu grau de importância. Precedência ou preferência. Direito de alguém, em razão de deficiência física ou idade avançada, de ser preferido em relação a outro por disposição legal.

Prioridade no processo administrativo Prioridade na tramitação, em qualquer órgão ou instância, dos procedimentos em que figurem como parte ou interessado: pessoa com idade igual ou superior a 60 anos; pessoa portadora de deficiência, física ou mental; pessoa portadora de tuberculose ativa, esclerose múltipla, neoplasia maligna, hanseníase, paralisia irreversível e incapacitante, cardiopatia grave, doença de Parkinson, espondiloartrose anquilosante, nefropatia grave, hepatopatia grave, estados avançados da doença de Paget (osteíte deformante), contaminação por radiação, síndrome de imunodeficiência adquirida, ou outra doença grave, com base em conclusão da medicina especializada, mesmo que a doença tenha sido contraída após o início do processo (art. 69-A, Lei n. 9.784/99).

Prioridade no processo civil Prioridade de tramitação, em todas as instâncias, dos procedimentos judiciais em que figure como parte ou interessado pessoa com idade igual ou superior a 60 anos, ou portadora de doença grave (art. 1.048, CPC).

Prisão Ato de prender alguém privando-o da liberdade. Em outro sentido, significa estabelecimento penal, penitenciária ou presídio, local onde são recolhidas as pessoas condenadas criminalmente à pena restritiva da liberdade. Ninguém poderá ser preso senão em flagrante delito ou por ordem escrita e fundamentada da autoridade judiciária competente, em decorrência de sentença condenatória transitada em julgado ou, no curso da investigação ou do processo, em virtude de prisão temporária ou prisão preventiva (art. 283, CPP). A prisão de qualquer pessoa e o local onde se encontre serão comunicados imediatamente ao juiz competente, ao Ministério Público e à família do preso ou à pessoa por ele indicada (art. 306, CPP).

Prisão cautelar Toda prisão efetuada para a garantia da ordem pública, da aplicação da lei penal ou por conveniência da instrução criminal, entre elas a prisão preventiva.

Prisão civil Prisão ou restrição à liberdade imposta a uma pessoa em razão de cometimento de ilícito civil. Segundo a CF, não haverá prisão civil por dívida, salvo a do responsável pelo inadimplemento voluntário e inescusável de obrigação alimentícia e a do depositário infiel (art. 5º, LXVII, CF). No entanto, a única modalidade de prisão civil atualmente admitida na Justiça brasileira é a do alimentante em razão de dívida alimentar, isso porque o STF reconheceu a ilegalidade da prisão civil do depositário infiel.

Prisão domiciliar Recolhimento do indiciado ou acusado em sua residência, que só poderá dela ausentar-se com autorização judicial. Poderá o juiz substituir a prisão preventiva pela domiciliar quando o agente for: maior de 80 anos; extremamente debilitado por motivo de doença grave; imprescindível aos cuidados especiais de pessoa menor de 6 anos de idade ou com deficiência; gestante a partir do sétimo mês de gravidez ou sendo esta de alto risco (arts. 317 e 318, CPP).

Prisão em flagrante É a prisão de alguém flagrado cometendo um delito, ou logo após cometê-lo. Diz-se também daquela que ocorre quando alguém é perseguido após cometer o crime ou é encontrado logo depois com instrumentos, armas, objetos ou papéis que façam presumir ser ele o autor da infração.

Prisão especial Modalidade de prisão concedida a determinadas pessoas em razão do cargo que ocupam ou do grau de escolaridade que ostentam, como políticos, magistrados e profissionais com curso superior. Tal privilégio leva em conta, além do cargo exercido e do grau de estudo, os serviços prestados à coletividade, como é o caso dos jurados (art. 295, CPP). O privilégio de prisão especial nada mais é o que o direito a cela separada com banheiro ou detenção fora de presídio comum, como em quartéis ou salas do Estado-Maior do Exército. No entanto, ela só é concedida no caso das prisões provisórias, como a temporária e a preventiva, não se estendendo para os casos de prisões definitivas, que ocorrem quando há o trânsito em julgado da sentença penal condenatória. Transitada em julgado a sentença, o recolhimento será feito junto aos presos comuns. O direito de advogados serem presos em sala de Estado-Maior antes de condenação penal definitiva é previsto no art. 7º, V, da Lei n. 8.906/94, Estatuto da Advocacia. Pela referida norma, é direito do advogado "não ser recolhido preso, antes de sentença transitada em julgado, senão em sala de Estado-Maior, com instalações e comodidades condignas, e, na sua falta, em prisão domiciliar". A prerrogativa prevista

P

no Estatuto da Advocacia foi julgada constitucional pelo Supremo Tribunal Federal em maio de 2006. Na ocasião, os ministros apenas derrubaram exigência legal de que a OAB inspecionasse e desse o aval à sala onde o advogado seria recolhido. Mas manteve a regra que prevê prisão em sala de Estado-Maior. A OAB entrou com reclamação porque o advogado Ruy Ferreira Borba Filho foi preso preventivamente em abril, no presídio Bangu 8, acusado de denunciação caluniosa contra juízes. As Forças Armadas no Rio de Janeiro e a Corregedoria da Polícia Militar informaram não ter sala de Estado-Maior em seus quartéis. Por isso, a Justiça do Rio de Janeiro decidiu recolher o advogado em cela individual. Segundo a decisão, a cela tem condições dignas que seriam suficientes para cumprir a determinação do Estatuto da Advocacia. Ainda de acordo com informações do Judiciário, na unidade onde está Borba Filho só há advogados e militares. Na reclamação, contudo, a OAB sustentou que "nem mesmo a hipótese de cela isolada contempla a previsão legal" que determina que o advogado tenha de ser recolhido em sala de Estado-Maior. Os argumentos foram acolhidos pelo Ministro Ricardo Lewandowski. Na decisão, o ministro cita precedentes do STF em que se decidiu que sala de Estado-Maior é diferente de celas "análogas a salas de Estado-Maior", ainda que individuais, pois a primeira não prevê sequer grades.

Prisão preventiva Prisão decretada como garantia de ordem pública ou ordem econômica, por conveniência da instrução criminal ou para assegurar a aplicação da lei penal, quando houver prova da existência do crime e indício suficiente de autoria, em qualquer fase da investigação policial ou do processo penal (arts. 311 e 312, CPP). A prisão preventiva será determinada quando não for cabível sua substituição por outra medida cautelar (art. 282, § 6º, CPP). Assim, não se decreta a prisão preventiva para depois buscar alternativas. Após, verificado não ser o caso de manter o sujeito em liberdade sem nenhuma restrição (primeira opção), há que ser averiguadas adequação e necessidade das medidas cautelares alternativas ao recolhimento ao cárcere (segunda opção). Somente quando nenhuma dessas for viável ao caso concreto é que resta a possibilidade de decretação da prisão processual (terceira opção) (TJRS, *HC* n. 70.056.474.182).

Prisão preventiva para fins de extradição Medida que garante a prisão preventiva do réu em processo de extradição para assegurar a efetividade do processo extradicional. É condição para iniciar o processo de extradição. Esta será requerida depois da prisão preventiva por via diplomática ou, na falta de agente diplomático do Estado que a requerer, diretamente de governo a governo. O Ministério das Relações Exteriores remeterá o pedido ao Ministério da Justiça, que o encaminhará ao STF, cabendo ao ministro relator ordenar a prisão do extraditando, para que seja posto à disposição do STF.

Prisão provisória Prisão não definitiva decretada judicialmente antes do trânsito em julgado da sentença condenatória. As prisões provisórias existentes no ordenamento jurídico brasileiro dividem-se, basicamente, em prisão em flagrante, prisão temporária e prisão preventiva.

Prisão temporária Modalidade de prisão efetivada de modo temporário para que a polícia ou o Ministério Público possa coletar as provas necessárias para embasar o pedido de prisão preventiva. A prisão temporária tem lugar quando: for imprescindível para as investigações do inquérito policial; o indiciado não tiver residência fixa ou não fornecer elementos necessários ao esclarecimento de sua identidade; houver fundadas razões, de acordo com qualquer prova admitida na legislação penal, de autoria ou participação do indiciado em determinados crimes (art. 1º, Lei n. 7.960/89).

Privilégio de crédito Preferência que determinados credores possuem em receber do devedor certos créditos previstos em lei. Os privilégios creditícios são classificados em reais, especiais e gerais (arts. 955 a 965, CC).

Privilégio de foro Direito que algumas autoridades possuem de, em razão do cargo que ocupam, ser julgadas em foro especial, assim considerados os tribunais estaduais e superiores. Foro por prerrogativa da função. Apenas os crimes de responsabilidade e os comuns de natureza penal são submetidos a essa regra. Os demais ilícitos, entre os quais está o de improbidade administrativa, submetem-se ao foro comum, sob juízes de Direito e juízes federais, de acordo com o caso. São beneficiados pelo foro privilegiado, entre outros, o presidente e o vice-presidente da República; deputados federais; senadores e ministros de Estado (art. 102, I, *b*, CF).

P

Procedência Conformidade com a razão ou com o Direito. Aquilo que atende aos requisitos da ação ou do pedido; acolhimento; deferimento do pedido do autor. Procedência da ação; procedência do pedido. Sentença de procedência. A procedência da ação ou do pedido pode ser total, quando a sentença reconhece e atende ao pedido integral do autor; ou parcial, quando o reconhecimento for de apenas parte do pedido.

Procedente Aquilo que foi julgado de conformidade com o Direito e com o pedido formulado pelo autor da ação; deferimento, pelo juiz, do pedido do autor. Sentença procedente ou de procedência.

Procedimento Forma pela qual o processo se desenvolve em qualquer uma de suas espécies. "É a marcha dos atos processuais, coordenados sob formas e ritos, para que o processo alcance o seu escopo e objetivo" (MARQUES, José Frederico. *Manual de direito processual civil*, p. 9). O CPC estabelece, para o processo de conhecimento, duas espécies de procedimento: o comum, o de exceção e os especiais subdivididos em jurisdição contenciosa e jurisdição voluntária. Cada espécie de procedimento rege-se pelas disposições que lhe são próprias. Procedimento de execução; procedimento monitório; procedimento de jurisdição voluntária; procedimento administrativo. Assim, a regra é de que o procedimento é comum, ressalvada a existência dos procedimentos especiais e o de execução.

Procedimento administrativo Diz-se da sucessão ordenada de atos e formalidades necessários à formação e manifestação da vontade da administração pública ou à execução de suas atividades. "O procedimento é o conjunto de formalidades que devem ser observados para a prática de certos atos administrativos; equivale a rito, a forma de proceder; o procedimento se desenvolve dentro de um processo administrativo" (PIETRO, Maria Sylvia Zanella di. *Direito administrativo*. 23.ed. São Paulo, Atlas, 2010, p. 623).

Procedimento arbitral Aquele que é estabelecido pelas partes na convenção de arbitragem, que poderá reportar-se às regras de um órgão arbitral institucional ou entidade especializada, facultando-se, ainda, às partes delegar ao próprio árbitro, ou ao tribunal arbitral, regular o procedimento. Não havendo estipulação acerca do procedimento, caberá ao árbitro ou ao tribunal arbitral discipliná-lo. Serão sempre respeitados os princípios do contraditório, da igualdade das partes, da imparcialidade do árbitro e de seu livre convencimento. No início do procedimento, competirá ao árbitro ou ao tribunal arbitral tentar a conciliação das partes, aplicando-se, no que couber, o art. 28 da Lei n. 9.307/96.

Procedimento comum Procedimento adotado para o processamento e julgamento das causas não submetidas a procedimento especial. Sempre que a lei remeter a procedimento previsto na lei processual sem especificá-lo, será observado o procedimento comum. Também se aplica o procedimento comum aos procedimentos especiais e ao processo de execução, naquilo que não se ache diversamente regulado, e ao procedimento sumário, com as modificações previstas na própria lei especial, se houver.

Procedimento sumaríssimo Procedimento criado por leis especiais com a finalidade de conferir objetividade e celeridade processual ao julgamento de causas de menor complexidade e reduzido valor econômico. Assim é que, consoante dispõe a lei, o referido procedimento será orientado pelos critérios da oralidade, simplicidade, informalidade, economia processual e celeridade. O procedimento sumaríssimo é de exclusiva aplicação aos feitos submetidos ao processo e julgamento dos Juizados Especiais Cíveis e Criminais, instituídos pelas Leis n. 9.099/95 (Justiça comum) e n. 10.259/2001 (Justiça Federal) e art. 852-A, CLT (Justiça do Trabalho).

Procedimento sumaríssimo na Justiça comum O procedimento sumaríssimo na Justiça comum é, hoje, de exclusiva aplicação aos feitos submetidos ao processo e julgamento dos Juizados Especiais Cíveis e Criminais, instituídos pela Lei n. 9.099/95. Destina-se o Juizado Especial Cível, desde que não obtida a conciliação, a processar e julgar, pelo procedimento sumaríssimo, as causas cíveis de menor complexidade, assim entendidas: causas cujo valor não exceda quarenta vezes o salário mínimo; ação de despejo para uso próprio; ações possessórias sobre bens imóveis de valor não excedente a quarenta vezes o salário mínimo; execução de seus próprios julgados ou dos títulos executivos extrajudiciais no valor de até quarenta vezes o salário mínimo (art. 3º, Lei n. 9.099/95).

Procedimento sumaríssimo na Justiça do Trabalho Procedimento implantado na Justiça do Trabalho, através da Lei n. 9.957/2000, que acrescentou novos dispositivos ao art. 852-A da CLT, destinado a processar e julgar os dissídios individuais cujo valor não exceda a quarenta vezes o salário mínimo vigente na data do ajuizamento da reclamação (art. 852-A, CLT).

Procedimento sumaríssimo na Justiça Federal Procedimento instituído pela Lei n. 10.259/2001 ao criar os Juizados Especiais no âmbito da Justiça Federal, destinados a processar e julgar feitos criminais de sua competência relativos às infrações de menor potencial ofensivo, respeitadas as regras de conexão e continência e causas cíveis de sua competência até o valor de sessenta salários mínimos, bem como executar suas sentenças (arts. 2º e 3º, Lei n. 10.259/2001).

Procedimento sumaríssimo penal O que é adotado no processo penal para as infrações penais de menor potencial ofensivo, na forma da lei (art. 394, § 1º, III), ou seja, na forma dos Juizados Especiais Criminais estaduais e Juizados Especiais Criminais da Justiça Federal.

Processo Juridicamente, indica a série ordenada e sucessiva de atos praticados pelas partes e pelo juiz, que tem início com a propositura da ação e culmina com a sentença transitada em julgado.

Processo administrativo Conjunto de atos praticados de forma sequencial pela autoridade administrativa destinado a examinar uma pretensão que lhe é submetida e dar-lhe uma resposta. "Não se confunde processo com procedimento. O primeiro existe sempre como instrumento indispensável para o exercício de função administrativa; tudo o que a Administração Pública faz, operações materiais ou atos jurídicos, fica documentado em um processo" (PIETRO, Maria Sylvia Zanella di. *Direito administrativo*. 23.ed. São Paulo, Atlas, 2010, p. 623). O processo administrativo pode ser instaurado mediante provocação do interessado ou por iniciativa da própria administração pública que atua de acordo com o interesse público e para atender aos fins que lhes são específicos. Nos processos administrativos no âmbito da administração pública federal, serão observados, entre outros, os critérios de: atuação conforme a lei e o Direito; atendimento a fins de interesse geral, vedada a renúncia total ou parcial de poderes ou competências, salvo autorização em lei; objetividade no atendimento do interesse público, vedada a promoção pessoal de agentes ou autoridades; e atuação segundo padrões éticos de probidade, decoro e boa-fé (art. 2º, parágrafo único, Lei n. 9.784/99). "A resistência ao uso do vocábulo *processo* no campo da administração pública, explicada pelo receio de confusão com o processo jurisdicional, deixa de ter consistência no momento em que se acolhe a processualidade ampla, isto é, a processualidade associada ao exercício de qualquer poder estatal. Em decorrência, há processo jurisdicional, processo legislativo, processo administrativo; ou seja, o processo recebe a adjetivação provinda do poder ou função de que é instrumento. A adjetivação, dessa forma, permite especificar a que âmbito de atividade se refere determinado processo" (MEDAUAR, Odete. *A processualidade no direito administrativo.* São Paulo, RT, 1993, p. 29-42). O processo administrativo no âmbito da administração pública federal é regulado pela Lei n. 9.784/99.

Processo administrativo disciplinar Processo adotado no âmbito da administração pública por iniciativa obrigatória da autoridade que tiver ciência de qualquer irregularidade cometida no serviço público, devendo ser assegurada ao acusado ampla defesa (art. 143, Lei n. 8.112/90). O processo disciplinar se desenvolve nas seguintes fases: instauração, com a publicação do ato que constituir a comissão; inquérito administrativo, que compreende instrução, defesa e relatório; e julgamento (art. 151).

Processo cautelar Processo acessório cuja finalidade é a promoção de medidas de urgência que se mostrem necessárias ao bom desenvolvimento de outro processo, chamado principal. É o instrumento empregado para garantir eficácia e utilidade do processo principal. O processo cautelar instrumentaliza-se através da tutela antecipada (*v. Tutela cautelar*).

Processo civil O processo civil, ou direito processual civil, é um ramo do direito público representado por um conjunto de normas destinadas ao regulamento da jurisdição, da ação e do processo que envolve questões de ordem privada. As regras de direito processual regulam os processos judiciais, bem como o modo de estes se iniciarem, se desenvolverem e terminarem. O processo civil divide-se em processo de conhecimento, processo de execução e processo cautelar.

Processo de conhecimento Processo de cognição plena mediante o qual o autor pleiteia o reconhecimento de um direito. O CPC estabelece, para o processo de conhecimento, duas espécies de procedimentos: o comum, o de execução e os especiais, subdivididos em jurisdição contenciosa e jurisdição voluntária.

Processo de execução Processo de rito especial instaurado pelo credor contra o devedor que não satisfizer obrigação certa, líquida e exigível, consubstanciada em título executivo extrajudicial. Execução forçada (art. 778, CPC).

Processo do trabalho Conjunto de atos praticados sequencialmente pelas partes e pelo juiz, destinado ao exame e julgamento de reclamatória ou dissídio trabalhista proposto perante a Justiça do Trabalho (arts. 763 e segs., CLT).

Processo eletrônico Processo judicial promovido mediante o emprego de recursos tecnológicos, que possibilita o envio de petições iniciais ou incidentais eletronicamente por meio do portal do tribunal, sem a intervenção da secretaria judiciária e sem a presença física do advogado. O peticionamento eletrônico é regulamentado pela Lei n. 11.419/2006, que também alterou dispositivos do CPC com vista a adaptá-lo às novas regras. Para que o advogado possa enviar os dados, é necessário possuir assinatura eletrônica, mediante o credenciamento prévio no Poder Judiciário, conforme disciplinado pelos órgãos respectivos, e também formatar o documento em PDF.

Processo legislativo Conjunto de regras que disciplinam o procedimento a ser observado pelos membros do Poder Legislativo na elaboração das espécies normativas (art. 59, CF).

Processo penal O processo penal, ou direito processual penal, é o ramo do direito público que contém normas que disciplinam a função do Estado de julgar infrações penais e aplicar penas. É regrado pelo CPP (DL n. 3.689/41). O processo penal ou criminal, diferentemente do processo civil, cujo objeto são questões relacionadas aos direitos patrimoniais privados, tem por escopo a acusação da pessoa à qual se imputa a prática de algum delito previsto no CP ou em outra lei penal extravagante. Trata-se de ação do Estado contra o cidadão, razão pela qual, a princípio, inexiste petição inicial nos moldes do processo civil.

Procrastinar Ato praticado por aquele que incorre em procrastinação, ou seja, ato de protelar ou adiar sistematicamente a realização de uma atividade. Implica deixar que tarefas de menor prioridade antecipem as de maior prioridade. Juridicamente, significa a prática, por qualquer uma das partes do processo, de atos com objetivos meramente protelatórios com a finalidade de retardar o cumprimento das decisões judiciais. A procrastinação processual é considerada ato atentatório à dignidade da Justiça e assédio processual, com fundamento no arts. 772 e 774, II, do CPC.

Procuração Instrumento do mandato mediante o qual alguém recebe de outrem poderes para, em seu nome, praticar atos ou administrar interesses. O mesmo que mandato (art. 653, CC).

Procuração *ad judicia* Procuração outorgada a advogado para que este represente o outorgante em atos judiciais, concedendo-lhe plenos poderes para o foro em geral. É também denominada procuração com cláusula *ad judicia*. Pode também ser concedida a interposta pessoa não habilitada a exercer os poderes de representação em juízo, para que esta substabeleça a advogado. Observe-se, contudo, que a procuração com a cláusula *ad judicia*, assinada pela parte, somente habilita o advogado para o foro em geral, ou seja, para praticar todos os atos do processo, não incluindo poderes como receber a citação inicial, confessar, reconhecer a procedência do pedido, transigir, desistir, renunciar ao direito sobre o qual se funda a ação, receber, dar quitação, firmar compromisso e assinar declaração de hipossuficiência econômica, considerados poderes especiais que devem constar em cláusula específica (art. 105, CPC). Até pouco tempo se entendia que a assinatura na procuração que contivesse poderes especiais deveria ser reconhecida em cartório, todavia, recentemente, o STJ passou a entender que o art. 105, CPC, dispensa o reconhecimento de firma nas procurações *ad judicia* utilizadas em processo judicial, ainda que contenham poderes especiais (*v.* a seguir). O advogado não deve aceitar procuração de quem já tenha patrono constituído sem o prévio conhecimento deste, salvo por motivo justo ou para a adoção de medidas judiciais urgentes e inadiáveis, conforme recomendação do Código de Ética da OAB (art. 14).

Procuração *ad judicia et extra* Instrumento de procuração que, além de conferir os poderes contidos na procuração *ad judicia*, habilita o advogado a praticar os atos extrajudiciais de representação e defesa perante: quaisquer pessoas jurídicas de direito público, seus órgãos, ministérios, desdobramentos e repartições de qualquer natureza, inclusive autarquias e entidades paraestatais; e quaisquer pessoas jurídicas de direito privado, sociedades de economia mista ou pessoa física em geral.

Procuração *apud acta* Procuração para o ato ou junto aos autos. Procuração judicial, outorgada oralmente, perante o juiz e consignada em ata de audiência. Tem lugar nas audiências criminais e trabalhistas (art. 266, CPP; art. 791, § 3º, CLT).

Procurador Pessoa que recebe poderes para atuar em nome de outrem por meio de procuração ou mandato (art. 653, CC). O advogado que representa o cliente em juízo. Aquele que representa o Estado ou o Município junto ao Poder Judiciário. Mandatário; representante.

Procurador de Justiça Membro do Ministério Público com atuação perante a Justiça de 2º grau. Trata-se de Promotor de Justiça guindado ao órgão de 2ª instância por antiguidade ou merecimento (*v. Ministério Público*).

Procuradores do Estado Profissionais formados em Direito organizados em carreira, na qual o ingresso dependerá de concurso público de provas e títulos, com a participação da Ordem dos Advogados do Brasil em todas as suas fases, que exercem a representação judicial e a consultoria jurídica das respectivas unidades federadas, assim consideradas os estados e o Distrito Federal. O Procurador do Estado exerce função essencial à justiça e ao regime da legalidade dos atos da administração pública estadual, gozando, no desempenho do cargo, das prerrogativas inerentes à atividade da advocacia, sendo inviolável por seus atos e manifestações oficiais nos termos da lei.

Procurador-geral da República Membro do Ministério Público nomeado pelo Presidente da República entre integrantes da carreira do Ministério Público, maiores de trinta e cinco anos, após a aprovação de seu nome pela maioria absoluta dos membros do Senado Federal, para mandato de dois anos, permitida a recondução, encarregado da chefia do Ministério Público da União. Também há procuradores-gerais no âmbito dos estados, do Distrito Federal e dos municípios.

Pródigo Aquele que gasta ou dissipa seu patrimônio de maneira imoderada. Quem faz, habitualmente, gastos injustificáveis, imoderados, sem proveito, com risco de perda do patrimônio. O pródigo sujeita-se à curatela que, no entanto, só o privará de, sem curador, emprestar, transigir, dar quitação, alienar, hipotecar, demandar ou ser demandado, e praticar, em geral, os atos que não sejam de mera administração (arts. 1.767 e 1.782, CC).

P

Pro diviso Diz-se da propriedade comum já partilhada e que, porém, os condôminos continuam usufruindo em comum. Se verifica quando "a comunhão existe de direito, mas não de fato, uma vez que cada condômino já se localiza numa parte certa e determinada da coisa. Exemplo típico de partes pro diviso é o do prédio cujos andares pertencem a proprietários diversos [...]" (MONTEIRO, Washington de Barros. *Curso de direito civil*: direito das coisas. São Paulo, Saraiva, 2010, p. 246).

Produção antecipada de provas (*v. Prova antecipada*).

Progenitor Aquele que vem antes do pai ou genitor. Avô ou ascendente. Usa-se, com mais acerto, a palavra *genitor* quando se refere ao pai.

Progressão de regime Progressão do regime prisional do apenado para o regime menos rigoroso do que aquele a que foi condenado. A progressão para o regime menos rigoroso pressupõe o preenchimento, simultâneo, dos requisitos objetivo e subjetivo (art. 112, LEP). O primeiro consiste no resgate de certa quantidade de pena, prevista em lei, no regime anterior, que poderá ser de 1/6 para os crimes comuns; e 2/5 (se o apenado for primário) ou 3/5 (se o apenado for reincidente) para os crimes hediondos ou equiparados nos termos da Lei n. 11.464/2007;

o segundo consiste no bom comportamento carcerário, atestado por certidão emitida pelo diretor da unidade prisional em que o apenado encontrar-se recolhido. O Plenário do Supremo Tribunal Federal confirmou por unanimidade, em 16.05.2013, que a exigência de cumprimento de 1/6 da pena para a progressão de regime se aplica aos crimes hediondos praticados antes da vigência da Lei n. 11.464/2007 (RE n. 579.167, com repercussão geral).

Pro indiviso Condomínio ou propriedade pertencente a várias pessoas, enquanto não dividida entre os condôminos (*v.* julgado do verbete *Pro diviso*).

Pro labore Pelo trabalho. Remuneração que o sócio de uma empresa tem direito a receber mensalmente.

Prolatar Ato de o juiz proferir ou redigir uma sentença. Pode ser representado por uma expressão como: "O juiz prolatou sentença condenando o réu".

Promissário Promitente comprador. Aquele a quem é prometida a venda da coisa pelo promitente vendedor. O promissário pode exigir do promitente vendedor, ou de terceiros a quem os direitos forem cedidos, a outorga da escritura definitiva de compra e venda, conforme o disposto no instrumento preliminar e, havendo recusa, requerer ao juiz a adjudicação do imóvel (arts. 1.417 e 1.418, CC).

Promitente Promitente vendedor. Aquele que promete ou assume obrigação de fazer ou não fazer; aquele que se obriga com o estipulante a realizar certa prestação em benefício de terceiro. Também se diz compromitente. Na promessa de compra e venda participam o promitente vendedor e o promitente comprador.

Promoção Vantagem assegurada aos servidores públicos que preencherem certos requisitos previstos em lei. A promoção dos juízes será realizada de entrância para entrância, alternadamente, por critérios de antiguidade e merecimento, atendidas as seguintes regras: a) é obrigatória a promoção do juiz que figure por três vezes consecutivas ou cinco alternadas em lista de merecimento; b) a promoção por merecimento pressupõe dois anos de exercício na respectiva entrância e que o juiz integre a primeira quinta parte da lista de antiguidade desta, salvo se não houver com tais requisitos quem aceite o lugar vago; c) aferição do merecimento conforme o desempenho pelos critérios objetivos de produtividade e presteza no exercício da jurisdição e pela frequência e aproveitamento em cursos oficiais ou reconhecidos de aperfeiçoamento; d) na apuração de antiguidade, o tribunal somente poderá recusar o juiz mais antigo pelo voto fundamentado de 2/3 de seus membros, conforme procedimento próprio, sendo-lhe assegurada ampla defesa e repetindo-se a votação até se fixar a indicação; e) não será promovido o juiz que, injustificadamente, retiver autos em seu poder além do prazo legal, não podendo devolvê-los ao cartório sem o devido despacho ou decisão (art. 93, CF).

Promoção de migração ilegal promover, por qualquer meio, com o fim de obter vantagem econômica, a entrada ilegal de estrangeiro em território nacional ou de brasileiro em país estrangeiro (art. 232-A do CP).

Promotor de Justiça Membro do Ministério Público com atuação perante a Justiça de 2º grau. Promotor de Justiça guindado ao órgão de 2ª instância em razão de promoção por antiguidade ou merecimento. O ingresso na carreira do Ministério Público far-se-á mediante concurso público de provas e títulos, sendo assegurada a participação da OAB em sua realização e exigindo-se do bacharel em Direito, no mínimo, três anos de atividade jurídica, além de ser observada, nas nomeações, a ordem de classificação (art. 129, § 3º, CF).

Pronúncia Sentença declaratória judicial que acolhe denúncia do Ministério Público ou queixa na qual se determina o dispositivo legal em que o réu está incurso, determinando que se submeta a julgamento. Juízo de admissibilidade que visa a submeter o acusado ao julgamento popular. O juiz, fundamentadamente, pronunciará o acusado se convencido da materialidade do fato e da existência de indícios suficientes de autoria ou participação (art. 413, CPP).

Propriedade Aquilo que é próprio ou pertence a alguém. Direito real que expressa a existência do domínio e da posse exercido por alguém sobre determinada coisa. Adquire-se a propriedade pela usucapião (art. 1.238, CC), pelo registro do título (escritura pública) (art. 1.245, CC) e pela acessão (art. 1.248, CC). O direito de propriedade deve ser exercido em consonância com suas finalidades econômicas e sociais e de modo que sejam preservados, de conformidade com o estabelecido em lei especial, a flora, a fauna, as belezas naturais, o equilíbrio ecológico e o patrimônio histórico e artístico, bem como evitada a poluição do ar e das águas (art. 1.228, CC). Constitui a propriedade o mais amplo dos direitos reais, compreendendo não só o domínio como a posse *jus possidendi*. Assim, o domínio sem a posse não constitui o direito de propriedade propriamente dito, mas apenas o direito real de domínio, que é menos amplo. Contudo, presume-se pertencer a posse a quem tem o domínio e daí a razão por que, muitas vezes, empregamos esses vocábulos – domínio e propriedade – como sinônimos. O titular do direito de propriedade tem, necessariamente, não só o domínio como a posse, e assim, pode exercer todos os direitos que daí decorrem: disposição, uso, fruição e garantia. O titular do direito de domínio sem posse, antes de vindicá-la, não pode constituir sobre o imóvel certos direitos reais de uso, gozo e garantia, por exemplo, habitação e anticrese; nem exercitar outros direitos como os de partilhar, dividir e demarcar, uma vez que esses direitos pressupõem também a posse, ou melhor, o direito de plena propriedade – domínio e posse (VALLIM, João Rabello de Aguiar. *Direito imobiliário brasileiro:* doutrina e prática. São Paulo: Revista dos Tribunais, 1980, p. 24).

P

Propriedade fiduciária Propriedade resolúvel de coisa móvel infungível que o devedor, com escopo de garantia, transfere ao credor. Direito real de garantia, fundado na alienação fiduciária de imóvel, utilizado para assegurar um financiamento efetuado pelo devedor alienante junto ao credor adquirente da propriedade fiduciária. Nessa modalidade de propriedade, participam duas partes: o credor fiduciário (sujeito ativo) e o devedor fiduciante (sujeito passivo). Configurada a propriedade fiduciária, dá-se o desmembramento da posse e, consequentemente, o devedor fiduciante permanece na posse direta do bem, ao passo que ao credor fiduciário é assegurada a posse indireta. O credor adquire, também, a propriedade resolúvel do bem alienado fiduciariamente, a qual se resolverá se o devedor adimplir a obrigação contraída, hipótese em que a propriedade do bem e sua posse plena retornarão ao então devedor (FARIAS, Cristiano Chaves de; ROSENVALD, Nelson. *Direitos reais*. 3.ed. Rio de Janeiro, Lumen Juris, 2006). A propriedade fiduciária é constituída mediante registro do contrato, celebrado por instrumento público ou particular, que lhe serve de título, no Registro de Títulos e Documentos do domicílio do devedor, ou, em se tratando de veículos, na repartição competente para o licenciamento, fazendo-se a anotação no certificado de registro (art. 1.361, CC).

Propriedade industrial Direito decorrente da produção intelectual direcionada à criação de produtos ou mecanismos que sejam de interesse social e visem o desenvolvimento tecnológico e econômico do País. Compreende as patentes de invenção, os modelos de utilidade, o desenho ou modelo industrial, as marcas de fábrica ou comércio, as marcas de serviço, o nome comercial e as indicações de proveniência ou denominações de origem, bem como a repressão da concorrência desleal. No Brasil, o órgão responsável pelo registro de propriedade industrial é o Instituto Nacional de Propriedade Industrial – INPI. A propriedade industrial é disciplinada pela Lei n. 9.279/96.

Propriedade intelectual Direito decorrente da produção ou do produto do pensamento humano exteriorizado na realização de obras literárias, artísticas e científicas. Propriedade imaterial. São obras intelectuais protegidas as criações do espírito expressas por qualquer meio ou fixadas em qualquer suporte, tangível ou intangível, conhecido ou que se invente no futuro (art. 7º, Lei n. 9.610/98).

Propriedade resolúvel Propriedade sujeita à extinção em razão do implemento de condição, advento do termo ou de outra causa superveniente. Propriedade transferida sob condição ou termo. Resolvida a propriedade, entendem-se também resolvidos os direitos reais concedidos em sua pendência, e o proprietário, em cujo favor se opera a resolução, pode reivindicar a coisa do poder de quem a possua ou detenha (art. 1.359, CC). Considera-se fiduciária a propriedade resolúvel de coisa móvel infungível que o devedor, com escopo de garantia, transfere ao credor (art. 1.361, CC).

Proprietário Aquele que detém todos os poderes inerentes à propriedade, ou seja, possui o direito de usar, gozar e dispor da coisa, e o direito de reavê-la do poder de quem quer que injustamente a possua ou detenha. O proprietário pode ser privado da coisa, nos casos de desapropriação, por necessidade ou utilidade pública ou interesse social, bem como no de requisição, em caso de perigo público iminente, e no de reivindicação por usucapião (art. 1.228, CC).

Propter rem Por causa ou em razão da coisa. Relativo à obrigação que recai sobre uma pessoa em razão da sua qualidade de proprietário ou titular de um direito real sobre um determinado bem. Vinculação de uma pessoa a certo bem com todos os deveres a ele inerentes.

Pro rata Divisão na proporção das partes. Na razão do que deve caber, proporcionalmente, a cada uma das partes.

Protesto cambiário Aquele que é promovido pelo credor perante o Cartório de Protestos de Títulos, motivado por falta de aceite ou falta de pagamento de título cambiário (nota promissória, letra de câmbio, cheque e duplicata).

Protesto de decisão judicial É o protesto da decisão transitada em julgado efetivado depois de transcorrido o prazo de quinze dias para pagamento voluntário pelo devedor. Para efetivar o protesto, incumbe ao exequente requerer a emissão de certidão do teor da decisão.

P

Protesto judicial Medida judicial requerida por quem tem interesse em prevenir responsabilidade, prover a conservação e ressalva de seus direitos ou manifestar qualquer intenção de modo formal. Mediante o protesto "o protestante exterioriza manifestação de vontade, declarando algum direito ou pretensão que afirma serem seus, ou manifestando vontade de exercê-los" (BAPTISTA DA SILVA, Ovídio A. *Do processo cautelar*. 2. ed. Rio de Janeiro, Forense, 1999, p. 455). Humberto Theodoro Júnior cita os seguintes exemplos de casos que comportam o pedido de protesto judicial: "*Prevenir responsabilidade,* como, por exemplo, o caso do engenheiro que elaborou o projeto e nota que o construtor não está seguindo se plano técnico; *prover a conservação de seu direito*, como no caso do protesto interruptivo de prescrição; *prover a ressalva de seus direitos*, como no caso de protesto contra alienação de bem que possa reduzir o alienante à insolvência e deixar o credor sem meios de executar seu crédito" (THEODORO JÚNIOR, Humberto. *Curso de direito processual civil*. 35. ed. Rio de Janeiro, Forense, 2003, p. 482).

Prova Instrumento utilizado pelas partes em juízo para demonstrar ou refutar a existência ou veracidade de um fato ou ato jurídico. É todo meio legal usado no processo capaz de demonstrar a verdade dos fatos alegados em juízo. Salvo o negócio a que se impõe forma especial, o fato jurídico pode ser provado mediante: confissão, documento, testemunha, presunção e perícia (art. 212, CC). As partes têm o direito de empregar todos os meios legais, bem como os moralmente legítimos, ainda que não especificados neste Código, para provar a verdade dos fatos em que se funda o pedido ou a defesa e influir eficazmente na convicção do juiz (art. 369, CPC). Não dependem de prova os fatos: notórios; afirmados por uma parte e confessados pela parte contrária; admitidos no processo como incontroversos; em cujo favor milita presunção legal de existência ou veracidade.

Prova antecipada Medida judicial destinada a promover a oitiva de pessoa ou o exame de uma coisa, de forma antecipada, diante do justo receio de que tais provas corram o risco de desaparecer e não possam ser produzidas posteriormente. A medida visa a produzir prova que normalmente seria produzida em juízo, durante o desenvolvimento regular do processo, para que o requerente possa utilizá-la em uma ação que eventualmente venha a promover no futuro. A produção antecipada da prova será admitida nos casos em que haja fundado receio de que venha a tornar-se impossível ou muito difícil a verificação de certos fatos na pendência da ação; a prova a ser produzida seja suscetível de viabilizar a autocomposição ou outro meio adequado de solução de conflito; o prévio conhecimento dos fatos possa justificar ou evitar o ajuizamento de ação (art. 381, CPC) (*v. Antecipação de provas*).

Prova documental Aquela fundada em documento, ou seja, no que está materializado por escrito – impresso, digitalizado ou manuscrito. Em sentido *lato*, é todo registro escrito que representa uma declaração de vontade; em sentido *stricto*, quaisquer escritos, instrumentos ou papéis públicos ou particulares (art. 232, CPP). A escritura pública, lavrada em notas de tabelião, é documento dotado de fé pública, fazendo prova plena (art. 215, CC). As declarações constantes do documento particular, escrito e assinado, ou somente assinado, presumem-se verdadeiras em relação ao signatário (art. 399, CPC). Considera-se autêntico o documento quando o tabelião reconhecer a firma do signatário (art. 411, CPC).

Prova pericial Exame, vistoria ou avaliação, realizada por perito nomeado pelo juiz. O exame se dá por meio de inspeção de coisas, móveis e semoventes, para a verificação de fatos ou circunstâncias que interessam à causa. A vistoria é realizada em caso de inspeção de imóveis; a avaliação é utilizada para determinar o valor, em moeda, de coisas, direitos ou obrigações, como ocorre em inventários e partilhas e nas execuções. O juiz apreciará a prova pericial de acordo com o disposto no art. 371 do CPC, indicando na sentença os motivos que o levaram a considerar ou a deixar de considerar as conclusões do laudo, levando em conta o método utilizado pelo perito (art. 479, CPC) (*v. Perícia*).

Provas ilícitas Provas não admitidas pelo ordenamento jurídico, nos processos criminais, assim entendidas as obtidas em violação a normas constitucionais ou legais. São também inadmissíveis as provas derivadas das ilícitas, salvo quando não evidenciado o nexo de causalidade entre umas e outras, ou quando as derivadas puderem ser obtidas por uma fonte independente das primeiras (art. 157, CPP). "A prova ilícita, em sentido estrito, pode ser definida como a 'prova colhida infringindo-se normas ou princípios colocados pela CF e pelas leis, frequentemente para a proteção das liberdades públicas e dos direitos da personalidade e daquela sua manifestação que é o direito à intimidade'" (AVOLIO, Luiz Francisco Torquato. *Provas ilícitas*: interceptações telefônicas e gravações clandestinas. 2.ed. São Paulo, RT, 1999, p. 43).

Prova testemunhal Diz-se da prova produzida por meio de declaração ou inquirição de pessoas que supostamente tenham conhecimento de fatos que interessam à elucidação da causa. Compete às partes a produção da prova testemunhal arrolando, com antecedência, seu nome, profissão, estado civil, idade, número do cadastro de pessoa física e do registro de identidade e o endereço completo da residência e do local de trabalho (art. 450, CPC).

Provérbio Sentenças ou citações redigidas de maneira sucinta que expressam pensamentos ou princípios jurídicos admitidos universalmente como justos ou conforme a razão predominante. São costumeiramente expressos em latim: *in dubio pro reo*; *dormientibus non succurrit jus*; *nulla poena sine lege*; *allegatio et non probatio, quasi non allegatio*.

Punibilidade Refere-se à punição ou aplicação de pena aos que praticam infrações delituosas decorrente de processos criminais. A punibilidade é passível de extinção: pela morte do agente; por anistia, graça ou indulto; pela retroatividade de lei que não mais considera o fato criminoso; pela prescrição, decadência ou perempção; pela renúncia do direito de queixa ou pelo perdão aceito, nos crimes de ação privada; pela retratação do agente, nos casos em que a lei a admite; pelo casamento do agente com a vítima, nos crimes contra os costumes; pelo casamento da vítima com terceiro, se os crimes foram cometidos sem violência real ou grave ameaça e desde que a ofendida não requeira o prosseguimento do inquérito policial ou da ação penal no prazo de sessenta dias a contar da celebração; pelo perdão judicial, nos casos previstos em lei (art. 107, CP).

Pupilo Menor, órfão de pai e mãe, submetido a tutela enquanto não atingir a maioridade, não for emancipado ou não for reconhecido ou adotado. O mesmo que tutelado. O pupilo fica subordinado ao tutor, que é a pessoa incumbida de zelar por ele, para dirigir-lhe a educação, defendê-lo e prestar-lhe alimentos, conforme seus haveres e condição, além de adimplir-lhe os demais deveres que normalmente cabem aos pais, ouvida a opinião do menor, se este já contar 12 anos de idade (art. 1.728, CC) (*v. Tutelado*).

Purgação da mora Ato ou efeito de reparar ou extinguir a mora decorrente do não adimplemento pelo devedor da dívida no prazo avençado. Purga-se a mora: por parte do devedor, oferecendo este a prestação mais a importância dos prejuízos decorrentes do dia da oferta; por parte do credor, oferecendo-se este a receber o pagamento e sujeitando-se aos efeitos da mora até a mesma data (art. 401, CC). No âmbito da ação de despejo, a purga da mora recebe a denominação de *emenda da mora*, possibilitando ao locatário que estiver em atraso no pagamento dos aluguéis e com o fim de evitar o despejo pagar o débito atualizado independentemente de cálculo e mediante depósito judicial (art. 62, II, Lei n. 8.245/91).

Putativo Aquilo que, no entendimento equivocado de uma pessoa, se demonstra como real e legal. Resulta do pensar, crer ou imaginar a licitude de um ato ou fato declaradamente ilegal, como ocorre no casamento putativo e na legítima defesa putativa. Naquele, um dos nubentes se casa com quem é casado, supondo ser ele solteiro; nesta, o agente, para defender sua casa, faz disparo contra pessoa que supõe ser o ladrão.

Quanti minoris Expressão latina que designa preço menor, utilizada na ação *quanti minoris*, cujo objetivo é obter uma redução do preço da coisa adquirida proporcional aos defeitos nela encontrados, como no caso de imóvel com área menor que a prevista em contrato (art. 500, CC) (*v. Ação* quanti minoris).

Quarentena Expressão usada no âmbito do Poder Judiciário para indicar o período no qual é vedado aos juízes o exercício da advocacia no tribunal no qual se aposentaram ou do qual pediram exoneração. A denominada quarentena de saída foi instituída pela EC n. 45/2004, que acrescentou o inciso V ao art. 95 da CF. A finalidade da medida é impedir eventual tráfico de influência ou exploração de prestígio, em detrimento das normas de moralidade administrativa. "Tem-se aqui a aplicação da chamada 'quarentena' no âmbito do Poder Judiciário, com o objetivo de evitar situações geradoras de um estado de suspeição quanto ao bom funcionamento do Judiciário. Embora a matéria tenha suscitado alguma polêmica, tendo em vista a restrição que se impõe sobre direitos individuais, a decisão afigura-se plenamente respaldada na ideia de reforço da independência e da imparcialidade dos órgãos judiciais" (MENDES, Gilmar Ferreira. *Curso de direito constitucional*. 2.ed. São Paulo, Saraiva, 2008, p. 936). No contexto da COVID-19, restrição de atividades ou separação de pessoas suspeitas de contaminação das pessoas que não estejam doentes, ou de bagagens, contêineres, animais, meios de transporte ou mercadorias suspeitos de contaminação, de maneira a evitar a possível contaminação ou a propagação do Coronavírus (art. 2º, II, Lei n. 13.979/2020).

Queixa-crime Instrumento jurídico utilizado pelo interessado (querelante) para promover a denúncia de um fato criminoso junto à autoridade. Depende do oferecimento de queixa-crime pelo ofendido a instauração das *ações penais privadas*, que têm por objeto os crimes contra a honra, ou seja, calúnia, injúria e difamação. São requisitos da queixa-crime: exposição do fato com todas suas circunstâncias; qualificação do acusado ou esclarecimentos pelos quais seja possível identificá-lo; classificação do crime; e rol de testemunhas quando necessário (art. 41, CPP).

Querela Queixa ou acusação.

Querelado Denunciado ou pessoa contra quem se oferece queixa ou denúncia.

Querelante Denunciante ou pessoa que oferece queixa-crime nas ações penais privadas.

Querela nullitatis Denominação conferida à providência judicial destinada a atacar sentença em que haja vício insanável no ato citatório. A citação válida, conforme as regras processuais, é condição de eficácia do processo em relação ao réu e à validade dos atos processuais subsequentes. Em consideração a esse fato, se houver decisão transitada em julgado sem que se observem os requisitos para a citação não atingirá aquele réu que não integrou o polo passivo da ação. Assim, a nulidade por falta de citação poderá ser suscitada por meio de ação declaratória de inexistência de citação, denominada *querela nullitatis*, no mesmo juízo que proferiu a decisão.

Quesitos Questões feitas sobre o fato criminoso que vão auxiliar os jurados na decisão da causa (arts. 482 e 483, CPP). No processo civil, constituem questionamentos que deverão ser formulados pelas partes ao perito e que servirão de base para a elaboração do laudo pericial (art. 465, § 1º, CPC).

Questão prejudicial Pressuposto para o julgamento da questão principal que deve ser arguido e decidido em primeiro lugar a fim de não prejudicar o julgamento do mérito. A questão prejudicial deve ser decidida antes de qualquer outra, pois dela depende a própria questão principal. Um exemplo é a ação de reconhecimento da união estável, que se mostra indispensável para a companheira participar do inventário do companheiro falecido. Como o reconhecimento da união constitui matéria estranha ao inventário, obstativa de ser apreciada de forma incidental, é mister que a companheira supérstite obtenha o reconhecimento judicial da união estável por meio de ação de justificação ou ação declaratória de reconhecimento de união estável antes de pleitear direito sucessório.

Quid iuris? Qual o direito? Indagação que se faz a respeito da solução jurídica que deve ser encontrada para o deslinde de uma questão ou controvérsia.

Quinhão Parte que cabe a cada um dos condôminos na divisão de coisa comum; cota-parte a que cada herdeiro tem direito na partilha dos bens inventariados.

Quinto constitucional Regra constitucional que prevê que 1/5 dos membros de determinados tribunais brasileiros – STJ, Tribunais de Justiça estaduais, do Distrito Federal, dos territórios, TRF, TST e TRT – seja composto de advogados e membros do Ministério Público. Exige-se, para tanto, que os candidatos contem pelo menos dez anos de exercício profissional e tenham reputação ilibada, além de notório saber jurídico (art. 94, CF). A escolha é feita inicialmente pelas entidades da categoria (OAB ou Ministério Público), que elaboram uma lista sêxtupla que será enviada ao tribunal onde ocorreu a vaga de ministro ou desembargador. Dessa lista, o próprio tribunal, após votação interna, constitui uma lista tríplice que é remetida ao chefe do Poder Executivo – governador, no caso de vagas da Justiça Estadual, e Presidente da República, no caso de vagas no STJ ou na Justiça Federal –, que nomeará um dos indicados, independentemente da ordem em que os nomes aparecem na lista tríplice. Diz-se que a finalidade do quinto constitucional é, além de arejar o Poder Judiciário com a visão de profissionais não vinculados originariamente à magistratura, a democratização do Poder Judiciário.

Quirografário Credor que, não possuindo título legal de preferência, tem o mesmo direito que os outros credores, e nas mesmas condições, sobre os bens do devedor comum. Esse direito será pago em rateio do saldo que houver. Credor sem garantia real para o recebimento de seu crédito.

Quitação Ato escrito do credor que certifica que recebeu a prestação do devedor, liberando-o da obrigação. A quitação, que sempre poderá ser dada por instrumento particular, designará valor e espécie da dívida quitada, nome do devedor ou de quem por este pagou, tempo e lugar do pagamento com assinatura do credor ou de seu representante (art. 320, CC).

Quorum Número mínimo de membros que legal ou estatutariamente devem se fazer presentes para que um tribunal ou assembleia funcione e deliberem regularmente. No Legislativo, presença de um mínimo regimental de deputados e senadores indispensável em certas votações.

Quota Porção ou fração proporcional do capital social que cabe a cada sócio na constituição de uma sociedade. Em se tratando de uma sociedade limitada, o capital social divide-se em quotas, iguais ou desiguais, cabendo uma ou diversas a cada sócio, cuja responsabilidade fica restrita ao valor de suas quotas (arts. 1.052 e 1.055, CC).

Quota disponível (*v. Parte disponível*).

Quota litis Cláusula estabelecida em contrato de honorários em virtude da qual o advogado passa a ter direito a determinada parte do resultado da causa. Quando adotada, deve ser necessariamente representada por pecúnia (art. 50, Código de Ética e Disciplina da OAB).

Rábula Expressão usada para designar a antiga figura daquele que, não sendo advogado, obtinha autorização do órgão competente do Poder Judiciário (no período imperial) ou da entidade de classe (inicialmente do Instituto dos Advogados; a partir dos anos 1930, da OAB) para exercer, em primeira instância, a defesa de um acusado em juízo. O mais famoso rábula foi o carioca Evaristo de Moraes, pai de Antônio Evaristo de Moraes Filho, que também viria a brilhar na mesma especialidade na segunda metade do século passado. Mais tarde, Evaristo de Moraes veio a se formar em Direito, o que ocorreu quando já tinha 45 anos de idade.

Ratificar Confirmar, aprovar, convalidar. Ato pelo qual se convalida um procedimento anterior, pendente de confirmação por outra pessoa, autoridade ou órgão superior. O mesmo que *ad referendum*. "O Brasil ratificou a Convenção de Viena de 1969 pelo Decreto n. 7.030, de 14 de dezembro de 2009." Os atos praticados por quem não tenha mandato, ou o tenha sem poderes suficientes, são ineficazes em relação àquele em cujo nome foram praticados, salvo se este os ratificar. Nesse caso, a ratificação há de ser expressa, ou resultar de ato inequívoco, e retroagirá à data do ato (art. 662, CC). O ato anulável é suscetível de ratificação; o ato nulo não (arts. 169 e 172, CC).

Ratio agendi Interesse de agir, que fundamenta o direito de ação.

Ratio iuris Razão do Direito. Fundamento jurídico que serve de suporte à pretensão em juízo.

Ratione materiae Em razão da matéria. Expressão que designa a competência do juiz fixada em razão da matéria ou especialidade, por exemplo, Vara de Família, Vara Cível, Vara Criminal.

Ratione valori Em razão do valor. Expressão utilizada para designar a competência do juiz fixada em razão do valor da causa, como ocorre nas causas cíveis submetidas aos Juizados Especiais tanto da Justiça Comum como da Federal.

Razão social Designação jurídica ou nome adotado por uma sociedade ou empresa comercial. É o nome devidamente registrado sob o qual uma pessoa jurídica se individualiza e exerce suas atividades. Diferencia-se do nome dado a um estabelecimento ou do nome comercial, denominados nome fantasia. Dependendo do tipo de sociedade, a razão social pode ter, na parte final do nome, acrescentada a expressão Ltda., S.A. ou Cia. Ltda.

Razões Ponderações, argumentos ou articulações que expressam a inconformidade da parte recorrente, elaborados por esta em recurso endereçado ao Tribunal de Justiça competente. Razões de apelação; razões do agravo de instrumento.

Razões finais Alegações finais. Memoriais. Exposição das questões de direito e de fato de maior relevância apontadas nos autos feita verbalmente ou por escrito pelas partes em audiência antes da prolação da sentença. Neste caso, o juiz dará a palavra ao advogado do autor e do réu, bem como ao membro do Ministério Público, se for o caso de sua intervenção, sucessivamente, pelo prazo de vinte minutos para cada um, prorrogável por dez, a seu critério (art. 364, CPC). A critério das partes, as alegações finais poderão ser simplesmente remissivas, ou seja, alusivas ao alegado na petição inicial ou na contestação. No processo penal, as razões finais são oferecidas, pela acusação e pela defesa, por tempo igual ao concedido às partes no processo civil (art. 403, CPP) (*v. Alegações finais*).

Reabilitação Ato ou fato de fazer alguém retornar ao estado ou capacidade física ou jurídica anterior.

Reabilitação criminal Instituto de direito penal que tem por objetivo conceder ao condenado com pena cumprida o direito de ter seu nome reabilitado, sem que conste em certidões expedidas pelo poder púbico menção alguma à condenação anteriormente sofrida. "A reabilitação é pura medida de política penal, uma recompensa concedida ao indivíduo que, embora justamente condenado no juízo criminal, revela, após o cumprimento da pena principal, constância de boa conduta, e haja reparado, quando possa, o dano resultante do crime. Consiste ela em reintegrar o condenado nos direitos que lhe tenham sido tirados pela condenação, temporária ou permanentemente. [...] Inspirada em razões de utilidade política, a reabilitação figura, no direito penal positivo, ao lado das medidas tendentes a prevenir indiretamente a reincidência, estimulando a reeducação moral dos criminosos" (ESPÍNOLA FILHO, Eduardo, *Código de Processo Penal brasileiro anotado*. 6.ed. Rio de Janeiro, Rio, 1980, v. VII, p. 326). A reabilitação alcança todas as penas aplicadas em sentença definitiva, assegurando ao condenado o sigilo dos registros sobre seu processo e sua condenação. A reabilitação poderá ser requerida quando decorrerem dois anos a partir do dia em que for extinta, de qualquer modo, a pena ou quando terminar sua execução, computando-se o período de prova da suspensão e o do livramento condicional (arts. 93 a 95, CP).

Reabilitação de falido Procedimento judicial destinado à declaração da extinção das responsabilidades de ordem civil do devedor falido. Extinguem as obrigações do falido: o pagamento de todos os créditos; o pagamento, depois de realizado todo o ativo, de mais de 50% dos créditos quirografários, sendo facultado ao falido o depósito da quantia necessária para atingir essa porcentagem se para tanto não bastou a integral liquidação do ativo; o decurso do prazo de cinco anos, contado do encerramento da falência, se o falido não tiver sido condenado por prática de crime previsto na Lei de Falências; o decurso do prazo de dez anos, contado do encerramento da falência, se o falido tiver sido condenado por prática de crime previsto na mencionada Lei (art. 158, Lei n. 11.101/2005).

Reabilitação profissional Serviço da Previdência Social que tem o objetivo de oferecer, aos segurados incapacitados para o trabalho (por motivo de doença ou acidente), os meios de reeducação ou readaptação profissional para seu retorno ao mercado de trabalho. A Previdência Social fornecerá aos segurados os recursos materiais necessários à reabilitação profissional, quando indispensáveis ao desenvolvimento do respectivo programa, incluindo próteses, órteses, instrumentos de trabalho, implementos profissionais, auxílio-transporte e auxílio-alimentação. Concluído o processo de reabilitação, o órgão previdenciário emitirá certificado indicando a atividade para a qual o trabalhador foi capacitado profissionalmente (arts. 89 a 92, Lei n. 8.213/91).

Rebus sic stantibus Locução latina que designa a cláusula contratual que tem como premissa o fato de que o contrato somente deve ser cumprido pelo devedor se subsistirem as condições econômicas existentes na data em que foi firmado. Assim, nos contratos de execução continuada ou diferida, se a prestação de uma das partes se tornar excessivamente onerosa, com extrema vantagem para a outra, em virtude de acontecimentos extraordinários e imprevisíveis, o devedor sempre poderá pedir a resolução do contrato (art. 478, CC). Funda-se o princípio na teoria da imprevisão e contrapõe-se ao *pacta sunt servanda*.

Receptação Crime contra o patrimônio que consiste em adquirir, receber ou ocultar, em proveito próprio ou alheio, coisa que se sabe ser produto de crime, ou influir para que terceiro de boa-fé a adquira, receba-a ou a oculte (art. 180, CP).

Recesso Suspensão temporária das atividades do Poder Judiciário. Período no qual os magistrados de todos os níveis deixam de exercer temporariamente suas funções, ressalvado os casos de relevante urgência que serão atendidos por um magistrado de plantão para uma região de comarcas. O recesso judicial, via de regra, compreende o intervalo que vai de 20 de dezembro a 6 de janeiro.

Recidiva O que renasce; o que se repete. O mesmo que reincidência.

Reclamação Processo destinado à preservação de competência dos tribunais. Inicialmente prevista na CF de 1988 (art. 102, I, *l*) e regulamentada pelos arts. 156 e seguintes do Regimento Interno do STF e arts. 187 a 192 do Regimento Interno do STJ, foi recepcionada pelo CPC. A reclamação também tem previsão legal na

Lei n. 8.038/90, aplicável às ações penais originárias. Sua finalidade, além da preservação da competência, é garantir a autoridade das decisões dos tribunais e a observância de súmula vinculante e de tese firmada em julgamento de casos repetitivos ou de incidente de assunção de competência. A "reclamação, longe de ser uma ação, ou um recurso, é um incidente processual, provocado pela parte ou pelo Procurador-Geral, visando a que o Supremo Tribunal imponha a sua competência quando usurpada, explícita ou implicitamente, por outro qualquer tribunal ou juiz" (MONIZ DE ARAGÃO, Egas. *A correição parcial*. Curitiba, Imprensa da Universidade Federal do Paraná, 1969, p. 110). A reclamação pode ser proposta perante qualquer tribunal, e seu julgamento compete ao órgão jurisdicional cuja competência se busca preservar ou autoridade se pretenda garantir. Deve ser instruída com prova documental e dirigida ao presidente do tribunal; assim que for recebida, será autuada e distribuída ao relator da causa principal, sempre que possível.

Reclamado Nome dado ao réu, geralmente o empregador (pessoa física ou jurídica), no processo trabalhista. Quando pessoa jurídica, o reclamado pode se fazer representar pelo gerente ou por qualquer outro funcionário denominado *preposto* (art. 843, § 1º, CLT).

Reclamante Denominação dada ao autor, geralmente o empregado (pessoa física), na reclamação ou reclamatória trabalhista proposta perante a Justiça do Trabalho.

Reclamatória O mesmo que reclamação, expressão que designa ação proposta perante as varas da Justiça do Trabalho. Dissídio individual trabalhista. Em primeira instância, as varas do trabalho julgam apenas dissídios individuais, que são controvérsias surgidas nas relações de trabalho entre o empregador (pessoa física ou jurídica) e o empregado (este sempre como indivíduo, pessoa física).

Reclusão Pena privativa da liberdade aplicada a crimes mais graves cumprida em regime fechado, semiaberto ou aberto. Encarceramento (art. 33, CP).

Reconhecimento Ato pelo qual se atesta ou se declara judicial ou extrajudicialmente determinado ato ou determinada situação. Reconhecimento de pessoas, firma, paternidade, domínio.

Reconhecimento de firma Declaração que o notário ou tabelionato faz da autoria de assinatura aposta em documento. Não deve ser confundido com autenticação de documento. Portanto, no art. 411 do CPC, onde se lê "Considera-se *autêntico o documento*", quando o tabelião reconhecer a firma do signatário, declarando que foi aposta em sua presença, salvo melhor juízo, o correto é ler reputa-se *autêntica a assinatura*. O reconhecimento pode ser feito por autenticação, quando o subscritor for reconhecido ou identificado pelo tabelião e assinar em sua presença, ou por semelhança, quando o tabelião confrontar a assinatura com outra existente

R

em seus livros ou cartões de autógrafos e verificar a similitude. O reconhecimento por autenticidade costuma ser exigido nos documentos que visem à prática dos seguintes atos: transmitir ou prometer transmitir propriedade, domínio, posse ou direitos sobre bens móveis, imóveis ou semoventes; alienar ou dispor de direitos pessoais e reais, bem como cedê-los, desistir deles ou renunciar a eles; alienar veículos automotores; prestar aval ou fiança com renúncia ao benefício de ordem; dispor de demais bens ou direitos de conteúdo econômico apreciável; em procurações para postular em juízo que contiverem cláusula de outorga de poderes para receber e dar quitação.

Reconhecimento de paternidade Ato pelo qual alguém reconhece voluntariamente ou por declaração judicial determinada pessoa como filho. O reconhecimento voluntário de filho pode ser feito: no registro do nascimento; por escritura pública ou escrito particular a ser arquivado em cartório; por testamento, ainda que incidentalmente manifestado; por manifestação direta e expressa perante o juiz, ainda que o reconhecimento não haja sido o objeto único e principal do ato que o contém (art. 1.609, CC; Provimento n. 16/2012, CNJ). O reconhecimento judicial se dá por meio da propositura de ação de investigação de paternidade movida pelo suposto filho maior ou pela mãe, representando ou assistindo quando o filho for menor de idade (art. 2º, § 6º, Lei n. 8.560/92).

Reconhecimento de pessoas Ato praticado no âmbito do processo penal do qual a vítima ou a testemunha participam com a finalidade de reconhecer ou identificar o autor do delito (art. 226, CPP).

Reconsideração Ato de tornar a considerar; retomar o exame de uma questão; repensar; reformular uma opinião ou decisão. Em face da inexistência de previsão legal, mostra-se controvertida a possibilidade do pedido de reconsideração no âmbito do direito processual civil. Todavia, aqueles que propugnam sua admissibilidade somente o admitem em relação a despachos e decisões interlocutórias, como nas de antecipação de tutela e concessão de liminares. Já no direito administrativo, o pedido de reconsideração é expressamente admitido (art. 56, Lei n. 9.784/99). A Fapesp, em todos os seus programas regulares, também garante ao solicitante, mediante apresentação de Solicitação de Reconsideração de Decisão, o direito a uma nova análise de sua proposta ou solicitação.

Reconvenção Modalidade de resposta do réu. Ação própria movida pelo réu (reconvinte) contra o autor (reconvindo) no mesmo processo por este ajuizado, desde que se configure conexão com a ação principal ou com o fundamento de defesa (art. 343, CPC).

Reconvindo A parte que figura como autor no processo e como ré na reconvenção.

Reconvinte A parte que figura como ré no processo e como autor na reconvenção.

Recorrente Aquele que recorre de uma decisão judicial. Autor do recurso, apelante, agravante.

Recorrido Aquele contra o qual se recorre. Apelado, agravado.

Recuperação extrajudicial de empresa Procedimento extrajudicial mediante o qual poderá o devedor – empresário ou sociedade empresária – propor e negociar com os credores plano de recuperação que viabilize a superação da situação de crise econômico-financeira a fim de lhe permitir a preservação da empresa, sua função social e o estímulo à atividade econômica (art. 161, Lei n. 11.101/2005). Poderá requerer recuperação extrajudicial o devedor que, no momento do pedido, preencha os mesmos requisitos exigidos para a recuperação judicial (*v. Recuperação judicial de empresa*).

Recuperação judicial de empresa Processo judicial que tem por objetivo viabilizar a superação da situação de crise econômico-financeira do devedor – empresário ou sociedade empresária –, a fim de permitir a manutenção da fonte produtora, do emprego dos trabalhadores e dos interesses dos credores, promovendo, assim, a preservação da empresa, sua função social e o estímulo à atividade econômica (art. 47, Lei n. 11.101/2005).

Recurso Meio legal que a parte utiliza para requerer o reexame de uma decisão, com vistas a sua reforma ou invalidação parcial ou total pelo juiz da causa, por tribunal de justiça ou por tribunal superior. O recurso pode ser interposto pela parte vencida, pelo terceiro prejudicado e pelo Ministério Público. Dos despachos não cabe recurso (art. 1.004, CPC). Cada parte interporá o recurso, independentemente, no prazo e observadas as exigências legais. Sendo, porém, vencidos autor e réu, ao recurso interposto por qualquer deles poderá aderir a outra parte, ficando o recurso adesivo subordinado ao recurso principal. No ato de interposição do recurso, o recorrente comprovará, quando exigido pela legislação pertinente, o respectivo preparo, inclusive porte de remessa e de retorno, sob pena de deserção. Com exceção dos embargos de declaração, o prazo para interpor os recursos e para responder-lhes é de quinze dias.

Recurso adesivo Modalidade de recurso pelo qual uma parte adere ao recurso da outra, aplicando-se aos casos em que autor e réu são vencidos parcialmente.

Recurso administrativo Meio recursal interposto pelo cidadão perante uma autoridade administrativa de grau superior cuja finalidade é reverter uma decisão administrativa que lhe tenha sido desfavorável. O recurso administrativo no âmbito da administração pública federal é regulado pela Lei n. 9.784/99. De uma maneira geral, cabe às diversas juntas de recursos, que atuam em diferentes órgãos da administração, o julgamento dos recursos perante elas interpostos, como

Junta Administrativa de Recursos de Infrações – Jari, Junta de Recursos da Previdência Social e outras.

Recurso de agravo de instrumento Recurso interposto contra decisão interlocutória, no prazo de quinze dias, perante o tribunal de justiça. É instrumentalizado por meio de petição, que deverá conter as razões do agravante e ser remetido desde logo ao tribunal *ad quem* para apreciação, quando se pretender obter efeito suspensivo das decisões que possam produzir danos irreparáveis à parte recorrente ou o deferimento, em antecipação de tutela, da pretensão recursal.

Recurso de agravo de instrumento na Justiça do Trabalho Aquele que é cabível contra despachos que denegarem a interposição de recursos, como nas hipóteses de intempestividade, deserção (falta de pagamento das custas) e representação irregular (ausência de procuração ou petição sem assinatura do advogado). O agravo de instrumento no processo trabalhista segue as diretrizes da Instrução Normativa n. 16/99 do TST: "I – O agravo de instrumento se rege, na Justiça do Trabalho, pelo art. 897, *b*, §§ 2º, 4º, 5º, 6º e 7º, da Consolidação das Leis do Trabalho, pelos demais dispositivos do direito processual do trabalho e, no que omisso, pelo direito processual comum, desde que compatível com as normas e princípios daquele, na forma desta Instrução. [...] II – Limitado o seu cabimento, no processo do trabalho, aos despachos que denegarem a interposição de recurso (art. 897, *b*, CLT), o agravo de instrumento será dirigido à autoridade judiciária prolatora do despacho agravado, no prazo de oito dias de sua intimação, e processado em autos apartados".

Recurso de agravo de petição Recurso que guarda semelhança com o agravo retido do CPC, de interposição perante o juiz trabalhista, nas execuções, por meio de petição nos próprios autos. Para esse efeito, considera-se decisão a sentença que julga os embargos à penhora. Todavia, o agravo de petição só será recebido quando o agravante delimitar, justificadamente, as matérias e os valores impugnados, permitida a execução imediata da parte remanescente até o final, nos próprios autos ou por carta de sentença (art. 897, § 1º, CLT). Assim, entre outros, poderão ser fundamento de agravo de petição os seguintes casos: erro de cálculo; nulidade da penhora; substituição do bem penhorado; e ausência de vista do cálculo.

Recurso de agravo em recurso especial e em recurso extraordinário Recurso de agravo, interposto no prazo de quinze dias, contra decisão de presidente ou de vice-presidente do tribunal quando não admitido recurso extraordinário ou recurso especial. A petição de agravo será dirigida ao presidente ou vice-presidente do tribunal de origem e independe do pagamento de custas e despesas postais.

Recurso de agravo interno Recurso processual interposto perante o órgão colegiado competente contra decisão proferida pelo relator, desembargador ou ministro, que não admitir o agravo de instrumento, negar-lhe provimento ou decidir, desde logo, o recurso não admitido na origem. O agravo deve ser interposto através de petição na qual o recorrente impugnará especificadamente os fundamentos da decisão agravada. O agravo interno será dirigido ao relator, que intimará o agravado para manifestar-se sobre recurso no prazo de quinze dias, ao final do qual, não havendo retratação, o relator levá-lo-á a julgamento pelo órgão colegiado com inclusão em pauta. No órgão colegiado, serão observadas, quanto ao processamento, as regras do regimento interno do tribunal.

Recurso de agravo penal Recurso de agravo de instrumento cabível, no prazo de cinco dias, contra decisão do relator que não conhecer do agravo interposto contra decisão criminal que não admite recurso extraordinário ou recurso especial, negar-lhe provimento ou decidir, desde logo, o recurso não admitido na origem.

Recurso de apelação civil O que é interposto, no prazo de quinze dias, contra decisões definitivas de 1ª instância, que extingue o processo com ou sem julgamento do mérito, perante tribunal de 2ª instância, pelas partes que integram a lide. Recurso do qual a parte pode valer-se para requerer ao juízo de instância superior que reexamine a sentença que lhe foi desfavorável no juízo de primeira instância ou instância inferior. É o instrumento que possibilita que a causa seja submetida a um segundo julgamento por parte de uma turma do tribunal, composta de juízes mais antigos e experientes, denominados desembargadores, que poderão ou não reformar total ou parcialmente a sentença exarada pelo juízo *a quo*. Essa possibilidade de reexame da sentença pelo tribunal de justiça ou pelo tribunal regional federal, órgãos judicantes de 2° grau, se origina do princípio do duplo grau de jurisdição, ou seja, do princípio que estabelece que a sentença definitiva pode ser reapreciada por órgão de jurisdição de hierarquia normalmente superior à daquele que a proferiu. A apelação será total quando a sentença for impugnada em seu todo, ou parcial quando for impugnada apenas em parte. Presume-se total a impugnação quando o apelante não detalhar especificamente a parte da sentença com a qual não concorda.

Recurso de apelação penal Recurso cabível, no prazo de cinco dias, ao tribunal competente ou turma de 1° grau, quando se trata de decisão proferida em juizado especial criminal: das sentenças definitivas de condenação ou absolvição dadas por juiz singular; das decisões definitivas, ou com força de definitivas, pronunciadas por juiz singular; das decisões do tribunal do júri quando: a) ocorrer nulidade posterior à pronúncia; b) for a sentença do juiz-presidente contrária à lei expressa ou à decisão dos jurados; c) houver erro ou injustiça no tocante à aplicação da pena ou da medida de segurança; d) for a decisão dos jurados manifestamente contrária à prova dos autos (art. 593, CPP; art. 82, Lei n. 9.099/95). Com a revogação do art. 594 do CPP pela Lei n. 11.719/2008, que determinava o recolhimento do réu à prisão para apelar, o entendimento atual é o de que o recurso do réu deve ser recebido independentemente de seu recolhimento à prisão. Em caso de sentença absolutória, havendo apelação pelo Ministério Público, esse fato não impedirá que o réu seja posto imediatamente em liberdade (art. 596, CPP). Em qualquer hipótese, se à sentença não for interposta apelação pelo Ministério Público no prazo legal, o ofendido ou qualquer das pessoas enumeradas no art. 31 do CPP, ainda que não se tenha habilitado como assistente, poderá interpor apelação, que não terá, porém, efeito suspensivo (art. 598, CPP).

Recurso de carta testemunhável Instrumento a ser requerido ao escrivão ou ao secretário do tribunal, conforme o caso, nas 48 horas seguintes ao despacho que denegar o recurso, indicando o requerente as peças do processo que deverão ser trasladadas. Pode ser interposto contra a decisão que denegar o recurso; e a que, embora admitindo o recurso, obstar sua expedição e o seguimento para o juízo *ad quem* (art. 639, CPP).

Recurso de embargos de declaração Recurso cabível, no prazo de cinco dias, contra sentença ou acórdão obscuros, contraditórios ou omissos a respeito de fato sobre o qual o juiz ou o tribunal deveriam pronunciar-se. A finalidade dos embargos é obter esclarecimentos acerca da falta de clareza do texto, da incerteza sobre o que nele está expresso, de sua divergência ou da falta de elemento importante que deveria conter a sentença ou o acórdão, bem como corrigir erro material. Em que pese o fato de não serem expressamente previstos como recurso pela CLT, é de consenso que, em face do caráter complementar e supletório do CPC, os embargos declaratórios são também admitidos no processo trabalhista. Assim sendo, à semelhança do que ocorre com as ações cíveis, na Justiça do Trabalho cabem embargos de declaração quando houver na sentença ou no acórdão obscuridade, dúvida ou contradição; e quando for omitido ponto sobre o qual deveria pronunciar-se o juiz ou o tribunal. No concernente às ações submetidas ao procedimento sumaríssimo no âmbito da Justiça do Trabalho, caberão embargos de declaração contra a sentença ou o acórdão no prazo de cinco dias. Seu julgamento deve ocorrer na primeira audiência ou sessão subsequente a sua apresentação, sendo ele registrado na certidão, além de admitido o efeito modificativo da decisão nos casos de omissão e contradição no julgado e manifesto o equívoco no exame dos pressupostos extrínsecos do recurso (art. 897-A, CLT).

Recurso de embargos de declaração penal Embargo de declaração é o recurso que pode ser oposto às sentenças e aos acórdãos proferidos pelos tribunais de apelação, câmaras ou turmas, no prazo de dois dias, contados de sua publicação, quando houver na sentença ou no acórdão ambiguidade, obscuridade, contradição ou omissão (arts. 382 e 619, CPP). Conquanto o Código se limite a citar sentenças e acórdãos como decisões embargáveis, expressiva doutrina manifesta-se no sentido de que os embargos de declaração podem ser opostos a qualquer decisão judicial, o que torna passíveis de embargos também as decisões interlocutórias.

Recurso de embargos de divergência Recurso cabível em 2ª instância quando o acórdão de turma em recurso extraordinário, ou em recurso especial, divergir do julgamento de qualquer outro órgão do mesmo tribunal, sendo os acórdãos, embargado e paradigma, de mérito (art. 1.044, CPC).

Recurso de embargos no TST Recurso cabível na Seção de Dissídios Individuais, no prazo de oito dias, a contar da publicação da conclusão do acórdão, perante o TST, contra decisão não unânime de julgamento e decisões divergentes das turmas que divergirem entre si ou das decisões proferidas pela Seção de Dissídios Individuais (SDI), ou contrárias a súmula ou OJ do TST ou súmula vinculante do STF (art. 894, CLT; art. 3º, Lei n. 7.701/88).

Recurso de revisão criminal Considerado por alguns recurso *sui generis*, misto de ação (ação autônoma de impugnação) e recurso, porém, considerado recurso por imposição legal, "é a provocação, feita pelo réu, ao tribunal competente, nos casos expressos em lei, para que reexamine seu processo já findo absolvendo-o ou beneficiando-o" (CRUZ, João Claudino de Oliveira. *Prática dos recursos*: cíveis e criminais, p. 211). Assim, dispõe o diploma processual penal que a revisão dos processos findos será admitida: quando a sentença condenatória for contrária ao texto expresso da lei penal ou à evidência dos autos; quando a sentença condenatória se fundar em depoimentos, exames ou documentos comprovadamente falsos; quando, após a sentença, se descobrirem novas provas de inocência do condenado ou de circunstância que determine ou autorize diminuição especial de pena (art. 621, CPP). A revisão poderá ser requerida a qualquer tempo, mesmo após o trânsito em julgado da sentença, antes da extinção da pena ou depois, pelo próprio réu ou por procurador legalmente habilitado ou, no caso de morte do réu, por cônjuge, ascendente, descendente ou irmão. Todavia, não será admissível a reiteração do pedido, salvo se fundado em novas provas (arts. 622 e 623, CPP).

Recurso de revista É aquele que visa à uniformização da jurisprudência e da interpretação das leis, interposto perante o TST, contra decisões proferidas em grau de recurso ordinário, em dissídio individual, pelos tribunais regionais do trabalho (art. 896, CLT).

Recurso especial Recurso interposto no prazo de quinze dias perante o presidente ou o vice-presidente do STJ, contra acórdão de tribunal que: contrariar tratado ou lei federal, ou negar-lhes a vigência; julgar válido ato de governo local contestado em face de lei federal; der a lei federal interpretação divergente da que lhe haja atribuído outro tribunal (art. 105, III, CF). O recurso será interposto mediante petição que conterá: a exposição do fato e do direito; a demonstração do cabimento do recurso interposto; as razões do pedido de reforma ou de invalidação da decisão recorrida (art. 1.029, CPC).

Recurso extraordinário Recurso interposto no prazo de quinze dias perante o presidente ou o vice-presidente do STJ, contra acórdão de tribunal que: contrariar dispositivo da Constituição; declarar a inconstitucionalidade de tratado ou lei federal; julgar válidos lei ou ato do governo local contestado em face da Constituição; julgar válida lei local contestada em face de lei federal (art. 102, III, CF). O recurso será interposto mediante petição que conterá: a exposição do fato e do direito; a demonstração do cabimento do recurso interposto; as razões do pedido de reforma ou de invalidação da decisão recorrida (art. 1.029, CPC).

Recurso ordinário constitucional no STF Modalidade de recurso dirigida ao STF contra decisões negatórias proferidas em única instância pelos tribunais superiores em mandados de segurança, *habeas data* e mandados de injunção (art. 102, II, CF).

Recurso ordinário constitucional no STJ Recurso dirigido ao Superior Tribunal de Justiça contra decisões negatórias proferidas em única instância pelos tribunais regionais federais ou pelos tribunais dos estados e do Distrito Federal e territórios, em mandado de segurança e em causas em que forem partes, de um lado, Estado estrangeiro ou organismo internacional e, do outro, município ou pessoa residente ou domiciliada no país (art. 105, II, CF).

Recurso ordinário trabalhista Recurso ordinário cabível, no prazo de oito dias, contra decisões definitivas ou terminativas de varas e juízos do trabalho; e decisões definitivas ou terminativas dos tribunais regionais, em processos de sua competência originária, quer nos dissídios individuais, quer nos dissídios coletivos (art. 895, CLT). Esse recurso, que guarda correlação com o recurso de apelação na Justiça Comum, deve ser interposto perante o tribunal regional do trabalho ou TST, conforme o caso, para efeito de reexame da prova e da aplicação da lei. Dessa forma, à semelhança da apelação cível, toda decisão que julgar procedente ou improcedente o pedido, ou que o reclamante é carecedor de ação, pode ser objeto de recurso ordinário. Incluem-se, nesses casos, as sentenças que: a) julgam improcedente a reclamação porque consideraram correto o pagamento das verbas rescisórias pelo empregador; b) julgam procedente a reclamação para condenar a reclamada ao pagamento das verbas pleiteadas no pedido inicial; c) julgam o reclamante carecedor de ação por não ser provada a existência de relação de emprego.

Recurso repetitivo Situação jurídica que se revela pela multiplicidade de recursos interpostos em um tribunal com fundamento em idêntica questão de direito. Nesse caso, o presidente do tribunal de origem selecionará recursos representativos da controvérsia, que serão encaminhados ao STJ, e, independentemente de juízo de admissibilidade, determinará a suspensão do processamento dos demais recursos até o pronunciamento definitivo do STJ). Dependendo do resultado do julgamento do STJ, os recursos especiais sobrestados na origem terão seguimento denegado na hipótese de o acórdão recorrido coincidir com a orientação do STJ ou serão novamente examinados pelo tribunal de origem na hipótese de o acórdão recorrido divergir da orientação do STJ.

Recursos repetitivos na Justiça do Trabalho À semelhança do que ocorre no direito processual civil, o instituto dos recursos repetitivos também se aplica ao direito do trabalho, quando se verificar a multiplicidade de recursos de revista fundados em idêntica questão de Direito. Situação jurídica que se revela pela multiplicidade de recursos interpostos em um tribunal com fundamento em idêntica questão de Direito (art. 896-C, CLT). Para esse efeito, o presidente da Turma ou da Seção Especializada, por indicação dos relatores, afetará um ou mais recursos representativos da controvérsia para julgamento pela Seção Especializada em Dissídios Individuais ou pelo Tribunal Pleno, sob o rito dos recursos repetitivos, oficiando-se aos presidentes dos TRTs para que suspendam os recursos interpostos em casos idênticos aos afetados como recursos repetitivos, até o pronunciamento definitivo do TST.

Redibir Ato de rejeitar ou conservar com abatimento de preço a coisa adquirida com vício ou defeito oculto (art. 441, CC) (*v. Vício redibitório*).

Redibitórios Diz-se dos vícios ou defeitos ocultos da coisa adquirida que serve de fundamentação à ação redibitória, destinada à obtenção de abatimento do preço ou à rejeição da coisa (art. 441, CC) (*v. Vício redibitório*).

Reexame necessário Obrigatoriedade de reexame, pelos tribunais de justiça ou pelo TRF, de certas sentenças previstas em lei. Há obrigatoriedade do duplo grau de jurisdição, não produzindo efeito senão depois da confirmação pelo tribunal, para a sentença: proferida contra a União, os estados, o Distrito Federal, os municípios, e suas respectivas autarquias e fundações de direito público; que julgar procedentes, no todo ou em parte, os embargos à execução fiscal (art. 496, CPC). Nesses casos, não são as partes que estão obrigadas a recorrer, mas tão somente há a obrigatoriedade de os autos serem remetidos ao tribunal, haja ou não apelação, para ali serem apreciados.

Reforma da Previdência A EC n. 103/2019 promoveu modificações substanciais na legislação previdenciária brasileira, estabelecendo regras de transição e disposições transitórias. A principal mudança é a fixação de uma idade mínima (65 anos para homens e 62 para mulheres) para se aposentar, extinguindo a aposentadoria por tempo de contribuição. Ao segurado filiado ao Regime Geral de Previdência Social até a data de entrada em vigor da EC n. 103/2019 fica assegurado o direito à aposentadoria quando forem preenchidos, cumulativamente, os seguintes requisitos: 30 anos de contribuição, se mulher, e 35 anos de contribuição, se homem; e somatório da idade e do tempo de contribuição, incluídas as frações, equivalente a 86 pontos, se mulher, e 96 pontos, se homem. As mudanças atingiram os trabalhadores da iniciativa privada, além dos servidores públicos e dos militares. As alterações afetaram ainda os requisitos para obter benefícios como auxílio-doença, auxílio-reclusão, aposentadoria por invalidez e pensão por morte.

Reformatio in pejus Reforma de decisão judicial contra o recorrente de forma a prejudicá-lo em relação à sentença condenatória. O ordenamento jurídico brasileiro, quer na área cível, quer na área penal, não admite a *reformatio in pejus*, isto é, o agravamento da situação do réu, seja do ponto de vista quantitativo (pena maior), seja do qualitativo (regime prisional). Em outras palavras, é vedado ao tribunal *ad quem* proferir decisão mais desfavorável que aquela proferida pelo órgão *a quo*. A única exceção a essa regra é no tocante ao recurso do Ministério Público, para efeito de aumento da pena do réu, quando dissentir da pena imposta pelo juízo de 1º grau.

Regime aberto Regime privativo da liberdade no qual a execução da pena ocorre em casa de albergado ou estabelecimento adequado (art. 33, CP).

Regime de bens Conjunto de princípios e normas que rege a situação patrimonial dos cônjuges e suas relações econômicas com terceiros durante a vigência do casamento. Os regimes de bens previstos pelo CC são: comunhão universal de bens; comunhão parcial de bens; separação de bens; participação final nos aquestos (arts. 1.639 e segs., CC). É permitida a alteração do regime de bens mediante autorização judicial em pedido motivado de ambos os cônjuges, apurada a procedência das razões invocadas e ressalvados os direitos de terceiros (art. 1.639, § 2º, CC).

Regime disciplinar diferenciado Regime disciplinar a que estão sujeitos o preso provisório e o preso condenado pela prática de crime doloso capaz de ocasionar subversão da ordem ou disciplina internas. Tal regime consistirá em seu recolhimento em cela individual; em visitas de duas pessoas, no máximo (sem contar as crianças), por duas horas semanais; e em duas horas de banho de sol por dia, pelo prazo máximo de 360 dias, sem prejuízo da repetição da sanção por nova falta grave da mesma espécie, até o limite de 1/6 da pena estabelecida. Aplica-se também esse regime ao condenado ou preso provisório, nacional ou estrangeiro, que apresente alto risco para a ordem e a segurança do estabelecimento penal ou da sociedade, ou, ainda, sobre os quais recaiam fundadas suspeitas de envolvimento com organizações criminosas, quadrilha ou bando (art. 52, §§ 1º e 2º, LEP).

Regime fechado Regime privativo da liberdade no qual a execução da pena ocorre em estabelecimento de segurança máxima ou média (art. 33, CP).

Regimento interno Conjunto de regras que dispõe sobre a organização e o funcionamento interno de uma instituição, como os tribunais (de contas, de justiça, superiores) e os órgãos legislativos (assembleias legislativas, câmaras de vereadores, Câmara de Deputados, Senado). As normas do regimento interno são consideradas *interna corporis* e, por essa razão, insuscetíveis de serem apreciadas pelo Poder Judiciário, salvo nos casos de ilegalidade e abuso de poder.

Regime prisional Regime previsto em lei e determinado em sentença no qual deve o condenado cumprir a pena prisional. São modalidades de regimes prisionais: aberto; fechado; semiaberto; e disciplinar diferenciado (arts. 33 a 35, CP; Lei n. 7.210/84 – LEP).

Regime semiaberto Regime privativo da liberdade no qual a execução da pena ocorre em colônia agrícola ou industrial ou estabelecimento similar (art. 33, CP).

Registro Assentamento feito por oficial de cartório em livro próprio de ato jurídico praticado ou de um documento, por ato voluntário ou por determinação da lei, com a finalidade de conferir-lhes forma legal e perpetuar-lhes a existência, além de oficializá-la. O registro pode ser feito manualmente ou por microfilmagem de tal maneira que fique arquivado e permita a reprodução de cópias e certidões. Além de tornar o documento oficial, o registro tem a função de dar publicidade ao documento, ou seja, deixar pública a realização de um negócio. Essa publicidade é fundamental para garantir a validade do documento contra terceiros. Assim, se existirem dois contratos com o mesmo objeto, a preferência legal será daquele registrado em primeiro lugar.

Registro civil das pessoas jurídicas Especialidade de registro público, subordinada ao Poder Judiciário, destinada a promover, entre outros, o registro dos atos constitutivos das sociedades comerciais, do estatuto ou dos compromissos das sociedades civis, religiosas, pias, morais, científicas ou literárias, bem como o das fundações e associações de utilidade pública.

Registro civil das pessoas naturais Cartório ou instituição pública vinculada ao Poder Judiciário. Especialidade de registro público destinada a promover, entre outros, o registro dos atos concernentes a nascimento, casamento e óbito das pessoas naturais.

Registro de arma Registro obrigatório de armas de fogo no órgão competente (art. 3º, Lei n. 10.826/2003). O registro da arma, no entanto, não implica necessariamente porte de arma, sendo este exclusivo das pessoas especificamente arroladas na lei.

Registro de imóveis Cartório ou instituição pública vinculados ao Poder Judiciário. Especialidade de registro público destinada a promover o registro dos atos

R

concernentes à constituição e à transmissão da propriedade imóvel (art. 1.227, CC; art. 167, Lei n. 6.015/73 – LRP).

Registro de marca Registro promovido pela parte interessada junto ao Instituto Nacional de Propriedade Industrial – INPI), cuja finalidade é obter a propriedade exclusiva de uma marca ou sinal característico de um produto ou serviço, para distingui-lo de outros e para que seja utilizado como meio de divulgação e propaganda. Para os efeitos da lei, consideram-se os conceitos de: a) marca de produto ou serviço: usada para distinguir um produto ou serviço de outro idêntico, semelhante ou afim, de origem diversa; b) marca de certificação: usada para atestar a conformidade de um produto ou serviço com determinadas normas ou especificações técnicas, notadamente quanto a qualidade, natureza, material utilizado e metodologia empregada; e c) marca coletiva: usada para identificar produtos ou serviços provindos de membros de determinada entidade (Lei n. 9.279/96).

Registro de obra intelectual Registro facultativo de obra intelectual pelo autor. Para segurança de seus direitos, o autor da obra intelectual poderá registrá-la, conforme sua natureza, na Biblioteca Nacional; na Escola de Música; na Escola de Belas-Artes da Universidade Federal do Rio de Janeiro; no Instituto Nacional do Cinema; ou no Conselho Federal de Engenharia, Arquitetura e Agronomia (Leis n. 5.988/73 e n. 9.610/98).

Registro de títulos e documentos Cartório ou instituição pública, vinculada ao Poder Judiciário, cuja especialidade é o registro de documentos em geral, entre eles: instrumentos particulares, para a prova das obrigações convencionais de qualquer valor; penhor comum sobre coisas móveis; caução de títulos de crédito pessoal e da dívida pública federal, estadual ou municipal, ou de Bolsa ao portador; contrato de penhor de animais, não compreendido nas disposições do art. 10 da Lei n. 492, de 30.08.1934; contrato de parceria agrícola ou pecuária; mandado judicial de renovação do contrato de arrendamento para sua vigência, quer entre as partes contratantes, quer em face de terceiros; facultativo, de quaisquer documentos, para sua conservação (art. 127, Lei n. 6.015/73).

Registro não autorizado da intimidade sexual Produzir, fotografar, filmar ou registrar, por qualquer meio, conteúdo com cena de nudez ou ato sexual ou libidinoso de caráter íntimo e privado sem autorização dos participantes (art. 216-B, CP). Esse crime é punido com detenção, de 6 meses a 1 ano, e multa.

Registros públicos Atividade de registro exercida por oficial de registros públicos, por delegação do poder público, destinada a dar autenticidade, segurança e eficácia aos atos jurídicos. Os registros públicos abrangem as seguintes modalidades: registro civil de pessoas naturais; registro civil de pessoas jurídicas; registro de títulos e documentos; registro de imóveis (art. 1º, Lei n. 6.015/73).

Regulamento Ato administrativo geral e normativo expedido privativamente pelo chefe do Executivo, por meio de decreto, visando explicar e detalhar uma lei para sua correta aplicação, ou a expedição de decretos autônomos sobre matéria de sua competência ainda não disciplinada por lei.

Reincidência Prática de um delito ou infração penal por quem já praticou delito anterior. Recidiva. Sua caracterização exige que o crime anterior tenha sido objeto de sentença condenatória transitada em julgado. A reincidência constitui uma agravante e é, por isso, fator de agravamento da pena.

Reincidente Aquele que, sendo condenado pela prática de um delito, vem a cometer outro. O que incorreu em reincidência.

Reintegração de posse Providência judicial que visa a assegurar ao possuidor, proprietário ou não, o direito de ser restituído na posse no caso de esbulho (art. 1.210, CC). Nesse caso, incumbe ao autor provar: a sua posse; o esbulho praticado pelo réu; a data do esbulho; a perda da posse (art. 560, CPC).

Reipersecutória Que acompanha; que segue ou persegue. Ação pessoal reipersecutória: possibilita ao autor retomar para seu patrimônio o que lhe pertence, mas que se encontra em poder de terceiro ou do réu que não cumpriu uma obrigação contratual. Pode ser proposta contra a pessoa obrigada ou contra o possuidor da coisa. É a ação que persegue uma coisa em decorrência de relação obrigacional não honrada pelo devedor. Os atos processuais relativos a uma ação pessoal reipersecutória devem ser registrados no álbum imobiliário, sob pena de não serem oponíveis *erga omnes* (art. 167, I, 21, Lei n. 6.015/73). "As ações pessoais reipersecutórias derivam de uma relação obrigacional decorrente de negócio jurídico, de declaração unilateral de vontade ou de ato ilícito, mas o registro da citação deverá ser feito porque a demanda se refere a imóvel, por ter por objeto a obtenção de um bem de raiz em consequência de obrigação assumida pelo réu. Por exemplo, é o que se dá com ação anulatória de compra e venda de um prédio, não cumulada com a reivindicatória do imóvel vendido ou com a ação que pretende compelir o réu a cumprir compromisso de compra e venda de imóvel por não poder reclamar a adjudicação compulsória. Essas ações pessoais são designadas *reipersecutórias* porque, embora oriundas de relação de direito pessoal, têm por finalidade a aquisição de um direito real ou o esclarecimento de dúvidas sobre uma coisa" (DINIZ, Maria Helena. *Sistemas de registro de imóveis*. São Paulo, Saraiva, 1992, p. 181).

Reivindicatória Ação judicial pela qual se reivindica ou se reclama alguma coisa que se encontra indevidamente em poder de uma pessoa. Também conhecida por ação petitória. Ação movida pelo proprietário não possuidor contra o possuidor não proprietário para reaver a posse do imóvel (art. 1.228, CC) (*v. Ação reivindicatória*).

Relação causal Tema relativo à responsabilidade civil extracontratual, considerado como terceiro requisito na apuração da responsabilidade, fundado no fato de que o ato ilícito causado deve ser consequência fática ou material da conduta antijurídica do autor (*v. Teoria da causalidade adequada*).

Relação de consumo Relação jurídica que se estabelece entre consumidor e fornecedor tendo como objeto o fornecimento de um produto ou a prestação de um serviço. Em regra, o critério do destinatário final é fator determinante para a caracterização de relação de consumo ou do conceito de consumidor.

Relação de emprego Relação de natureza não eventual caracterizada pela subordinação do empregado ao empregador (art. 442, CLT).

Relação de trabalho Vínculo contratual de prestação de serviços em que o prestador trabalha sem subordinação e por conta própria, como ocorre no caso da prestação de serviços por pessoa terceirizada. A expressão engloba relação de emprego, relação autônoma de trabalho, contratos de prestação de serviços, de empreitada, relação de trabalho eventual, de trabalho avulso e de trabalho temporário. "Relação de trabalho é conceito mais amplo do que relação de emprego. Cuida-se, ademais, de conceito que já estava sedimentado em doutrina. Abrange todas as relações jurídicas em que há a prestação de trabalho por pessoa natural a outra pessoa, natural ou jurídica, tanto no âmbito de contrato de trabalho (art. 442, CLT) como, ainda, no de contrato de prestação de serviços (arts. 593 e seguintes do Código Civil), e mesmo no de outros contratos, como os de transporte, mandato, empreitada etc." (MALLET, Estevão. "Apontamentos sobre a competência da Justiça do Trabalho após a Emenda Constitucional n. 45". In: COUTINHO, Grijalbo Fernandes; FAVA, Marcos Neves (coords.). *Justiça do trabalho*: competência ampliada. São Paulo, LTr, 2005, p. 72).

Relativamente incapazes Categoria de pessoas que, em razão de menoridade ou deficiência mental, são impedidas, por lei, de exercer individualmente certos atos. São considerados relativamente incapazes: os maiores de dezesseis anos e menores de dezoito anos; os ébrios habituais e os viciados em tóxicos; aqueles que, por causa transitória ou permanente, não puderem exprimir sua vontade; os pródigos. Os relativamente incapazes podem praticar atos jurídicos desde que assistidos por seus pais, tutores ou curadores (art. 4º, CC).

Relator Designação dada ao magistrado de 2º grau ou ao ministro de tribunal superior designado para examinar uma causa e relatar, aos demais magistrados componentes da câmara ou da turma, seu parecer ou a maneira como vota nos recursos submetidos a sua apreciação.

Relatório Exposição ou narração de atividades ou fatos com discriminação de todos seus aspectos ou elementos. No âmbito administrativo, constitui uma descrição de fatos passados, analisados com o objetivo de orientar o servidor interessado ou o superior imediato com vistas à tomada de decisão. Também é considerado documento oficial no qual uma autoridade expõe a atividade de uma repartição, ou presta conta de seus atos a uma autoridade de nível superior.

Relatório (processo civil) Parte integrante da sentença elaborada pelo juiz ao decidir a causa ou pelo relator ao qual foi distribuído o recurso na instância superior (TJ, TRF, TRT, TST, STJ ou STF). O relatório é um dos elementos da sentença e do acórdão e deverá conter: nomes das partes, identificação do caso, com a suma do pedido e da contestação, bem como registro das principais ocorrências havidas no andamento do processo (revelia, preliminares, exceções, depoimento de testemunhas, prova pericial, inspeção judicial etc.) (art. 489, CPC).

Remição Ato ou efeito de remir. Resgate de dívida; liberação de ônus, de obrigação, de um direito. Modo de extinção da hipoteca (art. 1.499, CC) e de redução da pena do condenado mediante o cumprimento de determinados requisitos (art. 126, CP).

Remissão (1) Perdão, renúncia. Desobrigação do devedor feita espontaneamente pelo credor, sendo causa de extinção de obrigações (art. 385, CC) e não se confundindo, porém, com remição, que significa resgatar uma dívida.

Remissão (2) Ação ou efeito de remeter ou de fazer referência a determinado ponto, a determinada lei, a determinado artigo, a determinada sentença ou acórdão ou a determinado autor. Notas remissivas contidas em uma obra, por exemplo: "Em seu artigo, o autor faz remissões ao art. 5º da Constituição Federal"; "Alegações finais remissivas à petição inicial".

Repercussão geral Instrumento processual que tem por objetivo possibilitar ao STF selecionar os recursos extraordinários que irá analisar, de acordo com critérios de relevância jurídica, política, social ou econômica, de modo a reduzir o número de processos encaminhados à Suprema Corte. Ele foi inserido na CF/88 por meio da EC n. 45/2004, conhecida como "Reforma do Judiciário". Uma vez constatada a existência de repercussão geral, o STF analisa o mérito da questão, e a decisão proveniente dessa análise será aplicada posteriormente pelas instâncias inferiores em casos idênticos. A preliminar de repercussão geral é analisada pelo plenário do STF por meio de um sistema informatizado, com votação eletrônica, ou seja, sem necessidade de reunião física dos membros do tribunal. Para recusar a análise de uma repercussão geral são necessários pelo menos oito votos, caso contrário, o tema deverá ser julgado pela corte. Após o relator do recurso lançar no sistema sua manifestação sobre a relevância do tema, os demais ministros têm vinte dias para votar. As abstenções nessa votação são consideradas como favoráveis à ocorrência de repercussão geral na matéria.

Representação É a instituição de que se derivam poderes que investem uma determinada pessoa de autoridade para praticar certos atos ou exercer certas funções, em nome de alguém (arts. 115 a 120, CC).

Representação comercial Atividade exercida de forma autônoma, sem relação de emprego, por pessoa física ou jurídica que desempenha, em caráter não eventual por conta de uma ou mais pessoas, a mediação para a realização de negócios mercantis, agenciando propostas ou pedidos para transmiti-los aos representados, praticando ou não atos relacionados com a execução dos negócios (art. 1º, Lei n. 4.886/65).

Representação criminal Manifestação da vontade do ofendido ou de seu representante legal no sentido de autorizar o Ministério Público a desencadear a persecução penal, nas ações penais públicas condicionadas (art. 39, CPP).

Representação interventiva Ação que resulta em intervenção federal na autonomia política dos estados federados quando estes violem algum princípio sensível à CF. Os princípios estão listados no art. 34, VII, da Constituição, e dizem respeito à forma republicana, ao sistema representativo e à aplicação do mínimo exigido da receita estadual em manutenção e desenvolvimento do ensino e nas ações e serviços públicos de saúde. A representação interventiva também poderá ser invocada no caso da recusa, por parte dos estados, à execução de lei federal. Poderá ser proposta apenas pelo procurador-geral da República. No polo passivo, estão os órgãos estaduais que tenham editado o ato questionado (art. 34, VII, CF; Lei n. 12.562/2011).

Representação processual Representação em juízo por advogado habilitado necessário a todo aquele que pretenda ingressar com uma ação perante o judiciário.

Representante Designação atribuída à pessoa que exerce uma representação ou representa outra na prática de um ato jurídico judicial ou extrajudicial. O mesmo que procurador. Exemplos: "Representante comercial"; "representante legal". Assim, pais, tutores e curadores são representantes legais dos incapazes; o empregador tem como representante o preposto; aquele que passa uma procuração nomeia como representante o procurador ou mandatário; aquele que pleiteia ou se defende em juízo tem como representante legal o advogado.

Repristinação da lei Restauração de uma lei revogada. Ocorre quando uma lei é revogada por outra e, posteriormente, a própria norma revogadora é revogada por uma terceira lei que, caso assim disponha seu texto legal, poderá determinar que a primeira tenha sua vigência restabelecida. A repristinação só é admitida se for expressa. Assim, a simples revogação da norma revogadora não traz como consequência imediata a repristinação da norma revogada (art. 2º, § 3º, LINDB).

Reprodução assistida Conjunto de técnicas, utilizadas por médicos especializados, que tem como principal objetivo tentar viabilizar a gestação em mulheres com dificuldades de engravidar, seja em decorrência de dificuldades de ovulação, seja por problemas de infertilidade do cônjuge ou companheiro. A reprodução assistida comporta os procedimentos de inseminação artificial e fertilização in vitro. A inseminação artificial homóloga ocorre quando o sêmen utilizado para inseminação é do próprio marido ou companheiro. Nesta situação, o pai e a mãe biológicos são também considerados pais jurídicos para todos os efeitos. Fecundação artificial heteróloga é a modalidade de fecundação para a qual se recorre ao sêmen obtido a partir de doador anônimo. Para o CC, somente o filho nascido da inseminação homóloga gera a presunção da paternidade. Portanto, a regra não se aplica à inseminação heteróloga, salvo se efetivada com o consentimento do marido ou companheiro (art. 1.596, CC).

Requerimento Solicitação. Petição. Pedido. Instrumento que serve para o cidadão ou contribuinte solicitar algo que seja de seu interesse a autoridade administrativa ou órgão do serviço público. Podem ser objeto de requerimento, entre outros: licença para construção de obra; permissão para dirigir automóvel; licença ambiental; prestação jurisdicional; matrícula em universidade; inscrição em concurso público; inscrição em vestibular.

Requisição de pequeno valor Requisição de pequeno valor (RPV) é a espécie de solicitação de pagamento de quantia a que a Fazenda Pública for condenada em processo judicial, para valores totais de até sessenta salários mínimos por beneficiário, sendo encaminhada ao tribunal quando a entidade devedora for sujeita ao Orçamento Geral da União. Considera-se RPV aquela relativa a crédito cujo valor atualizado, por beneficiário, seja igual ou inferior a: sessenta salários mínimos, se a devedora for a Fazenda Federal (art. 17, § 1º, Lei n. 10.259/2001); quarenta salários mínimos, ou o valor estipulado pela legislação local, se a devedora for a Fazenda Estadual ou a Fazenda Distrital (art. 87, ADCT); e trinta salários mínimos, ou o valor estipulado pela legislação local, se a devedora for a Fazenda Municipal (art. 87, ADCT). Ao requerente, é facultado receber seu crédito por meio de RPV desde que renuncie, expressamente, ao valor excedente. Segundo entendimento do STJ, a opção pelo pagamento por RPV, advinda da renúncia expressa do credor ao valor excedente, *ex vi* do art. 128, §§ 4º a 6º, da Lei n. 8.213/91, implica "a renúncia do restante dos créditos porventura existentes e que sejam oriundos do mesmo processo", assim como "a quitação total do pedido constante da petição inicial", além de determinar a extinção do processo.

Res Coisa; objeto. Exemplo: "*Res* furtiva".

Rescisão de contrato Desfazimento ou anulação judicial do contrato por vício de forma ou consentimento, especialmente quando há lesão contratual, ou seja,

R

quando há, por uma das partes, descumprimento das cláusulas contratuais. Pode ocorrer rescisão do contrato de locação, por exemplo, quando o locatário deixar de pagar o aluguel e os acessórios da locação (art. 62, Lei n. 8.245/91).

Rescisão de sentença Desfazimento judicial da sentença de mérito transitada em julgado nos casos especificados em lei. A decisão de mérito, transitada em julgado, pode ser rescindida quando se verificar que foi proferida por força de prevaricação, concussão ou corrupção do juiz; for proferida por juiz impedido ou por juízo absolutamente incompetente; resultar de dolo ou coação da parte vencedora em detrimento da parte vencida ou, ainda, de simulação ou colusão entre as partes, a fim de fraudar a lei; ofender a coisa julgada; violar manifestamente norma jurídica; for fundada em prova cuja falsidade tenha sido apurada em processo criminal ou venha a ser demonstrada na própria ação rescisória; obtiver o autor, posteriormente ao trânsito em julgado, prova nova cuja existência ignorava ou de que não pôde fazer uso, capaz, por si só, de lhe assegurar pronunciamento favorável; for fundada em erro de fato verificável do exame dos autos (art. 966, CPC) (*v. Ação rescisória*).

Reserva de domínio Cláusula do contrato de compra e venda de coisa móvel pela qual o vendedor reserva para si a propriedade até que o preço esteja integralmente pago (art. 521, CC). A cláusula de reserva de domínio deve ser estipulada por escrito e depende de registro no domicílio do comprador para valer contra terceiros (art. 522, CC).

Reserva de plenário Cláusula que estabelece que somente pelo voto da maioria absoluta de seus membros ou dos membros do respectivo órgão especial poderão os tribunais declarar a inconstitucionalidade de lei ou ato normativo do poder público (art. 97, CF). Em que pese o fato de os tribunais possuírem órgãos fracionários (turmas, seções, câmaras), em regra com composição de julgadores em número bem inferior à composição total da corte, considera-se praticamente impossível esses órgãos conseguirem reunir a maioria absoluta dos membros do tribunal para declarar a inconstitucionalidade de uma norma.

Resilição de contrato Desfazimento de um contrato por simples manifestação de vontade de uma ou de ambas as partes. Dissolução do contrato por mútuo consentimento ou por ato unilateral, como ocorre com término do contrato por prazo determinado. A resilição pode ser bilateral (distrato) ou unilateral (denúncia) (arts. 472 e 473, CC).

Res judicata Coisa julgada. Relação jurídica já apreciada e decidida judicialmente. Sentença transitada em julgado da qual não cabe mais recurso (art. 502, CPC). De acordo com a CF, "a lei não prejudicará o direito adquirido, o ato jurídico perfeito e a coisa julgada" (art. 5º, XXXVI) (*v. Coisa julgada*).

Resolução Ato emanado de autoridade competente de um órgão de deliberação coletiva para estabelecer normas regulamentares. Indica o ato pelo qual a autoridade pública ou o poder público tomam uma decisão, impõem uma ordem ou estabelecem uma medida de ordem administrativa ou regulamentar.

Resolução de contrato Dissolução judicial do contrato em caso de inadimplemento culposo ou fortuito. Funda-se no inadimplemento contratual de uma ou de ambas as partes.

Resolução por onerosidade excessiva Resolução do contrato de execução continuada ou diferida que a lei faculta à parte caso a prestação a que está obrigada se torne excessivamente onerosa, com extrema vantagem para a outra parte, em virtude de acontecimentos extraordinários e imprevisíveis. Aplica-se a teoria da imprevisão (art. 478, CC) (*v. Teoria da imprevisão*).

Responsabilidade civil Obrigação que alguém tem de reparação do dano a outrem em razão de obrigação assumida ou da prática de ato ilícito (arts. 186 e 927, CC). A responsabilidade civil é independente da criminal, não se podendo questionar mais sobre a existência do fato, ou sobre quem seja seu autor, quando estas questões se acharem decididas no juízo criminal (art. 935, CC).

Responsabilidade civil da companhia aérea Responsabilidade imputada às companhias aéreas em razão de danos contratuais, aos passageiros, à bagagem, à carga e a terceiros na superfície. Além de outros, o transportador responde pelo dano decorrente de morte ou lesão de passageiro, causada por acidente ocorrido durante a execução do contrato de transporte aéreo, a bordo de aeronave ou no curso das operações de embarque e desembarque; e de atraso do transporte aéreo contratado (art. 256, Lei n. 7.565/86).

Responsabilidade civil do dono do animal O ordenamento jurídico atribui ao dono ou detentor do animal a responsabilidade pela indenização dos prejuízos que o animal vier a causar. A responsabilidade resulta da presunção de culpa do dono do animal. Basta ao ofendido provar que sofreu o dano, que este dano foi devido a um animal e que este pertence ao réu (art. 936, CC). Nada obstante, o dono ou detentor do animal poderá eximir-se da responsabilidade desde que comprove um dos seguintes fatos: a) que guardava e vigiava o animal com o cuidado preciso; b) que o animal foi provocado por outro; c) que houve imprudência do ofendido; d) que o fato resultou de caso fortuito ou força maior.

Responsabilidade civil do Estado As pessoas jurídicas de direito público e as de direito privado prestadoras de serviços públicos responderão pelos danos que seus agentes, nessa qualidade, causarem a terceiros, assegurado o direito de regresso contra o responsável nos casos de dolo ou culpa (art. 37, § 6º, CF). A responsabilidade do Estado é objetiva, ou seja, a que se dá independentemente da comprovação da culpa, pela atuação lesiva dos agentes públicos e seus delegados, seja na administração direta, seja na indireta.

Responsabilidade civil do patrão Responsabilidade do patrão ou comitente por atos praticados por seus empregados, serviçais e prepostos, no exercício do trabalho que lhes competir, ou em razão dele, ainda que não haja culpa sua (arts. 932 e 933, CC). A responsabilidade do patrão ou proponente por atos praticados por seus empregados ou prepostos decorre da culpa in eligendo, ou seja, do fato que resulta da má escolha do empregado. Assim, demonstrando o ofendido a existência do dano e que este foi praticado por culpa do empregado, restará provada a culpa do patrão desde que o empregado se encontrasse a serviço, no exercício do trabalho ou por ocasião deste.

Responsabilidade civil dos pais Responsabilidade dos pais, assim como de tutores e curadores, pelos atos praticados por filhos, pupilos e curatelados que estiverem sob sua autoridade e em sua companhia (art. 932, CC). Até completarem 18 anos, a responsabilidade de pais, tutores e curadores é solidária, absoluta e exclusiva. Desse modo, somente na hipótese dos bens do menor não bastarem para suprir o valor de eventual indenização é que os bens de seu responsável serão afetados de forma subsidiária (art. 942, CC).

Responsabilidade civil do transportador Responsabilidade atribuída ao transportador de responder pelos danos causados às pessoas transportadas e suas bagagens, salvo motivo de força maior, sendo nula qualquer cláusula excludente da responsabilidade (art. 134, CC).

Responsabilidade da pessoa jurídica Responsabilidade civil atribuída às pessoas jurídicas de direito público interno por atos praticados por seus agentes que nessa qualidade causem danos a terceiros, ressalvado direito regressivo contra os causadores do dano, se houver, por parte destes, culpa ou dolo (art. 43, CC).

Responsabilidade ilimitada Responsabilidade de cunho ilimitado atribuída aos sócios de determinadas sociedades, como a sociedade comum (art. 990, CC), sociedade em nome coletivo (art. 1.039, CC) e sociedade em comandita (art. 1.045, CC). Na sociedade cooperativa, a responsabilidade dos sócios é ilimitada quando o sócio responde solidária e ilimitadamente pelas obrigações sociais (art. 1.095, § 2º, CC).

Responsabilidade limitada É a responsabilidade dos sócios de sociedade limitada que fica restrita ao valor de suas respectivas cotas e na qual todos respondem solidariamente pela integralização do capital social (art. 1.052, CC). Na empresa individual de responsabilidade limitada, a responsabilidade da pessoa titular é restrita ao capital social devidamente integralizado (art. 980-A, CC, ora revogado pela MP n. 1.085/2021. O art. 41 da Lei n. 14.195/2021 impôs a transformação de todas as empresas individuais de responsabilidade limitada em sociedades limitadas unipessoais). Na sociedade em comandita simples, uma categoria de sócios, os comanditários, pode ser obrigada somente pelo valor de sua cota (art. 1.045, CC).

Responsabilidade objetiva Responsabilidade fundada na premissa de que basta a ocorrência do fato para imputar ao autor a responsabilidade pelo devido ressarcimento, sendo desnecessária a comprovação da culpa. A simples existência da relação de causalidade entre o dano experimentado pela vítima e o ato do agente determina o dever de indenizar, tenha este último agido culposamente ou não. A responsabilidade civil do Estado por atos comissivos ou omissivos de seus agentes é de natureza objetiva, ou seja, dispensa a comprovação de culpa (art. 37, § 6º, CF).

Responsabilidade solidária Aquela que é atribuída a mais de um devedor ou obrigado, quando todos concorrem na mesma obrigação, cada um obrigado à dívida toda (art. 264, CC). Se a ofensa tiver mais de um autor, todos responderão solidariamente pela reparação. A solidariedade resulta da lei ou da vontade das partes (art. 265, CC). São solidariamente responsáveis com os autores os coautores e as pessoas designadas no art. 932 (art. 942, CC).

Responsabilidade subjetiva Responsabilidade que se configura mediante a comprovação de que o causador do dano agiu com dolo ou culpa. Nesse caso, é condição para a obtenção de indenização por aquele que sofreu o dano a demonstração da culpa do ofensor e o nexo causal entre a conduta desse e o dano (arts. 186 e 927, CC).

Responsabilidade subsidiária Responsabilidade acessória imputada a um devedor na hipótese de o devedor principal não cumprir a obrigação. Pressupõe o esgotamento da obrigação de um devedor, considerado principal, após o qual passa a responder o devedor subsidiário. Podemos citar como exemplo o fiador, cuja responsabilidade – se não renunciou expressamente a isso ("benefício de ordem") – é acionada após ser constatada a impossibilidade de cumprimento da obrigação por parte do devedor afiançado. Hipótese de obrigação subsidiária é a das empresas que se utilizam de mão de obra terceirizada. Nesse caso, não cumprindo a empresa terceirizada com as obrigações trabalhistas, responde por elas, subsidiariamente, a empresa tomadora do serviço. Também na fiança, a responsabilidade do fiador é subsidiária, salvo se se estipular solidariedade entre este e o devedor principal.

Ressarcir Ato de compensar ou reparar o prejuízo causado. O mesmo que indenizar. Ressarcimento de prejuízos ou danos causados a alguém. Exemplo: o proprietário do prédio vizinho tem direito a ressarcimento pelos prejuízos que sofrer, não obstante haverem sido realizadas as obras acautelatórias (art. 1.311, CC).

Resseguro Seguro contratado por uma seguradora com uma empresa resseguradora cuja finalidade é que a segunda cubra os riscos assumidos pela primeira perante os segurados. Operação de transferência de riscos de uma cedente, com vistas a sua própria proteção. As operações de resseguro podem ser automáticas ou facultativas. Ocorre a primeira quando a cedente acorda com o ressegurador ou resseguradores a cessão de uma carteira de riscos previamente definidos entre as partes e compreendendo mais de uma apólice ou plano de benefícios, subscritos ao longo de um período predeterminado em contrato; ocorre a segunda quando o ressegurador ou resseguradores dão cobertura a riscos referentes a uma única apólice ou plano de benefícios ou grupo de apólices ou planos de benefícios já definidos na contratação entre as partes (Resolução CNSP n. 168/2007).

Restauração de autos Renovação total ou parcial de autos inutilizados, extraviados ou indevidamente retidos (art. 712, CPC).

Restritivamente Refere-se a restrito ou limitado. De modo restritivo; com restrição. Sentido estrito (*stricto*). Interpretação restritiva é a que se contrapõe à interpretação extensiva. A fiança deve ser interpretada restritivamente (art. 819, CC). "As normas que criam privilégios ou prerrogativas especiais devem ser interpretadas restritivamente, não se encontrando as empresas públicas inseridas no conceito de Fazenda Pública previsto no art. 188 do CPC [73]" (STJ, REsp n. 429.087).

Retenção Direito de reter coisa alheia, assegurado a uma das partes, até que a outra satisfaça determinada obrigação. Salvo disposição em contrário, o locatário goza do direito de retenção, no caso de benfeitorias necessárias, ou no de benfeitorias úteis, se estas houverem sido feitas com expresso consentimento do locador (art. 578, CC).

Retificar Ato de alterar, corrigir ou modificar alguma coisa. Em relação aos imóveis, quando o registro ou a averbação forem omissos, imprecisos ou não exprimirem a verdade, a retificação será feita pelo oficial do Registro de Imóveis competente, a requerimento do interessado, por meio de procedimento administrativo, sendo facultado ao interessado requerer a retificação por meio de procedimento judicial (arts. 212 a 226, Lei n. 6.015/73).

Retratação Revogação, desfazimento, desmentido. Retirada voluntária da declaração de vontade, cessando seus efeitos. Qualidade de ato ou contrato com cláusula de retrovenda ou que pode ser desfeito pela vontade de uma das partes (*v. Retrovenda*).

Retroatividade Atividade no passado. Efeito que se volta para o passado abrangendo tempo anterior. Em regra, as leis não retroagem para alcançar atos praticados no passado em razão do princípio que determina que a lei só deve dispor para o futuro, não podendo, em matéria penal, retroagir, salvo para beneficiar o réu (art. 5º, XL, CF; art. 2º, parágrafo único, CP). Já em relação a uma sentença de nulidade de ato, que possui efeitos *ex tunc*, a decisão tem efeito retroativo, tornando sem valor o ato praticado (*v. Irretroatividade da lei*).

Retrovenda Cláusula de contrato de compra e venda na qual se estipula que o vendedor poderá resgatar a coisa vendida, dentro de um prazo determinado, pagando o mesmo preço ou preço diverso previamente convencionado (art. 505, CC).

Revel Diz-se da parte que, citada legalmente por carta AR ou oficial de justiça, não comparece em juízo; réu ou reconvindo que não comparece a juízo quando deveria apresentar defesa, incorrendo em revelia.

Revelia Expressão que indica a falta de contestação ou resposta do réu aos termos da petição inicial oferecida pelo autor da ação (art. 344, CPC). O efeito da revelia é que reputar-se-ão verdadeiros os fatos afirmados pelo autor. Diz-se que o réu não tem o dever de contestar o pedido, mas tem o ônus de fazê-lo. "Se o réu não responde ao autor, incorre em revelia, o que cria para o demandado inerte um particular estado processual, passando a ser tratado como um ausente ao processo. A revelia permite a continuidade da ação independentemente da presença do réu. Todos os atos processuais, em consequência dessa atitude, passam a ser praticados sem intimação ou ciência do réu, ou seja, o processo passa a correr à revelia do demandado, numa verdadeira abolição do princípio do contraditório" (THEODORO JÚNIOR, *Curso de direito processual civil*. 2.ed. Rio de Janeiro, Forense, 1986, v. l, p.423). No entanto, ao réu revel será lícita a produção de provas, contrapostas àquelas produzidas pelo autor, desde que se faça representar nos autos antes de encerrar-se a fase instrutória.

Revelia penal No processo penal, a revelia é o instrumento legal que permite a continuidade da ação penal independentemente da presença do acusado. Pelos princípios constitucionais da ampla defesa e do contraditório, para a validade da relação processual é necessário que o réu tenha total conhecimento da imputação e meios para contrariá-la. Não só deverá ser citado como também lhe será oferecido tempo suficiente para preparar a defesa.

Revisão criminal Pedido formulado pelo condenado para que a sentença condenatória seja reexaminada pelo tribunal, sob fundamento de que ela é injusta, nos casos previstos na lei. A revisão criminal é ajuizada quando já não cabe nenhum outro recurso contra a decisão. Julgando procedente a revisão, o tribunal poderá alterar a classificação da infração, absolver o réu, modificar a pena ou anular o processo (arts. 621 a 631, CPP). Possuem legitimidade para propor a ação o réu, o procurador legalmente habilitado ou, no caso de morte do réu, cônjuge, ascendente, descendente ou irmão (art. 623, CPP). Além da absolvição ou diminuição da pena, é possível pedir indenização por erro judicial (art. 630). A competência para processar e julgar a revisão é do STF quando referente a condenações por ele proferidas. A revisão dos processos findos será admitida: quando a sentença condenatória for contrária ao texto expresso da lei penal ou à evidência dos autos; quando a sentença condenatória se fundar em depoimentos, exames ou documentos comprovadamente falsos; quando, após a sentença, se descobrirem novas provas de inocência do condenado ou de circunstância que determine ou autorize diminuição especial da pena.

Revogação Supressão ou cancelamento de ato legítimo e eficaz. Modalidade discricionária de extinção de ato administrativo válido que ocorre por razões de oportunidade e conveniência. Nesse caso, a revogação deve ser feita pela mesma autoridade que praticou o ato revogado e por meio do mesmo instrumento jurídico. Ao passo que a anulação pode ser feita pelo Poder Judiciário e pela administração, a revogação é privativa desta porque seus fundamentos – oportunidade e conveniência – são vedados à apreciação do Judiciário. No processo de falência e recuperação de empresas, em razão de não se tratarem de atos administrativos, são revogáveis os atos praticados com a intenção de prejudicar credores, provando-se o conluio fraudulento entre o devedor e o terceiro que com ele contratar e o efetivo prejuízo sofrido pela massa falida (art. 130, Lei n. 11.101/2005 – Lei de Falências). Revoga-se, por exemplo, prisão preventiva, livramento condicional, ato administrativo, portaria, medida cautelar, testamento, procuração, doação. No âmbito do direito civil a revogação pode ser feita por iniciativa da parte nos casos expressamente previstos na lei, como ocorre com a doação, o testamento e o mandato.

Revogação da lei Ato pelo qual se torna sem efeito uma lei ou um dispositivo legal. Substituição de uma lei por outra. Quando a revogação é total, dá-se o nome de ab-rogação; quando é parcial, diz-se que houve uma derrogação da lei.

Revogação expressa Revogação da lei anterior feita pelo legislador, em cláusula específica, no próprio corpo da nova lei. A cláusula de revogação deverá enumerar, expressamente, leis ou disposições legais revogadas (art. 9º, LC n. 95/98).

Revogação tácita Revogação da lei anterior decorrente de incompatibilidade ou divergência normativa entre a lei nova e a anterior.

Rito Sequência de atos praticados para impulsionar o processo; fases de um processo; procedimento. Trajeto a ser percorrido desde o início até o fim do processo. De acordo com a celeridade empregada aos atos, o rito processual pode ser classificado em ordinário, sumário ou sumaríssimo. O rito ordinário é o mais longo e demorado, pois requer uma sequência maior de atos processuais. O rito sumário é mais concentrado e, por isso, exige menos atos, sendo, portanto, mais curto e mais célere. Já o rito sumaríssimo é o mais rápido de todos eles. É o rito utilizado nos juizados especiais. No processo penal, o rito ou procedimento comum é classificado em: ordinário, quando tiver por objeto crime cuja sanção máxima cominada for igual ou superior a quatro anos de pena privativa de liberdade; sumário, quando tiver por objeto crime cuja sanção máxima cominada seja inferior a quatro anos de pena privativa de liberdade; e sumaríssimo, para as infrações penais de menor potencial ofensivo na forma da lei.

Rito abreviado Faculdade concedida ao relator de uma ação direta de inconstitucionalidade de submeter o processo diretamente ao plenário do tribunal, no caso de relevância da matéria e de seu significado para a ordem social e a segurança jurídica ser especial. O plenário poderá julgar definitivamente a ação após a prestação das informações, no prazo de dez dias, e a manifestação do advogado-geral da União e do procurador-geral da República, sucessivamente, no prazo de cinco dias cada um. Nesse caso, a liminar não é analisada, sendo julgado diretamente o mérito da ação (art. 12, Lei n. 9.868/99).

Rito ordinário Desenvolvimento processual instituído para todas as causas a que não se atribua rito especial ou próprio, como o sumaríssimo.

Rito sumaríssimo Rito orientado pelos critérios da oralidade, simplicidade, informalidade, economia processual e celeridade, buscando, sempre que possível, a conciliação ou a transação. É o rito adotado nos juizados especiais cíveis na Justiça comum, na Justiça Federal e na Justiça do Trabalho.

Rol de testemunhas Relação ou lista de testemunhas constante da petição inicial, contestação ou defesa prévia criminal, produzida pelo advogado no processo com a finalidade de prestarem depoimento em favor da parte ou do indiciado. No direito processual civil, são admitidas até dez testemunhas, podendo ser reduzidas a três quando se tratar de provar o mesmo fato. Do rol deverá constar, além do nome, profissão, residência e local de trabalho de cada testemunha, e se o advogado pretende que elas sejam devidamente intimadas a depor. No processo criminal, a acusação poderá arrolar até o máximo de oito testemunhas (art. 406, § 2°, CPP).

Roubo Crime contra o patrimônio que consiste na subtração clandestina de coisa alheia móvel para si ou para outrem mediante grave ameaça ou violência à pessoa, ou reduzindo-a à impotência para agir (art. 157, CP). Diferencia-se do furto, que é praticado sem violência à vítima.

Rufianismo tirar proveito da prostituição alheia, participando diretamente de seus lucros ou fazendo-se sustentar, no todo ou em parte, por quem a exerça (art. 230 do CP).

Sacado Banco ou pessoa contra quem são sacados letra de câmbio, cheque ou qualquer ordem de pagamento.

Saisine Expressão francesa considerada uma ficção jurídica que autoriza a transmissão imediata do domínio dos bens do *de cujus* ao herdeiro legítimo ou testamentário a partir do momento da morte do autor da herança, ainda que esta seja desconhecida.

Salário Remuneração devida pelo empregador ao empregado pela prestação de serviço decorrente da relação de emprego. Denomina-se *vencimentos* quando pago ao funcionário público.

Salário-maternidade Benefício previdenciário devido à segurada da Previdência Social, durante 120 dias, com início no período entre 28 dias antes do parto e a data de ocorrência deste, observadas as situações e condições previstas na legislação no que concerne à proteção à maternidade. O mesmo benefício é concedido à segurada da Previdência Social que adotar ou obtiver guarda judicial para fins de adoção de criança pelo período de 120 dias, se a criança tiver até 1 ano de idade; de sessenta dias, se a criança tiver entre 1 e 4 anos de idade; e de trinta dias, se a criança tiver de 4 a 8 anos de idade. O salário-maternidade para a segurada empregada ou trabalhadora avulsa, consistirá em uma renda mensal igual à sua remuneração integral (arts. 71 e 72, Lei n. 8.213/91).

Salvados Diz-se do que se recolhe sem danos de acidente de grandes proporções, como mercadorias recolhidas de naufrágio, incêndio, inundação.

Sanção No direito penal, expressa pena, castigo ou reprimenda estipulados pelo Estado com a finalidade de garantir o cumprimento de uma lei. Consequência desfavorável decorrente do descumprimento de uma norma jurídica. No âmbito legislativo, significa a aprovação dada a uma lei pelo chefe do Poder Executivo.

Saneamento Ato de sanear o processo. Exame dos pressupostos processuais que o juiz realiza na ação, com a finalidade de considerá-la apta a ser processada, instruída e julgada. Eliminação de irregularidades ou vícios em um processo (art. 331, § 3°, CPC). Poderá o juiz, nesse caso, entre outras providências, pôr termo ao processo, mediante sentença, se a questão prévia for de mérito, ou decisão terminativa, sem conhecimento do mérito, se extinguir o processo, ou ainda mediante declaratória da nulidade do processo; poderá também ordenar diligências para suprir nulidades ou irregularidades ou declarar o processo isento de vícios.

SARS-CoV-2 Abreviação de ***COrona VIrus Disease***, doença causada pelo vírus Corona – COVID-19, em tradução literal da língua inglesa, ou simplesmente "Coronavírus".

Seguradora Empresa autorizada pela Superintendência de Seguros Privados (Susep) a contratar seguros. Mediante o recebimento do prêmio, ela assume o risco e garante a indenização em caso de ocorrência de sinistro amparado pelo contrato de seguro.

Segurança jurídica Certeza proporcionada pelo direito positivo a cada um diante da previsibilidade das decisões judiciais. Implica a preservação dos princípios constitucionais básicos de igualdade e segurança, ou seja, tratar de forma igual os casos iguais e prever como serão julgados os casos futuros semelhantes.

Seguro Contrato pelo qual o segurador se obriga, mediante o pagamento do prêmio, a garantir interesse legítimo do segurado, relativo a pessoa ou a coisa, contra riscos predeterminados (art. 757, CC). Pelo contrato de seguro, a empresa seguradora obriga-se para com uma pessoa, mediante contribuição por esta prometida, a lhe pagar certa quantia, se ocorrer o risco previsto. Assim, ocorrido o evento previsto, cumpre à seguradora pagar o valor do seguro. Nesse momento surge, para o segurado ou para o beneficiário, um direito de crédito, imediatamente exigível (BRANCO, Elcir Castello. *Do seguro obrigatório de responsabilidade civil*. Rio de Janeiro, Jurídica e Universitária, 1971, p. 37-8).

Seguro de responsabilidade civil Contrato pelo qual o segurador, mediante cobrança de prêmio estipulado, garante ao segurado o pagamento de indenização em decorrência de eventual acidente com a coisa segurada. Pelo contrato de seguro, o segurador se obriga, mediante o pagamento do prêmio, a garantir interesse legítimo do segurado, relativo a pessoa ou a coisa, contra riscos predeterminados (art. 757, CC).

Seguro obrigatório Também conhecido por DPVAT, criado pela Lei n. 6.194/74, é o seguro de valor único, cobrado dos proprietários de veículos uma vez por ano, na época do seu licenciamento, que se destina a cobrir os danos pessoais de veículos automotores. O seguro obrigatório tem por objetivo amparar as vítimas de acidentes de trânsito em todo o território nacional por meio de ressarcimento e indenização em casos de atropelamento e acidentes com ferimento que resultem em invalidez temporária, permanente ou morte. Consideram-se, quanto à abrangência, o transporte individual ou coletivo e o transporte de cargas, envolvendo

S

pessoas transportadas ou não e incluindo proprietários, motoristas, seus beneficiários ou dependentes.

Sentença Decisão proferida por juiz competente que põe termo ao processo, julgando ou não o mérito da causa (arts. 203, § 1º, CPC). Diferencia-se, portanto, dos *despachos* e das *decisões interlocutórias,* os quais, em face de características e efeitos específicos, não têm o poder de encerrar o processo. O juiz é obrigado por lei a proferir decisão, não podendo omitir-se alegando lacuna ou obscuridade da lei (art. 140, CPC). Nesse caso, ser-lhe-á lícito recorrer à analogia, aos costumes e aos princípios gerais de Direito para efeito de preencher a lacuna ou enfrentar a obscuridade. São requisitos da sentença: o relatório; os fundamentos; o dispositivo (art. 489, CPC).

Sentença de pronúncia Sentença pela qual o juiz, expondo as razões de seu convencimento, fundado nos indícios que se colheram no sumário, e declarando o dispositivo legal em que se acha incurso o pronunciamento, decide encaminhar o acusado a julgamento pelo Tribunal do Júri. A decisão não tem caráter definitivo, uma vez que o juiz, embasado nas evidências, apenas proclama a autoria do crime (art. 413, CPP).

Sentido estrito De modo restritivo ou estrito (*stricto*); com restrição; limitado; apertado. Contrapõe-se ao sentido amplo ou extensivo (*lato*). A pós-graduação em sentido estrito, ou *stricto sensu*, corresponde aos cursos de mestrado e doutorado.

Separação de corpos Medida cautelar que consiste na saída de um dos cônjuges do lar do casal como liminar da separação litigiosa: "antes de mover a ação de nulidade do casamento, a de anulação, a de separação judicial, a de divórcio direto ou a de dissolução de união estável, poderá requerer a parte, comprovando sua necessidade, a separação de corpos, que será concedida pelo juiz com a possível brevidade" (art. 1.562, CC).

Sequestro Tutelar cautelar que consiste na apreensão e no depósito de bens móveis, imóveis ou semoventes do proprietário para resguardar o direito do requerente (art. 301, CPC).

Sequestro de aeronave Medida cautelar destinada à apreensão e ao depósito de aeronave em caso de desapossamento por meio ilegal ou de dano à propriedade privada provocado pela aeronave que nela fizer pouso forçado. Não se admite o sequestro de nenhuma aeronave empregada em serviços aéreos públicos (art. 154, Lei n. 7.565/86, CBA).

Serviços notariais Assim como os de registro, são os serviços de organização técnica e administrativa destinados a garantir a publicidade, a autenticidade, a segurança e a eficácia dos atos jurídicos (art. 1º, Lei n. 8.935/94).

Servidão Restrição que sofre o proprietário em seu direito de uso e gozo do prédio em favor de outro proprietário, para favorecer a este aumentando-lhe a utilidade. A servidão proporciona utilidade para o prédio dominante e grava o prédio serviente, que pertence a diverso dono, e constitui-se mediante declaração expressa dos proprietários, ou por testamento, e subsequente registro no Cartório de Registro de Imóveis (art. 1.378, CC).

Servidão de passagem Direito concedido ao proprietário do prédio dominante de trafegar pelo prédio serviente caso não haja outro caminho (art. 1.285, CC).

Sic Expressão latina que se emprega entre parênteses, no final de uma citação ou no meio de uma frase, para indicar reprodução textual do original ou chamar atenção para o que se afirma, por mais errado ou estranho que pareça. Assim; desta forma; como está escrito.

Silogismo Raciocínio dedutivo que se forma com três proposições: premissa maior, enunciado de um juízo; premissa menor, declaração de caso particular contido na premissa maior; e conclusão, derivada de maneira lógica e cabal das duas primeiras. Diz-se que toda sentença corresponde a um silogismo, em que a lei seria a *premissa maior*, os fatos, a *premissa menor* e a decisão, a *conclusão lógica*.

Simulação Defeito do ato jurídico que consiste na falta de correspondência com a vontade real de quem o pratica (art. 167, § 1º, CC). Dissimulação. Ocorre venda simulada quando feita por ascendente a descendente, mediante a participação de um terceiro adquirente, que, após a compra, transfere o bem ao descendente, como forma de burlar a exigência de consentimento dos demais descendentes, na forma do art. 496, CC.

Sinalagmático Qualidade do que é bilateral, importando em igualdade de direitos e deveres para as partes contratantes. Contrato sinalagmático.

Sindicância Procedimento de competência de órgão estatal ou administrativo que, mediante diligências, visa a apurar irregularidades praticadas por servidores públicos no âmbito da administração pública. Dependendo da gravidade da irregularidade e a critério da autoridade instauradora, a sindicância poderá ser conduzida por um sindicante ou por uma comissão de dois ou três servidores. Aplicam-se à sindicância as disposições do processo administrativo disciplinar relativo ao contraditório e ao direito a ampla defesa, especialmente a citação do indiciado para apresentar defesa escrita, no prazo de dez dias, assegurando-lhe vista ao processo na repartição (art. 5º, LV, CF; arts. 145, parágrafo único, c/c 152 e 161, § 1º, Lei n. 8.112/90).

Sinecura Emprego ou cargo que exige pouco ou nenhum trabalho em relação à remuneração obtida.

Sistema Nacional de Políticas Públicas sobre Drogas (Sisnad) Criado pela Lei n. 11.343/2006, prescreve medidas para prevenção do uso indevido, atenção e reinserção social de usuários e dependentes de drogas, estabelecendo normas sobre repressão à produção não autorizada e ao tráfico ilícito de drogas, além de definir crimes. A Lei n. 13.886/2019 acrescentou dispositivos à Lei n. 11.343/2006, tratando sobre a venda de bens apreendidos ou sequestrados que tenham vinculação com o tráfico ilícito de drogas.

Sobreaviso Situação na qual o empregado efetivo permanece em casa, aguardando que a qualquer momento o empregador o requisite para executar serviços imprevistos ou para a substituição de outros empregados que faltem à escala organizada. Cada escala de sobreaviso será, no máximo, de 24 horas. As horas de sobreaviso, para todos os efeitos, serão contadas à razão de um terço do salário normal (art. 244, § 2º, CLT).

Sobrepartilha Nova partilha feita nos mesmos autos do inventário para a distribuição de bens remanescentes que não tinham sido descritos ou partilhados, por não se saber que o *de cujus* os tinha, ou por serem remotos, litigiosos, sonegados ou de difícil e morosa liquidação (art. 2.022, CC).

Sociedade Contrato celebrado por pessoas que reciprocamente se obrigam a contribuir, com bens ou serviços, para o exercício de atividade econômica e para a partilha, entre si, dos resultados (art. 981, CC).

Sociedade anônima Companhia ou sociedade cujo capital é dividido em ações e na qual a responsabilidade dos sócios ou acionistas é limitada ao preço de emissão das ações subscritas ou adquiridas (art. 1º, Lei n. 6.404/76).

Sociedade anônima do futebol (SAF) Modelo em que equipes de clubes se tornam oficialmente um "clube-empresa", com garantias legais de seus aportes aos investidores. Esses aportes podem ser feitos em pequenas porções (como na venda de ações de uma empresa) ou na aquisição de grande parte da entidade (art. 1º, Lei n. 14.193/2021).

Sociedade de capital e indústria Aquela constituída por duas ou mais pessoas, na qual algumas contribuem com o capital e outras, com a indústria (arts. 317 a 324, CCom).

Sociedade de economia mista Pessoa jurídica de direito privado com participação majoritária ou minoritária do Estado. Reveste-se, necessariamente, da natureza de sociedade anônima.

Sociedade em comandita simples Aquela que é formada por duas espécies de sócios: os comanditados, com responsabilidade solidária e ilimitada; e os comanditários, com responsabilidade limitada (art. 1.045, CC).

Sociedade em conta de participação Sociedade que apresenta duas categorias de sócios: os ocultos e os ostensivos. Os sócios ostensivos são os únicos responsáveis perante terceiros (art. 991, CC).

Sociedade em nome coletivo Sociedade formada por uma só classe de sócios, solidária e limitadamente responsáveis pelas obrigações sociais sob firma ou razão social (art. 1.039, CC).

Sociedade empresária Sociedade que tem por objeto o exercício de atividade própria de empresário, sujeita a registro (art. 982, CC). A sociedade empresária deve constituir-se segundo um dos tipos regulados nos arts. 1.039 a 1.092, CC, ou seja, sociedade em nome coletivo, sociedade em comandita simples, sociedade limitada, sociedade anônima e sociedade em comandita por ações (art. 983, CC).

Sociedade limitada unipessoal (SLU) Prevista na Lei de Liberdade Econômica (Lei n. 13.874/2019), é uma modalidade de constituição de empresas que visa a estimular o empreendedorismo no Brasil e possibilitar a formalização de pequenos e médios negócios.

Sociedade por cotas de responsabilidade limitada Sociedade em que a responsabilidade dos sócios é limitada ao montante das cotas subscritas por cada um (art. 1.052, CC).

Solidariedade Vinculação jurídica pela qual, na mesma obrigação, concorrem vários credores ou devedores, cada qual com direito ou obrigação na dívida toda (art. 264, CC). A solidariedade não se presume, mas resulta da lei ou da vontade das partes (art. 265, CC). A solidariedade pode ser ativa ou passiva (arts. 267 a 285, CC).

Solidariedade ativa Solidariedade atribuída a uma pluralidade de credores e pela qual cada um dos credores solidários tem direito a exigir do devedor o cumprimento da prestação por inteiro (art. 267, CC).

Solidariedade passiva Solidariedade atribuída a uma pluralidade de devedores e pela qual o credor tem direito a exigir e receber de um ou de alguns dos devedores, parcial ou totalmente, a dívida comum; se o pagamento tiver sido parcial, todos os demais devedores continuam obrigados solidariamente pelo restante (art. 275, CC).

Solidariedade tributária Solidariedade pelo pagamento do tributo atribuída, por lei, às pessoas que tenham interesse comum na situação que constitua o fato gerador da obrigação principal e às pessoas expressamente designadas por lei (art. 124, CTN).

Sonegação de bens Ocultação dolosa de bens que deveriam constar do inventário por responsabilidade do inventariante ou de qualquer dos herdeiros (art. 1.992, CC).

Sonegação fiscal Fraude decorrente da omissão voluntária do contribuinte no recolhimento dos tributos a que está obrigado em razão de lei. Também comete a fraude quem se utiliza de procedimentos que violem diretamente a lei fiscal ou o regulamento fiscal. A sonegação fiscal ou tributária é considerada crime contra a ordem tributária, punível com a pena de 2 a 5 anos de reclusão e multa (Lei n. 8.137/90).

Sonegados Diz-se dos bens que deveriam constar do inventário e que foram ocultados ou subtraídos dolosamente pelo inventariante ou por qualquer dos herdeiros (art. 1.992, CC).

Stalking Perseguir alguém, reiteradamente e por qualquer meio, ameaçando-lhe a integridade física ou psicológica, restringindo-lhe a capacidade de locomoção ou, de qualquer forma, invadindo ou perturbando sua esfera de liberdade ou privacidade (art. 147-A, CP). Esse crime passou a ser previsto no Código Penal brasileiro após a sanção da Lei n. 14.132, de 31.06.2021.

Startup Empresa em fase inicial que tem como características inovação, reprodução e escalabilidade, com potencial de crescimento elevado. Há *startups* em diversas áreas de atuação, e é comum que se utilize a tecnologia como base de suas operações.

Stricto jure Refere-se ao rigor do Direito, ao rígido formalismo legal do ato jurídico que não permite a ampliação do sentido da norma que o regulamenta (arts. 104, CC, e 73, CPC).

Stricto sensu De modo restritivo ou estrito; com restrição; limitado; apertado. Contrapõe-se ao sentido amplo ou extensivo (*lato*). No sentido literal, estrito, exato, que não permite interpretação extensiva. A pós-graduação em sentido estrito, ou *stricto sensu*, corresponde aos cursos de mestrado e doutorado.

Sublocação de imóvel Contrato de locação firmado pelo locatário com terceiro, estranho ao contrato, denominado sublocatário. A sublocação exige autorização expressa do locador (arts. 13 a 16, Lei n. 8.245/91).

Sub-rogação Ato pelo qual, por força de lei ou convenção, uma pessoa ou coisa é substituída por outra, a qual fica sub-rogada nos direitos a ela inerentes. No direito das obrigações, o pagamento com sub-rogação é utilizado para saldar uma dívida, substituindo-se o sujeito da obrigação, porém sem extingui-la (arts. 346 a 351, CC).

Sub-rogação convencional Sub-rogação que decorre de convenção na qual o credor, após receber o pagamento de terceiro, transfere-lhe expressamente todos os seus direitos, ou, quando terceira pessoa, empresta ao devedor a quantia precisa para solver a dívida, sob a condição expressa de ficar o mutuante sub-rogado nos direitos do credor satisfeito (art. 347, CC).

Sub-rogação legal Sub-rogação que decorre de lei ou de pleno direito em favor do credor que paga a dívida do devedor comum, do adquirente do imóvel hipotecado, que paga a credor hipotecário, bem como do terceiro que efetiva o pagamento para não ser privado de direito sobre imóvel ou do terceiro interessado, que paga a dívida pela qual era ou podia ser obrigado, no todo ou em parte (art. 346, CC).

Subsidiariedade Refere-se ao que é subsidiário, supletivo ou complementar. Uma das formas de aplicação desse princípio é a referência que o legislador costuma fazer quando inclui na lei dispositivo que menciona que outra lei já existente se aplica subsidiariamente à lei nova. É o que ocorre com a Consolidação das Leis do Trabalho, que determina que: a) o direito comum será fonte subsidiária do direito do trabalho naquilo que não for incompatível com os princípios fundamentais deste (art. 8º, parágrafo único); b) nos casos omissos, o direito processual comum será fonte subsidiária do direito processual do trabalho (art. 769). Ademais: o Código de Processo Civil é subsidiário da Lei de Execuções Fiscais (art. 1º, Lei n. 6.830/80); o Código Civil é subsidiário da Lei das Locações (art. 78, Lei n. 8.245/91) e do Estatuto da Terra (art. 9º, Lei n. 4.504/64).

Substabelecimento Ato pelo qual o mandatário ou procurador transfere a terceiro, parcial ou totalmente, os poderes que no mandato lhe foram conferidos pelo mandante (art. 665, CC). O substabelecimento pode ser total (sem reserva) ou parcial (com reserva). É *sem reserva* quando o substabelecente transfere todos os poderes, afastando-se por completo do processo em que atuava; é *com reserva* quando o substabelecente transfere apenas alguns poderes ao substabelecido (como o de substituí-lo em uma audiência ou na prática de determinado ato judicial), reservando-se os poderes mais importantes, como o de acordar, transigir, receber, dar quitação etc. O substabelecimento do mandato *sem reserva* de poderes exige o prévio e inequívoco conhecimento do cliente. Em se tratando de man-

S

dato *com reserva*, o substabelecido deve ajustar antecipadamente seus honorários com o substabelecente (art. 26, Código de Ética e Disciplina da OAB).

Subsunção Ato ou efeito de subsumir, isto é, incluir um fato ou uma norma em outra norma de maior alcance. Enquadramento do caso concreto à norma legal em abstrato aplicável. Adequação de uma conduta ou de fato concreto à norma jurídica. "No caso, embora a conduta do apenado – pesca em período proibido – atenda tanto à tipicidade formal (pois constatada a subsunção do fato à norma incriminadora) quanto à subjetiva, na medida em que comprovado o dolo do agente, não há como reconhecer presente a tipicidade material, pois em seu poder foram apreendidos apenas seis peixes, devolvidos com vida ao seu *habitat*, conduta que não é suficiente para desestabilizar o ecossistema" (STJ, Ag. Reg. no REsp n. 1.320.020/RS).

Sucessão Transmissão de direitos feita por ato *inter vivos* ou *mortis causa*. No primeiro caso, é a substituição do titular do direito, como ocorre com a compra e venda. No segundo caso, denominado sucessão hereditária, a transmissão se dá em razão da morte do titular.

Sucessão *ab intestato* Sucessão decorrente de lei, sem que incidam disposições testamentárias.

Sucessão definitiva Sucessão que ocorre em caráter definitivo no caso de bens deixados por pessoa desaparecida e declarada ausente e que se abre a pedido dos interessados dez anos depois de passada em julgado a sentença que concede a abertura da sucessão provisória (art. 37, CC).

Sucessão hereditária Transmissão de bens e direitos que constituem a herança de pessoa falecida a seus herdeiros legítimos e testamentários. A sucessão, que decorre de lei ou disposição de última vontade (testamento), é aberta no lugar do último domicílio do falecido (arts. 1.784 e seguintes, CC). Com o falecimento de alguém ocorre a *saisine*, instituto que autoriza a transmissão imediata do domínio dos bens do *de cujus* ao herdeiro legítimo ou testamentário a partir do momento da morte do autor da herança, ainda que esta seja desconhecida.

Sucessão legítima Sucessão legal ou decorrente de lei (arts. 1.829 e 1.845, CC). A sucessão legítima defere-se na seguinte ordem: aos descendentes, em concorrência com o cônjuge sobrevivente, salvo se este for casado com o falecido no regime da comunhão universal, ou no da separação obrigatória de bens, ou se, no regime da comunhão parcial, o autor da herança não houver deixado bens particulares; aos ascendentes, em concorrência com o cônjuge; ao cônjuge sobrevivente; aos colaterais. A sucessão legítima compreende duas classes de herdeiros: os necessários e os concorrentes (estes denominados facultativos por alguns autores). São herdeiros necessários: os descendentes e os ascendentes. Aos herdeiros necessários é concedido o privilégio da *legítima*, que se constitui no direito à metade do patrimônio pertencente aos pais, ou do pertencente aos filhos, se estes não tiverem prole (art. 1.846, CC).

Sucessão provisória Sucessão de bens deixados por pessoa desaparecida que se abre provisoriamente, a pedido dos interessados, um ano após a arrecadação dos bens, ou três anos se ela deixou representante ou procurador (art. 26, CC).

Sucessão sem testamento Opõe-se à sucessão testamentária.

Sucessão testamentária Sucessão que resulta de testamento ou de disposição de última vontade manifestada em vida pelo *de cujus*. Toda pessoa capaz pode dispor, por testamento, da totalidade dos seus bens, ou de parte deles, para depois de sua morte (art. 1.857, CC). Na sucessão testamentária podem ainda ser chamados a suceder: os filhos ainda não concebidos de pessoas indicadas pelo testador, desde que vivas estas ao se abrir a sucessão; as pessoas jurídicas; as pessoas jurídicas cuja organização for determinada pelo testador sob a forma de fundação (art. 1.799, CC).

Sujeito passivo da obrigação principal Em direito tributário é a pessoa obrigada ao pagamento de tributo ou penalidade pecuniária que pode ser *contribuinte*, quando tenha relação pessoal e direta com a situação que constitua o respectivo fato gerador, ou *responsável*, quando, sem revestir a condição de contribuinte, sua obrigação decorra de disposição expressa de lei (art. 21, CTN).

Súmula Sumário; restrito; resumo. Súmula de jurisprudência. Síntese de decisões uniformes proferidas pelos tribunais. Conjunto de, no mínimo, três acórdãos de um mesmo tribunal, em que se adota a mesma interpretação sobre a mesma questão jurídica. As súmulas podem ser restritas a um tribunal ou gerais, quando emitidas como vinculantes pelo Supremo Tribunal Federal. Nas causas que dispensem a fase instrutória, o juiz, independentemente da citação do réu, julgará liminarmente improcedente o pedido que contrariar enunciado de súmula do Supremo Tribunal Federal ou do Superior Tribunal de Justiça (art. 332, CPC).

Súmula vinculante Súmula de jurisprudência com efeito vinculante é a que é aprovada pelo Supremo Tribunal Federal, de ofício ou por provocação e mediante decisão de dois terços dos seus membros, após reiteradas decisões sobre a matéria constitucional em análise. A partir de sua publicação na imprensa oficial, ela terá efeito vinculante em relação aos demais órgãos do Poder Judiciário e à administração pública direta e indireta, nas esferas federal, estadual e municipal. Depois da Emenda Constitucional n. 45/2004, que acrescentou o art. 103-A à Constituição, a súmula editada pelo STF passou a ter efeito vinculante sobre decisões futuras.

Superendividamento Impossibilidade manifesta de o consumidor pessoa natural, de boa-fé, pagar a totalidade de suas dívidas de consumo, exigíveis e vincendas, sem comprometer seu mínimo existencial, nos termos da regulamentação (art. 54-A, § 1°, CDC) (*v. Lei do Superendividamento* – Lei n. 14.181/2021).

Superior Tribunal de Justiça (STJ) O Superior Tribunal de Justiça, criado pela Constituição Federal de 1988, é composto de, no mínimo, 33 ministros nomeados pelo presidente da República, entre brasileiros com mais de 35 e menos de 65 anos, de notável saber jurídico e reputação ilibada, depois de aprovada a escolha pelo Senado Federal entre juízes dos TRFs, desembargadores dos Tribunais de Justiça, advogados e membros do Ministério Público. É dividido em seis turmas, agrupadas em três seções especializadas, e tem por atribuição o exame de recursos especiais oriundos de todos os tribunais dos estados e TRFs, manifestando-se sobre questões que anteriormente eram submetidas à apreciação do Supremo Tribunal Federal (que hoje se ocupa exclusivamente das questões constitucionais). Havendo repetição de julgamentos idênticos pelas turmas, a seção especializada edita uma súmula, que passa a servir de paradigma para julgamentos a respeito de matéria semelhante. No que se refere a julgamentos divergentes, estes conduzem ao "incidente de uniformização de jurisprudência". Após aprofundados debates, também resulta sumulado o entendimento da maioria. O STJ, além de sua competência originária em recurso ordinário, julga em *recurso especial* as causas decididas em única ou última instância quando a decisão recorrida (art. 105, III, CF): a) contrariar tratado ou lei federal, ou negar-lhes vigência; b) julgar válido ato de governo local contestado em face de lei federal; c) der à lei federal interpretação divergente da que lhe haja atribuído outro tribunal.

Superior Tribunal Militar (STM) Órgão de última instância da Justiça militar, com sede em Brasília, composto de quinze ministros vitalícios, nomeados pelo presidente da República, depois de aprovada a indicação pelo Senado Federal, sendo três entre oficiais-generais da Marinha, quatro entre oficiais-generais do Exército, três entre oficiais-generais da Aeronáutica, todos da ativa e do posto mais elevado da carreira, e cinco entre civis. Os ministros civis serão escolhidos pelo presidente da República entre brasileiros maiores de 35 anos, sendo: três advogados de notório saber jurídico e conduta ilibada, com mais de dez anos de efetiva atividade profissional; dois, por escolha paritária, entre juízes auditores e membros do Ministério Público da Justiça Militar (art. 123, CF).

Supérstite Expressão usada para designar o cônjuge sobrevivente ou viúvo. Cônjuge supérstite.

Superveniência Circunstância de um fato ocorrer após outro, tomado como referência. Fato, causa ou motivo superveniente. Incapacidade superveniente.

Supremo Tribunal Federal (STF) O Supremo Tribunal Federal, que funciona como autêntico guarda da Constituição, tem por competência o julgamento da ação direta de inconstitucionalidade, da ação declaratória de constitucionalidade e do recurso extraordinário, nos casos em que a decisão recorrida (art. 102, III, CF): a) contrariar dispositivo da Constituição; b) declarar a inconstitucionalidade de tratado ou lei federal; c) julgar válidos lei ou ato de governo local contestados em face da Constituição; d) julgar válida lei local contestada em face de lei federal. O STF é composto de onze ministros, nomeados pelo presidente da República, depois de aprovada a escolha pela maioria absoluta do Senado Federal, entre cidadãos com mais de 35 e menos de 65 anos de idade, de notável saber jurídico e reputação ilibada.

Supressão de instância Eliminação ou não observância de instância recursal nas causas que não sejam de competência originária dos tribunais, em contrariedade ao princípio do duplo grau de jurisdição.

Suprimento Ato de suprir falha ou omissão, de completar ato, de corrigir uma irregularidade. Convalidação. Suprimento judicial para a confirmação do casamento contraído por menor, após este completar a idade núbil (art. 1.553, CC); suprimento judicial da outorga de um dos cônjuges ao outro quando o primeiro a denegue sem motivo justo ou lhe seja impossível concedê-la (art. 1.648, CC).

Sursis Diz-se da suspensão condicional da pena imposta ao réu nos casos previstos em lei. Benefício que o juiz concede ao condenado primário, isentando-o do cumprimento da pena de reclusão ou detenção sob certas condições e prazo determinado (art. 696, CPP) (*v. Suspensão condicional da pena*).

S

Suspeição Circunstância de ordem pessoal ou decorrente de parentesco que veda a participação de determinadas pessoas no processo. A suspeição poderá ser alegada pelas partes por meio de exceção contra o juiz da causa, Ministério Público, serventuário da Justiça, perito e intérprete. A parte interessada deverá arguir o impedimento ou a suspeição, em petição fundamentada e devidamente instruída, na primeira oportunidade em que lhe couber falar nos autos (arts. 145 e segs., CPC).

Suspensão condicional da pena O mesmo que *sursis*. Suspensão pelo juiz, por tempo não inferior a dois nem superior a seis anos, da execução das penas de reclusão e de detenção que não excedam dois anos, ou, por tempo não inferior a um nem superior a três anos, da execução da pena de prisão simples, desde que: a) o sentenciado não haja sofrido, no país ou no estrangeiro, condenação irrecorrível por outro crime a pena privativa da liberdade, salvo o disposto no parágrafo único do art. 46, CP; b) os antecedentes e a personalidade do sentenciado, os motivos e as circunstâncias do crime autorizem a presunção de que não tornará a delinquir (art. 696, CPP).

Suspensão condicional do processo Medida judicial alternativa, no âmbito do processo penal, que, nos crimes em que a pena mínima cominada é igual ou inferior a um ano, suspende o processo por 2 a 4 anos, desde que o acusado não esteja sendo processado ou não tenha sido condenado por outro crime, presentes os demais requisitos que autorizariam a suspensão condicional da pena. Pode ser proposta pelo Ministério Público no oferecimento da denúncia. Aceita a proposta pelo acusado e seu defensor, na presença do juiz, este, recebendo a denúncia, poderá suspender o processo, submetendo o acusado a período de prova, sob as seguintes condições: reparação do dano, salvo impossibilidade de fazê-lo; proibição de frequentar determinados lugares; proibição de ausentar-se da comarca onde reside sem autorização do juiz; comparecimento pessoal e obrigatório a juízo, mensalmente, para informar e justificar suas atividades (art. 89, Lei n. 9.099/95).

Suspensão da execução Suspensão do processo de execução nos casos previstos em lei. Suspende-se a execução: no todo ou em parte, quando recebidos com efeito suspensivo os embargos à execução; nas hipóteses previstas no art. 265, I a III, Código de Processo Civil; quando o devedor não possuir bens penhoráveis.

Suspensão da execução fiscal Suspensão do curso da execução, enquanto não forem localizados o devedor ou os bens sobre os quais possa recair a penhora. Decorrido o prazo máximo de um ano sem que sejam encontrados o devedor ou bens penhoráveis, o juiz ordenará o arquivamento dos autos. Encontrados que sejam, a qualquer tempo, o devedor ou os bens, serão desarquivados os autos para o prosseguimento da execução (art. 40, Lei n. 6.830/80). "Em execução fiscal, não localizados bens penhoráveis, suspende-se o processo por um ano, findo o qual se inicia o prazo da prescrição quinquenal intercorrente" (Súmula n. 314, STJ).

Suspensão de segurança Pedido feito no âmbito do mandado de segurança pelo procurador-geral da República, Ministério Público ou por pessoa de direito público interessada ao presidente de tribunal para que seja cassada liminar ou decisão de outros tribunais, em única ou última instância, nos casos de lesão à ordem, à saúde, à segurança e à economia pública. A petição inicial deverá ser acompanhada da cópia da decisão que concedeu o mandado de segurança. Sendo a causa fundada em questão constitucional, a ação deverá ser ajuizada no Supremo Tribunal Federal (art. 25, Lei n. 8.038/90; art. 15, Lei n. 12.016/2009).

Suspensão do contrato de trabalho Paralisação temporária da execução do contrato de trabalho nos casos especificados em lei: serviço militar obrigatório, exercício de encargo público ou função equiparada, exercício de mandato sindical, suspensão disciplinar, greve, auxílio-doença, aposentadoria por invalidez, participação em curso ou programa de qualificação profissional (arts. 471 a 476-A, CLT).

Suspensão do crédito tributário Suspensão da exigibilidade do crédito tributário em relação ao contribuinte que se dá nos casos de moratória; depósito do seu montante integral; reclamações e recursos, nos termos das leis reguladoras do processo tributário administrativo; concessão de medida liminar em mandado de segurança; concessão de medida liminar ou de tutela antecipada, em outras espécies de ação judicial; parcelamento (art. 51, CTN).

Suspensão do prazo prescricional civil Suspensão que ocorre enquanto perdurarem determinadas situações previstas em lei, como no caso do casamento, do poder familiar, da tutela e da curatela. Mais especificamente: entre os cônjuges, na constância da sociedade conjugal; entre ascendentes e descendentes, durante o poder familiar; entre tutelados ou curatelados e seus tutores ou curadores, durante a tutela ou curatela; contra os incapazes; contra os ausentes do país em serviço público da União, dos estados ou dos municípios; contra os que se acharem servindo nas Forças Armadas, em tempo de guerra; pendendo condição suspensiva (arts. 197 a 199, CC).

Suspensão do prazo prescricional penal No âmbito do direito penal e processual penal, é a que ocorre nos seguintes casos: a) enquanto não resolvida, em outro processo, questão de que dependa o reconhecimento da existência do crime (art. 116, I, CP); b) enquanto o agente cumpre pena no estrangeiro (art. 116, II, CP); c) se o acusado, citado por edital, não comparecer, nem constituir advogado (art. 366, CPP); d) estando o acusado no estrangeiro, em lugar sabido, enquanto não ocorrer o cumprimento da carta rogatória de citação (art. 368, CPP).

Suspensão do processo Paralisação ou cancelamento temporário do trâmite processual por convenção das partes ou em virtude de lei. A suspensão ocorre: pela morte ou pela perda da capacidade processual de qualquer das partes, de seu representante legal ou de seu procurador; pela convenção das partes; pela arguição de impedimento ou de suspeição; pela admissão de incidente de resolução de demandas repetitivas; quando a sentença de mérito: a) depender do julgamento de outra causa ou da declaração de existência ou de inexistência de relação jurídica que constitua o objeto principal de outro processo pendente; b) tiver de ser proferida somente após a verificação de determinado fato ou a produção de certa prova, requisitada a outro juízo; por motivo de força maior; quando se discutir em juízo questão decorrente de acidentes e fatos da navegação de competência do Tribunal Marítimo; nos demais casos especificados em lei; pelo parto ou pela concessão de adoção, quando a advogada responsável pelo processo constituir a única patrona da causa; quando o advogado responsável pelo processo constituir o único patrono da causa e tornar-se pai (art. 313, CPC).

Suspensão do processo de execução Paralisação ou cancelamento temporário do trâmite da ação de execução por convenção das partes e nos casos especificados em lei. A execução pode ser suspensa: no todo ou em parte, quando recebidos com efeito suspensivo os embargos à execução (art. 919, CPC); nas hipóteses previstas no art. 313, CPC; quando o devedor não possuir bens penhoráveis (art. 921, CPC).

Sustentação oral Exposição ou defesa oral feita pelos advogados do recorrente e do recorrido perante os desembargadores ou ministros da câmara ou turma durante o julgamento do recurso no tribunal (art. 936, CPC).

Tabelião Tabelião ou notário é o profissional do Direito dotado de fé pública a quem é delegado o exercício das atividades notarial e de registro. A delegação para o exercício das atividades notarial e de registro depende dos seguintes requisitos: habilitação em concurso público de provas e títulos; nacionalidade brasileira; capacidade civil; quitação das obrigações eleitorais e militares; diploma de bacharel em Direito; verificação de conduta condigna para o exercício da profissão (arts. 3º e 14, Lei n. 8.935/94).

Tabelião de notas Tabelião a quem compete, com exclusividade: lavrar escrituras e procurações públicas; lavrar testamentos públicos e aprovar os cerrados; lavrar atas notariais; reconhecer firmas; autenticar cópias (art. 7º, Lei n. 8.935/94).

Tabelião de protesto de títulos Tabelião a quem compete, especificamente: protocolar de imediato os documentos de dívida para prova do descumprimento da obrigação; intimar os devedores dos títulos para aceitá-los, devolvê-los ou pagá-los sob pena de protesto; receber o pagamento dos títulos protocolados dando quitação; lavrar o protesto registrando o ato em livro próprio, em microfilme ou sob outra forma de documentação; acatar o pedido de desistência do protesto formulado pelo apresentante; averbar o cancelamento do protesto e as alterações necessárias para atualização dos registros efetuados; expedir certidões de atos e documentos que constem de seus registros e papéis (art. 11, Lei n. 8.935/94).

Tabelionato Denominação dada ao estabelecimento ou local em que os tabeliães ou notários exercem suas atividades profissionais. Também conhecido como *cartório*, o local recebe denominação de acordo com sua especialidade: tabelionato ou cartório de notas; tabelionato ou cartório de protestos.

Tácito Diz-se daquilo que não é expresso, que está subentendido. A aceitação do mandato pode ser tácita e resulta do começo da execução (art. 659, CC).

Tarifa Valor que o usuário paga facultativamente por algum serviço público não essencial prestado por empresas concessionárias de serviços públicos em nome do Estado. São exemplos tarifas de transporte público, de energia elétrica, de telefonia e de coleta de lixo.

Taxa Espécie de tributo pago pelo contribuinte para obter um serviço público prestado pelo Estado. Seu pagamento está relacionado à prestação de serviço público ou ao exercício do poder de polícia em benefício do contribuinte como forma de contraprestação (art. 145, II, CF). As taxas cobradas pela União, pelos estados, pelo Distrito Federal ou pelos municípios, no âmbito de suas respectivas atribuições, têm como fato gerador o exercício regular do poder de polícia, ou a utilização, efetiva ou potencial, de serviço público específico e divisível, prestado ao contribuinte ou posto a sua disposição (art. 77, CTN). Pode receber outras denominações, como tarifa, conta, preço público ou passagem.

Taxa de serviço Valor pecuniário instituído para a remuneração dos serviços prestados aos clientes por hotéis e estabelecimentos bancários. É discutível a exigência por parte dos hotéis sob o fundamento de repasse como gorjeta aos empregados. Em relação aos bancos, a Resolução CMN n. 3.919/2010 classifica em quatro modalidades os serviços prestados às pessoas físicas pelas instituições financeiras e demais instituições autorizadas pelo Banco Central a funcionar: a) serviços essenciais: aqueles que não podem ser cobrados; b) serviços prioritários: aqueles relacionados a contas de depósitos, transferência de recursos, operações de crédito e arrendamento mercantil, cartão de crédito básico e cadastro, somente podendo ser cobrados os serviços constantes da Lista de Serviços da Tabela I, anexa à Resolução CMN n. 3.919/2010, devendo ainda ser observados a padronização, as siglas e os fatos geradores da cobrança, também estabelecidos por meio da citada Tabela I; c) serviços especiais: aqueles cuja legislação e regulamentação específicas definem as tarifas e as condições em que são aplicáveis, a exemplo dos serviços referentes ao crédito rural, ao sistema financeiro da habitação – SFH, ao FGTS, ao fundo PIS/Pasep, às chamadas contas-salário, bem como às operações de microcrédito de que trata a Resolução CMN n. 4.713, de 2019; d) serviços diferenciados: aqueles que podem ser cobrados desde que explicitadas ao cliente ou ao usuário as condições de utilização e pagamento.

Taxa judiciária Remuneração da prestação de serviços de natureza judiciária cobrada pelos órgãos do Poder Judiciário aos que requerem a prestação jurisdicional, com exceção dos beneficiados pela assistência judiciária gratuita (art. 145, II, CF).

Taxa Selic Sistema Especial de Liquidação e Custódia – Selic – é a taxa obtida mediante o cálculo da taxa média ponderada e ajustada das operações de financiamento por um dia, lastreadas em títulos públicos federais e cursadas no referido sistema ou em câmaras de compensação e liquidação de ativos, na forma de operações compromissadas. Operações compromissadas são operações de venda de títulos com compromisso de recompra assumido pelo vendedor, concomitante com o compromisso de revenda assumido pelo comprador, para liquidação no dia útil seguinte. Estão aptas a realizar operações compromissadas por um dia útil, fundamentalmente, as instituições financeiras habilitadas, tais como bancos, caixas econômicas, sociedades corretoras de títulos e valores mobiliários e sociedades distribuidoras de títulos e valores mobiliários (fonte: Banco Central do Brasil). A taxa Selic costuma ser utilizada, entre outros casos, para atualização monetária de cálculos judiciais e remuneração dos depósitos na caderneta de poupança.

Taxativo Diz-se daquilo que é categórico, expresso, limitado ou restrito. Nesse sentido, rol taxativo ou *numerus clausus* indica que o legislador restringiu a aplicação da lei àqueles casos e somente a eles, não permitindo aplicação extensiva a outros casos. Difere-se de exemplificativo ou *numerus apertus*. Assim, se da lei consta a expressão "entre outras" ou "entre outros casos especificados em lei", indica ser a relação meramente exemplificativa (*numerus apertus*), permitindo a aplicação da lei a outros casos. Exemplo: art. 22 da Lei n. 11.340/2006.

Teletrabalho Prestação de serviços preponderantemente fora das dependências do empregador, com a utilização de tecnologias de informação e de comunicação que, por sua natureza, não se constituam como trabalho externo (art. 75-B, CLT).

Temerário Ousado, imprudente, abusivo. Assim, diz-se *lide temerária* a lide incabível, absurda, destinada apenas a causar incômodo ou prejuízo a terceiro, sujeitando seu autor à penalidade por litigância de má-fé (art. 80, V, CPC). Em caso de lide temerária, o advogado será solidariamente responsável com seu cliente, desde que coligado com este para lesar a parte contrária, o que será apurado em ação própria (art. 32, EAOAB).

Tempestivo Diz-se do ato que foi praticado no tempo previsto ou tempestivamente, ou seja, dentro do prazo legal. Quando praticado fora do prazo, diz-se que o ato é intempestivo ou praticado a destempo, sendo, nesse caso, declarado ato precluso.

Teoria Conjunto de princípios, pensamentos ou ideias empregados para definir ou explicar determinado fenômeno, tese ou tema de interesse geral. Constituem exemplos a teoria do conhecimento, a teoria da evolução e a teoria da relatividade, entre outras.

Teoria da aparência Teoria fundada no fato de uma pessoa considerada por todos como titular de um direito, embora não o sendo, concretizar um ato jurídico com terceiro de boa-fé com fundamento em uma realidade aparente. Teoria que pressupõe que uma situação irreal (simples aparência) seja aceita como verídica desde que presentes determinados requisitos. Tais requisitos são, objetivamente: a) situação de fato cercada de circunstâncias tais que manifestamente se apresentem como se fossem uma segura situação de direito; b) situação de fato que assim passa a ser considerada segundo a ordem geral e normal das coisas – *error communis fact jus*; c) que, nas mesmas condições anteriores, apresente o titular aparente como se fosse titular legítimo, ou direito como se realmente existisse. E subjetivamente: a) a incidência em erro de quem, de boa-fé, a mencionada situação de fato como situação de direito considera; b) a escusabilidade desse erro apreciada segundo a situação pessoal de quem nele incorreu (TJRJ, Ap. n. 586-89, 1ª Câm. Cível, rel. Des. Renato Maneschy, j. 18.04.1989, in *ADV JUR*, 1990, p. 136, v. 48.146). A teoria da aparência encontra pressuposto no CC (art. 309).

Teoria da causalidade adequada Teoria que entende que, para a existência da relação de causalidade, se requer que o agente haja determinado ou produzido o resultado mediante uma conduta proporcionada e adequada. Para essa teoria, nem todo antecedente que concorra para o resultado é causa. Esta seria apenas o antecedente, abstratamente, a deflagração do resultado. Ocorrendo um dano, é necessário verificar se o fato que o originou era capaz de produzi-lo. Nesse sentido, diz-se que a causa era adequada a produzir o efeito. Exige-se do julgador um juízo de valor abstrato para verificar se a causa do dano ordinariamente é apta a produzir aquele resultado. Assim, nem todas as condições serão causa, mas tão somente aquela apropriada a produzir o dano.

Teoria da causa madura Teoria da causa pronta, ou seja, a que autoriza o juiz a julgar a lide no estado em que se encontra o processo, sempre que a causa versar somente sobre questão de direito e estiver em condições de julgamento imediato, ou seja, não necessitar de produção de outras provas além das que já constam nos autos. A teoria da causa madura prestigia os princípios da celeridade e da instrumentalidade sem que nenhuma das partes saia prejudicada.

Teoria da equivalência de condições Também conhecida como *conditio sine qua non*, essa teoria preconiza que tudo o que concorra para o resultado é causa; todo antecedente é causa. Considera causa do dano qualquer evento que contribua para causá-lo. Assim, não fosse a presença de cada uma das condições na hipótese concreta, o dano não ocorreria. Como o próprio nome diz, as condições são equiparadas às causas. A crítica que se faz a essa teoria é que se poderia imputar responsabilidade a um sem-número de pessoas de forma ilimitada.

Teoria da imprevisão Teoria que corresponde à cláusula *rebus sic stantibus* do direito privado, que permite a resolução do contrato de execução continuada ou diferida se a prestação de uma das partes se tornar excessivamente onerosa, com extrema vantagem para a outra, em virtude de acontecimentos extraordinários e imprevisíveis (art. 478, CC).

Teoria do adimplemento substancial Teoria fundada no entendimento de que não pode o credor rescindir o contrato caso haja cumprimento de parte essencial da obrigação assumida pelo devedor. É admitida pela doutrina e pela jurisprudência com o objetivo de limitar o exercício do direito do credor e, dessa forma, preservar o vínculo contratual.

Teoria do contrato não cumprido Teoria fundada na exceção do contrato não cumprido ou *exceptio non adimpleti contractus*, cuja premissa é que, nos contratos bilaterais, nenhum dos contratantes, antes de cumprida sua obrigação, pode exigir o implemento da do outro (art. 476, CC).

Teoria do diálogo das fontes Teoria idealizada na Alemanha pelo jurista Erik Jayme, professor da Universidade de Heidelberg, segundo a qual o Direito deve ser interpretado de forma sistemática e coordenada, em contraposição ao entendimento de que as leis devem ser aplicadas de forma isolada umas das outras.

Teoria do domínio do fato Teoria desenvolvida pelo alemão Claus Roxin: sustenta que uma pessoa que ocupa uma posição de influência dentro de determinado aparato organizado de poder e dá o comando para que se execute um delito tem de também responder como autor e não só como partícipe. Nesse caso, essa pessoa, agindo com intenção criminosa, envolve outros comparsas no esquema para conseguir seus objetivos. Essa teoria permite incriminar uma pessoa que, embora não tenha participação direta na execução do delito, tem participação central nos fatos.

Teratológica Diz-se da decisão aberrante ou anormal que contraria a lógica e o bom senso. Não há entendimento unânime acerca do que seja uma decisão teratológica ou aberrante, ficando o critério à mercê do subjetivismo de cada julgador. Todavia, quando caracterizada a teratologia, o fundamento é de que as decisões assim qualificadas não só violaram algum preceito normativo, como contaram com algum elemento que fugia ao bom senso e à proporcionalidade.

Terceirização Procedimento pelo qual uma empresa ou órgão da administração pública, denominado tomador dos serviços, contrata pessoas sem vínculo trabalhista para a realização de atividades que não constituem seu objetivo principal ou sua atividade-fim. A atividade-fim é também considerada atividade preponderante por caracterizar a unidade de produto, operação ou objetivo final, para cuja obtenção todas as demais atividades convirjam exclusivamente em regime de conexão funcional (art. 581, § 2º, CLT). Nesse caso, entende-se que o terceirizado ou a empresa terceirizada realiza uma atividade-meio ou propiciadora da atividade-fim, como serviços de manutenção, limpeza, vigilância etc. De qualquer modo, a contratação de trabalhador por meio de empresa interposta não gera vínculo de emprego com os órgãos da administração pública direta, indireta e fundacional (art. 37, II, CF), nem com o tomador a contratação de serviços de conservação e limpeza, bem como a de serviços especializados ligados à atividade-meio do tomador, desde que inexistentes a pessoalidade e a subordinação direta (art. 2º, Lei n. 7.102/83).

Terceirizada Empresa à qual se vinculam empregados que realizam atividade-meio ou propiciadora da atividade-fim, como serviços de manutenção, limpeza, vigilância etc., a outra pessoa jurídica de direito público ou privado.

Terceiro Pessoa estranha a uma relação jurídica ou processual. Aquele que, embora não sendo parte originária na elaboração de um ato jurídico ou no estabelecimento de uma relação processual, pode vir a ser afetado ou demonstrar interesse na coisa objeto do contrato ou na solução da lide. Assim, pendendo causa entre duas ou mais pessoas, o terceiro juridicamente interessado em que a sentença seja favorável a uma delas poderá intervir no processo para assisti-la (art. 119, CPC). Pode também o terceiro intervir no processo (intervenção de terceiros) mediante oposição, nomeação à autoria, denunciação da lide e chamamento ao processo (arts. 682 a 686, CPC), além de propor ação rescisória (art. 966, CPC) e embargos de terceiro (art. 674, CPC).

Terceiro setor Denominação atribuída ao setor constituído por organizações sem fins lucrativos e não governamentais que tem como objetivo gerar serviços de caráter público. Setor composto por um conjunto de entidades que tenham como objetivo e finalidade o desenvolvimento de ações voltadas à produção do bem comum. Fazem parte dos terceiro setor fundações, ONGs, entidades beneficentes e o conjunto de pessoas físicas e jurídicas que participam com doações.

Termo (1) Instrumento escrito. Redução à forma escrita de um ato jurídico judicial ou extrajudicial com a finalidade de confirmar, atestar ou salvaguardar direitos. Exemplos: "termo de audiência"; "termo nos autos"; "termo de conciliação"; "termo de responsabilidade"; "termo de rescisão"; "termo de abertura"; "termo circunstanciado"; "termo de ajustamento de conduta".

Termo (2) Indicação da data ou do momento em que se inicia ou se extingue um prazo ou um negócio jurídico, isto é, o *dies a quo* (dia de início) e o *dies ad quem* (dia do final). Termo inicial do prazo; termo final do prazo.

Termo circunstanciado Documento elaborado pela autoridade policial com a finalidade de substituir o auto de prisão em flagrante delito, especificamente nas ocorrências em que for constatada infração de menor potencial ofensivo. Trata-se de uma peça na qual a autoridade policial que tomar conhecimento da infração penal, com o autor previamente identificado, registrará de forma sumária as características do fato.

Termo de ajustamento de conduta (TAC) O termo de ajustamento de conduta, também conhecido como compromisso de ajustamento de conduta, é o instrumento jurídico destinado a colher do causador de dano à criança e ao adolescente ou de dano ao consumidor coletivamente considerado um título executivo extrajudicial de obrigação de fazer, não fazer ou de indenizar, mediante o qual o compromitente assume a obrigação de adequar sua conduta às exigências legais sob pena de sanções fixadas no próprio termo.

Termo de compromisso Instrumento escrito por meio do qual alguém se compromete perante outro, ou perante uma entidade, a cumprir uma obrigação de fazer ou abster-se de fazer determinada coisa. Também se pode assumir um compromisso mediante a cláusula compromissória, pela qual as partes, em um contrato, se dispõem a submeter à arbitragem os litígios que possam vir a surgir relativamente a tal contrato (Lei n. 9.307/96).

Termo de compromisso ambiental Termo de compromisso, com força de título executivo extrajudicial, celebrado por órgãos ambientais integrantes do Sisnama responsáveis pela execução de programas e projetos relativos ao meio ambiente e pelo controle e fiscalização de estabelecimentos e atividades suscetíveis de degradação da qualidade ambiental, com pessoas físicas ou jurídicas responsáveis pela construção, instalação, ampliação e funcionamento de estabelecimentos e atividades utilizadores de recursos ambientais, considerados efetiva ou potencialmente poluidores, de modo a permitir que as mencionadas pessoas possam promover as necessárias correções de suas atividades para atendimento das exigências impostas pelas autoridades ambientais competentes (art. 79-A, Lei n. 9.605/98).

Terras devolutas Espécie de terras públicas não integradas ao patrimônio particular nem formalmente arrecadadas ao patrimônio público e que ainda não foram objeto de processo discriminatório. São devolutas, na faixa da fronteira, nos territórios federais e no Distrito Federal, as terras que, não sendo próprias nem aplicadas a algum uso público federal, estadual, territorial ou municipal, não se incorporaram ao domínio privado (art. 5º, DL n. 9.760/46). O processo discriminatório de terras tem por objetivo separar as terras devolutas das terras particulares para incorporá-las ao patrimônio do Estado (*v. Ação discriminatória*).

Terrenos de marinha São terrenos de marinha, em uma profundidade de 33 metros, medidos horizontalmente para a parte da terra da posição da linha da preamar média de 1831: os situados no continente, na costa marítima e nas margens dos rios e lagoas, até onde se faça sentir a influência das marés; e os que contornam as ilhas situadas em zona onde se faça sentir a influência das marés (art. 2º, DL n. 9.760/46). A ocupação por parte de particulares costuma ser feita pelo regime de aforamento, passando o ocupante a ter o domínio útil sobre o terreno de marinha (*v. Aforamento*).

Terrorismo Atos criminosos pretendidos ou calculados para provocar um estado de terror no público em geral, num grupo de pessoas ou em indivíduos para fins políticos são injustificáveis em qualquer circunstância, independentemente das considerações de ordem política, filosófica, ideológica, racial, étnica, religiosa ou de qualquer outra natureza que possam ser invocadas para justificá-los (Resolução n. 49/60 da Assembleia Geral das Nações Unidas). No Brasil, a Lei n. 13.810/2019 dispõe sobre o cumprimento de sanções impostas por resoluções do

Conselho de Segurança das Nações Unidas, incluindo a indisponibilidade de ativos de pessoas naturais e jurídicas e de entidades, e a designação nacional de pessoas investigadas ou acusadas de terrorismo, de seu financiamento ou de atos a ele correlacionados.

Terrorismo nuclear A Convenção Internacional para a Supressão de Atos de Terrorismo Nuclear, assinada em setembro de 2005, em Nova York, foi promulgada no Brasil pelo Decreto n. 9.967/2019. Entre os principais objetivos dessa convenção está a criminalização da posse e do uso ilícitos e internacionais de materiais radioativos.

Tertium genus Terceiro gênero ou terceira espécie. Locução usada para referir-se a uma terceira possibilidade, diferente das ordinárias ou comuns. Diz-se, por exemplo, que o processo cautelar foi criado como o terceiro gênero – *tertium genus* –, situando-se ao lado dos processos de conhecimento e execução.

Testador Aquele que, por meio de declarações de última vontade expressas em testamento, dispõe sobre seus bens para depois de sua morte. Toda pessoa capaz pode dispor, por testamento, da totalidade de seus bens, ou de parte deles, para depois de sua morte (art. 1.857, CC). Havendo herdeiros necessários, o testador só poderá dispor da metade da herança (parte disponível) (art. 1.789, CC). As disposições que excederem a parte disponível reduzir-se-ão aos limites dela (art. 1.967, CC). Quando o testador só em parte dispuser da cota hereditária disponível, o remanescente pertencerá aos herdeiros legítimos (art. 1.966, CC).

Testamenteiro Pessoa designada por testador ou juiz para fazer cumprir disposições de última vontade mediante testamento ou codicilo; o que executa um testamento; o mesmo que testamentário (art. 1.976, CC). Qualquer pessoa natural, desde que idônea e capaz, pode ser nomeada testamenteira. Feita a nomeação, o encargo não é delegável, nem se transmite aos herdeiros do testamenteiro, embora possa este se fazer representar mediante procurador com poderes especiais (art. 1.985, CC). É facultado ao testador nomear um ou mais testamenteiros, conjunta ou separadamente, para darem cumprimento às disposições de última vontade (art. 1.976, CC). Os testamenteiros podem ser nomeados em ordem sucessiva, para serem substitutos, no caso de não aceitação ou impossibilidade do primeiro nomeado. Se o testador não se referir expressamente à atuação conjunta dos testamenteiros plurais, entende-se que os nomeou sucessivamente. Na falta de testamenteiro nomeado pelo testador, compete ao cônjuge a execução do testamento. Não havendo nem um nem outro, será testamenteiro o herdeiro nomeado pelo juiz (art. 1.984, CC).

Testamento Ato unilateral, gratuito, solene e revogável pelo qual alguém dispõe de seu patrimônio para depois da morte, ou faz outras declarações de última vontade (art. 1.857, CC). São testamentos ordinários o público, o cerrado e o particular; são especiais o marítimo, o aeronáutico e o militar (arts. 1.862 e 1.886, CC).

Testamento aeronáutico É aquele que se permite fazer por quem estiver em viagem, a bordo de aeronave, perante pessoa designada pelo comandante, nos moldes do testamento marítimo (art. 1.889, CC). O testamento aeronáutico, assim como o marítimo, caducará se o testador não morrer na viagem ou nos noventa dias subsequentes a seu desembarque (art. 1.891, CC).

Testamento cerrado Testamento escrito ou assinado pelo testador ou por outra pessoa a seu rogo; o testador entrega-o ao tabelião, em presença de duas testemunhas, declarando ser aquele seu testamento e pede que seja aprovado; o tabelião lavra o auto de aprovação, que é lido, em seguida, ao testador e às testemunhas e assinado por todos (art. 1.868, CC). Trata-se de testamento sigiloso, uma vez que nem o testamenteiro nem o tabelião conhecem seu teor. No auto de aprovação, o tabelião declara que o testador lhe entregou o testamento e que este é válido. Depois de lido, assinado e cerrado pelo tabelião, o testamento é entregue ao testador (art. 1.874, CC). Não pode fazer testamento cerrado quem não saiba ou não possa ler (art. 1.872, CC). Podem, no entanto, fazê-lo os surdos-mudos contanto que o escrevam e o assinem (art. 1.873, CC). Caso seja violado pelo testador ou por qualquer outra pessoa, o testamento será considerado revogado (art. 1.972, CC).

Testamento marítimo É o que se permite fazer por quem estiver em viagem, a bordo de navio nacional, perante o comandante, em presença de duas testemunhas, por forma que corresponda ao testamento público ou ao cerrado (art. 1.888, CC). O testamento ficará sob a guarda do comandante, cumprindo-lhe entregá-lo às autoridades administrativas do primeiro porto em que aportar (art. 1.890, CC). O testamento caducará se o testador não morrer na viagem ou nos noventa dias que se seguirem a seu desembarque em terra, onde possa fazer qualquer outro testamento na forma ordinária (art. 1.891, CC).

Testamento militar É o testamento que pode ser feito por militares e demais pessoas a serviço das Forças Armadas em campanha, dentro do País ou fora dele, assim como em praça sitiada, ou que esteja de comunicação interrompida (art. 1.893, CC). Normalmente, o testamento caduca, permanecendo, depois, o testador por noventa dias seguidos em lugar onde possa testar na forma ordinária (art. 1.895, CC).

Testamento nuncupativo É o testamento feito de forma verbal em iminente risco de morte. O militar empenhado em combate, ou ferido, confia sua última vontade a duas testemunhas. No entanto, não produz efeitos se o testador não morrer na guerra ou convalescer do ferimento (art. 1.896, CC).

T

Testamento particular É aquele (hológrafo ou privado) assinado pelo testador e lido na presença de pelo menos três testemunhas, que o subscrevem (art. 1.876, CC). Em circunstâncias excepcionais, declaradas na cédula, o testamento particular, de próprio punho e assinado pelo testador, pode dispensar testemunhas (art. 1.789, CC).

Testamento público Testamento público é aquele escrito por tabelião, ou por seu substituto legal, em seu livro de notas, de acordo com as declarações do testador, e lido em voz alta pelo tabelião ou pelo testador na presença de duas testemunhas que também assinam o documento (art. 1.864, CC). Trata-se, portanto, de testamento aberto (não sigiloso) e, uma vez que exige declaração de viva voz, não pode ser feito por surdo-mudo, embora possa sê-lo por pessoa surda (art. 1.866, CC). O testamento público é obrigatório para testadores analfabetos ou cegos (arts. 1.865 e 1.867, CC).

Testemunha Pessoa que preenche os requisitos legais para ser convocada a depor, judicial ou extrajudicialmente, sobre ato ou fato de que tenha conhecimento. No processo judicial, podem depor como testemunhas todas as pessoas, exceto as incapazes, impedidas ou suspeitas.

Testemunha informante Testemunha informante ou não compromissada é a testemunha impedida ou suspeita que, quando ouvida, não está obrigada a dizer a verdade, pois se presume que tenha interesse no processo. Nesse caso, o juiz atribuirá ao depoimento o valor que possa merecer. Exemplos: pai, mãe e irmão de qualquer uma das partes (art. 447, § 4º, CPC).

Testemunha instrumentária Aquela que assiste aos atos formalizados em um instrumento cuja validade depende de sua presença. É a que atesta a regularidade de um ato, ou seja, a testemunha que confirma a autenticidade de um ato realizado. São exemplos: testemunha que assina um contrato; testemunha testamentária; testemunha do interrogatório extrajudicial (art. 6º, V, parte final, CPP); testemunha do auto de prisão em flagrante (art. 304, §§ 2º e 3º, CPP).

Testemunha ocular É a testemunha que depõe sobre fatos que ela mesma presenciou.

Testemunhas impedidas Em razão de impedimento legal, não podem depor em juízo as seguintes pessoas: cônjuge, bem como ascendente e descendente em qualquer grau, ou colateral, até o 3º grau, de alguma das partes, por consanguinidade ou afinidade, salvo se o exigir o interesse público, ou, tratando-se de causa relativa ao estado da pessoa, não se puder obter de outro modo a prova que o juiz repute necessária ao julgamento do mérito; o que é parte na causa; o que intervém em nome de uma parte, como tutor na causa do menor, representante legal da pessoa jurídica, juiz, advogado e outros que assistam ou tenham assistido as partes (art. 447, § 2º, CPC).

Testemunhas incapazes São pessoas que, em razão de incapacidade física ou mental ou de idade, são impedidas de depor em juízo. São considerados incapazes: o interdito por demência; o que, acometido por enfermidade ou debilidade mental ao tempo em que ocorreram os fatos, não podia discerni-los ou, ao tempo em que deve depor, não está habilitado a transmitir as percepções; o menor de 16 anos; o cego e o surdo quando a ciência do fato depender dos sentidos que lhes faltam (art. 447, § 1º, CPC).

Testemunhas suspeitas São pessoas que em razão de suspeição atribuída por lei são impedidas de depor em juízo. São consideradas suspeitas: o inimigo da parte ou o seu amigo íntimo; o que tiver interesse no litígio (art. 447, § 3º, CPC).

Título Documento jurídico pelo qual se outorga um direito ou se estabelece uma obrigação. Documento financeiro que representa uma dívida pública ou valor comercial. Modo de transmissão ou aquisição de direitos e da propriedade.

Título ao portador É o título de crédito cuja transferência se opera pela simples tradição, ou seja, quando nele não se indica expressa e nominalmente o nome de seu legítimo beneficiário (art. 904, CC). É exemplo o cheque ao portador, assim denominado porque nele não consta o nome do beneficiário e não sendo, por isso, nominal. O possuidor de título ao portador tem direito à prestação nele indicada mediante sua simples apresentação ao devedor (art. 905, CC).

Título à ordem É o título de crédito que contém a cláusula à ordem pela qual o emitente por meio de endosso autoriza a transferência do crédito a terceiro. O endosso deve ser lançado pelo endossante no verso ou anverso do próprio título. Pode o endossante designar o endossatário, e para a validade do endosso, dado no verso do título, é suficiente sua simples assinatura. A transferência por endosso completa-se com a tradição do título (art. 910, CC).

Título de crédito Instrumento jurídico escrito, literal e autônomo, que contém obrigação de pagar soma determinada, firmado pelo devedor em favor do credor. Cártula, título cambial ou cambiário. O título de crédito, documento necessário ao exercício do direito literal e autônomo nele contido, somente produz efeito quando preencher os requisitos da lei, ou seja, data da emissão, indicação precisa dos direitos que confere e assinatura do emitente (arts. 887 e 889, CC). São considerados títulos de crédito ou títulos cambiais, entre outros: cheque, nota promissória, letra de câmbio e duplicata.

Título executivo extrajudicial É o título não originado de sentença, o que resulta apenas de convenção entre as partes. Constitui fundamento para a ação de execução. São títulos executivos extrajudiciais, entre outros, a nota promissória, a letra de câmbio, o cheque e a duplicata (art. 784, CPC).

Título executivo judicial É o título emitido pelo Poder Judiciário, constante de decisão judicial, que habilita o portador ou beneficiado a requerer judicialmente o cumprimento de sentença. Constituem títulos executivos judiciais, as decisões proferidas no processo civil que reconheçam a exigibilidade de obrigação de pagar quantia, de fazer, de não fazer ou de entregar coisa; a decisão homologatória de autocomposição judicial; a decisão homologatória de autocomposição extrajudicial de qualquer natureza; o formal e a certidão de partilha, exclusivamente em relação ao inventariante, aos herdeiros e aos sucessores a título singular ou universal; o crédito de auxiliar da justiça, quando as custas, emolumentos ou honorários tiverem sido aprovados por decisão judicial; a sentença penal condenatória transitada em julgado; a sentença arbitral; a sentença estrangeira homologada pelo Superior Tribunal de Justiça; a decisão interlocutória estrangeira, após a concessão do *exequatur* à carta rogatória pelo Superior Tribunal de Justiça (art. 515, CPC).

Título gratuito Instrumento jurídico originado de ato ou contrato pelo qual somente uma das partes assume a obrigação de transmitir direitos, sem que haja alguma contraprestação da outra, que apenas figura como beneficiária. Exemplo clássico de contrato gratuito ou a título gratuito é a doação.

Título nominativo É o título de crédito emitido em favor de pessoa cujo nome conste no registro do emitente (art. 921, CC). Transfere-se o título nominativo mediante termo, em registro do emitente, assinado pelo proprietário e pelo adquirente ou por endosso que contenha o nome do endossatário (arts. 922 e 923, CC).

Título oneroso Instrumento jurídico pelo qual se estabelecem prestações recíprocas entre o que adquire e o que transmite o direito. Assim ocorre na relação de compra e venda, pela qual o comprador assume a obrigação de pagar e o vendedor a de entregar a coisa vendida.

Toga Espécie de vestimenta preta que os magistrados dos tribunais usam durante os julgamentos, assim como aqueles que colam grau em curso universitário. Beca, vestes talares.

Togado Aquele que usa toga, como os magistrados dos tribunais durante os julgamentos. Diz-se também dos magistrados de carreira (juiz togado) para diferenciá-los de outros juízes não concursados oriundos da advocacia ou do Ministério Público (*v. Juiz togado*).

Tombamento Ato emanado de autoridade do Serviço do Patrimônio Histórico e Artístico Nacional pelo qual se declara que determinado bem ou local, em razão de seu valor histórico, artístico, paisagístico, turístico, cultural ou científico, precisa ser preservado, proibindo-se sua alteração ou demolição. Forma de proteção ao patrimônio público garantida pela CF. O tombamento de coisa pertencente à pessoa natural ou à pessoa jurídica de direito privado se fará voluntária ou compulsoriamente; o dos bens pertencentes à União, aos estados e aos municípios se fará de ofício, mas deverá ser notificado à entidade a que pertencer, ou sob cuja guarda estiver a coisa tombada, a fim de produzir os necessários efeitos (arts. 5º e 6º, DL n. 25/37).

Torpe Aquilo que é escuso, infame, desonesto ou imoral. Diz-se motivo torpe o que é moralmente reprovável e socialmente desprezado. O motivo torpe constitui uma das circunstâncias que agravam a pena (art. 61, CP). Considera-se princípio de Direito que a ninguém é dado beneficiar-se da própria torpeza (*nemo auditur propriam turpitudinem suam allegans*).

Trabalho temporário É aquele prestado por pessoa física contratada por uma empresa de trabalho temporário que a coloca à disposição de uma empresa tomadora de serviços ou cliente, para atender à necessidade de substituição transitória de pessoal permanente ou à demanda complementar de serviços, não se confundindo com a prestação de serviços a terceiros. A Lei n. 6.019/74 dispõe sobre o tema.

Tradição Entrega da coisa cujo domínio a pessoa adquire. A propriedade das coisas móveis não se transfere pelos negócios jurídicos antes da tradição. Subentende-se a tradição quando o transmitente continua a possuir a coisa pelo constituto possessório; quando cede ao adquirente o direito à restituição da coisa, que se encontra em poder de terceiro; ou quando o adquirente já está na posse da coisa por ocasião do negócio jurídico (art. 1.267, CC).

Tradição *brevi manu* Tradição da coisa que se opera quando aquele que a possuía em nome alheio passa a possuir em nome próprio (art. 1.267, parágrafo único, *in fine*, CC).

Traditio brevi manu (*v. Tradição* brevi manu).

Tráfico de pessoas agenciar, aliciar, recrutar, transportar, transferir, comprar, alojar ou acolher pessoa, mediante grave ameaça, violência, coação, fraude ou abuso, com a finalidade de remover-lhe órgãos, tecidos ou partes do corpo; submetê-la a trabalho em condições análogas à de escravo; submetê-la a qualquer tipo de servidão; adoção ilegal; ou exploração sexual (art. 149-A, CP).

Tramitação Andamento de processo que segue as formalidades legais e de praxe previstas na lei processual e nos códigos de organização judiciária; trâmite; rito processual.

T

Transação Ato jurídico pelo qual as partes previnem ou extinguem obrigações litigiosas mediante concessão mútua. A transação far-se-á por escritura pública nas obrigações em que a lei o exija, ou por instrumento particular naquelas em que ela o admita; se recair sobre direitos contestados em juízo, será feita por escritura pública, ou por termo nos autos assinado pelos transigentes e homologado pelo juiz (arts. 840 e segs., CC). No CPC, a expressão "transação" foi substituída por "autocomposição" (art. 515). A decisão homologatória de conciliação, de transação ou autocomposição, ainda que inclua matéria não posta em juízo, é considerada título executivo judicial (art. 515, CPC).

Transação penal Instituto de direito processual aplicado às infrações de menor potencial ofensivo que consiste em acordo feito entre o Ministério Público e o acusado, mediante o qual aquele propõe a aplicação de pena restritiva de direitos ou multa, com o objetivo de afastar eventual condenação penal e seus efeitos. Aceita a proposta pelo autor da infração e por seu defensor, será ela submetida à apreciação do juiz, o qual, se a acolher, aplicará a pena restritiva de direitos ou multa, que não importará em reincidência, sendo registrada apenas para impedir novamente o mesmo benefício no prazo de cinco anos. A imposição da sanção não constará de certidão de antecedentes criminais, salvo para os fins previstos no mesmo dispositivo, e não terá efeitos civis, facultando-se aos interessados propor ação cabível no juízo cível (art. 76, Lei n. 9.099/95).

Transigir Ato de prevenir ou extinguir obrigações mediante concessão recíproca. Consentir em parte no que não se aceita como justo, razoável ou verdadeiro, a fim de acabar com uma diferença ou litígio. Transação, acordo (art. 840, CC) (*v. Transação*).

Trânsito em julgado Efeito produzido pela sentença contra a qual não caiba mais recurso. Efeito da coisa julgada ou *res iudicata* (*v. Coisa julgada*).

Translado Ato de transportar algo ou alguém de um ponto a outro. A expressão costuma ser usada para indicar a transferência de uma pessoa morta de um ponto para outro. O mesmo que *transfer*, expressão que indica o transporte de turistas do aeroporto para o hotel e vice-versa.

Transmissão Ato de alguém transmitir ou transferir alguma coisa para outro. Transmissão da propriedade, transmissão da posse, transmissão de direitos, transmissão de cargo, transmissão de poderes.

Transmissão *causa mortis* Transmissão ou transferência de bens aos herdeiros ou sucessores decorrente do falecimento de uma pessoa, o *de cujus*, que deixa bens a serem inventariados e transmitidos. Decorre da sucessão hereditária, isto é, em razão da morte do proprietário dos bens e da consequente abertura do inventário. Por ocasião do inventário, compete ao juiz, depois de ouvida a Fazenda Pública, proceder ao cálculo do imposto de transmissão *causa mortis* – ITCD.

Transmissão da propriedade Transferência do domínio que uma pessoa faz a outra por ato *inter vivos* ou *causa mortis*. A transferência da propriedade ou de domínio se opera por meio de compra e venda, doação, adjudicação, usucapião e sucessão. A transmissão da coisa móvel se dá com a tradição; a transmissão de imóvel somente se consolida mediante o registro do título translativo no Cartório de Registro de Imóveis (arts. 1.227 e 1.245, CC).

Transmissão *inter vivos* Transmissão ou transferência de bens que uma pessoa viva faz a outra. A transmissão pode ocorrer mediante contrato de compra e venda, doação ou adjudicação. A transmissão da coisa móvel se opera com a tradição; já a transmissão de imóvel somente se consolida mediante o registro do título translativo no Cartório de Registro de Imóveis (arts. 1.227 e 1.245, CC).

Transporte Contrato pelo qual alguém se obriga, mediante retribuição, a transportar, de um lugar para outro, pessoas ou coisas (art. 730, CC).

Transporte de coisas Contrato pelo qual o transportador se obriga, mediante certa retribuição, a transportar coisas de um lugar para outro. A coisa, entregue ao transportador, deve estar caracterizada por sua natureza, valor, peso, quantidade e o mais que for necessário para que não se confunda com outras, devendo o destinatário ser indicado ao menos por nome e endereço (arts. 730 e 743, CC).

Transporte de pessoas Contrato pelo qual o transportador se obriga, mediante certa retribuição, a transportar pessoas de um lugar para outro (art. 730, CC). O transportador responde pelos danos causados às pessoas transportadas e suas bagagens, salvo motivo de força maior, sendo nula qualquer cláusula excludente da responsabilidade (art. 734, CC). A responsabilidade contratual do transportador por acidente com o passageiro não é elidida por culpa de terceiro, contra o qual tem ação regressiva (art. 735, CC).

Traslado Nome dado à cópia extraída por tabelião ou oficial de registro de instrumentos ou documentos lançados em suas notas.

Tréplica Diz-se da resposta a uma réplica. No júri, é o direito da defesa de responder a questões da acusação formuladas pelo Ministério Público (arts. 476, § 4º, e 477, CPP).

Tribunal Órgão do Poder Judiciário, de instância superior, composto de julgadores recrutados entre juízes togados, advogados e membros do Ministério Público oriundos do quinto constitucional, que se reúnem em câmaras ou turmas para julgar causas originárias e recursos proferidos contra decisões de instância inferior.

Tribunal de Justiça Desportiva (TJD) Órgão judicante, integrante da Justiça desportiva e que funciona junto às entidades regionais da administração do desporto, que tem por função o julgamento das infrações desportivas no âmbito de sua competência. Cada estado possui o seu próprio TJD, cujas decisões podem ser questionadas por meio de recurso ao STJD.

Tribunal do Júri Denominação conferida ao tribunal formado por jurados, cidadãos escolhidos pelo juiz-presidente, para que, sob juramento, decidam, de fato, sobre a condenação ou não do acusado que está sendo julgado. É presidido por magistrado de carreira e composto de 21 juízes de fato (leigos), ou jurados, sete dos quais são escolhidos para compor o Conselho de Sentença (art. 425, § 2º, CPP) (*v. Jurado* e *Júri*).

Tribunal estadual Órgão do Poder Judiciário estadual, de instância superior, composto de desembargadores recrutados entre juízes togados de última estância, advogados e membros do Ministério Público oriundos do quinto constitucional, que se reúnem em câmaras para julgar causas originárias e recursos proferidos contra decisões de instância inferior.

Tribunal Regional do Trabalho (TRT) Tribunal que corresponde à segunda instância trabalhista com competência para julgar recursos ordinários e agravos de petição e, originariamente, dissídios coletivos, ações rescisórias e mandados de segurança, entre outros. São compostos de, no mínimo, sete juízes, recrutados, quando possível, na respectiva região e nomeados pelo presidente da República entre brasileiros com mais de 30 e menos de 65 anos, sendo: 1/5 entre advogados com mais de dez anos de efetiva atividade profissional e membros do Ministério Público do Trabalho com mais de dez anos de efetivo exercício, observado o disposto no art. 94; os demais, mediante promoção de juízes do trabalho por antiguidade e merecimento alternadamente (art. 115, CF). Atualmente, existem 24 TRTs distribuídos pelos diversos estados brasileiros. Sua área de jurisdição normalmente corresponde aos limites territoriais de cada estado-membro.

Tribunal Regional Eleitoral (TRE) Tribunal com sede nas capitais dos estados e no Distrito Federal, que atua como órgão judiciário eleitoral de segunda instância. Compõem-se: 1) mediante eleição, pelo voto secreto: a) de dois juízes entre os desembargadores do Tribunal de Justiça; b) de dois juízes, entre juízes de Direito, escolhidos pelo Tribunal de Justiça; 2) de um juiz do TRF com sede na capital do estado ou no Distrito Federal, ou, não havendo, de juiz federal, escolhido, em qualquer caso, pelo TRF respectivo; 3) por nomeação, pelo presidente da República, de dois juízes entre seis advogados de notável saber jurídico e idoneidade moral, indicados pelo Tribunal de Justiça. Compete aos TREs: 1) processar e julgar originariamente: a) registro e cancelamento do registro dos diretórios estaduais e municipais de partidos políticos, bem como de candidatos a governador, vice-governador e membro do Congresso Nacional e das Assembleias Legislativas; b) conflitos de jurisdição entre juízes eleitorais do respectivo estado; c) suspeição ou impedimento de seus membros, procurador regional e funcionários de sua secretaria, assim como de juízes e escrivães eleitorais; d) crimes eleitorais cometidos pelos juízes eleitorais; e) reclamações relativas a obrigações impostas por lei aos partidos políticos, quanto a sua contabilidade e à apuração da origem de seus recursos; 2) julgar os recursos interpostos: a) contra atos de juízes e decisões proferidas por eles e pelas juntas eleitorais; b) contra decisões dos juízes eleitorais que concederem ou denegarem *habeas corpus* ou mandado de segurança.

Tribunal Regional Federal (TRF) Tribunal que corresponde à Justiça federal de 2ª instância, com competência para julgar recursos em causas decididas por juízes federais de 1º grau em ações que envolvam a União, autarquias e empresas públicas, bem como recursos de decisões proferidas por juízes de Direito em causas que envolvam matéria previdenciária (art. 109, § 3º, CF) e em execuções fiscais (art. 109, § 3º, CF; art. 15, I, Lei n. 5.010/66). Também julgam, originariamente, juízes federais de sua área de jurisdição, incluídos os da Justiça Militar e da Justiça do Trabalho, nos crimes comuns e de responsabilidade, e membros do Ministério Público da União, ressalvada a competência da Justiça Eleitoral; revisões criminais e ações rescisórias de julgados seus ou dos juízes federais da região; mandados de segurança e *habeas data* contra ato do próprio tribunal ou de juiz federal; *habeas corpus* quando a autoridade coatora for juiz federal; e conflitos de competência entre juízes federais vinculados ao tribunal. São integrados por desembargadores federais escolhidos entre os juízes federais de 1ª instância, membros do Ministério Público e representantes da OAB, nomeados pelo presidente da República, nos termos da CF. Atualmente, existem cinco TRFs distribuídos por diversas capitais brasileiras, cada qual com juridição em diversos estados. Atualmente existem cinco TRFs, cada qual com a seguinte jurisdição: TRF1 (1ª Região): Seções Judiciárias do Acre, Amapá, Amazonas, Bahia, Distrito Federal, Goiás, Maranhão, Mato Grosso, Minas Gerais, Pará, Piauí, Rondônia, Roraima e Tocantins; TRF2 (2ª Região): Seções Judiciárias do Rio de Janeiro e Espírito Santo; TRF3 (3ª Região): Seções Judiciárias de São Paulo e Mato Grosso do Sul; TRF4 (4ª Região): Seções Judiciárias do Rio Grande do Sul, Paraná e Santa Catarina; TRF5 (5ª Região): Seções Judiciárias de Alagoas, Ceará, Paraíba, Pernambuco, Rio Grande do Norte e Sergipe.

Tribunal Superior do Trabalho (TST) Tribunal, com sede em Brasília, que tem por principal função uniformizar a jurisprudência trabalhista. Julga, em última instância, recursos de revista, recursos ordinários e agravos de instrumento contra decisões de TRTs e dissídios coletivos de categorias organizadas em nível nacional, além de mandados de segurança, embargos opostos a suas decisões e ações rescisórias. É composto de 27 ministros, escolhidos entre brasileiros com mais de 35 e menos de 65 anos de idade, nomeados pelo presidente da República, após aprovação pelo Senado Federal, sendo: 1/5 entre advogados com mais de dez anos de efetiva atividade profissional e membros do Ministério Público do Trabalho com mais de dez anos de efetivo exercício, observado o disposto no art. 94 da CF; os demais entre juízes dos TRTs, oriundos da magistratura de carreira, indicados pelo próprio TST.

Tribunal Superior Eleitoral (TSE) Tribunal, com sede em Brasília, cuja competência é julgar, em última instância, recursos interpostos contra as decisões dos tribunais regionais, inclusive os que versarem sobre matéria administrativa. Ao TSE também compete processar e julgar originariamente: a) registro e cassação de registro de partidos políticos, de seus diretórios nacionais e de candidatos à presidência e vice-presidência da República; b) conflitos de jurisdição entre tribunais regionais e juízes eleitorais de estados diferentes; c) suspeição ou impedimento de seus membros, do procurador-geral e dos funcionários de sua secretaria; d) crimes eleitorais e comuns que lhes forem conexos cometidos por seus próprios juízes e por juízes dos tribunais regionais; e) reclamações relativas a obrigações impostas por lei aos partidos políticos, quanto a sua contabilidade e à apuração da origem de seus recursos; f) impugnações à apuração do resultado geral, proclamação dos eleitos e expedição de diploma na eleição de presidente e vice-presidente da República; g) pedidos de desaforamento dos feitos não decididos nos tribunais regionais dentro de trinta dias da conclusão ao relator, formulados por partido, candidato, Ministério Público ou parte legitimamente interessada; h) reclamações contra seus próprios juízes que, no prazo de trinta dias a contar da conclusão, não houverem julgado os feitos a eles distribuídos; i) ação rescisória, nos casos de inelegibilidade, desde que intentada dentro de 120 dias de decisão irrecorrível, possibilitando-se o exercício do mandato eletivo até seu trânsito em julgado (art. 22, Lei n. 4.737/65). O Tribunal é composto de, no mínimo, sete membros, escolhidos: 1) mediante eleição pelo voto secreto: a) três juízes entre os ministros do STF; b) dois juízes entre os ministros do STJ; 2) por nomeação do presidente da República: dois juízes entre seis advogados de notável saber jurídico e idoneidade moral, indicados pelo STF. O TSE elegerá seu presidente e vice-presidente entre os ministros do STF, e o corregedor eleitoral, entre os ministros do STJ (art. 119, CF).

Tributo Prestação pecuniária compulsória, em moeda ou cujo valor nela se possa exprimir, que não seja sanção de ato ilícito, instituída em lei e cobrada mediante atividade administrativa plenamente vinculada (art. 3º, CTN). São tributos os impostos, as taxas e a contribuição de melhoria.

Troca Troca ou permuta é o contrato pelo qual um dos contratantes se obriga a transferir ao outro a propriedade de uma coisa mediante o recebimento da propriedade de outra que não seja dinheiro (art. 533, CC). Diferentemente do que ocorre na relação de compra e venda, na qual uma das contraprestações deve ser necessariamente em dinheiro; na troca, o dinheiro aparece apenas acidentalmente, não descaracterizando o contrato quando utilizado tão somente para igualar o valor das coisas trocadas na hipótese de serem desiguais. Exemplo: troca de um veículo usado por um novo, pagando-se a diferença do valor em dinheiro.

Turbação Qualquer ato externo que impeça alguém de exercitar o direito da posse ou atente contra ele. O possuidor tem direito a ser mantido na posse em caso de turbação, restituído no caso de esbulho e segurado de violência iminente se tiver justo receio de ser molestado (art. 1.210, CC) (*v. Manutenção de posse*).

Tutela Encargo ou múnus civil conferido por lei a pessoa juridicamente capaz para administrar os bens e cuidar da conduta de pessoa menor de idade, órfão de pai e mãe ou que esteja fora do pátrio poder, representando-a em todos os atos da vida civil (art. 1.728, CC).

Tutela antecipada em caráter antecedente Medida judicial requerida na petição inicial nos casos em que a urgência for contemporânea à propositura da ação, mediante exposição da lide, do direito que se busca realizar e do perigo de dano ou do risco ao resultado útil do processo. Pode o autor, no caso, limitar-se ao requerimento da tutela antecipada e à indicação do pedido de tutela final (art. 303, CPC).

Tutela cautelar Procedimento judicial que visa a prevenir, conservar, defender ou assegurar a eficácia de um direito. Ato de prevenção requerido pelo interessado no caso de ameaça a direito e quando houver fundado receio de que uma parte, antes do julgamento da lide, cause ao direito da outra lesão grave e de difícil reparação. Quando concedidas em procedimento preparatório, as medidas cautelares conservam sua eficácia no prazo de trinta dias, após o qual deve a parte propor a ação principal (art. 308, CPC).

Tutela cautelar em caráter antecedente Medida judicial, requerida de forma antecedente, destinada a assegurar um direito sujeito a perigo de dano ou de risco ao resultado útil do processo (art. 305, CPC).

Tutela de evidência Medida judicial que tem por objetivo obter a antecipação dos efeitos da sentença que o demandante procura alcançar por meio da ação ajuizada. A tutela de evidência será concedida independentemente da demonstração de perigo de dano ou de risco ao resultado útil do processo (art. 311, CPC).

Tutela de urgência Tutela antecipada concedida quando houver elementos que evidenciem a probabilidade do direito e o perigo de dano ou o risco ao resultado útil do processo (art. 300, CPC). Pode ser concedida liminarmente e, conforme o caso, mediante a exigência de caução real ou fidejussória idônea para ressarcir os danos que a outra parte possa vir a sofrer.

Tutelado Pessoa submetida à tutela mediante nomeação de tutor. Pupilo. Os menores são postos em tutela: quando falecerem os pais ou estes forem julgados ausentes; quando os pais forem destituídos do poder familiar (art. 1.728, CC).

Tutela provisória Procedimento judicial que visa a prevenir, conservar, defender ou assegurar provisoriamente um direito. Pode fundamentar-se em urgência ou evidência e ser concedida em caráter antecedente ou incidental (art. 294, CPC). A tutela provisória deverá ser requerida ao juízo da causa e, quando antecedente, ao juízo competente para conhecer do pedido principal (art. 299, CPC).

Tutor Pessoa investida da tutela, nomeada pelos pais em testamento, e designada em razão de parentesco ou indicada pelo juiz (arts. 1.731 e 1.732, CC). Compete ao tutor, entre outras coisas: representar o menor, até os 16 anos, nos atos da vida civil e assisti-lo, após essa idade, nos atos em que for parte; dirigir-lhe a educação, defendê-lo e prestar-lhe alimentos, conforme os seus haveres e condição; adimplir os demais deveres que normalmente cabem aos pais, ouvida a opinião do menor, se este já contar 12 anos de idade; receber as rendas e pensões do menor e as quantias a ele devidas; fazer-lhe as despesas de subsistência e educação, bem como as de administração, conservação e melhoramento de seus bens; alienar os bens do menor destinados à venda; aceitar por ele heranças, legados ou doações, ainda que com encargos; vender seus bens móveis cuja conservação não convier, e os imóveis nos casos em que for permitido; propor em juízo as ações pelo menor, ou nelas assisti-lo, e promover todas as diligências a bem deste, assim como defendê-lo nos pleitos contra ele movidos (arts. 1.740, 1.747 e 1.748, CC).

Ultra petita Fora do pedido, que vai além do pedido. A sentença não deve decidir além do que foi pedido pelo autor, nem aquém (*citra petita*), nem fora da questão proposta na inicial (*extra petita*).

Ultratividade da lei Expressão originária de *ultra*, que significa *além de*, e de *atividade*, que significa *em ação* ou *em vigor*. Refere-se, portanto, à atuação da lei além de sua vida útil, ou seja, além do término de sua vigência. Refere-se a uma norma que, embora não esteja mais em vigor, continua a reger as relações jurídicas consolidadas em sua vigência. Por exemplo, no direito das sucessões, o que regula a sucessão e a legitimação para suceder é a lei vigente ao tempo da abertura daquela (art. 1.787, CC). No direito penal, quando uma lei posterior pune mais gravemente ou severamente um fato criminoso, revogando de forma expressa a lei anterior que o punia mais brandamente, prevalecerá a lei mais benéfica. Desse modo, diz-se que a lei anterior é ultrativa, mas somente para os fatos ocorridos durante sua vigência. Se a lei anterior for a mais rigorosa, não será ultrativa e, ao contrário, a lei posterior é que retroagirá.

União estável Entidade familiar decorrente da convivência entre duas pessoas, estabelecida fora do âmbito do casamento, mediante o preenchimento dos requisitos legais (art. 1.723, CC). Embora conste da lei e da própria CF que a união estável é estabelecida entre homem e mulher, os tribunais, ao longo dos anos, vêm reconhecendo o direito das pessoas de mesmo sexo também pleitearem o seu reconhecimento.

União estável homoafetiva Entidade familiar decorrente da convivência entre duas pessoas de mesmo sexo, estabelecida fora do âmbito do casamento, mediante o preenchimento dos mesmos requisitos exigidos para o reconhecimento da união estável heterossexual (art. 1.723, CC). Em que pese esse direito não constar expressamente da lei, os tribunais têm reconhecido o direito das pessoas de mesmo sexo pleitearem o reconhecimento da união estável.

Uniformização de jurisprudência Instituto processual também conhecido por incidente de uniformização de jurisprudência, instaurado perante o tribunal quando ocorrer relevante questão de Direito que enseje conveniente prevenção ou composição de divergência entre órgãos fracionários do tribunal. É de iniciativa do relator, de ofício ou a requerimento das partes ou do Ministério Público, mediante proposta de que o recurso seja julgado pelo órgão colegiado que o regimento interno dispuser como competente para uniformização de jurisprudência.

Uniformização de jurisprudência dos Juizados Especiais Incidente de uniformização que ocorre a pedido da parte vencida no recurso perante a turma regional dos Juizados Especiais Federais no caso de outra turma recursal (estado diferente) ter entendimento divergente (contrário) sobre a mesma questão jurídica objeto do recurso. O julgamento desse pedido de uniformização será realizado pela turma regional de uniformização, composta dos presidentes das turmas recursais de cada um dos estados-membros da região onde se localiza o TRF, nos mesmos moldes feitos pelas turmas recursais. O pedido de uniformização também se pode dar em nível nacional, havendo divergência de entendimento entre turmas recursais de diferentes regiões, sendo o pedido de uniformização endereçado à turma nacional de uniformização, composta de juízes de turmas recursais de todo o país.

Usucapião Modo originário de aquisição da propriedade móvel e imóvel por alguém pelo decurso do tempo. Funda-se na posse continuada e de boa-fé durante o período fixado em lei (arts. 1.238 e segs., CC).

Usucapião coletivo Aquisição da propriedade imóvel, mediante sentença declaratória, de áreas urbanas com mais de 250 m^2, ocupadas por população de baixa renda para sua moradia, por cinco anos, ininterruptamente e sem oposição, onde não for possível identificar os terrenos ocupados por cada possuidor, desde que os possuidores não sejam proprietários de outro imóvel urbano ou rural (art. 10, Estatuto da Cidade).

Usucapião como defesa De acordo com iterativa jurisprudência, é possível a arguição de exceção de usucapião em contestação de ação reivindicatória, quando presentes as condições imprescindíveis ao reconhecimento da prescrição aquisitiva como tese de defesa da posse, com o intuito único e exclusivo de afastar a pretensão possessória. Porém, para ser declarada a prescrição aquisitiva, sendo caso de usucapião ordinário ou extraordinário, somente será possível mediante ação própria ou reconvenção nos próprios autos, pelo que se tem como inoperante o simples pedido feito na contestação. Já em relação aos demais tipos de usucapião existentes, quais sejam o especial rural ou urbano, e o coletivo, mesmo arguidos em matéria de defesa poderão ter em suas sentenças um título hábil para o registro (art. 13, Estatuto da Cidade; art. 7º, Lei n. 6.969/81).

Usucapião de coisa móvel Modalidade de aquisição da propriedade móvel por aquele que possuir coisa móvel como sua, contínua e incontestadamente, durante três anos, com justo título e boa-fé, ou durante cinco anos independentemente de título ou boa-fé (arts. 1.260 e 1.261, CC).

Usucapião de imóvel Uma das modalidades de aquisição da propriedade imóvel (art. 1.238 e segs., CC). Modo originário de aquisição da propriedade conferido àquele que, sem interrupção, nem oposição, por tempo determinado, possuir como seu um imóvel. O mesmo que prescrição aquisitiva. A declaração judicial da aquisição da propriedade mediante usucapião constitui título hábil para o registro no Cartório de Registro de Imóveis (art. 1.241, CC). Os bens públicos não estão sujeitos a usucapião (art. 102, CC). O art. 216-A da Lei n. 6.015/73 também permite ao interessado pleitear a aquisição do imóvel por usucapião perante o oficial do registro de imóveis (*v. Usucapião extrajudicial*).

Usucapião especial de imóvel urbano Aquisição da propriedade imóvel, mediante sentença declaratória, por aquele que possuir como sua área ou edificação urbana de até 250 m^2, por cinco anos, ininterruptamente e sem oposição, utilizando-a para sua moradia ou de sua família, desde que não seja proprietário de outro imóvel urbano ou rural (art. 9º, Estatuto da Cidade).

Usucapião extrajudicial Procedimento administrativo, efetivado pelo interessado, representado por advogado, perante o oficial do registro de imóveis em que estiver registrado o imóvel, que permite obter o reconhecimento do usucapião na forma e nos casos legais. O pedido de usucapião administrativo é facultativo, de modo que a rejeição do pedido extrajudicial não impede o ajuizamento de ação de usucapião (art. 216-A, Lei n. 6.015/73 – Lei de Registros Públicos).

Usucapião extraordinário Aquisição da propriedade imóvel, mediante sentença declaratória, por aquele que possuir, por quinze anos sem interrupção nem oposição um imóvel como seu, independentemente de título e boa-fé. O prazo será reduzido a dez anos se o possuidor houver estabelecido no imóvel sua moradia habitual ou nele realizado obras ou serviços de caráter produtivo (art. 1.238, CC).

Usucapião ordinário Aquisição da propriedade imóvel, mediante sentença declaratória, por quem contínua e incontestadamente, com justo título e boa-fé, possuir um imóvel por dez anos. No entanto, será de cinco anos o prazo se o imóvel houver sido adquirido, onerosamente, com base no registro constante do respectivo cartório, cancelado posteriormente, desde que os possuidores nele tiverem estabelecido sua moradia ou realizado investimentos de interesse social e econômico (art. 1242, CC).

Usucapião rural Aquisição da propriedade imóvel, mediante sentença declaratória, por aquele que, não sendo proprietário de imóvel rural ou urbano, possuir como sua, por cinco anos ininterruptos, sem oposição, área de terra em zona rural não superior a 50 h, tornando-a produtiva por seu trabalho ou de sua família, tendo nela sua moradia (art. 1.239, CC).

Usucapião urbano Aquisição da propriedade imóvel, mediante sentença declaratória, por aquele que possuir como sua área urbana de até 250 m^2 por cinco anos, ininterruptamente e sem oposição, utilizando-a para sua moradia ou de sua família, desde que não seja proprietário de outro imóvel urbano ou rural (art. 1.240, CC).

Usufruto Direito real pelo qual o usufrutuário pode fruir utilidades e frutos de uma coisa enquanto temporariamente destacados da propriedade. Uso da coisa alheia, durante certo tempo, retirando frutos, utilidades e vantagens que a coisa produzir. São partes no usufruto: o nu-proprietário, o dono do bem do qual se destacam os direitos de uso; e o usufrutuário, o beneficiário, aquele que usufrui esse direito, podendo retirar da coisa alheia, durante certo tempo, frutos e utilidades que ela produz (art. 1.390, CC) (*v. Doação com reserva de usufruto*).

Usura Crime contra a economia popular decorrente da prática de ato de agiotagem ou usura, que consiste em cobrar juros, comissões ou descontos porcentuais sobre dívidas em dinheiro superiores à taxa permitida por lei. Também caracteriza o crime obter ou estipular em qualquer contrato, abusando da premente necessidade, inexperiência ou leviandade de outra parte, lucro patrimonial que exceda 1 / 5 do valor corrente ou justo da prestação feita ou prometida (art. 4°, Lei n. 1.521 / 51).

Utilidade pública Proveito ou vantagem que se retira de alguma coisa em benefício do interesse público ou coletivo e que constitui um dos fundamentos para a desapropriação de imóvel urbano particular (art. 5°, XXIV, CF). "A utilidade pública se apresenta quando a transferência de bens de terceiros para a administração é conveniente, embora não seja imprescindível" (MEIRELLES, Hely Lopes. *Direito administrativo brasileiro*. 19.ed. São Paulo, Malheiros, 1994, p. 516).

Uxória Relativo à mulher casada e aos atos que lhe competem praticar durante a convivência conjugal para conferir legitimidade a ato praticado pelo marido, como na fiança e na alienação de imóveis comuns. Diz-se, também, outorga uxória, vênia conjugal (art. 1.647, CC).

Vacância Qualidade do que está vago, como ocorre nos serviços ou atividades públicas nas hipóteses previstas em lei, como na exoneração e demissão. Diz-se, também, da herança jacente quando não aparecem herdeiros para reivindicar os bens (art. 1.820, CC).

Vacatio legis Período que decorre do dia da publicação da lei à data em que ela entra em vigor, durante o qual prevalece a lei anterior sobre o mesmo assunto.

Valetudinário Indivíduo debilitado, doente ou inválido que não tem condições de custear seu tratamento de saúde ou prover o próprio sustento.

Valor da causa Importância que obrigatoriamente deve ser atribuída à causa pelo autor e que, em regra, representa o valor que o autor pretende obter do réu na ação. A toda causa será atribuído um valor certo, ainda que não tenha conteúdo econômico imediato. A definição do valor da causa tem como objetivo a determinação do rito processual e da competência do juízo, devendo, por isso, sempre constar da petição inicial. O réu poderá impugnar, em preliminar da contestação, o valor atribuído à causa pelo autor. "Para atender aos diversos fins já aludidos, a toda causa deverá ser atribuído um valor, cuja estimação a de ser feita mesmo em relação as causas que não tenham conteúdo econômico, caso em que a avaliação é livre ao autor, sendo franqueado ao réu, porém, impugná-la, conforme o disposto no art. 261. Nas causas que tiverem valor certo, entretanto, nenhuma liberdade de estimá-lo terá o autor, pois essa faculdade somente lhe é outorgada nas causas em que ele seja incerto, ou que não tenham conteúdo econômico" (ARAGÃO, Egas Dirceu Moniz de. *Comentários ao Código de Processo Civil*: V. II, arts. 154-269. 9.ed. rev. e atual. Rio de Janeiro: Forense, 1998. p. 314).

Valor estimativo Valor que o próprio interessado, por arbítrio, atribui a algum bem diante da ausência de um valor real e concreto. É estimativo, por exemplo, o valor que o autor atribui à ação quando, por ausência de parâmetros, o objeto da lide não pode ser mensurado economicamente, como ocorre com o valor de indenização por danos morais. Diz-se também de valor estimativo, ou de afeição, aquele conferido a um objeto ao qual a pessoa se vincula de forma afetiva ou sentimental, como por exemplo um retrato de família ou uma joia presenteada por um ascendente.

Vara Nome dado a um setor específico do foro no qual o juiz exerce a jurisdição de primeira instância. Em comarcas de maior expressão, onde há pluralidade de juízes, cada juiz responde por uma vara, tendo competência específica para determinada matéria processual, ou seja, matéria ou processo cível, ou matéria ou processo criminal. Quanto mais expressiva for a comarca, maior será o número de juízes e, por consequência, maior também será o número de varas especializadas, como: vara cível (1ª, 2ª ou mais); vara criminal (1ª, 2ª ou mais); vara de família (a que trata das ações de natureza pessoal: separação, divórcio, alimentos, investigação de paternidade etc.); vara das sucessões (a que trata das ações de inventário, partilha, arrolamento, testamento); vara de família e sucessões (a que engloba matéria das duas varas anteriores, reúne as atribuições das duas varas em uma só); vara da fazenda. Cada vara possui, além de um juiz, um cartório, sob a responsabilidade de um escrivão, e um oficial de justiça, afora outros funcionários necessários para mover a máquina judiciária.

Varão Refere-se ao homem ou ao sexo masculino. "Cônjuge varão".

Variação de recurso Modificação ou alteração de um recurso, mediante a substituição do recurso correto por outro, desde que interposto no mesmo prazo exigido para o recurso correto e que a parte não incorra em má-fé ou erro grosseiro. É também conhecida por fungibilidade de recurso ou recurso fungível (*v. Fungibilidade*).

Varoa Diz-se do cônjuge do sexo feminino. A expressão *virago*, amplamente utilizada no meio jurídico, é contestada pelos eruditos, para quem o correto é *cônjuge varoa*.

Vencimento Término de um prazo anteriormente fixado para alguém cumprir uma obrigação ou praticar determinado ato processual. Termo final ou *dies ad quem*. Vencimento do prazo da nota promissória. Vencimento do prazo do boleto bancário. Vencimento do prazo para contestar. No processo civil, salvo disposição em contrário, os prazos serão contados excluindo o dia do começo e incluindo o dia do vencimento. Considera-se prorrogado o prazo até o primeiro dia útil subsequente se o vencimento cair em feriado ou em dia em que for determinado o fechamento do fórum; ou quando o expediente forense for encerrado antes da hora normal (art. 224, CPC).

Vencimentos Salário pago pelos órgãos públicos aos servidores públicos em geral, variável de acordo com a extensão e a complexidade do trabalho.

Venda a contento Cláusula especial da compra e venda que se entende realizada sob condição suspensiva ainda que a coisa tenha sido entregue ao comprador (art. 519, CC). "A cláusula de venda a contento (*pactum displicentiae*) subordina a eficácia da compra e venda a uma condição suspensiva, qual seja a satisfação do comprador ao apreciar as qualidades da coisa que lhe foi entregue" (ROSENVALD, Nelson. *Código Civil comentado*. 13.ed. Barueri, Manole, 2019, p. 552).

Venda *ad corpus* É aquela que ocorre quando se fixa um preço único para a totalidade do imóvel vendido, com divisas e confrontações certas, considerando-se meramente enunciativa a referência a suas dimensões. Nessa modalidade de venda, o imóvel é alienado como corpo certo e individualizado, como sói acontecer com o terreno que possua divisas e confrontações certas e determinadas. Assim, se a venda for qualificada como *ad corpus*, mesmo na hipótese de falta de área, não será facultado ao adquirente exigir a suplementação da área a menor, pois se entende que, nesse caso, o imóvel foi adquirido em razão do conjunto individuado e não em atenção à área declarada (art. 500, § 3º, CC).

Venda *ad mensuram* Venda que implica determinação do preço por unidade ou medida de extensão, constituindo-se a área como condição do preço. Por consequência, toda venda de imóvel pelo valor de "tanto por metro quadrado, por hectare ou por alqueire" caracteriza a venda *ad mensuram*. Uma vez caracterizada a venda dessa forma e constatado que a área não corresponde às dimensões dadas, poderá o adquirente adotar uma das seguintes providências: exigir o complemento da área por meio da ação ordinária *ex empto* ou *ex vendito*; ou, não sendo a complementação possível, exigir abatimento proporcional do preço pela ação ordinária *quanti minoris*; ou, ainda, requerer a rescisão do contrato com a cominação de perdas e danos (art. 500, CC). Entretanto, caso a diferença encontrada pelo adquirente seja inferior a 1/20, segundo o art. 500, parágrafo único, existe a presunção de que a menção à área foi usada apenas para indicar a área aproximada do imóvel, não podendo o adquirente exigir a complementação. Assim, se o comprador adquiriu 1 ha (10.000 m^2) e constatar que lhe faltam 450 m^2 (área inferior a 1/20, que seria 500 m^2), não poderá utilizar-se da ação *ex empto*.

Venda a *non domino* Venda de coisa alheia ou daquilo que não é proveniente do dono. A anulação da venda, nesse caso, decorre do princípio de Direito segundo o qual somente pode dar em compra e venda quem é proprietário ou seu legítimo representante para esse fim. Quem não é proprietário, ou não tem poderes de proprietário, não pode transferir a propriedade que não tem. A venda efetuada pelo *non domino* é nula de pleno direito; e, sendo nula, é impossível o reconhecimento de seu domínio mesmo por via da adjudicação compulsória. Desse modo, a venda só produz efeito entre vendedor e comprador, não tendo efeito contra o verdadeiro proprietário. Cancelado o registro, poderá o proprietário reivindicar o imóvel, independentemente da boa-fé ou do título do terceiro adquirente (art. 1.247, parágrafo único, CC). "É princípio elementar de Direito que somente pode dar em compra e venda quem é proprietário ou o seu legítimo representante para este fim. Quem não é proprietário, ou não tem poderes de proprietário, não pode transferir a propriedade que não tem. A venda efetuada pelo *non domino* é nula de pleno direito, e sendo nula, impossível reconhecimento do seu domínio via da adjudicação compulsória" (TJRT, Ap. n. 10.930, 17.07.1986, 1ª CC, rel. Des. Lícinio Stefani, *in ADV JUR*, 1986, p. 732, v. 30.473).

Venda com reserva de domínio Contrato de compra e venda de coisa móvel em que se insere cláusula pela qual o vendedor reserva para si a propriedade até que o preço esteja integralmente pago (art. 521, CC). A cláusula de reserva de domínio deve ser estipulada por escrito e depende de registro no domicílio do comprador para valer contra terceiros (art. 522, CC).

Venda sobre documentos Venda fundada em documentos. Modalidade de venda simbólica, pela qual a tradição da coisa se opera mediante simples entrega de seu título representativo e de outros documentos exigidos no contrato (art. 529, CC). Não havendo estipulação em contrário, o pagamento deve ser efetuado na data e no lugar da entrega dos documentos (art. 530, CC). É o que ocorre, por exemplo, quando o pagamento é feito por ocasião da assinatura da escritura de compra e venda no tabelionato e, ato contínuo, o vendedor entrega as chaves da casa vendida ao comprador.

Venerando Venerável; respeitável. Aquilo que merece ser acatado em razão de proceder de pessoa respeitável. Tratamento respeitoso que se costuma usar com autoridades, especialmente com juízes de Direito. Exemplos: "Veneranda sentença"; "venerando despacho".

Vênia Permissão para fazer uma afirmação ou refutar uma posição adotada por outrem. Licença; consentimento; autorização. *Data venia* (com a devida permissão). O mesmo que *permissa venia* ou *concessa venia*. Exemplos: "Sendo dada permissão" ou "sendo concedida permissão" para dizer ou fazer algo.

Vênia conjugal Autorização de um dos cônjuges ao outro para que este pratique isoladamente ato para o qual se exige participação ou consentimento de ambos (art. 1.647, CC). Outorga uxória ou marital.

Venire contra factum proprium Exercício de uma posição jurídica que se demonstra contraditória com o comportamento anterior do exercente. A ninguém é permitido invocar em seu favor um vício a que ele mesmo deu causa. Ao julgar um recurso especial, a 3ª Turma do STJ decidiu que a assinatura irregular escaneada em uma nota promissória, aposta pelo próprio emitente, constitui "vício que não pode ser invocado por quem lhe deu causa", pois "a ninguém é lícito fazer valer um direito em contradição com a sua conduta anterior ou posterior interpretada objetivamente, segundo a lei, os bons costumes e a boa-fé". Nesse caso, o emitente, que havia aposta assinatura irregular escaneada em uma nota promissória, sustentava que, para a validade do título, a assinatura deveria ser de próprio punho, conforme o que determina a legislação (REsp n. 1.192.678).

Verbi gratia Pela graça da palavra; por exemplo; *v. g.* O mesmo que *exempli gratia* (*e. g*). Exemplo: "Pode ocorrer rescisão do contrato de locação, *verbi gratia*, quando o locatário deixar de pagar o aluguel e acessórios da locação (art. 62, Lei n. 8.245/91)".

Verbis Com essas palavras; com as mesmas palavras; exatamente igual; sem tirar nem pôr; tal e qual. Utiliza-se o termo para indicar que um texto foi transcrito ou dito fielmente como o original, ou seja, pelas mesmas palavras. A expressão tem, na prática, significado igual ao de *ipsis litteris*, ou seja, literalmente, textualmente. O mesmo que *in verbis* ou *ipsis verbis*.

Veredicto O que é declarado como verdade. Sentença proferida pelo juiz ou decisão do Tribunal do Júri.

Verossimilhança Qualidade ou caráter de verossímil. Semelhante à verdade; que parece verdadeiro; bastante provável.

Vias de fato Contravenção penal que consiste em empregar força física contra outra pessoa sem, contudo, causar-lhe lesão corporal (art. 21, LCP; art. 140, CP).

Vício redibitório Vício ou defeito oculto da coisa recebida em razão de contrato comutativo, já existente antes da celebração do negócio jurídico, impedindo que ela seja utilizada ou que lhe diminua o valor (art. 441, CC). O vício pode ensejar a ação redibitória, destinada a obter o abatimento do preço ou a rejeitar a coisa (art. 442, CC). Quanto ao prazo que a lei assegura ao comprador para denunciar os defeitos; de um lado, há o art. 445 do CC, consignando o prazo de trinta dias contado da entrega efetiva; e, de outro, a Lei n. 8.078/90 (CDC) prescrevendo o art. 26, II e § 3º, que o direito de reclamar pelo vício oculto de produto durável caduca em noventa dias, iniciando-se o prazo decadencial no momento em que ficar evidenciado o defeito. Diante dessa duplicidade de prazos, o entendimento que predomina na doutrina é o de que o contrato de compra e venda será regido pelo CC apenas na hipótese de relação entre consumidores (pessoa física *x* pessoa física). Aplica-se, por exemplo, na compra e venda de veículos quando o vendedor é um particular que não explore atividade econômica relacionada com o comércio de veículos. Por outro lado, aplicar-se-á o CDC quando o veículo for adquirido de uma concessionária ou de uma revenda de veículos.

Vintena Antiga denominação que se dá ao prêmio, no valor de 1 a 5%, que o testador fixa em testamento ou que o juiz arbitra, para ser conferido ao testamenteiro pela execução do testamento.

V

Violência contra a mulher Configura violência doméstica e familiar contra a mulher qualquer ação ou omissão baseada no gênero que lhe cause morte, lesão, sofrimento físico, sexual ou psicológico e dano moral ou patrimonial no âmbito doméstico, familiar ou em qualquer relação íntima de afeto, independentemente da orientação sexual. Toda mulher, independentemente de classe, raça, etnia, orientação sexual, renda, cultura, nível educacional, idade e religião, goza dos direitos fundamentais inerentes à pessoa humana, sendo-lhe asseguradas as oportunidades e facilidades para viver sem violência, preservar sua saúde física e mental e seu aperfeiçoamento moral, intelectual e social (Lei n. 11.340/2006 – Lei Maria da Penha). Aquele que, por ação ou omissão, causar lesão, violência física, sexual ou psicológica e dano moral ou patrimonial a mulher fica obrigado a ressarcir todos os danos causados, inclusive ressarcir ao Sistema Único de Saúde (SUS), de acordo com a tabela SUS, os custos relativos aos serviços de saúde prestados para o total tratamento das vítimas em situação de violência doméstica e familiar, recolhidos os recursos assim arrecadados ao Fundo de Saúde do ente federado responsável pelas unidades de saúde que prestarem os serviços. *V.* também *Feminicídio*.

Virago (*v. Varoa*).

Vista à parte Determinação judicial para que as partes tomem conhecimento de ato praticado no processo e, em determinado prazo, sobre ele se manifestem. Direito conferido às partes que integram o processo de serem cientificadas de atos praticados ou novos documentos juntados ao processo para que possam a respeito deles se manifestar.

Vista dos autos Ato pelo qual se toma conhecimento do conteúdo de uma decisão processual. Ato pelo qual o escrivão, por ordem do juiz, libera os autos, aos advogados das partes ou ao Ministério Público, para que tomem ciência do despacho do juiz e se manifestem a respeito. O advogado tem o direito de examinar, em cartório de justiça e secretaria de tribunal, autos de qualquer processo; requerer, como procurador, vista dos autos de qualquer processo pelo prazo de cinco dias; e retirar os autos do cartório ou da secretaria, pelo prazo legal, sempre que lhe competir falar neles por determinação do juiz, nos casos previstos em lei (art. 107, CPC; art. 7º, EAOAB).

Vistoria Meio de prova pericial que consiste na inspeção *in loco* de alguma coisa ou algum lugar. Ela é feita pessoalmente pelo juiz ou por perito para o esclarecimento de fatos controvertidos (art. 464, CPC).

Vistoria *ad perpetuam* Modalidade de prova pericial antecipada, requerida pelo interessado quando haja fundado receio de que venha a tornar-se impossível ou muito difícil a verificação de certos fatos na pendência da ação (art. 381, CPC). É também denominada vistoria *ad perpetuam rei memoriam* (*v. Antecipação de provas*).

Vitaliciedade Qualidade do que é vitalício, isto é, do que perdura durante toda a vida de uma pessoa. Garantia constitucional de que gozam os juízes no exercício de sua função. No 1° grau de jurisdição, só será adquirida pelos juízes após dois anos de exercício, dependendo a perda do cargo, nesse período, de deliberação do tribunal a que o juiz estiver vinculado e, nos demais casos, de sentença judicial transitada em julgado (art. 95, I, CF).

Vocação hereditária Ordem de chamamento ou convocação das pessoas com direito à sucessão para efeito de virem se habilitar ao quinhão que na herança lhes cabe (art. 1.798, CC).

Warrant Conhecimento de depósito. Título de crédito, à ordem, transmissível, emitido pelas companhias de armazéns gerais, representativo das mercadorias dadas em depósito (art. 15, Decreto n. 1.102/1903). Confere ao depositante a possibilidade de negociar as mercadorias em depósito. Assim, em vez de as mercadorias circularem, circulam os títulos que as representam. A emissão de *warrant* sem o cumprimento dos requisitos dos arts. 1º a 4º do Decreto n. 1.102/1903 ou as outras hipóteses do art. 35 são consideradas crimes. O CP define a emissão de tais títulos em desacordo com a disposição legal como crime de fraude (art. 178, CP).

Xavecar Agir de forma ilícita ou desonesta; praticar atos fraudulentos.

Xenofilia Estima ou simpatia excessiva por cultura, pessoas ou coisas estrangeiras.

Xenofobia Aversão a pessoas e coisas estrangeiras. Sentimento de antipatia, desconfiança, temor ou rejeição por pessoas estranhas a seu meio e sua cultura.

Xenófobo Aquele que tem xenofobia. Quem tem aversão a coisas ou pessoas estrangeiras.

Zona Área, região ou espaço limitado. Área delimitada natural ou artificialmente.

Zona contígua É aquela que compreende a faixa que se estende das 12 às 24 milhas marítimas, contadas a partir das linhas de base que servem para medir a largura do mar territorial. Na zona contígua, o Brasil poderá tomar as medidas de fiscalização necessárias para evitar e reprimir infrações a leis e regulamentos aduaneiros, fiscais, de imigração ou sanitários em seu território ou em seu mar territorial (arts. 4º e 5º, Lei n. 8.617/93).

Zona de fronteira Área considerada indispensável à segurança nacional correspondente à faixa interna de 150 quilômetros de largura paralela à linha divisória terrestre do território nacional designada faixa de fronteira (art. 1º, Lei n. 6.634/79).

Zona de livre comércio Área de livre comércio criada por um grupo de países que concordou em eliminar tarifas, cotas e barreiras alfandegárias e comerciais que recaem sobre a maior parte dos bens importados e exportados entre eles, com o objetivo de estimular o comércio entre os países participantes. Nas zonas de livre comércio, cada país mantém sua própria pauta aduaneira e sua política comercial para com terceiros países. As zonas de livre comércio possuem um tratado de livre comércio (TLC), acordo internacional entre determinados países para conceder uma série de benefícios de forma mútua caracterizando o livre comércio. Existem três tipos de tratado comercial: zona de livre comércio, união aduaneira e união econômica. O TLC geralmente é usado nas organizações de integração econômica, como o Tratado Norte-Americano de Livre Comércio (Nafta), que envolve Canadá, México, Estados Unidos da América e Chile.

Zona de proteção ambiental Área, em geral extensa, com certo grau de ocupação humana, dotada de atributos abióticos, bióticos, estéticos ou culturais especialmente importantes para a qualidade de vida e o bem-estar das populações humanas. Sua demarcação tem como objetivos básicos proteger a diversidade biológica, disciplinar o processo de ocupação e assegurar a sustentabilidade do uso dos recursos naturais (art. 15, Lei n. 9.985/2000).

Zona de segurança nacional Área correspondente à faixa interna de 150 quilômetros de largura paralela à linha divisória terrestre do território nacional designada faixa de fronteira (art. 1º, Lei n. 6.634/79).

Zona econômica exclusiva Zona que compreende a faixa que se estende das 12 às 200 milhas marítimas contadas a partir das linhas de base que servem para medir a largura do mar territorial. Na zona econômica exclusiva, o Brasil tem direito de soberania para fins de exploração e aproveitamento, conservação e gestão dos recursos naturais, vivos ou não, das águas sobrejacentes ao leito do mar, do leito do mar e de seu subsolo, além de tudo o que se refere a outras atividades com vistas à exploração e ao aproveitamento da zona para fins econômicos (arts. 6º e 7º, Lei n. 8.617/93).

Zona eleitoral Região geograficamente delimitada em um estado gerenciada pelo cartório eleitoral, que centraliza e coordena os eleitores ali domiciliados. Pode ser composta de mais de um município ou de parte dele. Normalmente, segue a divisão de comarcas da Justiça estadual. Circunscrição administrativa da Justiça Eleitoral.

Zona franca Área ou região determinada de um país na qual, por medida legal, há redução ou ausência de certos impostos e tarifas, especialmente alfandegárias, como meio de incentivar seu comércio e desenvolvimento (art. 15-A, DL n. 1.455/76). As zonas francas são lugares onde o governo estimula a criação de empresas e indústrias cobrando impostos abaixo dos valores normais, além de ajudar com capital financeiro. No Brasil, existe a Zona Franca de Manaus, um centro financeiro implantado em 1967 pelo governo brasileiro com o objetivo de viabilizar uma base econômica na Amazônia e promover a melhor integração produtiva dessa região ao país, a fim de garantir a soberania estadual sobre suas fronteiras. A Zona Franca de Manaus abrange Acre, Amazonas, Rondônia, Roraima e as cidades de Macapá e Santana, no Amapá.

Zona residencial Parte ou região de uma cidade, assim definida pelo Plano Diretor do município, destinada a construções exclusivamente residenciais, onde são vedados a construção de prédios que excedam um número determinado de pisos e o funcionamento de estabelecimentos comerciais ou de serviços.

Zona rural Designação de região ou área não urbanizada, ou não integrada à zona urbana, destinada a atividades de agricultura e pecuária, turismo rural, silvicultura ou conservação ambiental.

Zona urbana Zona definida em lei municipal observando o requisito mínimo da existência de pelo menos dois melhoramentos indicados a seguir, construídos ou mantidos pelo poder público: meio-fio ou calçamento, com canalização de águas pluviais; abastecimento de água; sistema de esgotos sanitários; rede de iluminação pública, com ou sem posteamento para distribuição domiciliar; escola primária ou posto de saúde a uma distância máxima de três quilômetros do imóvel considerado (art. 32, § 1º, CTN). O IBGE define zona urbana como toda sede de município e de distrito, não levando em consideração o tamanho da cidade nem a quantidade de habitantes.

